教育部高等学校电子信息类专业教学指导委员会规划教材
高等学校电子信息类专业系列教材

Introduction to Electronic Information
Science and Engineering

电子信息科学与工程导论

王丽丽　张玉玲　谢艳辉　主　编
丁　宏　于　泓　柳婵娟　副主编

U0357908

清华大学出版社
北京

内 容 简 介

本书主要从两个方面入手介绍电子信息科学的发展与应用。一方面由于电子信息学科的发展离不开电子元器件的发展,因此本书前面两章从电路基础出发,介绍了电子器件和电路设计的基本原理;另一方面由于电子信息学科与其他学科相比知识面范围广、学科内容更新快,因此教材内容紧跟信息技术的发展趋势,从电子技术、通信技术、计算机技术、信息处理技术以及控制科学技术五个知识领域全面介绍电子信息技术的发展历史和发展趋势,使读者能够对电子信息类专业的学科体系、研究领域、应用领域和研究方法有一个全面的、专业化的认识,建立起一些基础而重要的电子技术概念。本书旨在激发和增强学生学习电子信息科学的兴趣和积极性,为学习后续课程和从事信息科学事业奠定方法论基础。

本书可作为高校电子信息类专业的导论课程教材,也可作为相关专业学生或电子信息专业的爱好者了解、学习信息科学知识的参考书。

本书封面贴有清华大学出版社防伪标签,无标签者不得销售。
版权所有,侵权必究。举报:010-62782989,beiqinquan@tup.tsinghua.edu.cn。

图书在版编目(CIP)数据

电子信息科学与工程导论/王丽丽,张玉玲,谢艳辉主编. 一北京:清华大学出版社,2014(2024.7重印)
高等学校电子信息类专业系列教材
ISBN 978-7-302-38096-2

Ⅰ.①电… Ⅱ.①王… ②张… ③谢… Ⅲ.①电子信息—高等学校—教材 Ⅳ.①G203

中国版本图书馆 CIP 数据核字(2014)第 221080 号

责任编辑:白立军 徐跃进
封面设计:李召霞
责任校对:李建庄
责任印制:曹婉颖

出版发行:清华大学出版社
　　　网　　　址:https://www.tup.com.cn,https://www.wqxuetang.com
　　　地　　　址:北京清华大学学研大厦 A 座　　　　　　　邮　　编:100084
　　　社 总 机:010-83470000　　　　　　　　　　　　　　邮　　购:010-62786544
　　　投稿与读者服务:010-62776969,c-service@tup.tsinghua.edu.cn
　　　质量反馈:010-62772015,zhiliang@tup.tsinghua.edu.cn
　　　课件下载:https://www.tup.com.cn,010-83470236
印 装 者:三河市龙大印装有限公司
经　　销:全国新华书店
开　　本:185mm×260mm　　　　印　　张:18.5　　　　字　　数:457 千字
版　　次:2014 年 10 月第 1 版　　　　　　　　　　　印　　次:2024 年 7 月第 12 次印刷
定　　价:49.00 元

产品编号:057174-02

前 言
FOREWORD

"电子信息科学与工程导论"是通信工程、电子信息工程、信息工程、电气工程及其自动化等专业学生的一门基础性课程,主要通过对电子信息领域中涉及的基本概念、原理和方法的介绍,让学生了解本学科的课程体系和发展趋势。

电子信息学科与其他学科相比具有知识面范围广、学科内容更新快等显著的特点。电子信息学科主要包括微电子技术、计算机技术、通信技术和软件技术等内容,由于各种技术之间的相互渗透,信息技术的集成化、融合化的特征越来越显著,其越来越表现为技术群的协同发展,例如微电子技术的发展、集成电路的出现,首先引起了计算机技术的巨大变革,而以计算机技术、网络技术为代表的信息技术群则带来了通信产业的革命,并渗透到各个学科和领域。鉴于此,我们的教材内容紧跟信息技术的发展趋势,从半导体技术、通信技术、计算机技术、信息处理技术以及控制科学技术五个知识领域全面介绍电子信息技术的发展历史和发展趋势,使读者能够对电子信息类专业的学科体系、研究领域和研究方法有一个全面的、专业化的认识,建立起一些基础而重要的电子技术概念。

本书主要为大学低年级学生及电子信息专业的入门者提供一个参考,他们往往对于电子信息科学的发展及应用感觉到迷茫,他们会有这样的疑问:我们所面对的学科是做什么的?它是如何发展起来的?它在科学上很重要吗?它和别的学科是什么关系?它的发展前景怎么样?本书的主要目的是为了解答学生心中的这些疑问,同时扩展学生的视野,尤其是在高校分大类招生的背景下,使电子信息学科的学生对本学科的各个专业领域都有所了解。

本书从两方面入手介绍电子信息科学的发展与应用。

一方面从信息技术实现的电路基础出发,介绍电子器件和电路设计的基本原理以及发展历程。电子信息学科的发展离不开电子元器件的发展,电子器件是 20 世纪的重大发明之一,它对科技、生产、经济以及人类社会的作用是任何其他发明所不能与之比拟的。目前在半导体和集成电路专用装备领域,生产设备趋向于集成化和生产线自动化,设备制造与半导体集成电路工艺越来越密不可分;在新型电子元器件设备领域,电子元器件在保持微型化的同时,向组件化、模块化、多功能化、无源/有源元器件集成化发展;在发光二极管(Light Emitting Diode,LED)专用设备领域,设备生产效率和自动化程度越来越高,在线检测装置越来越多;在表面贴装技术(Surface Mounted Technology,SMT)专用设备领域,电子元器件也朝着微型化、集成化、多功能的方向发展。鉴于此,本书第 2 章和第 3 章以讲清概念、强化应用为重点,分别从半导体器件、模拟电子技术、数字电子技术和集成电路等方面系统性地介绍了电子技术的发展历程。

另一方面从学科发展综合化趋势来看,电子信息技术是"工学"大类各学科中涵盖面最广、渗透力最强的学科,因此又常称作"3C"技术(通信 Communication、计算机 Computer、控制 Control)。目前电子信息领域中的测量技术与通信、计算机技术互相融合的趋势越来越明显,软件技术在电子测量技术中所占比重越来越重;随着新型元器件和新材料的不断问世,超高频、大功率、低噪声集成电路的深入应用,通信设备、计算机设备的性能迅速提高;基于传感器的信息感测技术、基于计算机的信息处理技术、信息识别技术(文字识别、语音识别、图形识别)等已经广泛应用于现代通信系统和物联网系统中,而且这些技术的融合、渗透速度越来越快。鉴于此,本书从第4章开始分别介绍与此相关的各种技术——传递信息的通信技术,处理、存储信息的计算机技术,对信息进行处理的信息处理技术,控制信息采集、处理和传递等过程的控制技术。

本书曾作为校内讲义在电子信息类各专业广泛使用,这次我们在原讲义的基础上结合近几年电子信息技术的新发展进行了较大的修改,使本书更能真实地体现信息技术的发展历程以及现状。

第1章 绪论。简单介绍了电子信息科学与技术的发展历史和发展趋势,对电子信息科学所包含的技术领域和电子信息科学与技术的学科体系进行了介绍。

第2章 半导体器件基础。半导体器件是构建具体电路的基本单元,本章介绍了半导体中载流子的统计分布、半导体的导电性、非平衡载流子等,讨论了半导体的霍尔效应、磁电阻效应等物理效应,对电子电路中基本的半导体器件——二极管、双极三极管、结型场效应管、MOS场效应管等以及如何利用这些半导体器件设计具体电路进行了介绍。

第3章 电子技术基础。电子技术是以集成电路技术为核心,设计和制造微小电子元器件和电路以实现特定的电子系统功能,同时它也泛指应用大规模或超大规模集成电路,并综合利用现代计算机技术和通信技术,生产现代高速计算机、通信产品的一种综合技术。本章介绍了集成电路的基本结构及集成电路制造中的工艺技术,同时对微电子领域的热点技术等进行了详细介绍。

第4章 通信科学与技术。通信技术是以现代的声、光、电技术为硬件基础,辅以相应软件来达到信息交流目的的技术。通信网络的划分方法很多,本章主要按照通信网的功能来进行分类,介绍了电话及电话通信网、微波通信、卫星通信、光纤通信、移动通信等几种典型的通信方式。

第5章 计算机科学与技术。通信的本质是计算机技术和网络技术的结合,网络中的大量信息对计算机的信息处理能力提出更高要求。本章主要介绍计算机的发展历史、计算机科学理论基础、计算机的组成与体系结构、操作系统、高级程序设计语言、数据库技术、计算机网络技术及其计算机产业的崛起与发展。

第6章 信息处理技术。信息处理技术包含信息科学的多个学科,是计算机技术、通信技术、电子技术和控制技术等多种技术的融合。本章主要介绍了与信息处理技术相关的一些基本概念,着重介绍了信息处理技术中的两大分支——数字图像信息处理与多传感器信息融合处理系统中的经典算法与典型结构。

第7章 人工智能与智能信息处理。主要介绍了人工智能的基本原理、方法和技术,使读者建立起对于人工智能的总体认识,同时对以人工智能为基础而发展起来的智能信息处理的主要技术——模糊理论、神经计算、进化计算、混沌理论、分形计算等进行详细的分析。

第8章 控制科学与技术。控制理论的发展已经从最基本的反馈控制原理发展到自适应控制、优化控制、鲁棒控制、大系统控制、智能控制等。本章主要介绍控制理论的基本内容、自动化技术以及先进的控制技术等。

在本书编写过程中所参考和借鉴的许多专家学者研究成果都在章后列出;同时,选用了一些组织机构网站中的照片,由于数量众多,未能全部列出,在此向这些成果(照片)的所有者和机构表示诚挚的谢意。

本书具体编写分工如下:第1章和第7章由王丽丽博士编写,第2章由丁宏博士编写,第3章和第8章由张玉玲博士编写,第4章由谢艳辉老师编写,第5章由柳婵娟博士编写,第6章由于泓博士编写。

限于作者学识水平,书中在具体内容的选择取舍、专业术语的翻译等方面肯定存在着缺点和错误,我们恳请专家和读者批评指正。

作者邮件地址:wanglili78@hotmail.com。

编 者

2014 年 9 月

目 录

CONTENTS

第1章 绪论 ……………………………………………………………… 1

1.1 电子信息科学与技术的发展历史 ……………………………………… 1

1.2 电子信息技术的发展趋势 ……………………………………………… 2

    1.2.1 集成电路技术持续发展,微电子技术集成化程度高 ……………… 2

    1.2.2 通信技术向宽带化、综合化方向发展 ……………………………… 3

    1.2.3 计算机技术向智能化方向发展 ……………………………………… 3

    1.2.4 信息处理技术向综合性发展 ………………………………………… 3

    1.2.5 工业控制自动化技术正在向智能化、网络化和集成化方向发展 …… 3

1.3 电子信息科学的技术领域 ……………………………………………… 4

    1.3.1 软件 …………………………………………………………………… 4

    1.3.2 微电子技术 …………………………………………………………… 5

    1.3.3 计算机及网络技术 …………………………………………………… 6

    1.3.4 通信技术 ……………………………………………………………… 7

    1.3.5 广播电视技术 ………………………………………………………… 8

    1.3.6 新型电子元器件 ……………………………………………………… 9

    1.3.7 信息安全技术 ………………………………………………………… 10

    1.3.8 智能交通技术 ………………………………………………………… 10

1.4 电子信息科学与技术的学科体系 ……………………………………… 11

参考文献 …………………………………………………………………… 14

第2章 半导体器件基础 ………………………………………………… 15

2.1 半导体基本概念 ………………………………………………………… 15

    2.1.1 半导体的基本定义 …………………………………………………… 15

    2.1.2 半导体材料的发展 …………………………………………………… 15

    2.1.3 半导体材料的基本特性 ……………………………………………… 17

    2.1.4 本征半导体和杂质半导体 …………………………………………… 18

    2.1.5 半导体晶体中载流子的运动 ………………………………………… 19

2.2 半导体器件的发展历史 ………………………………………………… 21

2.3 基本半导体器件 ………………………………………………………… 23

    2.3.1 二极管 ………………………………………………………………… 23

    2.3.2 双极三极管 …………………………………………………………… 26

    2.3.3 结型场效应管 ………………………………………………………… 30

    2.3.4 MOS场效应管 ……………………………………………………… 31

    2.3.5 晶闸管 ………………………………………………………………… 32

電子信息科学与工程导论

2.3.6 半导体(热敏、光敏)电阻 ·· 33

参考文献 ·· 35

第3章 电子技术基础 ··· 36

3.1 模拟电子技术基础 ··· 36

3.1.1 基本放大电路 ··· 36

3.1.2 差分放大电路 ··· 38

3.1.3 恒流源电路 ··· 39

3.1.4 功率放大电路 ··· 39

3.1.5 稳压电源 ··· 40

3.2 数字电子技术基础 ··· 41

3.2.1 逻辑运算 ··· 41

3.2.2 基本门电路 ··· 43

3.2.3 组合逻辑电路 ··· 47

3.2.4 时序逻辑电路 ··· 49

3.2.5 可编程逻辑器件 ··· 51

3.3 集成电路简介 ··· 56

3.3.1 集成电路的基本概念与分类 ································· 56

3.3.2 集成电路的结构与基本特征 ································· 58

3.3.3 集成电路制造中的工艺 ····································· 59

3.3.4 集成电路的发展趋势 ······································· 60

3.4 EDA 工具介绍 ··· 62

3.4.1 EDA 技术概述 ··· 62

3.4.2 EDA 技术发展 ··· 63

3.4.3 EDA 软件与简介 ··· 64

3.4.4 硬件描述语言 ··· 65

参考文献 ·· 67

第4章 通信科学与技术 ··· 68

4.1 通信科学与技术概论 ··· 68

4.1.1 通信的定义 ··· 68

4.1.2 通信系统一般模型 ··· 68

4.2 电话及电话通信网 ··· 69

4.2.1 电话的诞生及基本原理 ····································· 69

4.2.2 电话交换技术的诞生及发展 ································· 69

4.2.3 程控交换机 ··· 71

4.2.4 电话网的组成、结构 ······································· 72

4.2.5 软交换技术 ··· 73

4.3 微波通信 ··· 76

4.3.1 微波通信的基本概念 ······································· 76

4.3.2 微波通信系统组成 ··· 77

4.3.3 微波通信的应用与发展 ····································· 80

4.4 卫星通信 ··· 81

4.4.1 卫星通信基本概念 ··· 81

4.4.2 卫星通信系统的组成 ······································· 82

4.4.3 卫星通信的应用与发展 ‥‥‥‥‥‥‥‥‥‥‥‥‥‥‥‥‥‥‥‥‥‥‥ 84

4.5 光纤通信 ‥‥‥‥‥‥‥‥‥‥‥‥‥‥‥‥‥‥‥‥‥‥‥‥‥‥‥‥‥‥‥‥‥‥ 85

4.5.1 光纤通信的基本概念 ‥‥‥‥‥‥‥‥‥‥‥‥‥‥‥‥‥‥‥‥‥‥‥ 85

4.5.2 光纤通信的基本原理 ‥‥‥‥‥‥‥‥‥‥‥‥‥‥‥‥‥‥‥‥‥‥‥ 85

4.5.3 光纤通信的应用与发展 ‥‥‥‥‥‥‥‥‥‥‥‥‥‥‥‥‥‥‥‥‥‥‥ 88

4.6 移动通信 ‥‥‥‥‥‥‥‥‥‥‥‥‥‥‥‥‥‥‥‥‥‥‥‥‥‥‥‥‥‥‥‥‥‥ 90

4.6.1 移动通信的基本概念 ‥‥‥‥‥‥‥‥‥‥‥‥‥‥‥‥‥‥‥‥‥‥‥ 90

4.6.2 移动通信的发展历史 ‥‥‥‥‥‥‥‥‥‥‥‥‥‥‥‥‥‥‥‥‥‥‥ 91

4.6.3 全球移动通信系统 ‥‥‥‥‥‥‥‥‥‥‥‥‥‥‥‥‥‥‥‥‥‥‥‥‥ 92

4.6.4 CDMA 数字移动电话系统 ‥‥‥‥‥‥‥‥‥‥‥‥‥‥‥‥‥‥‥‥ 98

4.6.5 第三代移动通信系统 ‥‥‥‥‥‥‥‥‥‥‥‥‥‥‥‥‥‥‥‥‥‥‥ 100

4.6.6 第四代移动通信系统 ‥‥‥‥‥‥‥‥‥‥‥‥‥‥‥‥‥‥‥‥‥‥‥ 103

参考文献 ‥‥‥‥‥‥‥‥‥‥‥‥‥‥‥‥‥‥‥‥‥‥‥‥‥‥‥‥‥‥‥‥‥‥‥‥‥ 106

第 5 章 计算机科学与技术 ‥‥‥‥‥‥‥‥‥‥‥‥‥‥‥‥‥‥‥‥‥‥‥‥‥‥‥ 107

5.1 计算机的诞生与发展 ‥‥‥‥‥‥‥‥‥‥‥‥‥‥‥‥‥‥‥‥‥‥‥‥‥‥‥‥ 107

5.1.1 机械计算机 ‥‥‥‥‥‥‥‥‥‥‥‥‥‥‥‥‥‥‥‥‥‥‥‥‥‥‥‥ 107

5.1.2 电磁计算机 ‥‥‥‥‥‥‥‥‥‥‥‥‥‥‥‥‥‥‥‥‥‥‥‥‥‥‥‥ 109

5.1.3 电子计算机的发明 ‥‥‥‥‥‥‥‥‥‥‥‥‥‥‥‥‥‥‥‥‥‥‥‥‥ 111

5.1.4 电子计算机的发展 ‥‥‥‥‥‥‥‥‥‥‥‥‥‥‥‥‥‥‥‥‥‥‥‥‥ 115

5.1.5 微型计算机的发展 ‥‥‥‥‥‥‥‥‥‥‥‥‥‥‥‥‥‥‥‥‥‥‥‥‥ 117

5.1.6 巨型机的研究与发展 ‥‥‥‥‥‥‥‥‥‥‥‥‥‥‥‥‥‥‥‥‥‥‥ 119

5.2 计算机科学理论基础 ‥‥‥‥‥‥‥‥‥‥‥‥‥‥‥‥‥‥‥‥‥‥‥‥‥‥‥‥ 122

5.2.1 计算理论 ‥‥‥‥‥‥‥‥‥‥‥‥‥‥‥‥‥‥‥‥‥‥‥‥‥‥‥‥‥ 122

5.2.2 计算科学的基本内容 ‥‥‥‥‥‥‥‥‥‥‥‥‥‥‥‥‥‥‥‥‥‥‥ 123

5.2.3 计算科学中的典型问题 ‥‥‥‥‥‥‥‥‥‥‥‥‥‥‥‥‥‥‥‥‥‥‥ 126

5.2.4 计算机学科的典型方法 ‥‥‥‥‥‥‥‥‥‥‥‥‥‥‥‥‥‥‥‥‥‥‥ 131

5.3 计算机组成与体系结构 ‥‥‥‥‥‥‥‥‥‥‥‥‥‥‥‥‥‥‥‥‥‥‥‥‥‥‥ 132

5.3.1 冯·诺依曼计算机结构 ‥‥‥‥‥‥‥‥‥‥‥‥‥‥‥‥‥‥‥‥‥‥‥ 133

5.3.2 计算机组成与体系结构 ‥‥‥‥‥‥‥‥‥‥‥‥‥‥‥‥‥‥‥‥‥‥‥ 134

5.3.3 计算机的分类 ‥‥‥‥‥‥‥‥‥‥‥‥‥‥‥‥‥‥‥‥‥‥‥‥‥‥‥ 134

5.4 操作系统 ‥‥‥‥‥‥‥‥‥‥‥‥‥‥‥‥‥‥‥‥‥‥‥‥‥‥‥‥‥‥‥‥‥‥ 135

5.4.1 操作系统的功能 ‥‥‥‥‥‥‥‥‥‥‥‥‥‥‥‥‥‥‥‥‥‥‥‥‥ 135

5.4.2 操作系统的特征 ‥‥‥‥‥‥‥‥‥‥‥‥‥‥‥‥‥‥‥‥‥‥‥‥‥ 136

5.4.3 操作系统的发展与分类 ‥‥‥‥‥‥‥‥‥‥‥‥‥‥‥‥‥‥‥‥‥‥‥ 136

5.5 高级程序设计语言 ‥‥‥‥‥‥‥‥‥‥‥‥‥‥‥‥‥‥‥‥‥‥‥‥‥‥‥‥‥‥ 140

5.5.1 机器语言 ‥‥‥‥‥‥‥‥‥‥‥‥‥‥‥‥‥‥‥‥‥‥‥‥‥‥‥‥‥ 140

5.5.2 汇编语言 ‥‥‥‥‥‥‥‥‥‥‥‥‥‥‥‥‥‥‥‥‥‥‥‥‥‥‥‥‥ 140

5.5.3 高级程序设计语言 ‥‥‥‥‥‥‥‥‥‥‥‥‥‥‥‥‥‥‥‥‥‥‥‥‥ 141

5.6 数据库技术 ‥‥‥‥‥‥‥‥‥‥‥‥‥‥‥‥‥‥‥‥‥‥‥‥‥‥‥‥‥‥‥‥‥‥ 143

5.6.1 数据管理的发展 ‥‥‥‥‥‥‥‥‥‥‥‥‥‥‥‥‥‥‥‥‥‥‥‥‥ 143

5.6.2 数据模型与数据库系统 ‥‥‥‥‥‥‥‥‥‥‥‥‥‥‥‥‥‥‥‥‥‥‥ 145

5.7 计算机网络 ‥‥‥‥‥‥‥‥‥‥‥‥‥‥‥‥‥‥‥‥‥‥‥‥‥‥‥‥‥‥‥‥‥‥ 149

5.7.1 计算机网络的产生与发展 ‥‥‥‥‥‥‥‥‥‥‥‥‥‥‥‥‥‥‥‥‥ 150

电子信息科学与工程导论

5.7.2　计算机网络的结构与组成 ································· 153

5.7.3　计算机网络体系结构 ································· 156

5.7.4　计算机网络技术的新发展 ································· 158

参考文献 ································· 165

第 6 章　信息处理技术 ································· 166

6.1　信息处理技术概述 ································· 166

6.2　信息获取与传递 ································· 167

6.2.1　信息获取 ································· 167

6.2.2　信息传递 ································· 169

6.3　信息处理基本方法 ································· 169

6.3.1　时间域信号处理方法 ································· 170

6.3.2　变换域信号处理方法 ································· 171

6.4　图像信息处理 ································· 173

6.4.1　概述 ································· 173

6.4.2　图像的几何处理与算术处理 ································· 174

6.4.3　图像增强 ································· 177

6.4.4　图像重建与图像分割 ································· 180

6.4.5　图像编码 ································· 183

6.4.6　数字图像处理的应用 ································· 185

6.5　信息融合 ································· 186

6.5.1　信息融合的目的和应用领域 ································· 186

6.5.2　信息融合的理论基础 ································· 188

6.5.3　信息融合技术 ································· 192

6.5.4　数据融合的主要内容 ································· 193

6.5.5　数据融合的研究进展 ································· 196

参考文献 ································· 197

第 7 章　人工智能与智能信息处理 ································· 198

7.1　人工智能 ································· 198

7.1.1　人工智能的定义 ································· 198

7.1.2　人工智能的发展简史 ································· 199

7.1.3　人工智能发展中的不同学派 ································· 201

7.1.4　人工智能的应用领域 ································· 204

7.2　智能信息处理 ································· 207

7.2.1　智能信息处理的主要技术 ································· 207

7.2.2　模糊计算 ································· 211

7.2.3　模糊信息处理 ································· 213

7.2.4　神经计算与神经网络信息处理 ································· 216

7.2.5　进化计算 ································· 232

7.2.6　混沌理论与应用 ································· 235

7.2.7　分形理论及应用 ································· 240

参考文献 ································· 246

第8章 控制科学 ·· 247

8.1 控制理论与技术 ······································ 247
8.1.1 控制理论产生和发展 ························· 247
8.1.2 控制理论的基本概念 ························· 250
8.1.3 控制论的主要方法 ··························· 253
8.1.4 智能控制与优化 ····························· 255

8.2 自动化技术与装置 ···································· 260
8.2.1 自动化装置的出现和应用 ··················· 260
8.2.2 自动化技术的发展历程 ····················· 262

8.3 大系统和复杂系统 ···································· 264
8.3.1 大系统特点 ································· 264
8.3.2 大系统建模 ································· 265
8.3.3 模型降阶 ··································· 266
8.3.4 大系统的递阶控制 ··························· 267
8.3.5 大系统的分散控制 ··························· 267
8.3.6 大系统的稳定性 ····························· 268
8.3.7 复杂系统理论 ······························· 269

8.4 机器人技术 ·· 270
8.4.1 机器人的定义 ······························· 271
8.4.2 机器人的发展历史 ··························· 272
8.4.3 机器人的结构及主要技术参数 ··············· 273
8.4.4 多机器人系统 ······························· 276
8.4.5 机器人技术的应用 ··························· 277
8.4.6 机器人技术的发展趋势 ····················· 279

参考文献 ··· 280

第1章

CHAPTER 1

绪　　论

1.1　电子信息科学与技术的发展历史

信息技术是指采集、传输、控制和处理信息的技术手段。以往的信息技术,主要采用传统的机械手段,如光学望远镜、显微镜、水银温度计等,这些手段速度慢、功能差、精度低,而且无法用数字来显示。当代的信息技术,主要是指采用电子技术来采集、传递、控制和处理信息的技术,即与电子计算机和通信设备的设计制造以及信息的设计、处理、传输、变换、存取有关的技术。信息技术可以分为电路与电子技术、通信技术、计算机技术、信息处理技术以及控制技术等。

信息技术的发展非常迅速,已渗透到社会领域的各个方面。20世纪50年代,信息技术的主要标志是编程计算,60年代是数据处理,70年代是计算机网络,80年代是模式识别,到了90年代,专家系统和人工智能便成为突出的代表。计算机是信息处理的工具,通信是信息传播手段,微电子技术是信息技术的基础。集成电路的高集成化、高密度化和高速度化,带来了电子计算机的小型化、微型化、高性能化和价格低廉化。计算机生产正成为现代化产业的重要支柱,高级计算机技术与先进通信技术相结合,已引起一场世界性的信息革命,计算机与通信的结合正在改变整个通信的面貌,也正由于两者的结合把信息处理系统与信息传输系统联系在一起,改变着今天社会生活的各个方面。通过控制论、电子计算机与通信技术的结合,现在的信息科学技术正在实现长足的进步,特别是生物化学、分子生物学和计量社会学等学科与信息科学相结合,已成为今天研究超微型基因结构和处理复杂社会问题的有力工具。

如今衡量一个国家的发展水平与实力的一个极为重要的方法就是要看其电子信息技术的发展水平,以电子信息技术为首的科技发展在任何一个国家都是第一生产力。中国在电子信息产业的起步较晚,从20世纪60年代开始出现电子信息产业,当时是处于机械模仿、简单生产、低级重复的阶段,经过五十多年的发展建设,到现在为止我国的电子信息产业共进行了四次不同内容的重大战略转型。

第一次转型(20世纪80年代中期)

1978年党的十一届三中全会以后,全党全国的工作中心转向经济建设。根据当时的行业实际情况,电子工业从以军队为主转向军民结合,面向国民经济需求,通过引进技术和国际合作,发展各类电子信息产品,支撑国家重点工业发展,为今后产业的规模化发展奠定了基础。

第二次转型(20世纪80年代中期至90年代初期)

1984年,党的十二届三中全会召开,加快了经济体制的改革。在这种大背景下,电子工业率先下放企业,并适时做出优先发展消费类电子产品的重大决策。在彩电国产化一条龙工程带动下,消费类电子产品迅猛发展。同时,计算机信息系统工程的实施,使信息技术开始广泛应用于国民经济各个领域,中国电子工业实现了第一次腾飞。

第三次转型(20世纪90年代初期至90年代末)

党的十四大提出把电子工业作为国民经济的支柱产业,党的十五大提出了推进国民经济社会信息化的战略方针。为此,有关部门实施了金系列(金关、金税、金卡)工程、909工程等一系列重大工程,电子工业由单一的产品制造业向硬件制造、软件生产、应用和信息服务业诸业并举的现代电子信息产业转变,实现了历史的跨越。

第四次转型(20世纪90年代末至今)

党的十六大提出了以信息化带动工业化,以工业化促进信息化,走新型工业化道路和方针。1998年,信息产业部成立后,坚持实施制造业、运营业、软件业和信息化互动发展的策略,电子信息产业进入了继续做大、加快做强的新阶段,产业发展从注重规模、速度,向重质量、效益,鼓励自主创新、提高国际竞争力转变。在计算机、软件、网络与通信、数字音视频、集成电路、电子元器件等领域涌现出一大批具有自主知识产权的信息产品和技术,自主创新能力明显提升。2008年6月,由中国科学院计算技术研究所与曙光信息产业有限公司联合推出了曙光5000,其计算能力达200万亿次,中国成为继美国之后第二个能研制生产100万亿次以上高性能计算机的国家;第三代移动通信系统开发取得较大进展,中国自主3G标准的时分同步的码分多址技术(Time Division-Synchronous Code Division Multiple Access,TD-SCDMA)系统研发与产业化取得重大突破,产业链不断完善;2012年1月18日,中国主导制定的TD-LTE-Advanced和FDD-LTE-Advance同时并列成为4G国际标准,中国人在通信领域拥有越来越大的话语权。

1.2 电子信息技术的发展趋势

1.2.1 集成电路技术持续发展,微电子技术集成化程度高

集成电路的应用范围十分广泛,从计算机的CPU到各种IC卡,都需要运用集成电路。在集成电路产品方面,采用45nm工艺的CPU、存储器、现场可编程门阵列(Field Programmable Gate Array,FPGA)、专用集成电路(Application Specific Integrated Circuit,ASIC)等产品已大量生产。CPU产品的发展重点由提高主频向提高综合性能转变,64位多核心产品已普及,多核心技术的发展表现为多款4核心产品上市并向主流阶段进发;数字信号处理器(Digital Signal Processing,DSP)在进入千兆位水平后,产品主流向高处理位数转移,产品发展转向平台化、多核心、嵌入式、低功耗等方向;存储器产品总量持续增加,新结构产品开始规模上市;ASIC产品发展速度趋于平缓,可编程逻辑器件兴旺发展;片上系统(System on Chip,SoC)产品发展迅速,系统集成的趋势明显。集成电路产品的发展趋势是芯片面积越来越大,集成度越来越高,特征尺寸越来越小,片上系统日益完善。未来10年内,集成电路仍将以硅基互补金属氧化物半导体(Complementary Metal Oxide

Semiconductor,CMOS)电路为主流工艺,其主要发展趋势是加工细微化、硅片大直径化。

微电子技术已经走过了大规模(Large Scale Integration,LSI)、超大规模(Very Large Scale Integrated,VLSI)、特大规模(Ultra Large Scale Integration,ULSI)集成时代、极大规模(Grand Scale Integration,GSI)集成时代。作为高科技代表的集成电路技术对世界经济的发展有着举足轻重的作用。

1.2.2 通信技术向宽带化、综合化方向发展

通信技术包括光纤传输技术、移动通信技术、有线与无线接入技术等。光纤传输速度每3~4个月翻一番,已成为电信业务传输的主要手段,利用基于模式复用的37芯空心光子带隙光纤,英国科学家已经创造出了73.7Tb/s传输速率的新纪录,在超长距离传输方面也已达到了4000km无中继的技术水平;移动通信技术发展迅速,全球移动通信用户超过30亿人,3G标准(WCDMA、CDMA2000、TD-SCDMA)不断完善,4G网络已进入到实用阶段;IP电话向电信业务的渗透,使传统电信技术与IP技术融合速度进一步加快,包交换、密集波分复用(Dense Wavelength Division Multiplexing,DWDM)光传输、IP选路和Web应用已成为下一代宽带网必须考虑的四大要素。

1.2.3 计算机技术向智能化方向发展

CPU已经完成了32位到64位的过渡,计算机产品结构的核心也由计算机转向了因特网的网络设备,系统中存储设备的比例变得更大了,且存储技术的发展趋向于海量存储的发展方向,多媒体技术使通信和计算机联系到一起,手写、语言识别技术与数字图像交换技术实现了实用化,计算机中的多媒体技术、集群结构、千兆以太网互联技术占据主流地位。

1.2.4 信息处理技术向综合性发展

信息处理技术的主要研究对象已经由原来简单的线性、因果、最小相位等特殊系统逐步发展到现在的非线性、非因果、非最小相位等更具有普遍意义的系统。信息处理技术包含信息科学的多个学科,是计算机技术、通信技术、电子技术和控制技术等多种技术的融合,其主要的信息处理方法包含人工神经网络方法、模糊理论、进化算法、混沌与分形计算及密码技术的应用等。

1.2.5 工业控制自动化技术正在向智能化、网络化和集成化方向发展

由于PC-based的工业计算机(简称工业PC)的发展,以工业PC、I/O装置、监控装置、控制网络组成的PC-based的自动化系统得到了迅速普及,成为实现低成本工业自动化的重要途径;可编程式逻辑控制器(Programmable Logic Controller,PLC)在向微型化、网络化、PC化和开放性方向发展;面向测控管一体化设计的集散控制系统(Distributed Control System,DCS)在我国生产发展很快,崛起了一批优秀企业;同时由于3C(Computer、Control、Communication)技术的发展,过程控制系统由DCS发展到现场总线系统(Fieldbus Control System,FCS),FCS可以将比例-积分-微分(Proportional-Integral-Derivative,PID)控制彻底分散到现场设备中,给传统的工业自动化控制系统体系结构带来革命性的变化;数

电子信息科学与工程导论

控技术向智能化、开放性、网络化、信息化发展；工业控制网络将向有线和无线相结合方向发展，进一步完善了工业控制网络的通信性能。

1.3 电子信息科学的技术领域

国家科学技术部 2008 年 172 号文件指出，国家重点支持的高新技术领域中，电子信息科学的技术领域主要包括（以下内容摘自国科发火（2008）172 号文件）以下几方面内容。

1.3.1 软件

1. 系统软件

系统软件包括实时操作系统技术、小型专用操作系统技术、数据库管理系统技术、基于可扩展固件接口（Extensible Firmware Interface，EFI）的通用或专用基本输入输出系统（Basic Input Output System，BIOS）系统技术等。

2. 支撑软件

支撑软件包括测试支撑环境与平台技术，软件管理工具套件技术，数据挖掘与数据呈现、分析工具技术，虚拟现实（包括游戏类）的软件开发环境与工具技术，面向特定应用领域的软件生成环境与工具套件技术，模块封装、企业服务总线（ESB）、服务绑定等的工具软件技术，面向行业应用及基于相关封装技术的软件构件库技术等。

3. 中间件软件

中间件软件包括行业应用的关键业务控制、基于浏览器/服务器（B/S）和面向 Web 服务及面向服务的体系结构（Service-Oriented Architecture，SOA）架构的应用服务器、面向业务流程再造、支持异种智能终端间数据传输的控制等。

4. 嵌入式软件

嵌入式软件包括嵌入式图形用户界面技术、嵌入式数据库管理技术、嵌入式网络技术、嵌入式 Java 平台技术、嵌入式软件开发环境构建技术、嵌入式支撑软件层中的其他关键软件模块研发及生成技术、面向特定应用领域的嵌入式软件支撑平台（包括智能手机软件平台、信息家电软件平台、汽车电子软件平台等）技术、嵌入式系统整体解决方案的技术研发等。

5. 计算机辅助工程管理软件

用于工程规划、工程管理/产品设计、开发、生产制造等过程中使用的软件工作平台或软件工具包括基于模型数字化定义（Model Based Definition，MBD）技术的计算机辅助产品设计、制造及工艺软件技术，面向行业的产品数据分析和管理软件技术，基于计算机协同工作的辅助设计软件技术，快速成型的产品设计和制造软件技术，具有行业特色的专用计算机辅助工程管理/产品开发工具技术，产品全生命周期管理（Plant Lifecycle Management，PLM）系统软件技术，计算机辅助工程（Computer Aided Education，CAE）相关软件技术等。

6. 中文及多语种处理软件

中文及多语种处理软件是指针对中国语言文字（包括汉语和少数民族语言文字）和外国语言文字开发的识别、编辑、翻译、印刷等方面的应用软件。包括基于智能技术的中、外文字识别软件技术，字处理类（包括少数民族语言）文字处理软件技术，基于先进语言学理论的中文翻译软件技术,语音识别软件和语音合成软件技术,集成中文手写识别、语音识别/合成、机器翻译等多项智能中文处理技术的应用软件技术,具有多语种交叉的软件应用开发环境和平台构建技术等。

7. 图形和图像软件

图形和图像软件包括支持多通道输入输出的用户界面软件技术;基于内容的图形图像检索及管理软件技术;基于海量图像数据的服务软件技术;具有交互功能与可量测计算能力的 3D 软件技术;具有真实感的 3D 模型与 3D 景观生成软件技术;遥感图像处理与分析软件技术等。

8. 金融信息化软件

金融信息化软件是指面向银行、证券、保险行业等金融领域服务业务创新的软件,包括支持网上财、税、库、行、海关等联网业务运作的软件技术,基于金融领域管理主题的数据仓库或数据集市及其应用等技术,金融行业领域的财务评估、评级软件技术,金融领域新型服务模式的软件技术等。

9. 地理信息系统

地理信息系统包括网络环境下多系统运行的全球信息解决方案(Global Information Solution,GIS)软件平台构建技术;基于 3D/4D(即带有时间标识)技术的 GIS 开发平台构建技术;组件式和可移动应用的 GIS 软件包技术等。

10. 电子商务软件

电子商务软件包括基于 Web 服务(Web services)及面向服务体系架构(SOA)的电子商务应用集成环境及其生成工具软件或套件的技术;面向电子交易或事务处理服务的各类支持平台、软件工具或套件的技术;支持电子商务协同应用的软件环境、平台或工具套件的技术;面向桌面和移动终端设备应用的信息搜索与服务软件或工具的技术;面向行业的电子商务评估软件或工具的技术;支持新的交易模式的工具软件和应用软件技术等。

11. 电子政务软件

电子政务软件包括用于构建电子政务系统或平台的软件构件及工具套件技术;跨系统的电子政务协同应用软件环境、平台、工具等技术;应急事件联动系统的应用软件技术;面向电子政务应用的现场及移动监管稽核软件和工具技术;面向电子政务应用的跨业务系统工作流软件技术;异构系统下政务信息交换及共享软件技术;面向电子政务应用的决策支持软件和工具技术等。

12. 企业管理软件

企业管理软件包括数据分析与决策支持的商业智能(Business Intelligence,BI)软件技术、基于射频识别(Radio Frequency Identification,RFID)和全球定位系统(Global Position System,GPS)应用的现代物流管理软件技术;企业集群协同的供应链管理(Supply Chain Management,SCM)软件技术;面向客户个性化服务的客户关系管理(Customer Relationship Management,CRM)软件技术等。

1.3.2 微电子技术

1. 集成电路设计技术

集成电路设计技术包括自主品牌 ICCAD 工具版本优化技术及设计环境管理器、原理图编辑、版图编辑、自动版图生成、版图验证和参数提取与反标等工具,器件模型、参数提取以及仿真工具等专用技术。

2. 集成电路产品设计技术

集成电路产品设计技术包括音视频电路、电源电路等量大面广的集成电路产品设计开发,专用集成电路芯片开发,具有自主知识产权的高端通用芯片 CPU、DSP 等的开发与产业化,符合国家标准、具有自主知识产权、重点整机配套的集成电路产品,3G 移动终端电路、数字电视电路、无线局域网电路等。

3. 集成电路封装技术

集成电路封装技术包括小外形有引线扁平封装(Small Out-Line Package,SOP)、四边有引线塑料扁平封装(Plastic Quad Flat Package,PQFP)、有引线塑封芯片载体(Plastic Leaded Chip Carrier,PLCC)等高密度塑封的大生产技术研究(成品率达到 99％以上),新型的封装形式及采用薄型载带封装、塑料针栅阵列(Pin Grid Array,PGA)、球栅阵列(Plastic Ball Grid Array,PBGA)、多芯片组装(Multi Chip Module,MCM)、芯片倒装焊(Flip Chip)、晶圆级封装(Wafer Level Package,WLP)、芯片尺寸封装(Chip Size Module Package,CSMP)、3D(3 Dimension)等封装工艺技术。

4. 集成电路测试技术

集成电路测试技术包括圆片(Wafer)测试及成品测试,芯片设计分析验证测试软件,提高集成电路测试系统使用效率的软硬件工具、设计测试自动连接工具等。

5. 集成电路芯片制造技术

集成电路芯片制造技术包括 CMOS 工艺技术、CMOS 加工技术、双极-互补金属氧化物半导体(Bipolar and Complementary Metal-oxide-semiconductor,BiCMOS)技术以及各种与 CMOS 兼容工艺的 SoC 产品的工业化技术、双极型工艺技术、CMOS 加工技术与 BiCMOS 加工技术、宽带隙半导体基集成电路工艺技术、电力电子集成器件工艺技术。

6. 集成光电子器件技术

集成光电子器件技术包括半导体大功率高速激光器、大功率泵浦激光器、高速 PIN-FET 模块、阵列探测器、10～40Gb/s 光发射及接收模块、用于高传输速率多模光纤技术的光发射与接收器件、非线性光电器件、平面波导器件(Planar Lightwave Circuit,PLC)(包括复用/解复用(Coarse Wavelength Division Multiplexer,CWDM)、分插复用、光开关、可调光衰减器(Optical Add and Drop Multiplexing,OADM)等)。

1.3.3 计算机及网络技术

1. 计算机及终端技术

手持和移动计算机等具有特定功能的行业应用终端技术包括金融、公安、税务、教育、交通、民政等行业的应用中的信息采集(包括条形码、RFID、视频等)、认证支付和无线连接等功能的便携式智能终端,基于电信网络及计算机网络的智能终端等。

2. 各类计算机外围设备技术

具有自主知识产权的计算机外围设备技术包括打印机、复印机及计算机外围设备的关键部件(如打印机硒鼓、墨盒、色带等);计算机使用的安全存储设备,存储、移动存储设备等;基于 USB 技术、蓝牙技术、闪联技术标准的各类外部设备及器材;基于标识管理和强认证技术;基于视频、射频等识别技术。

3. 网络技术

基于标准协议的应用于企业网和行业专网的信息服务管理和网络管理技术,包括监控软件、IP业务管理软件及Internet服务提供商(Internet Service Provider,ISP)、Internet内容提供商(Internet Content Provider,ICP)的增值业务软件和应用平台等;用于企业和家庭的中低端无线网络设备包括无线接入点、无线网关、无线网桥、无线路由器、无线网卡及符合蓝牙、超宽带(Ultra-Wide Bandwidth,UWB)标准的近距离(几米到十几米)无线收发技术等,向IPv4向IPv6过渡的中低端网络设备和终端。

4. 空间信息获取及综合应用集成系统

空间数据获取系统包括低空遥感系统、基于导航定位的精密测量与检测系统、与个人数字助理(Personal Digital Assistant,PDA)及移动通信部件一体化的数据获取设备等;导航定位综合应用集成系统,包括基于"北斗一号"卫星导航定位应用的主动/被动的导航、定位设备及公众服务系统,基于位置服务(Location Based Service,LBS)技术的应用系统平台,时空数据库的构建及其应用技术等。

5. 面向行业及企业信息化的应用系统

融合多种通信手段的企业信息通信集成技术;智能化的知识管理;工作流、多媒体;基于SOA架构建立的企业信息化集成应用。

6. 传感器网络节点、软件和系统

面向特定行业的传感器网络节点、软件或应用系统,传感器网络节点的硬件平台和模块、嵌入式软件平台及协议软件等,传感器网络节点的网络接口产品模块、软件等。

1.3.4 通信技术

1. 光传输技术

可用于城域网和接入网的新型光传输设备技术包括中低端新型多业务光传输设备和系统、新型光接入设备和系统、新型低成本小型化波分复用传输设备和系统、光传输设备中新型关键模块光传输系统仿真计算等专用软件。

2. 小型接入设备技术

适合国内的网络状况和用户特殊应用需求的小型接入设备技术包括各类综合接入设备、各种互联网接入设备(Internet Access Device,IAD),利用无线接入、电力线接入、有线电视(Community Antenna Television,CATV)接入等的行业专用接入设备(包括远程监控等),其他新型中小型综合接入设备。

3. 无线接入技术

调制方式多样、能适应复杂使用环境的移动通信接入技术及无线接入设备包括宽带无线接入设备(如基站、终端、网关等),基于IEEE 802.11等协议的基站与无线局域网终端设备,基于IEEE 802.16等协议的宽带无线城域网终端设备、系统和技术,各类高效率天线终端设备和特种天线技术和设备等,固定无线接入设备,各种无线城域网设备和系统及增强型无线局域网(Wireless Local Area Network,WLAN)基站和终端等。

4. 移动通信系统的配套技术

适用于移动通信网络等的系列配套技术包括3G系统的直放站(含天线)配套设备,用于各种基站间互联的各种传输设备,移动通信网络规划优化软件与工具,基站与天线的射频(Radio Frequency,RF)信号光纤拉远传输设备,移动通信的网络测试、监视和分析仪表等,数字集群系统的配套技术,其他基于移动通信网络的行业应用的配套技术。

5. 软交换和网络电话(Voice over Internet Protocol,VoIP)系统

基于分组交换原理的下一代网络系统和设备技术包括中小型 IP 电话系统及设备,面向特定行业和企业应用、集成 VoIP 功能的呼叫中心系统及设备,VoIP 系统的监测和监控技术等。

6. 业务运营支撑管理系统

网络和资源管理系统;结算和计费系统;业务管理和性能分析系统;经营分析与决策支持系统;客户服务管理系统;服务质量管理系统;各类通信设备的测试系统;适用于上述系统的组件产品,包括各类中间件等。

7. 电信网络增值业务应用系统

固定网、2.5G/3G 移动、互联网等网络的增值业务应用软件技术包括各类增值业务的综合开发平台;流媒体、手机可视电话、手机 QQ、交互式网络电视(Internet Protocol Television,IPTV)等的应用系统;基于电信网、互联网等的增值业务和应用系统;基于 P2P(peer-to-peer)技术的各类应用系统,包括即时通信系统等;基于现有网络技术的增值业务平台;支持网络融合和业务融合的增值业务应用平台及系统。

1.3.5　广播电视技术

1. 演播室设备技术

与数字电视系统相适应的各类数字化电子设备技术包括演播室数字视频服务器、数字视频切换控制台、数字音视频非线性编辑服务器,节目的电子交换、节目制播系统软件、面向数字媒体版权保护的加解密和密钥管理、数字版权保护等系统,适合我国地面电视标准的地面数字电视传输设备,地面与有线合一的数字电视传输设备,符合我国标准的具有自主知识产权的数字电视发射与转发设备,卫星数字电视调制器、有线数字电视调制器、地面数字电视调制器,广播电视监控系统及设备,用于 IP 网络、移动接收服务网络的数据网关及数据协议转发服务器,有线数字电视和卫星数字电视运营商的运营支撑系统,电子节目指南、综合信息发布、数据广播及交互电视等构成的业务应用系统。

2. 交互信息处理系统技术

交互信息处理系统技术指的是能够实现交互式控制的服务端系统技术。

3. 信息保护系统技术

信息保护系统技术指的是能够实现各种信息媒体整体版权保护的系统技术。

4. 数字地面电视技术

数字地面电视技术包括可提高收发机性能的技术,与单频组网、覆盖补点、专用测试等应用相关的技术及设备,如数字电视单频网适配器、广播信号覆盖补点器、GB20600—2006广播信号发生器、GB20600—2006 广播信号分析仪等。

5. 地面无线数字广播电视技术

符合国家《地面数字电视广播传输标准》的设备技术包括数字广播电视发射机、数字广播电视复用器、数字广播电视信道编码调制器、无线地面数字广播技术。

6. 专业音视频信息处理系统技术

专业音视频信息处理系统技术包括公共交通、公共场所等各类专业级网络化的音视频处理系统技术。

7. 光发射、接收技术

具备自主知识产权的光发射和光接收设备的技术包括激光器模块、光电转换模块、调幅返送光发射机、室外型宽带光接收机等。

8. 电台、电视台自动化技术

适合电台、电视台开展音频及视像节目编、采、播业务的技术包括具备发射机单机模拟量、开关量的选择与采集,控制信号接口选择功能的设备;能对发射机工作状态实现控制、监测、记录、分析、诊断、显示、报警等功能的设备;能对全系统实现数据处理的计算机设备;能对发射机房多机系统实现自动化控制管理的设备等。

9. 网络运营综合管理系统

基于卫星、有线、无线电视传输的、能实现分级网络运营管理、能实现全网传输设备的维护、设置及业务管理一体化的软件系统的技术包括广播影视传输覆盖网的管理系统、有线电视分配网网络管理系统等。

10. IPTV 技术

电信、计算机和广电三大网络的业务应用融合的技术包括 IPTV 路由器和交换器、IPTV 终端设备、IPTV 监管系统和设备、IPTV 前端设备等。

11. 高端个人媒体信息服务平台

移动办公软件技术包括个人信息综合处理平台、便携式个人信息综合处理终端等。

1.3.6　新型电子元器件

1. 半导体发光技术

半导体发光技术包括半导体发光二极管用外延片制造技术;形成高效高亮度低光衰高抗静电的外延片技术,如采用 GaN 基外延片/Si 基外延片/蓝宝石衬底外延片技术;半导体发光二极管制作技术;大功率高效高亮度低光衰高抗静电的发光二极管技术;高效高亮度低光衰高抗静电的发光二极管技术;半导体照明用长寿命高效荧光粉、热匹配性能和密封性能好的封装树脂材料和热沉材料技术等。

2. 片式和集成无源元件技术

片式和集成无源元件技术包括片式复合网络、片式 EMI/EMP 复合元件和低温共烧陶瓷(Low Temperature Co-fired Ceramic,LTCC)集成无源元件,片式高温、高频、大容量多层陶瓷电容器(Multilayer Ceramic Capacitor,MLCC),片式负温度系数(Negative Temperature Coefficient,NTC)、正温度系数(Positive Temperature Coefficient,PTC)热敏电阻和片式多层压敏电阻,片式高频、高稳定、高精度频率器件等。

3. 片式半导体器件

片式半导体器件包括小型、超小型有引线及无引线产品,采用低弧度键合、超薄封装的相关产品,功率型有引线及无引线产品等。

4. 中高档机电组件

中高档机电组件包括符合工业标准的超小型高密度高传输速度的连接器,新一代通信继电器,小体积、大电流、组合式继电器和固体光 MOS 继电器,高保真、高灵敏度、低功耗电声器件,刚挠结合板和高密度互连(High Density Interconnection,HDI)高密度积层板等。

1.3.7 信息安全技术

1. 安全测评类技术

安全测评类技术包括网络与系统的安全性能进行测试与评估技术,对安全产品的功能、性能进行测试与评估技术,能满足行业或用户对安全产品自测评需求的技术等。

2. 安全管理类技术

安全管理类技术包括具备安全集中管理、控制与审计分析等功能的综合安全管理类技术,具备安全策略、安全控制措施的统一配置、分发和审核功能的安全管理类技术等。

3. 安全应用类技术

安全应用类技术包括具有电子政务相关应用安全软件及相关技术、具有电子商务相关应用安全软件及相关技术、具有公众信息服务相关应用安全软件及相关技术等。

4. 安全基础类技术

安全基础类技术包括操作系统安全的相关支撑技术、数据库安全管理的相关支撑技术、安全路由和交换设备的研发和生产技术、安全中间件技术、可信计算和标识认证相关支撑技术等。

5. 网络安全类技术

网络安全类技术包括网络攻击防护技术、网络异常监控技术、无线与移动安全接入技术、恶意代码防护技术、网络内容安全管理技术等。

6. 专用安全类技术

专用安全类技术包括密码及其应用技术,安全隔离与交换等边界防护技术,屏蔽、抑制及干扰类电磁泄漏发射防护和检测技术,存储设备和介质中信息的防护、销毁及存储介质的使用管理技术,高速安全芯片技术,安全事件取证和证据保全技术等。

注意:对于市场前景不明朗、低水平重复以及简单的技术引进类信息安全软件及其相关产品应当加以排除。

1.3.8 智能交通技术

1. 先进的交通管理和控制技术

先进的交通管理和控制技术包括具备可扩展性的适于中小城市信号设备和控制技术、可支持多种下端协议的上端控制系统的软件技术研发、交通应急指挥管理相关设备的技术研发和生产、网络环境下的外场交通数据综合接入设备的技术研发和生产、交通事件自动检测和事件管理的软件技术研发等。

2. 交通基础信息采集、处理设备及相关软件技术

交通基础信息采集、处理设备及相关软件技术包括采用微波、主被动红外、激光、超声波技术(不含视频)设备,可用于采集交通量、速度、车型、占有率等交通流数据处理技术,车辆、站场枢纽客流统计检测设备生产及分析技术,用于公众服务的动态交通信息融合、处理软件技术研发;交通基础设施状态监测设备的软件研发和生产技术,内河船舶交通量自动检测设备技术研发等。

3. 先进的公共交通管理设备和系统技术

先进的公共交通管理设备和系统技术包括大容量快速公交系统(Bus Rapid Transit,BRT)运营调度管理系统(含车、路边设备)研发技术,公交(含大容量公交)自动售检票系统研发技术,要能够支持现金、信用卡、预付费卡等多种支付方式;大中城市公共交通运营组织与调度管理相关设备和系统的研发技术等。

4. 车载电子设备和系统技术

车载电子设备和系统技术包括具有实时接收数据能力,并可进行本地路径动态规划功能的车载导航设备的研发及生产技术;符合国家标准的电子不停车收费系统研发技术;车载安全驾驶辅助产品生产技术等。

1.4 电子信息科学与技术的学科体系

2012 年教育部发布的"普通高等学校本科专业目录"中电子信息类下设六个专业,分别为电子信息工程、电子科学与技术、通信工程、微电子科学与工程、光电信息科学与工程和信息工程六个专业(见表 1-1)。

表 1-1 电子信息类专业目录

0807	电子信息类
080701	电子信息工程(注:可授工学或理学学士学位)
080702	电子科学与技术(注:可授工学或理学学士学位)
080703	通信工程
080704	微电子科学与工程(注:可授工学或理学学士学位)
080705	光电信息科学与工程(注:可授工学或理学学士学位)
080706	信息工程

电子信息工程专业学生主要学习电子电路的基本理论和实验技术,学习信号的采集、识别与处理方法以及信息获取、检测、处理的基本理论和应用,具有设计、集成、应用及计算机模拟信息系统的基本能力,从而能够设计开发集成电子设备和信息系统。

电子科学与技术专业学生主要学习电子科学技术的基本物理知识、电子器件与信息系统的设计方法,学习射频与微波电子技术、微电子学与光电子学的基本理论与技术,能够从事微电子技术与集成电路系统分析与设计、光电子器件与系统设计、射频与微波电子技术及相应的新型器件、技术与工艺的研发与应用。

通信工程专业学生主要学习通信系统和通信网方面的基础理论、组成原理和设计方法,学习移动、光纤、多媒体、IP 等通信技术的基本原理以及通信系统和通信网的分析和设计方法,具备设计、开发、调测、运用通信系统和通信网络的基本能力,从而能够从事现代通信系统和网络的设计、开发、调测和工程应用。

微电子科学与工程是物理学、电子学、材料科学、计算机科学、集成电路设计等多个学科的综合体,要求学生掌握各种固体电子器件和集成电路的基本原理以及新型微电子器件和集成电路分析、设计、制造方法,了解 VLSI 和其他新型半导体器件的原理及技术特点,从而能在相关领域从事各种光电子材料与器件、集成电路系统的设计和开发。

光电信息科学与工程专业是以光学、光电子、微电子等技术为基础,研究光信息的辐射、传输、探测以及光电信息的转换、存储、处理与显示等众多内容的学科。学生要接受光电信息系统分析、设计和研究等方面的基本训练,学习一定的物理学、电路、通信、互联网以及计算机科学知识和相关的专业理论,具备研究、设计、开发及应用光电信息系统的基本能力。

信息工程专业学生主要学习计算机的基本原理与技术、信息的获取与处理以及电子设备与信息系统方面的专业知识,能够进行计算机网络硬件及软件技术的应用与开发,具备应用计算机进行信息处理和应用通信系统、通信网的能力。

综上所述,电子信息学科是一个庞大的知识体系,本教程试图搭建一个电子信息的学科体系(当然这种划分方法并不是唯一的),其主要由五个知识领域组成,即微电子技术、通信技术、计算机技术、信息处理技术以及控制科学技术,如图 1-1 所示。五个知识领域所对应的课程体系结构如图 1-2～图 1-6 所示,其中微电子技术主要由半导体物理、微机电系统、高频电子线路、集成电路设计与制造等课程支撑;通信技术主要由通信原理、移动通信、光纤通信、现代交换技术等课程支撑,计算机技术主要由计算机组成原理、数据结构、微机原理与接口技术、计算机网络等课程支撑,信息处理技术主要由信号与系统、数字信号处理、随机信号分析、信息论与编码等课程支撑,控制科学技术(本教程主要针对本科自动化专业讨论,2012 年的普通高等学校本科专业目录中专业代码 080801)主要由自动控制原理、现代控制理论、电气控制与可编程控制器、计算机控制系统等课程支撑。

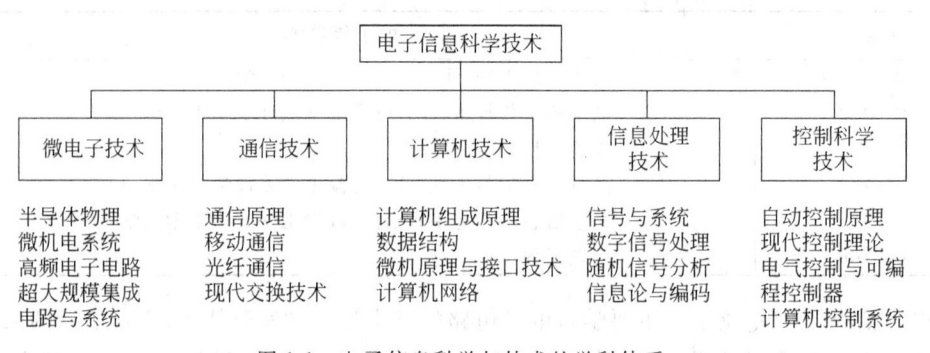

图 1-1　电子信息科学与技术的学科体系

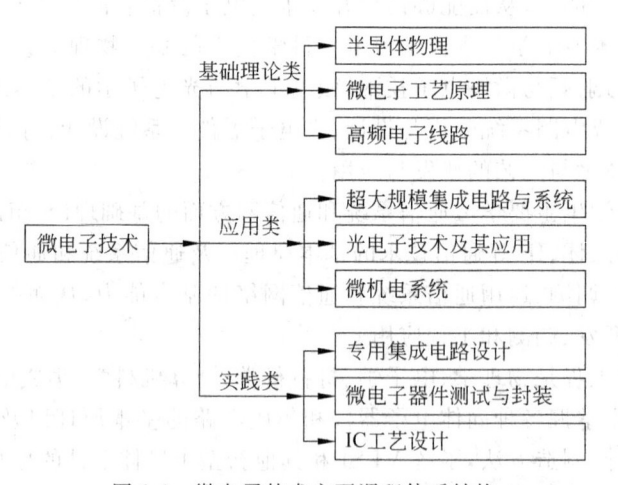

图 1-2　微电子技术主要课程体系结构

第1章 绪 论 13

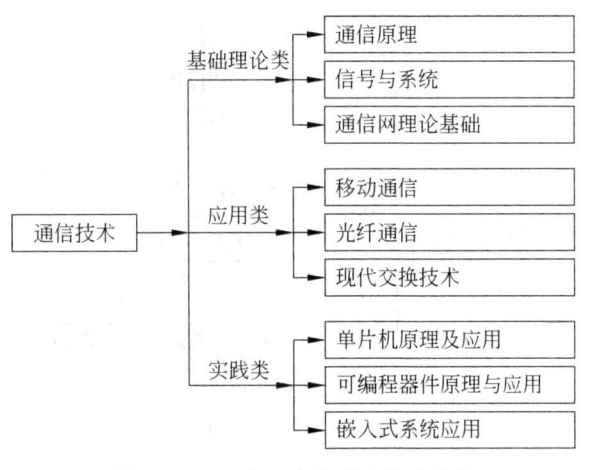

图 1-3 通信技术主要课程体系结构

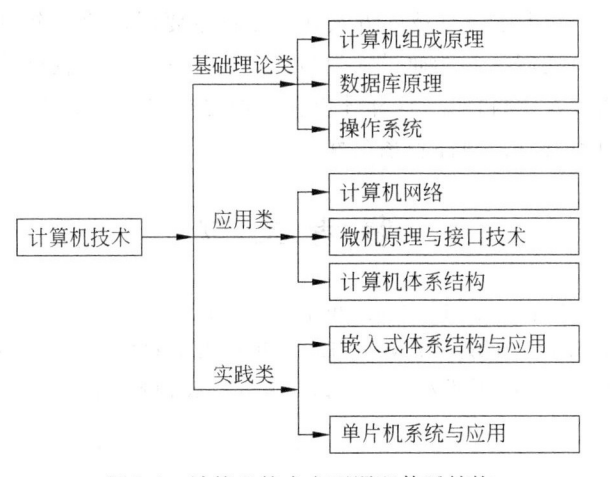

图 1-4 计算机技术主要课程体系结构

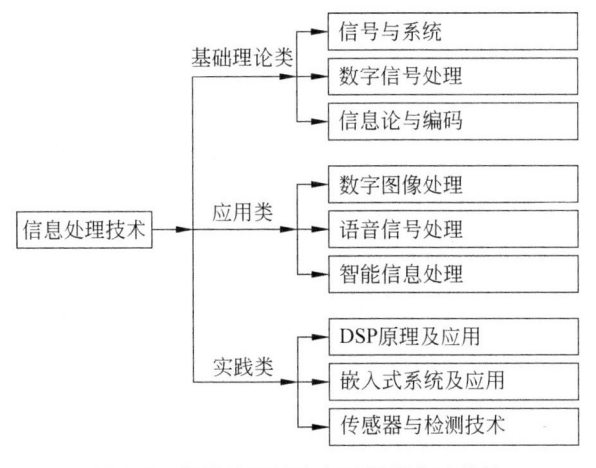

图 1-5 信号处理技术主要课程体系结构

电子信息科学与工程导论

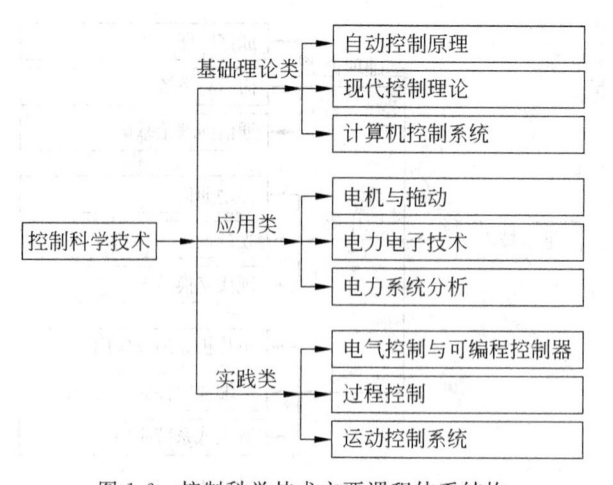

图 1-6　控制科学技术主要课程体系结构

　　图 1-2～图 1-6 是对电子信息技术五大知识领域主要课程的一个归类,对于电子信息类相关专业的学生来说,我们希望能通过本教材让学生了解电子信息科学与技术的发展历史、研究现状、技术应用以及学科体系,这样才能在学习之初就对本学科体系概况有一个基本的了解,使今后的学习更具有方向性和系统性。

参 考 文 献

[1]　李哲英.电子科学与技术导论[M].北京:电子工业出版社,2010.

[2]　http://www.most.gov.cn/fggw/zfwj/zfwj2008/200804/t20080428_61006.htm.

[3]　王锁柱,杨和.国外电子信息技术发展的十大亮点[J].信息化研究.2009,35(9),1～3.

第 2 章
CHAPTER 2

半导体器件基础

半导体研究是一个相对年轻的学科,但用半导体制成的各种器件已广泛应用于人类生活的各个方面,从人们的日常生活到高科技的航天技术,都离不开半导体器件。

自从 20 世纪 50 年代晶体管诞生以来,半导体器件的集成度平均每 18 个月提高一倍,而器件的特征线宽却降低一半。例如,微处理器中的晶体管数量从 20 世纪 70 年代的每片 1000 多个晶体管到目前的每个芯片的上亿个晶体管。另一方面,半导体器件的工作速度也不断提高,通用 CPU 的核心频率从 20 世纪 70 年代末的 1MHz 主频到了目前的几个吉赫,而且人类的追求仍在继续,因此,了解半导体材料的特征和原理就成为进一步提高材料的利用率和器件的工作速度的必由之路。

电类专业的学生掌握半导体器件的基础知识对今后各门专业课的学习是非常必要的。通常电类专业的学生接触半导体器件的课程依次是"电路"、"电子技术基础(模拟部分)"及"电子技术基础(数字部分)",这些课程都是电类专业非常重要的基础课,是学习其他专业课的敲门砖、垫脚石。

2.1 半导体基本概念

2.1.1 半导体的基本定义

自然界中的物质大致可分为气体、液体、固体、等离子体四种基本形态。由于构成电子设备的材料是固体,因此我们重点关注的是固体材料,按结构形式的不同,固体材料可分为晶体与非晶体两类,而晶体又可分为单晶体和多晶体两种。按导电能力的不同,固体材料可以分为导体、绝缘体和半导体。导体具有良好的导电能力(例如铜、铝等金属),绝缘体不导电(例如橡胶、木头等),导电能力介于导体与绝缘体之间的一些单晶体,就叫半导体。

固体材料的导电能力用电阻率或电导率表示(两者是互为倒数的)。图 2-1 给出一些重要导体、半导体和绝缘体材料的电阻率及相应的电导率的范围。

绝缘体如熔凝石英和玻璃具有很高的电阻率,介于 $10^8 \sim 10^{18}\,\Omega \cdot \mathrm{cm}$ 之间;导体如银、铜、铝具有很低的电阻率,介于 $10^{-4} \sim 10^{-8}\,\Omega \cdot \mathrm{cm}$ 之间,而半导体的电阻率则介于两者之间,大约为 $10^{-4} \sim 10^8\,\Omega \cdot \mathrm{cm}$。

2.1.2 半导体材料的发展

在科学技术发展的过程中,材料永远起着决定社会科技水平高低的关键作用,在与信息

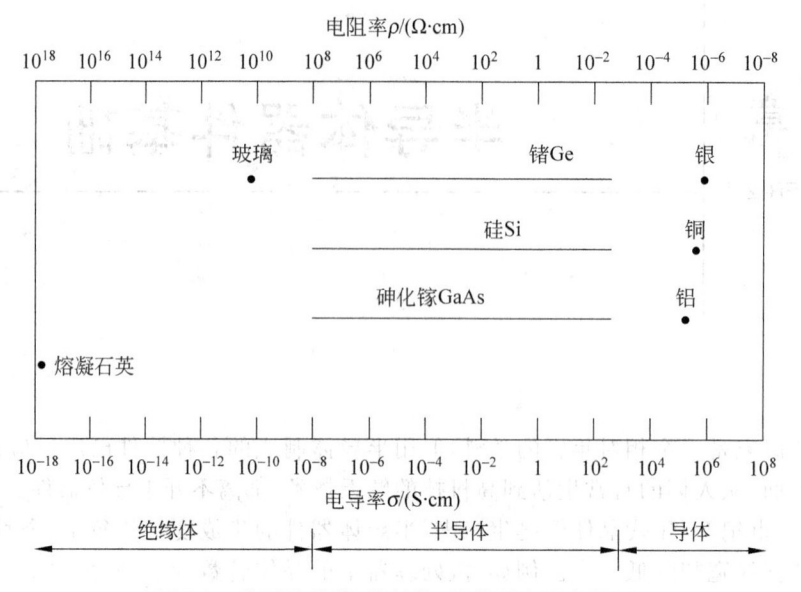

图 2-1 典型绝缘体、半导体、导体导电能力范围

社会科技成就息息相关的千万种材料中,半导体材料尤其如此。1833 年英国科学家法拉第 (M. Faraday,1791—1867 年)发现了一种半导体材料——硫化银。因为它的电阻随着温度上升而降低,当时只觉得这件事有些奇特,并没有激起太大的火花;1874 年,德国的布劳恩 (F. Braun,1850—1918 年)注意到硫化物的电导率与所加电压的方向有关,这就是半导体的整流作用。但直到 1906 年,美国的一位电机发明家才发明了第一个固态电子组件——无线电波侦测器,它使用金属与硅或硫化铅相接触所产生的整流功能来侦测无线电波。因此,对于半导体材料的研究始于 19 世纪初,经多年的探索,已经从单元素发展到二元、三元和四元化合物半导体材料。

在半导体的发展历史上,1990 年之前,第一代半导体材料以硅材料为主占绝对的统治地位,目前,半导体器件和集成电路仍然主要是用硅晶体材料制造的。硅半导体材料及其集成电路的发展导致了微型计算机的出现和整个信息产业的飞跃。为什么硅是最典型、用量最广泛而数量最多的半导体材料?理由是:

(1) 地球上有丰富的资源,提纯和晶体生长工艺相对简单、成熟,价格便宜,可降低器件成本;

(2) 硅器件漏电流较低,热稳定性好;

(3) 用热生长的方法能得到高质量的二氧化硅(SiO_2)薄膜,利用二氧化硅能有效地掩蔽主要杂质在硅中的扩散,实现器件的选择掺杂,从而使器件的几何图形得到复杂而精确的控制;

(4) 利用二氧化硅绝缘性好的特点,较容易地解决器件表面钝化的问题。

另外,还可把二氧化硅薄膜夹在硅与金属之间,形成金属—二氧化硅—硅结构形式,这就是 MOS(Metal-Oxide-Semiconductor)场效应晶体管的工作基础。

随着以光通信为基础的信息高速公路的崛起和社会信息化的发展,以砷化镓(GaAs)和磷化铟(InP)为代表的第二代半导体材料崭露头角,并显示其巨大的优越性,砷化镓和磷化铟半导体激光器成为光通信系统中的关键器件,同时砷化镓高速器件也开拓了光纤及移动通信的新产业。

进入21世纪以来,随着摩尔定律的失效大限日益临近,寻找半导体硅材料替代品的任务变得非常紧迫,氮化镓(GaN)和碳化硅(SiC)并称为第三代半导体材料的双雄。SiC早在1842年就被发现了,但直到1955年,才有生长高品质碳化硅的方法出现;到了1987年,商业化生产的SiC进入市场,进入21世纪后,SiC的商业应用才算全面铺开。相对于Si,SiC的优点很多,碳化硅的制品之一的碳化硅陶瓷具有高硬度、高耐腐蚀性以及较高的高温强度等特点,这使得碳化硅陶瓷得到了广泛的应用。例如嫦娥三号光学望远镜中主镜、次镜和指向镜,均采用了高致密碳化硅特种陶瓷材料。42GHz频率的SiC金属半导体场效应晶体管,用在了军用相控阵雷达、通信广播系统中,用SiC作为衬底的高亮度蓝光LED则是全彩色大面积显示屏的关键器件。

总之,半导体已经发展成为种类繁多的大科门类材料,从单元素到化合物及固溶体,从晶体到非晶体,从无机材料到有机材料,从自然结构的晶体到人工生长的晶体,到处都能看到半导体家族的成员。

2.1.3　半导体材料的基本特性

半导体的导电能力介于导体与绝缘体之间,同时半导体材料还具有一系列特殊性质。

1. 杂质敏感性

对于一般固体材料来说,当纯度高达99.9%及以上时,含量低于0.1%的杂质并不会影响其物质的导电性质。而半导体却不同,微量杂质可以显著改变它的导电特性。例如,在纯净的硅单晶中,以每百万个硅原子掺入一个杂质原子的比例掺入一个磷子,此时硅的纯度为99.9999%,但在室温下的电阻率却从未掺杂前的大约214 000 $\Omega \cdot cm$,一下子降低到0.2 $\Omega \cdot cm$,降低到百万分之一,人们把这种现象称为半导体杂质敏感性。人们利用该特性,通过控制杂质类别和数量可以制备出不同类型、不同电阻率水平的各种半导体材料与半导体器件。

2. 负温度系数

半导体的导电能力随温度的升高而迅速增强。例如室温下的纯净硅,温度每增加10℃,电阻率 ρ 相应降低1/2左右,这与金属导体相比恰好相反,金属随温度的升高电阻率会增大。温度升高,半导体电阻率随之而下降的性质称为半导体的负温度系数(即电阻率温度系数是负值)。而金属电阻率温度系数则是正值,即具有正温度系数。利用半导体电阻率随温度变化的敏感性,可制备出一系列的温敏器件,亦称为热敏电阻。

3. 光敏性

光的辐照可以显著改变半导体的导电能力。例如在一块绝缘衬底下,沉积一层硫化镉薄膜(硫化镉是半导体材料的一种),然后选择适当波长的光进行照射,其光电阻可以减小几百倍。类似硫化镉薄膜,利用光辐射改变其电阻值的器件就是光敏电阻。

4. 电场、磁场效应

半导体的导电能力还会随电场、磁场的作用而发生改变。

综上所述,半导体就是这样一种容易受温度、光照、电场、磁场和微量杂质掺入等外界因素的影响而改变导电特性的材料。而正是半导体这些多变的特性使其在电子工业领域得到了日益广泛的应用,制备出了各种二极管、晶体管、热敏器件、光敏器件、场效应器件和集成电路芯片等。

2.1.4 本征半导体和杂质半导体

在我们了解半导体器件的构成及导电原理之前,有必要先介绍与半导体器件相关的一些基本概念,例如本征半导体、杂质半导体。

1. 本征半导体

将硅或锗材料提纯后形成的完全纯净、具有晶体结构的半导体就是本征半导体。

半导体的导电能力在不同条件下有很大差别。一般来说,本征半导体导电能力并不强,但在温度增高、受光照等条件下,导电能力会大大增强。半导体的这种与导体和绝缘体截然不同的导电特性是由它的内部结构和导电机理决定的。

1) 本征半导体的共价键结构

以半导体常用材料硅和锗为例,二者都是四价元素,在原子最外层轨道上的四个电子称为价电子。它们分别与周围的四个原子的价电子形成共价键。共价键中的价电子为这些原子所共有,并为它们所束缚,在空间形成排列有序的晶体。通常把原子核和内层电子看作一个整体,称为惯性核。惯性核带有 4 个单位正电荷,最外层有 4 个价电子带有 4 个单位负电荷,因此,整个原子为电中性。这种结构的立体和平面示意图见图 2-2。

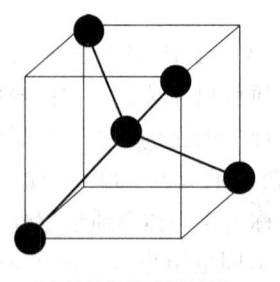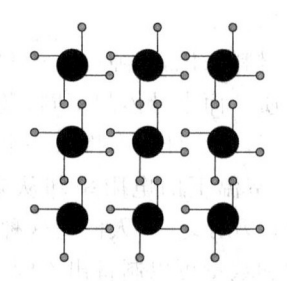

(a) 硅晶体的空间排列　　　(b) 共价键结构平面示意图

图 2-2　硅原子空间排列及共价键平面示意图

2) 电子空穴对

一般来说,共价键中的价电子不完全像绝缘体中价电子所受束缚那样强,如果能从外界获得一定的能量(如光照、升温等),一些价电子就可能挣脱共价键的束缚而成为自由电子。这一现象称为本征激发(也称热激发)。理论和实验都表明:在常温($T=300K$)下,硅共价键中的价电子便可激发成为自由电子。当共价键中的一个价电子受激发挣脱原子核的束缚成为自由电子的同时,在共价键中便留下了一个空位子,称为"空穴"。当空穴出现时,相邻原子的价电子比较容易离开它所在的共价键而填补到这个空穴中来,使该价电子原来所在共价键中出现一个新的空穴。价电子填补空穴的这种运动无论在形式上还是效果上都相当于带正电荷的空穴在运动,且运动方向与价电子运动方向相反。为了区别于自由电子的运动,把这种运动称为空穴运动,并把空穴看成是一种带正电荷的载流子。当自由电子在运动过程中遇到空穴时可能会填充进去从而恢复一个共价键,与此同时消失一个"电子空穴对",这一相反过程称为"复合",如图 2-3 所示。在一定温度条件下,产生的"电子空穴对"和复合的"电子空穴对"数量相等时,形成相对平衡,这种相对平衡属于动态平衡,达到动态平衡时

"电子空穴对"维持一定的数目不变。温度越高,载流子数目越多,导电性能也就越好。所以,温度对半导体器件性能的影响很大。

可见,在半导体中存在着自由电子和空穴两种载流子,而金属导体中只有自由电子一种载流子,这也是半导体与导体导电方式的不同之处。

2. 杂质半导体

在本征半导体中掺入某些微量元素作为杂质,可使半导体的导电能力增加几十万乃至几百万倍,掺入的杂质主要是三价或五价元素。掺入杂质的本征半导体称为杂质半导体,根据掺入杂质的不同,杂质半导体分为 N 型半导体与 P 型半导体。

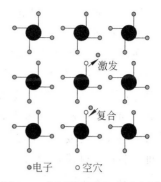

图 2-3 本征激发和复合示意图

1) N 型半导体

在本征半导体中掺入五价杂质元素,例如磷,可形成 N 型半导体,也称电子型半导体。因五价杂质原子中只有四个价电子能与周围四个半导体原子中的价电子形成共价键,而多余的一个价电子因无共价键束缚而很容易形成自由电子。在 N 型半导体中自由电子是多数载流子,它主要由杂质原子提供;空穴是少数载流子,由本征激发形成。提供自由电子的五价杂质原子因带正电荷而成为正离子,因此五价杂质原子也称为施主杂质。N 型半导体的结构示意图如图 2-4 所示。

2) P 型半导体

在本征半导体中掺入三价杂质元素,如硼、镓、铟等形成了 P 型半导体,也称为空穴型半导体。因三价杂质原子在与硅原子形成共价键时,缺少一个价电子而在共价键中留下一空穴。P 型半导体中空穴是多数载流子,主要由掺杂形成;电子是少数载流子,由热激发形成。空穴很容易俘获电子,使杂质原子成为负离子。三价杂质因而也称为受主杂质。P 型半导体的结构示意图如图 2-5 所示。

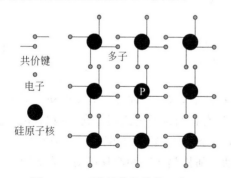

图 2-4 N 型半导体的结构示意图

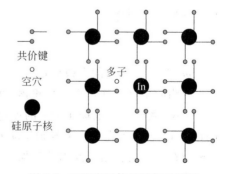

图 2-5 P 型半导体的结构示意图

2.1.5 半导体晶体中载流子的运动

1. 载流子的漂移运动

半导体中的电子和空穴是可以参加导电的,它们的导电性表现在当有外加电场作用在半导体上的时候,电子和空穴将在电场作用下作定向运动,传导电流,人们把该运动称为载流子的漂移运动。

在没有外电场作用下,半导体晶体中的格点原子(由原子核和内层电子组成)、杂质原子(杂质离子)、共有化的价电子(即载流子)都在作着不同形式的运动。它们各自运动的特征表现为:格点原子和替位式的杂质离子均以平衡位置(晶格点阵)为中心的振动;共有化的价电子却可以在整个晶体中运动。温度越高,这些粒子的运动就越剧烈。容易想象,当载流子以相当大的速度在不断振动着的格点粒子之间穿行的时候,会相互碰撞,载流子与载流子之间也会相互碰撞,常常把这种碰撞叫散射。由于强烈的相互作用,载流子的能量、运动速度和方向都会随时改变。在足够长的时间内,载流子的随机热运动将导致其净位移为零。

如图2-6(a)所示的结果没有电荷迁移,不能形成电流。在此引入两个概念:

(1) 大量载流子碰撞之间存在着一个路程的平均值,称为平均自由程,用 λ 表示;

(2) 两次碰撞间的平均时间称为平均自由程时间,用 τ 表示。平均自由程的典型值为 10^{-5} cm,平均自由时间约为 1ps。

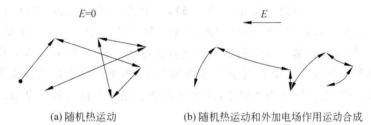

(a) 随机热运动　　　　(b) 随机热运动和外加电场作用运动合成

图 2-6　载流子路径示意图

在建立了上述随机热运动的图像后,就可以比较实际地分析载流子在外加电场作用下的运动。当外加电场施加于半导体上时,每一个电子在电场力 $F=-qE$ 的作用下,沿着电场的反方向在相继两次碰撞之间作加速运动,其加速度可表示为

$$a_n = \frac{F}{m_n} = \frac{-qE}{m_n} \tag{2-1}$$

对于价带空穴同样有

$$a_n = \frac{F}{m_p} = \frac{qE}{m_p} \tag{2-2}$$

式中,m_n、m_p 为电子空穴的有效质量。

需要说明的是这个加速度不能积累,每次碰撞之后,这个定向漂移运动的初速度下降为零。也就是说,载流子在电场作用下的加速运动只在两次散射之间存在。因此,在外加电场 E 的作用下,载流子在原来无规则运动的基础上,叠加一个定向漂移运动,这个定向漂移运动表现为在每一段自由时间内的等加速度运动。随机热运动和漂移运动的合成使载流子产生净位移,如图 2-6(b) 所示。

对于等加速度运动来说,经过平均自由时间 τ 之后的平均漂移速度应为:

对于电子

$$v_n = -\frac{q\tau E}{m_n} \tag{2-3}$$

对于空穴

$$v_n = \frac{q\tau E}{m_p} \qquad (2\text{-}4)$$

以上两式说明载流子漂移速度正比于所施加的电场强度 E。

2. 载流子的扩散运动

在日常生活中，经常可以见到扩散现象。例如在一杯清水中，滴入几滴红墨水，红墨水不断地向四周和下方运动，经过一定时间后，杯中水的颜色成为淡红色，并且上下均匀一致了，这就是红墨水分子在水中的扩散现象。分子、原子、电子等微观粒子，在气体、液体、固体中都可以产生扩散运动，只要微观粒子在各处的浓度不均匀，就可引起粒子由浓度高的地方向浓度低的地方产生扩散运动。那么什么叫载流子的扩散运动呢？载流子浓度不均匀的情况下，即存在浓度梯度时，从高浓度向低浓度的无规则热运动，就叫载流子的扩散运动。与载流子的漂移运动相似，决定扩散运动的是包括平衡与非平衡两部分载流子的总浓度梯度，对于杂质分布均匀的样品，其载流子浓度分布是均匀的，就不会有平衡载流子的扩散。所以当在杂质分布均匀的样品的一个面上注入非平衡载流子时，就可以只考虑非平衡载流子的扩散，在小注入情况下，只考虑非平衡少数载流子的扩散运动。

2.2 半导体器件的发展历史

早在 1900 年前后，人们就发现了一类具有整流性能的半导体材料，并且成功地用金属丝与这些自然晶体的矿石接触作为检波器。但这些早期的晶体检波器性能不稳定，很快就被淘汰了。直到 20 世纪 30 年代，由于微波技术的发展，为了适应超高频波段的检波要求，半导体材料又重新引起人们的注意，并制造出了锗、硅微波二极管。

第二次世界大战以后，在美国贝尔实验室（Bell Laboratories），威廉·肖克莱（W. Schockley，1910—1989 年）领导的一个小组展开对固体学的研究。1947 年，研究小组的约翰·巴丁（J. Barden，1908—1991 年）和沃尔特·布拉顿（W. Brattain，1902—1987 年）在研究半导体材料锗的表面态的过程中，"偶然"地发现了"晶体管效应"，并发明了第一个点接触型三极管，这是世界上第一个晶体三极管，如图 2-7 所示，它标志着电子技术从电子管时代进入到晶体管时代迈开了第一步。由于当时工艺条件的限制，这种点接触型三极管的性能较差，且不稳定。

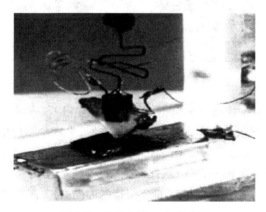

图 2-7 世界上第一个晶体管

1948年初,威廉·肖克莱提出了结型晶体管论,并于1950年成功地制造出结型晶体管。与点接触型晶体管相比,结型晶体管具有结构简单、性能好、可靠性高等优点,并且特别适合大批量生产,因此很快得到广泛应用。威廉·肖克莱、约翰·巴丁和沃尔特·布拉顿三人由于在晶体管研究中的突出贡献,获得了1956年诺贝尔物理学奖(见图2-8)。

从左到右分别为约翰·巴丁、威廉·肖克莱和沃尔特·布拉顿

图2-8　发明晶体管的三位科学家在实验室的合影

晶体管发明以后不到5年,即1952年5月,英国皇家研究所的达默(G. W. A. Dummer, 1909—2002年)就在美国工程师协会举办的座谈会上发表的论文中第一次提出了集成电路的设想。文中说到:"可以想象,随着晶体管和半导体工业的发展,电子设备可以在一个固体块上实现,而不需要外部的连接线。这块电路将由绝缘层、导体和具有整流放大作用的半导体等材料组成"。经过几年的实践和工艺技术水平的提高,1958年以得克萨斯仪器公司(Texas Instruments)的科学家杰克·基尔比为首的研究小组研制出了世界上第一块集成电路,如图2-9所示,并于1959年公布了该成果。集成电路的发明使微电子技术进入了集成电路时代。杰克·基尔比于2000年获得了诺贝尔物理学奖。

图2-9　世界上第一块集成电路

1969年,英特尔公司设计出一个单一可程序化芯片,1971年11月15日,世界上第一个微处理器4004诞生了,它包括一个四位的平行加法器、十六个四位的缓存器、一个累加存储器与一个下推堆栈,共计约二千三百个晶体管。4004与其他只读存储器、移位缓存器、随机存取内存,结合成MCS-4微电脑系统;从此之后,各种集成度更高、功能更强的微处理器开始快速发展,对电子产业产生巨大影响,如今英特尔的酷睿i7四核处理器包含了7.31亿个晶体管。

2.3 基本半导体器件

由半导体材料构成的电子器件称为半导体器件,也是构成电子电路的基本元素,本节将介绍几种基本的半导体器件,例如二极管、三极管、场效应管等。

2.3.1 二极管

1. PN 结的形成

我们知道,N 型半导体中含有施主杂质,在室温下,施主杂质电离为带负电的电子和带正电的施主离子。而在 P 型半导体中含有受主杂质,在室温 T,受主杂质电离为带正电的空穴和带负电的受主离子。此外,P 型和 N 型半导体中还有少数受本征激发产生的电子和空穴,通常本征激发产生的载流子要比掺杂产生的少得多。应该注意到,半导体中的正负电荷数是相等的,它们的作用互相抵消,因此保持电中性。P 型半导体和 N 型半导体结合后,在它们的交界处就出现了电子和空穴的浓度差别,N 型区内电子很多而空穴很少,P 型区内则相反,空穴很多而电子很少。这样,电子和空穴都要从浓度高的地方向浓度低的地方扩散,因此有一些电子要从 N 型区向 P 型区扩散,也有一些空穴要从 P 型区向 N 型区扩散,如图 2-10 所示。

但是,电子和空穴都是带电的,它们扩散的结果就使 P 区和 N 区中原来的电中性条件破坏了。P 区一边失去空穴,留下了带负电的杂质离子;N 区一边失去电子,留下了带正电的杂质离子。半导体中的离子虽然也带电,但由于物质结构的关系,它们不能任意移动因此并不参与导电。这些不能移动的带电粒子通常称为空间电荷,它们集中在 P 区和 N 区交界面附近,形成了一个空间电荷区,这就是人们所说的 PN 结,如图 2-11 所示。在这个区域内,多数载流子已扩散到对方区域并复合掉了,或者说消耗尽了,因此空间电荷区有时又称为耗尽层,它的电阻率很高。扩散越强,空间电荷区越宽。

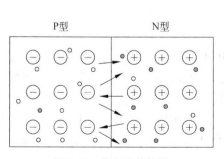

图 2-10 载流子的扩散

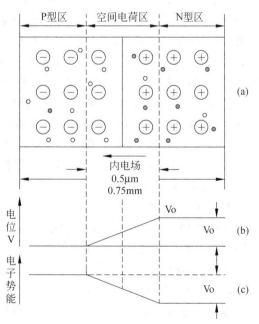

图 2-11 PN 结的形成

在出现了空间电荷区以后,由于正负电荷之间的相互作用,在空间电荷区中就形成了一个电场,其方向是从带正电的N区指向带负电的P区,由于这个电场是由载流子扩散运动即由内部形成的,而不是外加电压形成的,故称为内电场。显然这个内电场的方向是阻止扩散的,因为这个电场的方向与载流子扩散运动的方向相反。从这个意义上看,空间电荷区又可看作是一个阻挡区,它对多数载流子的扩散有阻挡作用。

另一方面我们根据电场的方向和电子空穴的带电极性还可以看出,这个电场驱使N区的少数载流子空穴向P区移动,使P区的少数载流子电子向N区漂移,运动方向正好与扩散运动的方向相反。从N区漂移到P区的空穴补充了原来交界面上P区失去的空穴,而从P区漂移到N区的电子补充了原来交界面上N区所失去的电子,这就使空间电荷减少。因此,漂移运动的结果是使空间电荷区变窄,其作用正好与扩散运动相反。

由此可见,扩散运动和漂移运动是互相联系又互相矛盾的,扩散使空间电荷区加宽,电场增强对多数载流子扩散的阻力增大,但使少数载流子的漂移增强;而漂移使空间电荷区电场减弱,又使扩散容易进行。当漂移运动达到和扩散运动相等时,便处于动态平衡状态。

我们知道,PN结的空间电荷区存在电场,电场的方向是从N区指向P区的,这说明N区的电位要比P区高,电子要从N区到P区必须越过一个能量高坡,一般称为势垒,因此又把空间电荷区称为势垒区。

2. PN结的单向导电性

上面所讨论的PN结处于平衡状态,称为平衡PN结。PN结的基本特性——单向导电性只有在外加电压时才显示出来。

1) 外加正向电压

在图2-12中,当PN结加上外加电压,其正端接P区,负端接N区时,外加电场与PN结内电场方向相反。在这个外加电场作用下,PN结的平衡状态被打破,结果使PN结变窄。即阻挡层厚度变薄(从原来未加电压时的11′线变到22′线),这时阻挡层中载流子增加因而电阻减小,所以这个方向的外加电压称为正向电压或正向偏置电压。当PN结处于正向偏置时,半导体本身的体电阻和PN结上的电阻相比是很小的,所以加上外加电压后,这个电压将集中降落在PN结上。因此,外加电压将使PN结的电场减小,如图2-12所示,也就是势垒降低了,这样P区和N区中能越过这个势垒的多数载流子大大增加,形成扩散电流。这时扩散运动将大于漂移运动,N区电子不断扩散到P区,P区空穴不断扩散到N区。在正常工作范围内,PN结上外加电压只要稍有变化(如0.1V),便能引起电流的显著变化,因此电流是随外加电压急速上升的。这样,正向的PN结表现为一个很小的电阻。

在这种情况下由少数载流子形成的漂移电流,其方向与扩散电流相反,和正向电流比较,其数值很小,可忽略不计。

2) 外加反向电压

在图2-13中,外加电压的正端接N区,负端接P区,外加电场方向与PN结内电场方向相同。在这种外电场作用下,P区中的空穴和N区中的电子都将进一步离开PN结,使阻挡层厚度加宽,这时PN结处于反向偏置。外加电压将使PN结电场增加,电子的电势能也将增加,如图2-13所示,这样P区和N区中的多数载流子就很难越过势垒,因此扩散电流趋近于零。但是由于结电场的增加,使N区和P区中的少数载流子更容易产生漂移运动,因此在这种情况下,漂移运动成为矛盾的主要方面,PN结内的电流由起支配地位的漂移电流所决定。

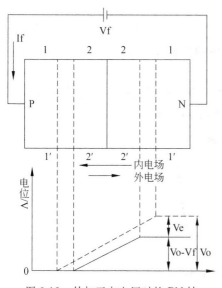
图 2-12　外加正向电压时的 PN 结

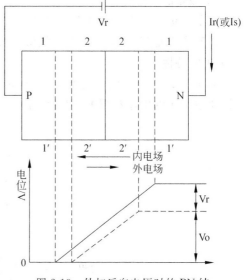
图 2-13　外加反向电压时的 PN 结

3．半导体二极管的结构

半导体二极管按其结构的不同可分为点接触型和面接触型两类。

点接触型三极管是由一根强度较大的金属触丝和一块半导体（如锗）的表面接触，然后在正方向通过很大的瞬时电流，使触丝和半导体牢固地烧接在一起，构成 PN 结，并做出相应电极引线外加管壳密封而成，如图 2-14(a)所示。由于点接触型二极管金属丝很细，形成的 PN 结面积很小，所以极间电容很小，同时，也不能承受高的反向电压和大的电流。这种类型的管子适于做高频检波和脉冲数字电路里的开关元件，也可用来作小电流整流。

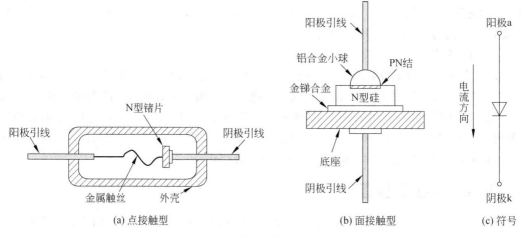
图 2-14　半导体二极管的结构和符号

面接触型或称面结型二极管的 PN 结是用合金法或扩散法做成的，其结构如图 2-14(b)所示，由于面接触型二极管的 PN 结面积大，可承受较大的电流，但极间电容也大。这种类型的管子适用于整流,而不宜用于高频电路中。

4. 二极管的伏安特性

实际的二极管伏安特性如图 2-15 和图 2-16 所示。二极管的伏安特性和 PN 结的理想伏安特性基本上是相同的,下面对二极管伏安特性分两部分加以说明。

1) 正向特性

对应于图 2-15 所示的正向电压部分,此时加于二极管的正向电压只有零点几伏,但相对来说流过管子的电流却很大,因此管子呈现的正向电阻很小。

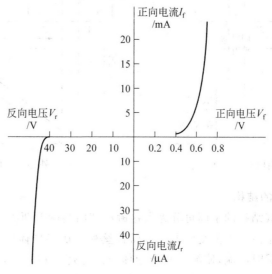

图 2-15 硅二极管伏安特性

但是,正向特性的起始部分,由于正向电压较小,外电场还不足以克服 PN 结的内电场,因此这时的正向电流几乎为零,二极管呈现出一个大电阻,好像有一个门槛。硅管的门槛电压(又称死区电压)约为 0.5V,锗管的门槛电压约为 0.2V,当正向电压大于门槛电压后,内电场被大大削弱,电流因而增长很快。

2) 反向特性

P 型半导体中的少数载流子——电子和 N 型半导体中的少数载流子——空穴,在反向电压作用下很容易通过 PN 结,形成反向饱和电流。但由于少数载流子的数量很少,所以反向电流是很小的,如图 2-15 和图 2-16 所示的硅管的反向电流比锗管小得多。单向导电性(单向开关)称为二极管的标志性特点,即加正向电压(正向偏置)时,电阻小,相当于开关闭合;加反向电压(反向偏置)时,电阻大,相当于开关打开。

2.3.2 双极三极管

半导体三极管是通过一定的工艺,将两个 PN 结结合在一起的器件,由于两个 PN 结之间的互相影响,使半导体三极管表现出不同于单个 PN 结的特性而具有电流放大功能,从而使 PN 结的应用发生了质的飞跃。本节将围绕三极管为什么具有电流放大作用这个核心问题,讨论三极管的结构、内部载流子的运动过程以及三极管的特性曲线和参数。

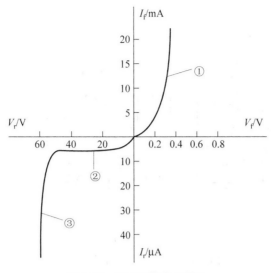

图 2-16 锗二极管伏安特性

1. 三极管的基本结构

三极管又常称为晶体管,它的种类很多。按照频率分,有高频管、低频管;按照功率分,有小、中、大功率管;按照半导体材料分,有硅管、锗管等。但是从它的外形来看,三极管都有三个电极,常见的三极管外形如图 2-17 所示。

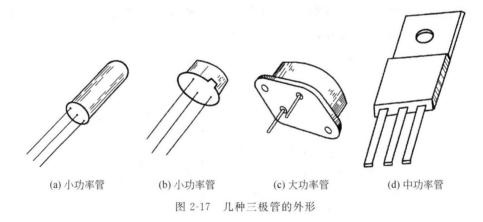

(a) 小功率管　　(b) 小功率管　　(c) 大功率管　　(d) 中功率管

图 2-17 几种三极管的外形

根据结构不同,三极管一般可分成两种类型:NPN 型和 PNP 型。

以 NPN 型为例,如图 2-18(a)所示,它是由两个 PN 结的三层半导体制成的。中间是一块很薄的 P 型半导体(几微米至几十微米),两边各为一块 N 型半导体。从三块半导体上各自接出一根引线就是三极管的三个电极,它们分别叫做发射极(e)、基极(b)和集电极(c),对应的每块半导体称为发射区、基区和集电区。虽然发射区和集电区是 N 型半导体,但是发射区比集电区的杂质多,因此它们并不是对称的。图 2-18(b)是硅平面管的管芯结构图,它是在 N 型硅片氧化膜上光刻一个窗口,进行硼杂质扩散获得 P 型基区,经氧化膜掩护后再在 P 型半导体上光刻一窗口,进行高浓度的磷扩散,获得 N 型发射区,表面是一层二氧化硅保护层,N 型衬底则用作集电极。一般 NPN 型硅三极管都属于这种结构,如 3DG6、3DK1、

3DK4 等。

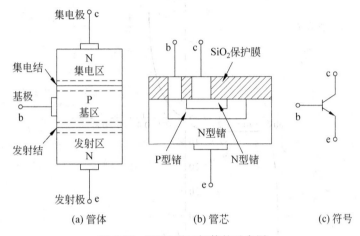

图 2-18 NPN 型三极管的示意图

在电路中，NPN 型三极管用图 2-18(c)的符号表示。图中发射极的箭头表示发射结在正向接法下的电流方向，因此 NPN 型管子的发射极箭头向外。

同样，PNP 型三极管也是由两个 PN 结的三层半导体制成的，不过此时中间是 N 型半导体，两边是 P 型半导体。如图 2-19 所示，以 PNP 锗半导体管为例，它是在很薄的 N 型锗片两边分别烧结两个 PN 结，浓度大的 P 型区做发射区，另一个 P 型区做集电极，很薄的 N 型基区为基极。例如 3AX1、3AX4、3AG71 等低、高频管均属此结构。图 2-19(c)是这类三极管的代表符号，注意发射极的箭头是指向内的。

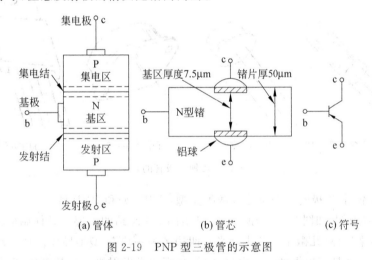

图 2-19 PNP 型三极管的示意图

目前我国生产的硅管多为 NPN 型，锗管多为 PNP 型。

2. 三极管的电流分配与放大原理

1) 三极管内部载流子的传输过程

在讨论二极管时已经知道，PN 结的单向导电性是由于在不同极性的外加电压下，载流子的不同传输过程形成的。同样，三极管的放大作用也是通过载流子的传输体现出来的，下面以 NPN 型管为例来说明。

对于三极管的发射区来说,它的作用是向基区注入载流子。基区是传送和控制载流子的,而集电区是收集载流子的。要使三极管能正常工作,必须外加合适的电压。首先,发射区要向基区注入电子,因此要在发射结上加上正向电压。其次要保证注入基区的电子经过基区后能传输到集电区,为达到这个目的,须在集电结上加上反向电压,如图 2-20 所示。

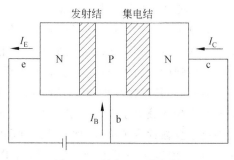

图 2-20　外加电压的极性

不论放大电路形式如何变化,要使三极管有放大作用,必须满足这个基本条件,即发射结加正向电压,集电结加反向电压。在这个外加电压条件下,管内载流子的传输将发生下列过程:

(1) 发射区向基区注入电子。

由于发射结外加正向电压,因此发射结势垒由 V_O 减小到 $V_O - V_{EE}$,如图 2-21 所示。

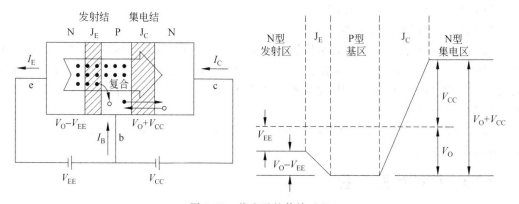

图 2-21　载流子的传输过程

这时发射区的多数载流子不断通过发射结扩散到基区,形成发射极电流 I_E,其方向与电子流动方向相反。与此同时,基区空穴也扩散到发射区,但由于发射区杂质浓度比基区高得多(一般高几百倍),与电子流相比这部分空穴流可忽略不计(图中未画出)。

(2) 电子在基区的扩散与复合。

由发射区来的电子注入基区后,就在基区靠近发射结的边界积累起来,在基区中形成了一定的浓度梯度,靠近发射结附近浓度最高,离发射结越远浓度越小,因此电子就要向集电结的方向扩散,在扩散过程中又会与基区中的空穴复合,同时接在基区的电源的正端则不断从基区拉走电子,好像不断地供给基区空穴。电子复合的数目与电源从基区拉走的电子数目相等,使基区的空穴浓度基本维持不变,这样就形成了基极电流,所以基极电流就是电子在基区与空穴复合的电流。也就是说,注入基区的电子有一部分未到达集电极,如复合越多,则到达集电结的电子越少,对放大是不利的。显然当基区很厚时电子还未到达集电结就差不多被全部复合了,所以为了减小复合就要把基区做得很薄(几微米),使电子在基区中经过的路程很短,加上基区掺入杂质的浓度很低,因而电子在扩散过程中实际上与空穴复合的数量很少,大部分都能到达集电结。

(3) 集电区收集扩散过来的电子。

集电结所加的是反向电压，集电结势垒在增加，如图 2-21 所示，这样集电结势垒很高，使集电区的电子和基区的空穴很难通过集电结，但这个势垒对基区扩散到集电结边缘的电子却有很强的吸引力，可使电子很快地漂移过集电结形成集电极电流。

另一方面，根据反向 PN 结的特性，当集电结加反向电压时，基区中少数载流子电子和集电区中少数载流子空穴在结电场作用下形成反向漂移电流如图 2-21(a)所示。这部分电流决定于少数载流子浓度，称为反向饱和电流，它的数值是很小的，这个电流对放大没有贡献，而且受温度影响很大，容易使管子工作不稳定，所以在制造过程中要尽量设法减小反向饱和电流。

由上面分析可知，半导体三极管内有两种载流子参与导电，故称为双极型三极管。

2) 放大作用

三极管最基本的一个应用，是把微弱的电信号加以放大。由于三极管三个区的载流子浓度不同，流经基极和集电极的载流子密度（即电流）就不同，通常集电极远大于基极电流，这就是电流放大作用，而如果在集电极接一个负载电阻，则这个放大了的电流就转换成了放大了的电压，这就是电压放大作用。

综上所述，可以归纳以下两点：

(1) 三极管的放大作用，主要是依靠它的发射极电流能够通过基区传输，然后到达集电极而实现的。为了保证这一个传输过程，需要满足两个内部条件，即要求发射区杂质浓度要远大于另外两区的杂质浓度，同时基区厚度要很小；另一方面要满足外部条件，即发射结要正向偏置、集电结要反向偏置。

(2) 三极管内各个电流之间有确定的分配关系，所以只要输入电流给定了，输出电流和输出电压便基本确定了。

2.3.3 结型场效应管

场效应管是通过改变电场来控制半导体材料导电能力的有源器件，它是在 20 世纪 60 年代平面工艺逐渐成熟后发展起来的。这种器件不仅具有一般半导体三极管体积小、重量轻、耗电省、寿命长等特点，而且还有输入阻抗高（绝缘栅场效应管最高可达 $10^{15}\Omega$）、噪声低（噪声系数可低至 $0.5 \sim 1\mathrm{dB}$）、热稳定性好、抗辐射能力强和制造工艺简单等优点，因而大大地扩展了它的应用范围，为创造新型而优异的电路（特别是大规模和超大规模集成电路）提供了有利的条件。

根据结构不同，场效应管有两大类：结型场效应管（简称 J-FET）和绝缘栅场效应管（简称 MOS-FET）。下面就从结构和原理入手，对这两类场效应管进行讨论。

结型场效应管是利用半导体内的电场效应进行工作的。

1. 结型场效应管的结构

结型场效应管的结构示意图如图 2-22 所示，它是在一块 N 型半导体材料两边扩散高浓度的 P 型区（用 P+表示），形成两个 PN 结。两边 P+型区引出两个欧姆接触电极并连在一起称为栅极 g，在 N 型本体材料的两端各引出一个欧姆接触电极，分别称为源极 s 和漏极 d，它们分别相当于半导体三极管的基极 b、射极 e 和集电极 c，两个 PN 结中间的 N 型区域称为导电沟道。这种结构称为 N 型沟道结型场效应管。图 2-22(b)是它的代表符号，其中箭头的方向表示栅结正向偏置时，栅极电流的方向是由 P 指向 N，故从符号上就可识别 d、s

之间是 N 沟道。按照类似的方法,可以制成 P 沟道结型场效应管。

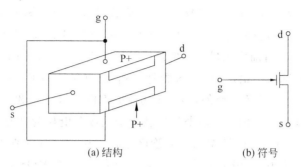

(a) 结构　　　　　(b) 符号

图 2-22　结型场效应管的结构示意图

2. 结型场效应管的工作原理

N 沟道结型场效应管的工作原理可用图 2-23 来说明。栅极和源极之间的电压起到控制沟道开闭的作用,而漏极和源极之间的电压则对沟道的开闭以及流过沟道的电流有影响作用。

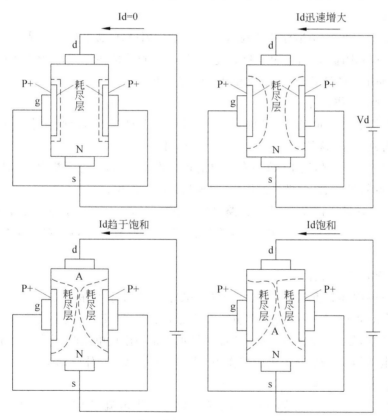

图 2-23　N 沟道结型场效应管的工作原理

2.3.4　MOS 场效应管

结型场效应管的直流输入电阻虽然一般可达 $10^6 \sim 10^9 \Omega$,由于这个电阻从本质上来说是 PN 结的反向电阻,PN 结反向偏置时总会有一些反向电流存在,这就限制了输入电阻的进一步提高。和结型场效应管不同,绝缘栅场效应管是利用半导体表面的电场效应进行工作的,也称为表面场效应器件。由于它的栅极处于不导电(绝缘)状态,所以输入电阻可大大提高,最高可达 10^{15} Ω。目前应用最广泛的绝缘栅场效应管是 MOS-FET(或 MOS 管)。

绝缘栅场效应管除用得最广的 MOS 管外,还有以氮化硅为绝缘层的 MNS 管,以氧化铝为绝缘层的 MALs 管,等等。此外,绝缘栅场效应管也有 N 沟道和 P 沟道两类,其中每一类又可分为增强型和耗尽型两种。所谓耗尽型就是当栅源电压为 0 时存在导电沟道,漏极电流不等于 0(显然前面讨论的结型场效应管就是属于耗尽型);所谓增强型就是当栅源电压为 0 时不存在导电沟道,漏极电流等于 0。P 沟道和 N 沟道 MOS 管的工作原理相同,本节不对其具体原理做详细讨论。

2.3.5 晶闸管

晶闸管(Thyristor)是晶体闸流管的简称,又可称作可控硅整流器,以前被简称为可控硅,1957 年美国通用电器公司开发出世界上第一款晶闸管产品,并于 1958 年将其商业化。

晶闸管工作原理

晶闸管是 PNPN 四层半导体结构,它有三个极:阳极、阴极和门极。晶闸管在工作过程中,它的阳极 A 和阴极 K 与电源和负载连接,组成晶闸管的主电路,晶闸管的门极 G 和阴极 K 与控制晶闸管的装置连接,组成晶闸管的控制电路。

1) 晶闸管的工作条件

(1) 晶闸管承受正向阳极电压时,仅在门极承受正向电压的情况下才导通。这时晶闸管处于正向导通状态,这就是晶闸管的闸流特性,即可控特性;

(2) 晶闸管在导通情况下,只要有一定的正向阳极电压,不论门极电压如何,晶闸管保持导通,即晶闸管导通后,门极失去作用,门极只起触发作用;

(3) 晶闸管在导通情况下,当主回路电压(或电流)减小到接近于零时,晶闸管关断;

(4) 晶闸管承受反向阳极电压时,不管门极承受何种电压,晶闸管都处于反向阻断状态。

2) 晶闸管的工作过程

从晶闸管的内部分析工作过程:晶闸管是四层三端器件,它有 J1、J2、J3 三个 PN 结,如图 2-24(a)所示,可以把它中间的 NP 分成两部分,构成一个 PNP 型三极管和一个 NPN 型三极管的复合管,如图 2-24(b)所示,当晶闸管承受正向阳极电压时,为使晶闸管导通,必须使承受反向电压的 PN 结 J2 失去阻挡作用。图 2-24 中每个晶体管的集电极电流同时就是另一个晶体管的基极电流。

因此,两个互相复合的晶体管电路,当有足够的门极电流流入时,就会形成强烈的正反馈,造成两晶体管饱和导通。设 PNP 管和 NPN 管的集电极和发射机均流过相应的电流,这部分电流经过电路循环后不断地得到放大(就是所谓的正反馈),因此其可以工作在较大的电流下,并且导通和关断可以受外部电压(电流)的控制。

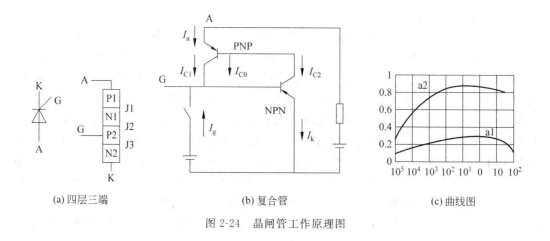

(a) 四层三端　　　　　　(b) 复合管　　　　　　(c) 曲线图

图 2-24　晶闸管工作原理图

2.3.6　半导体(热敏、光敏)电阻

1. 半导体热敏电阻

热敏电阻是热电阻的一种,其阻值随温度变化而变化。但是现在热电阻一般都被工业化了,基本是指 PT100、CU50 等常用热电阻。其区别是:一般热电阻都是指金属热电阻(PT100)等,而半导体热电阻温度系数要比金属大 10～100 倍以上,能检测出 10^{-6}℃ 的温度变化,而且电阻值可在 0.1～100kΩ 间任意选择,所以称为热敏电阻。

但是热敏电阻阻值随温度变化的曲线呈非线性,而且每个相同型号的线性度也不一样,并且测温范围比较小,所以工业上一般用金属热电阻,也就是人们平常所说的热电阻。而热敏电阻一般用在电路板里,比如像通常所说的可以类似于一个保险丝。由于其阻值随温度变化大,可以作为保护器使用。当然这只是一方面,它的用途也很多,如热电偶的冷端温度补偿就是靠热敏电阻来补偿。另外,由于其阻值与温度的关系非线性严重,所以元件的一致性很差,并不能像热电阻一样有标准信号。

1) 热敏电阻工作原理

NTC 是 Negative Temperature Coefficient 的缩写,意思是负的温度系数,泛指负温度系数很大的半导体材料或元器件,所谓 NTC 热敏电阻器就是负温度系数热敏电阻器。它是以锰、钴、镍和铜等金属氧化物为主要材料,采用陶瓷工艺制造而成的。这些金属氧化物材料都具有半导体性质,在导电方式上完全类似锗、硅等半导体材料。温度低时,这些氧化物材料的载流子(电子和空穴)数目少,所以其电阻值较高;随着温度的升高,载流子数目增加,所以电阻值降低。

2) 热敏电阻工作特性

NTC 热敏电阻器在室温下的变化范围在 100Ω～1MΩ,温度系数 -2%～-6.5%。NTC 热敏电阻器可广泛应用于温度测量、温度补偿等场合。

2. 半导体光敏电阻

光敏电阻属半导体光敏器件,除具灵敏度高、反应速度快等特点外,在高温、多湿的恶劣环境下,还能保持高度的稳定性和可靠性,可广泛应用于照相机、太阳能庭院灯、草坪灯、验钞机、石英钟、光声控开关、路灯自动开关以及各种光控玩具等光自动开关控制领域。

1) 光敏电阻工作原理

光敏电阻的工作原理是基于内光电效应,内光电效应是指当光照射在物体上,物体的电阻率 ρ 发生变化或产生光生电动势的现象(见图 2-25)。在半导体光敏材料两端装上电极引线,将其封装在带有透明窗的管壳里就构成光敏电阻,为了增加灵敏度,两电极常做成梳状。用于制造光敏电阻的材料主要是金属的硫化物、硒化物和碲化物等半导体。通常采用涂敷、喷涂、烧结等方法在绝缘衬底上制作很薄的光敏电阻体及梳状欧姆电极,接出引线,封装在具有透光镜的密封壳体内,以免受潮影响其灵敏度。在黑暗环境里,它的电阻值很高,当受到光照时,价带中的电子吸收一个光子的能量后可跃迁到导带,并在价带中产生一个带正电荷的空穴,这种由光照产生的电子-空穴对增加了半导体材料中载流子的数目,使其电阻率变小,从而造成光敏电阻阻值下降。光照越强,阻值越低。入射光消失后,由光子激发产生的电子-空穴对将复合,光敏电阻的阻值也就恢复原值。在光敏电阻两端的金属电极加上电压,其中便有电流通过,受到一定波长的光线照射时,电流就会随光强的增加而变大,从而实现光电转换。光敏电阻没有极性,纯粹是一个电阻器件,使用时既可加直流电压,也加交流电压。

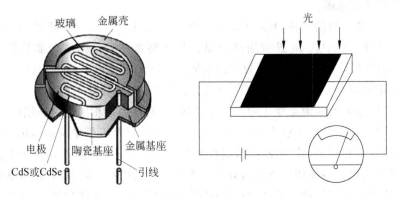

图 2-25 光敏电阻原理图

2) 光敏电阻应用

(1) 光敏电阻调光电路。

图 2-26 是一种典型的光控调光电路,其工作原理是:当周围光线变弱时,光敏电阻的阻值增加,使加在电容 C 上的分压上升,进而使可控硅的导通角增大,达到增大照明灯两端电压的目的;反之,若周围的光线变亮,则阻值下降,导致可控硅的导通角变小,照明灯两端电压也同时下降,使灯光变暗,从而实现对灯光照度的控制。

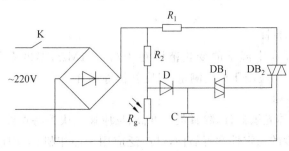

图 2-26 典型的光控调光电路

上述电路中整流桥给出的必须是直流脉动电压,不能将其用电容滤波变成平滑直流电压,否则电路将无法正常工作。原因在于直流脉动电压既能给可控硅提供过零关断的基本条件,又可使电容 C 的充电在每个半周从零开始,准确完成对可控硅的同步移相触发。

（2）光敏电阻式光控开关。

以光敏电阻为核心元件的带继电器控制输出的光控开关电路有许多形式,如自锁亮激发、暗激发及精密亮激发、暗激发,等等。

图 2-27 是一种简单的暗激发继电器开关电路。其工作原理是：当照度下降到设置值时由于光敏电阻阻值上升激发 T_1 导通, T_2 的激励电流使继电器工作,常开触点闭合,常闭触点断开,实现对外电路的控制。

图 2-28 是一种精密的暗激发时滞继电器开关电路。其工作原理是：当照度下降到设置值时由于光敏电阻阻值上升使运放的反相端电位升高,其输出激发 T_1 导通, T_1 的激励电流使继电器工作,常开触点闭合,常闭触点断开,实现对外电路的控制。

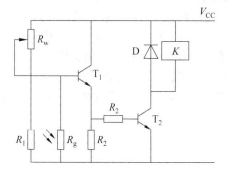 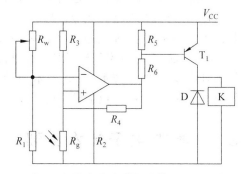

图 2-27 简单的光敏电阻式光控开关　　　　图 2-28 精密的暗激发时滞继电器开关

参　考　文　献

[1]　李哲英,骆丽,刘元盛,刘佳.电子科学与技术导论[M].北京：电子工业出版社,2011.
[2]　刘恩科,朱秉升,罗晋生,等.半导体物理学[M].西安：西安交通大学出版社,1997.
[3]　季振国.半导体物理[M].浙江：浙江大学出版社,2005.
[4]　李翰逊.电路分析基础(第四版)[M].北京：高等教育出版社,2005.
[5]　康华光.电子技术基础模拟部分(第四版)[M].北京：高等教育出版社,1999.
[6]　沈尚贤.电子技术导论[M].北京：高等教育出版社,1986.
[7]　郑君里,杨为理,应启珩.信号与系统[M].北京：人民教育出版社,1981.
[8]　王正行.近代物理学[M].北京：北京大学出版社,2005.
[9]　杨福家.原子物理学[M].北京：高等教育出版社,2000.
[10]　阎守胜.固体物理学[M].北京：高等教育出版社,2009.
[11]　刘文明.半导体物理.[M].吉林：吉林人民出版社,1982.
[12]　孟宪章,康昌鹤.半导体物理[M].吉林：吉林大学出版社,1993.
[13]　袁俊泉.Verilog HDL 数字系统设计及其应用[M].西安：西安电子科技大学出版社,2003.
[14]　黄正瑾.在系统编程技术及其应用[M].南京：东南大学出版社,2004.

第 3 章 电子技术基础

CHAPTER 3

电子技术是 19 世纪末、20 世纪初发展起来的一门新兴技术,它在 20 世纪的迅速发展大大推动了航空技术、遥测传感技术、通信技术、计算机技术以及网络技术的迅速发展,成为近代科学技术发展的一个重要标志。当今世界电子技术无处不在,近至计算机、手机、数码相机、音乐播放器、彩电、音响等生活常用品,远至工业、航天、军事等领域都可看到电子技术的身影。

从 1950 年起,电子技术经历了晶体管时代、集成电路时代、超大规模集成电路时代、微电子技术时代,现在纳米技术、EDA 技术、嵌入式技术也随之蓬勃发展。本章主要介绍电子技术领域里最基础的内容,包括模拟电子技术基础、数字电子基础、集成电路、EDA 工具等。

3.1 模拟电子技术基础

时间连续、幅度连续的信号称为模拟信号,处理模拟信号的电路称为模拟电路,自然界中的信号大部分都是模拟信号,例如温度、压力、语音、心电信号等。模拟电路的功能是对信号进行处理、放大、运算,其中放大功能是最基本的功能,下面分别介绍模拟电路中最基本的单元电路,也是构成集成电路的基础单元电路。

3.1.1 基本放大电路

1. 主要参数

放大电路是电子设备中最常见的一种基本单元电路,例如扩音器就是一个把微弱的声音信号进行放大。当输入信号为微弱的电信号(通常表示为电压或者电流)时,我们可以通过放大电路将电源的能量转化为负载的能量,使输出端负载获得足够大的能量,放大电流的实质就是能量的控制与转换。为了实现放大作用,电路中要采用具有放大作用的电子元器件,例如晶体三极管、场效应管和集成运算放大器。这些能够控制能量的元件称为有源元件。那么如何来衡量一个放大电路的性能呢?主要有以下几个参数。

1) 放大倍数

放大倍数是描述放大电路放大能力的重要指标,它表征放大电路对微弱信号的放大能力,根据输入输出信号量纲的不同,可分为电压放大倍数、电流放大倍数、互阻放大倍数与互导放大倍数。

2) 输入电阻

从放大电路的输入端看进去的等效电阻称为放大电路的输入电阻,输入电阻的大小决定了放大电路从信号源得到的信号幅度的大小。在设计放大电路时,希望输入电阻越大越好,输入电阻越大,说明放大电路从信号源索取的电流越小,放大电路所得到的输入电压越接近于信号源电压。

3) 输出电阻

从放大电路的输出端看进去的等效电阻称为放大电路的输出电阻,输出电阻的大小决定了放大电路带负载的能力。在设计放大电路时,希望输出电阻越小越好,输出电阻越小,放大电路带负载的能力越强。

4) 通频带

由于放大电路存在电抗元件或等效电抗元件,当信号的频率过高或者过低,放大倍数都要明显地下降并产生相移。但是在中频段,各种电抗的影响都可以忽略不计,放大倍数基本不变,将此时的放大倍数记为 A,当放大倍数下降至 $A/\sqrt{2}$ 时所对应的高、低频率分别记为上限频率 f_H 与下限频率 f_L,f_H 与 f_L 之间的频带称为中频带,也称为放大电路的通频带。通频带越宽,说明放大电路对不同频率信号的适应能力越强。

除了上述几个参数之外,非线性失真系数、最大电压输出幅度等也是衡量放大电路的重要性能指标。

2. 基本组态

根据放大电路交流输入信号与输出信号的公共端不同,可以分为三种组态的电路:共发射极电路、共集电极电路和共基极电路。下面重点介绍共发射极放大电路与共集电极放大电路。

1) 共发射极放大电路

下面以 NPN 型晶体三极管组成的单管共发射极放大电路为例,介绍放大电路的组成及工作原理,如图 3-1 所示。

输入端 V_S 为交流信号源(其内阻为 R_S),加在三极管的基极和发射极之间,引起基极电流 i_B 作相应的变化,通过三极管的电流放大作用,三极管的集电极电流 i_C 也将变化。i_C 的变化引起三极管集电极和发射极之间的电压 V_{CE} 变化。V_{CE} 中的交流分量经过电容 C_2 畅通地传送给负载 R_L,成为输出交流电压,实现了电压放大作用。

共射极电路的特点有:输入信号与输出信号反相;有电压放大作用和电流放大作用,可用于多级放大电路的中间级。

2) 共集电极放大电路

图 3-2 为共集电极放大电路,其交流输入信号接在三极管基极与集电极之间,输出信号接在三极管发射集与集电极之间,所以称为共集电极放大电路。它的特点是输入阻抗高、输

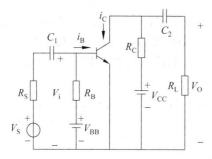

图 3-1 共发射极放大电路原理图

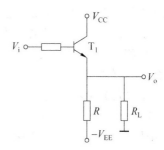

图 3-2 射极输出器

出阻抗低,输出电压与输入电压同相,电压放大倍数接近于1,所以又称作射极输出器,在早期集成运放中用作输出级。它的缺点是静态功耗大,输出电压正负向幅度不相等。为了改善跟随性能,常将射极电阻 R 用恒流源代替。

3. 双管放大电路

当单个的三极管放大倍数不能满足要求时,通常采用复合管,也称为达林顿管,采用复合连接方式,将两只或更多只晶体管的集电极连在一起,而将第一只晶体管的发射极直接耦合到第二只晶体管的基极,依次级连而成,最后引出 E、B、C 三个电极。如图 3-3 所示,两只 NPN 或 PNP 型晶体管构成达林顿管基本电路,设每只晶体管的电流放大系数分别为 h_{FE1}、h_{FE2},则总的放大系数为 $h_{FE}=h_{FE1} \cdot h_{FE2}$,因此,达林顿管有很高的放大系数,$h_{FE}$ 值可达几千,甚至几十万。

3.1.2 差分放大电路

差分放大电路不但能够有效地放大直流信号,而且能够有效地减小由于电源电压波动和晶体管参数随温度变化所引起的零点漂移,因而获得十分广泛的应用,它常被用作多级放大电路的前置级。

如图 3-4 所示是基本差分放大电路,它是由两级结构和参数完全相同的单管共射放大电路组成的对称电路,即所谓的理想差分电路。电路有两个输入端 V_{i1}、V_{i2},且 $V_i=V_{i1}-V_{i2}$,有两个输出端 V_{o1}、V_{o2},且 $V_o=V_{o1}-V_{o2}$。

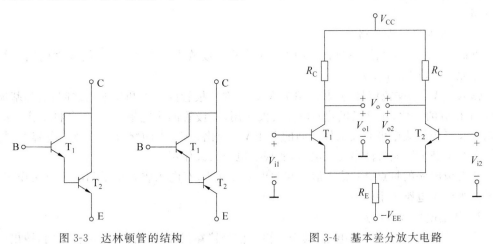

图 3-3 达林顿管的结构 　　　图 3-4 基本差分放大电路

差分放大电路具有以下特点:

(1) 抑制零点漂移。差分放大电路的左、右电路是完全对称的,因此温度变化或电源电压的波动而引起的两管集电极电流的变化总是大小相等、方向相同,由此产生的 2 个管子的输出漂移电压相等,即 $\Delta V_{o1}=\Delta V_{o2}$。差分放大电路总的输出漂移电压 $\Delta V_o=\Delta V_{o1}-\Delta V_{o2}=0$,零点漂移就这样被抑制了。

(2) 差分放大电路对差模输入信号(两输入信号的差值称为差模输入信号)具有放大作用,差模电压放大倍数与单管放大电路的放大倍数相同。可以认为,差分放大电路的特点是多用 1 个晶体管来换取对零点漂移的抑制。

(3) 差分放大电路可以有效地放大差模信号,抑制共模信号(两输入信号的算术平均值称为共模信号)。对差模信号的放大倍数越大,对共模信号的放大倍数就越小,放大电路的性能就越好。

3.1.3 恒流源电路

在模拟电路中恒流源被广泛应用,其作为偏置电路可以使电路特性不受电源波动和温度变化的影响,作为放大器的有源负载可提高电路的电压增益。

所谓恒流源是指一个具有高内阻的电源,当负载变化时,输出电压尽管有变化,但输出电流是恒定的,基本恒流源电路如图 3-5 所示。

图 3-5 中两个三极管 T_1、T_2 完全对称,这种恒流源又称为镜像恒流源,由于 R_r 与 T_1 组成的控制支路的控制作用,使得输出支路 T_2 得到稳定的输出电流。基本恒流源电路的优点是电路简单,并且由于 T_1、T_2 的温度系数一致,使 I_o 与 I_r 的温度跟踪较好,电阻的温度系数决定电路的温度系数,因而应选取温度系数较小的电阻工艺。

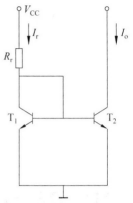

图 3-5 基本恒流源电路

3.1.4 功率放大电路

模拟电路的输出级一般直接与负载连接,因此应满足如下一些要求:要有很低的输出电阻与较高的输入电阻,以便使放大器的性能尽可能不受负载的影响;在一定的负载条件下,输出的电压幅度大;具有一定的输出功率,即输出的电流能力要强;静态功耗要低,最好具有过流保护电路。为了满足上述要求,输出级一般采用功率放大电路,也称为互补推挽输出级电路。

互补推挽输出级电路如图 3-6 所示,电路是由一个 PNP 管和 NPN 管组成的互补射极输出器。

互补推挽输出级电路中不管正向或负向输出,都是射极跟随输出,但是电路工作于乙类放大状态,静态工作点为零,容易产生"交越失真"。

一般模拟集成电路都在一定的偏置电路下工作,所以最可能发生的是输出端对地,或对电源短路。为避免大电流的危害,一般在集成电路中都有电流过载保护电路。

对于用二极管组成的输出限流保护电路,如图 3-7(a)所示,D_3、D_4 是限流二极管,R_{e2}、R_{e3} 是取样电阻。当电路正常工作时,由于某些原因使 I_{e2} 过大,导致 R_{e2} 上的电压大于 D_3 的导通电压,则 D_3 立即导通,T_2 的基极电流减小,从而 I_{e2} 也减小,即限制了输出电流,从而使输出管得到保护。

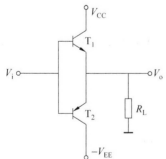

图 3-6 互补推挽输出级电路

图 3-7(b)为三极管保护电路,T_4、T_5 是过流保护管,R_{e2}、R_{e3} 是取样电阻。工作原理与上面二极管保护电路相同。

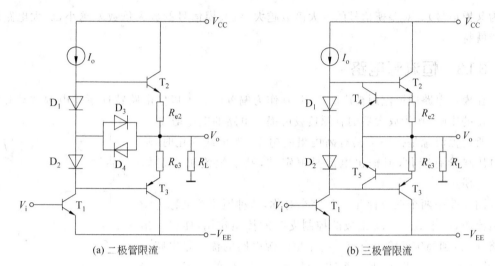

图 3-7 输出级的保护电路

3.1.5 稳压电源

作为在模拟电路中经常使用的一种基本单元电路,稳压电源具有稳定的电压输出、尽可能小的稳定系数和尽可能低的输出电阻等特点。

1. 二极管稳压电路

二极管稳压电路如图 3-8 所示。图 3-8(a)为正向二极管稳压电路,输出基准电压值为 $V_O=(n-1)V_{BE}$,n 表示串接的二极管的个数。这种电路的特点是结构简单,电压变化范围大。若用恒流源代替 R,这样得到的稳压电路输出电压更稳定,如图 3-8(b)所示齐纳二极管稳压电路,为正向二极管稳压电路,其基准电压由齐纳二极管决定,一般为 6~8V。由于采用齐纳二极管,电路的噪声很大。

2. 具有负反馈的基准稳压电路

具有负反馈的基准稳压电路被许多集成稳压器所采用,由图 3-9 可知,电路输出的基准

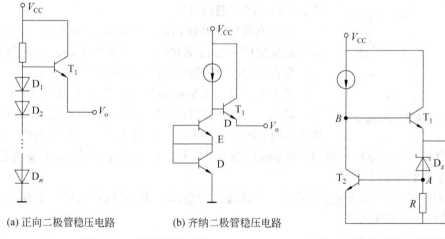

(a) 正向二极管稳压电路　　(b) 齐纳二极管稳压电路

图 3-8 二极管稳压电路　　　　　图 3-9 有负反馈的基准稳压电路

电压为 $V_O=V_{BE}+D_z$,T_1、T_2、R 和 D_z 构成了一个负反馈电路,当 V_O 有微小变化时,可以通过反馈回路,使 V_O 恢复至原来的稳定值。

3.2 数字电子技术基础

用来实现数字逻辑系统中的逻辑运算的电路称为数字逻辑电路,也叫数字电路。由于数字电路是以二值数字逻辑为基础的,只有 0 和 1 两个基本数字,易于用电路来实现,而且由数字电路组成的数字系统工作可靠,精度较高,抗干扰能力强,它可以通过整形很方便地去除叠加于传输信号上的噪声与干扰,还可利用差错控制技术对传输信号进行查错和纠错,同时还具有算术运算能力和逻辑运算能力,可进行逻辑推理和逻辑判断,因此在通信、电视、雷达、自动控制、电子测量等科学领域数字电路都得到了非常广泛的应用。

3.2.1 逻辑运算

1. 基本逻辑运算

在数字逻辑中只有两种数值 1 和 0,当事物为真时用 1 代表,当事物为假时用 0 代表。在数字系统中逻辑变量之间有三种基本的运算。

(1) 与运算:仅当确定事件(Y)发生的所有条件($A,B,C\cdots$)均满足时,事件(Y)才能发生。例如用串联开关 A、B 控制的小灯 Y,只有当开关 A、B 都闭合时小灯 Y 才能被点亮,否则小灯 Y 不亮(见表 3-1)。

将开关闭合记做 1,断开记做 0,灯亮记做 1,灯灭记做 0,可以做出表 3-2 来描述与逻辑关系(真值表)。

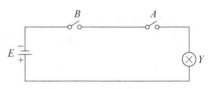

图 3-10 与运算模拟电路

表 3-1 开关与小灯对应关系

开关 A	开关 B	灯 Y
断开	断开	灭
闭合	断开	灭
断开	闭合	灭
闭合	闭合	亮

表 3-2 与逻辑真值表

A	B	Y
0	0	0
1	0	0
0	1	0
1	1	1

可以看出"与"逻辑表达了一种"并且"的概念,只有两个变量都为 1 的时候,与运算的结果才是 1,逻辑表达式记做 $Y=AB$。

(2) 或运算:当决定事件(Y)发生的各种条件($A,B,C\cdots$)中,只要有 1 个或者 1 个以上的条件具备,事件 Y 就可以发生。例如用并联开关 A、B 控制的小灯 Y,开关 A、B 中有任何一个闭合,小灯 Y 都会被点亮。

或逻辑关系如表 3-3 所示。可以看出"或"逻辑表达了一种"或者"的概念,只有两个变量中任意一个变量为 1 的时候或运算的结果都是 1,只有两个变量都为 0 时结果才为 0,逻辑表达式记做 $Y=A+B$。图 3-11 为或逻辑模拟电路。

表 3-3　或逻辑真值表

A	B	Y
0	0	0
1	0	1
0	1	1
1	1	1

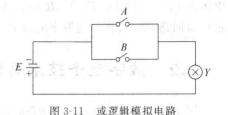

图 3-11　或逻辑模拟电路

(3) 非运算：非运算指的是逻辑的否定。当决定事件(Y)发生的条件(A)满足时，事件不发生；条件不满足事件反而发生。如图 3-12 所示的短路开关 A，当 A 闭合时小灯 Y 不亮；而开关 A 断开时，小灯反而能够点亮。非逻辑真值表如表 3-4 所示，可以看出"非"逻辑表达了一种否定的概念，这种逻辑关系记做 $Y=\bar{A}$。

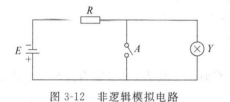

图 3-12　非逻辑模拟电路

表 3-4　非逻辑真值表

A	Y
0	1
1	0

2. 复合逻辑运算

除了上述三种基本的逻辑运算之外还常采用一些复合逻辑运算。

(1) 与非逻辑。逻辑与和非的复合，表达式为 $Y=\overline{AB}$，逻辑关系如表 3-5 所示。

(2) 或非逻辑。表达式为 $Y=\overline{A+B}$，逻辑关系如表 3-6 所示。

表 3-5　与非逻辑真值表

A	B	Y
0	0	1
1	0	1
0	1	1
1	1	0

表 3-6　或非逻辑真值表

A	B	Y
0	0	1
1	0	0
0	1	0
1	1	0

(3) 异或逻辑。表达式为 $Y=A\oplus B$，逻辑关系如表 3-7 所示，两个输入相同为 0，不同为 1。这种关系表达了一种二进制数字加法的概念。例如二进制 1+1=10，保留个位，结果为 0。这种逻辑在数学运算系统中经常使用。

在现实应用中无论多么复杂的逻辑关系都可以由"与"、"或"、"非"这三种基本的逻辑运算和常见的复合逻辑构成。

例如，图 3-13 为一个举重裁判电路，有 A、B、C 三个裁判来判定举重运动员的举重过程是否合格。其中 A 为权威裁判，B 与 C 是一般裁判，只有 A 判定合格，并且 B、C 中至少有一个裁判判定合格的情况下，才能最终判定举重成功；否则，不成功。这种逻辑关系可以用一个或操作和一个与操作来实现 $Y=A(B+C)$。类似的其他复杂的逻辑关系同样可以通过"与"、"或"、"非"三种逻辑运算的组合来实现。

表 3-7　异或逻辑真值表

A	B	Y
0	0	1
1	0	0
0	1	0
1	1	0

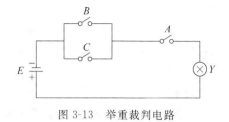

图 3-13　举重裁判电路

3.2.2　基本门电路

利用半导体器件的导通和截止两个状态输出高低不同的两种电平来表达逻辑量 1 和 0。这里的高低电平是一个范围而不是某个具体的数值，高于 U_H 为高电平，低于 U_L 为低电平，通常情况下规定高电平代表逻辑 1，低电平代表逻辑 0，称为正逻辑系统。电子技术中绝大多数使用的都是正逻辑系统。图 3-14 为逻辑电平阈值划分。

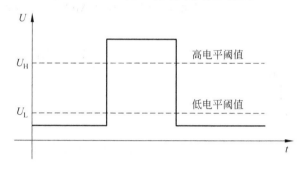

图 3-14　逻辑电平阈值划分

数字电路中实现逻辑运算的基本单元是逻辑门电路，根据构成电路的半导体器件不同，可分为晶体管逻辑电路(Transistor-Transistor Logic,TTL)逻辑门电路和互补金属氧化物半导体(Complementary Metal Oxide Semiconductor,CMOS)逻辑门电路。由晶体三极管构成的门电路称为 TTL 逻辑门电路，这种门电路于 19 世纪 60 年代问世，至今仍广泛应用于各种数字电路中。TTL 电路的基本环节是带负载电阻的双极型结型晶体管(Bipolar Junction Transistor,BJT)反相器(非门)，由于器件内部和负载电容的影响，BJT 反相器的开关速度不高。MOS 逻辑门电路是在 TTL 电路问世后，所开发出的第二种数字集成器件，因构成门电路的金属氧化物半导体场效应晶体管(Metallic Oxide Semiconductor Field-effect Transistor,MOSFET)不同，可以分为 P 沟道金属氧化物半导体(P-channel Metal-Oxide-Semiconductor,PMOS)、N 通道金属氧化物半导体(N-channel Metal-Oxide-Semiconductor,NMOS)和 CMOS 门电路。PMOS 门电路在早期的 MOS 集成电路中使用广泛，其制造工艺简单，但是工作速度慢，逐渐被工作速度更快的 NMOS 和 CMOS 取代。尤其是 CMOS，由于其静态功率为零，在目前的 MOS 集成电路中得到了更广泛的使用和迅速发展。下面主要介绍 NMOS 和 CMOS 门电路。

1. NMOS 门电路

1) 电阻负载 MOS 反相器

电阻负载 MOS 反相器的电路如图 3-15 所示，由一个增强型 NMOS 管和一个负载电阻

R_D 组成。

MOS 管的栅极作为逻辑输入端,源极接地,漏极经负载电阻 R_D 接正电源,逻辑输出端由漏极引出,该电路实现了逻辑非功能。

2）饱和型 MOS 管有源负载反相器

为了改善电阻负载 MOS 反相器的输出低电平值,以改善电压传输特性,通常要求其具有较大的负载电阻,但是带来了在集成片的制造中电阻占用的芯片面积大而不利于集

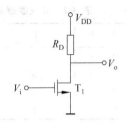

图 3-15 电阻负载 MOS 反相器

成的问题,因此,实际的 MOS 反相器,都是用 MOS 管作为负载电阻来代替电路中的电阻 R_D,这就形成了饱和型 MOS 管有源负载反相器,电路图如图 3-16 所示。

3）非饱和型 MOS 管有源负载反相器

饱和型 MOS 管有源负载反相器电路简单,功耗也低,但是存在高电平输出为 $V_{DD}-V_{T_2}$,即有 V_{T_2} 的损失的问题,如图 3-17 所示的非饱和型 MOS 管有源负载反相器解决了此问题。

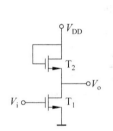

图 3-16 有源负载反相器

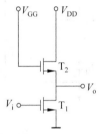

图 3-17 非饱和型 MOS 管有源负载反相器

非饱和型 MOS 管有源负载反相器导通电阻减小,高电平输出近似为 V_{DD},提高了电路的开关速度和电源的利用率,降低了电路功耗,但是需要多用一组电源,因而使电路结构变得复杂,且静态传输特性变差。

4）NMOS 逻辑门

在 NMOS 反相器的基础上稍加改变,就可以组成各种 NMOS 逻辑门。图 3-18、图 3-19 分别为两输入端的与非门、或非门电路。

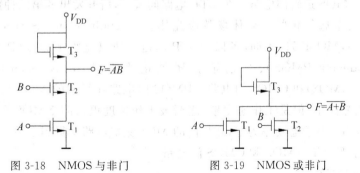

图 3-18 NMOS 与非门   图 3-19 NMOS 或非门

5）NMOS 驱动电路

在实际应用中,MOS 管集成电路的输出端总带有负载或部件,且有分布电容存在。为

了提高 NMOS 电路的工作速度,必须增加这些输出端驱动电容负载的能力,这种驱动能力较强的集成电路称为驱动器。

图 3-20 给出了几种驱动器电路,图 3-20(a)为反相推挽驱动器电路,图 3-20(b)为同相推挽驱动器电路,图 3-20(c)为改进的反相驱动器电路,图 3-20(d)为三态输出电路。

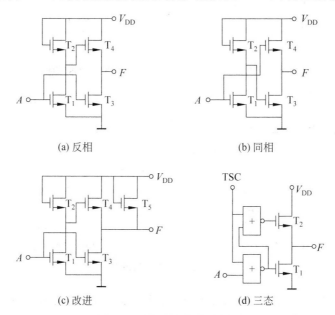

图 3-20 NMOS 驱动器电路

2. CMOS 门电路

1) CMOS 反相器

CMOS 反相器是 CMOS 集成电路最基本的逻辑单元之一,它由一个增强型 NMOS 管和一个增强型 PMOS 管组成,其电路结构如图 3-21(a)所示。

图 3-21 中,T_1 和 T_2 的栅极接在一起作为反相器的输入端,漏极接在一起作为反相器的输出端,工作时 T_2 的源极接电源正端,T_1 的源极接地。

该电路实现了逻辑非的功能,分析表明,无论输入端是高电平还是低电平,T_1 和 T_2 总是一个导通,一个截止,这就大大限制了电路的静态电流,电路中的电流仅仅是截止管的漏电流,所以这种电路的静态功耗很低。另外,CMOS 门电路还有电源电压的工作范围比较宽,抗干扰能力强等特点。

2) CMOS 传输门

CMOS 传输门是 CMOS 逻辑电路的一种基本单元电路,其功能是对所要传送的信号电平起允许通过和禁止通过的作用。CMOS 传输门的电路如图 3-21(b)所示。

NMOS 管 T_1 和 PMOS 管 T_2 结构上完全对称,将源极和漏极分别接在一起,作为传输门的输入端和输出端,在两管的栅极上,加上互补的控制信号 C 和 $\overline{C}$。设控制信号 C 的高电平为 V_{DD},低电平为 0V。NMOS 管 T_1 和 PMOS 管 T_2 的开启电压绝对值小于 $\frac{1}{2}V_{DD}$。

当 C 为高电平时,输入信号在 $0 \sim V_{DD}$ 之间变化时,传输门导通。当 C 为低电平,输入信号在 $0 \sim V_{DD}$ 之间变化时,传输门截止。

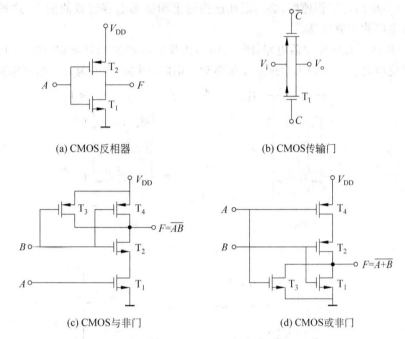

图 3-21 CMOS 门电路

由于 T_1、T_2 管的结构形式是对称的,即漏极和源极可互换使用,因而 CMOS 传输门属于双向器件,它的输入端和输出端也可以互易使用。

3) CMOS 逻辑门

利用 CMOS 反相器可以方便地构成各种门电路,图 3-21(c)和图 3-21(d)给出了由 CMOS 反相器组成的与非门、或非门电路。

随着集成电子技术的不断发展,由分立元件搭建的数字电路逐渐被集成的数字电路所取代。CD4000/74 系列是使用最多的集成数字逻辑芯片,早期 74 系列是 TTL 型芯片,CD 系列为 CMOS 型芯片,后来根据市场需求设计出很多 CMOS 型的 74 系列芯片,CD 系列芯片逐渐被淘汰,现在基本所有的数字系统设计中都会使用到 74 系列的芯片。其中 TTL 型 74LS 系列和 CMOS 型 74HC 系列是最经常使用到的两个系列。例如 74LS082 为 TTL 型四输入与门,74HC136 为 CMOS 型四输入异或门。

TTL 型芯片和 CMOS 型芯片主要有以下区别。

(1) 逻辑电平标准不同。

TTL 器件输出低电平要小于 0.8V,高电平要大于 2.4V。输入低于 1.2V 就认为是 0,高于 2.0 就认为是 1。

CMOS 电平与电源电压 V_{CC} 相关,V_{CC} 最高可到 12V。CMOS 电路输出低电平小于 $0.1V_{CC}$,高电平大于 $0.9V_{CC}$。输入低电平小于 $0.3V_{CC}$,高电平大于 $0.7V_{CC}$。因此 CMOS 集成电路电源电压可以在较大范围内变化,对电源的要求不像 TTL 集成电路那样严格。

在具体使用时要阅读芯片手册注意两种芯片电平标准的不同,特别是在芯片连接时要注意电平的兼容性,必要时加入电平转换电路使两者电平阈值匹配。

(2) 输入引脚使用不同。

CMOS 电路不使用的输入端不能悬空,否则会造成逻辑混乱。TTL 电路不使用的输入端悬空为高电平,可以认为输入电阻无穷大。CMOS 器件抗静电能力差,易发生栓锁问题,所以 CMOS 的输入脚不能直接接电源,而 TTL 芯片的输入端可以直接接电源。

(3) 功耗与速度不同。

TTL 电路的速度快,传输延迟时间短(5～10ns),但是功耗大。CMOS 电路的速度慢,传输延迟时间长(25～50ns),但功耗低。CMOS 电路本身的功耗与输入信号的脉冲频率有关,频率越高,芯片集越热,这是正常现象。

(4) 驱动能力不同。

TTL 芯片一般高电平的驱动能力为 5mA,低电平为 20mA;而 CMOS 的高低电平均为 5mA。

74 系列集成逻辑芯片中除了基本的逻辑门电路之外还有很多常用的复合逻辑门以及大量常用的触发器、计数器、译码编码器等常用芯片。例如 74138 为 3-8 线译码器,74151 为 8 选 1 数据选择器,74164 为八位串行入/并行输出移位寄存器,74161 为可置数四位二进制异步清除计数器等。

通过这些器件和合理组合可以实现各种复杂的逻辑功能。如图 3-22 所示,将 2 片 74161 级联可以生成模 60 计数器。

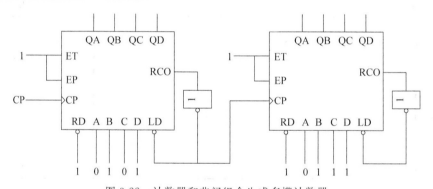

图 3-22 计数器和非门组合生成多模计数器

随着科技的进步和各种设计需求的不断提高,需要设计的数字系统越来越复杂,要求速度也越来越快,单纯地依靠 74 系列这种简单的通用逻辑芯片的组合进行数字系统的设计已经不能满足产品设计需求。随着集成电子技术的不断发展,越来越多的电子厂商开始根据客户需要设计出功能更加复杂、针对各种特定应用场合的专用集成电路(Application Specific Integrated Circuit,ASIC)。但是由专门的电子厂商来进行 ASIC 的制造,周期过长,成本过高,保密性过差,因此电气工程师们迫切地需要有一种方法可以用简单的设备、低廉的价格使自己在实验室内快速地设计制作自己的 ASIC,由此可编程逻辑器件(Programmable Logic Device,PLD)应运而生。

3.2.3 组合逻辑电路

根据逻辑功能的不同,数字电路可以分成两大类,一类叫组合逻辑电路(简称组合电路),另一类叫做时序逻辑电路(简称时序电路)。组合逻辑电路在逻辑功能上的特点是任意时刻的输出仅仅取决于该时刻的输入,与电路原来的状态无关。而时序逻辑电路在逻辑功能上的特点是任意时刻的输出不仅取决于当时的输入信号,而且还取决于电路原来的状态,或者说,还与以前的输入有关。

1. 组合逻辑电路的分析

对于一个给定的逻辑电路,确定其逻辑功能应分为以下几个步骤:

(1) 根据逻辑图写出各输出端的逻辑表达式;

(2) 化简和变换各逻辑表达式;

(3) 列出真值表;

(4) 根据真值表和逻辑表达式对逻辑电路进行分析,最后确定其功能。

下面以图 3-23 中的逻辑电路为例说明如何分析逻辑电路的功能。

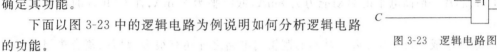

图 3-23 逻辑电路图

(1) 根据逻辑图写出输出逻辑表达式并进行化简。

$$L = Z \oplus C = (A \oplus B) \oplus C = A \oplus B \oplus C \tag{3-1}$$

(2) 列写真值表,如表 3-8 所示。

表 3-8 真值表

A	B	C	L
0	0	0	0
0	0	1	1
0	1	0	1
0	1	1	0
1	0	0	1
1	0	1	0
1	1	0	0
1	1	1	1
⋮			⋮

(3) 确定逻辑功能:输入变量的取值中有奇数个 1 时,L 为 1;否则,L 为 0,因此电路具有为奇校验功能。

2. 组合逻辑电路的设计

组合电路设计是根据给出的实际逻辑问题,求出实现这一逻辑关系的最佳逻辑电路。工程上的最佳设计,通常需要用多个指标去衡量,主要考虑的问题有以下几个方面:

(1) 所用的逻辑器件数目最少,器件的种类最少,且器件之间的连线最少,这样的电路称为"最小化"电路;

(2) 满足速度需求,应使级数最少,以减少门电路的延迟;

(3) 功耗小,工作稳定可靠。

组合逻辑电路的设计与分析过程相反,其步骤大致如下:

(1) 根据对电路逻辑功能的要求,列出真值表;

(2) 由真值表写出逻辑表达式;

(3) 简化和变换逻辑表达式,从而画出逻辑图。

现在举例说明:人类有 O、A、B、AB 共 4 种基本血型,输血者与受血者的血型必须符合图示原则。试用与非门设计一血型关系检测电路,用以检测输血者与受血者之间的血型关系是否符合图示关系,如果符合,输出为 1;否则,为 0。

(1) 进行逻辑抽象,列出真值表(见表 3-9(a)和表 3-9(b))。

表 3-9(a)　输入输出编码表

血型	输血者 CD	受血者 EF
O	00	00
A	01	01
B	10	10
AB	11	11

表 3-9(b)　真值表

输	入	输出
CD	EF	L
00	00	1
00	01	1
00	10	1
⋮	⋮	0

依题意:输血者的血型和受血者的血型都是输入变量,二者之间的关系是否符合上述原则为输出函数 L。

编码:血型有四种取值,要区分开需 2 位二进制编码,则共有 4 个输入逻辑变量。以 CD 和 EF 分别代表输血者和受血者血型,进行如下编码:

(2) 写出函数式,同时化简:

$$L = \overline{C}\overline{D} + EF + \overline{C}F + \overline{D}E \tag{3-2}$$

(3) 将表达式化为与非式。

$$L = \overline{\overline{\overline{C}\overline{D}} \cdot \overline{EF} \cdot \overline{\overline{C}F} \cdot \overline{\overline{D}E}} \tag{3-3}$$

(4) 画出逻辑图(见图 3-24)。

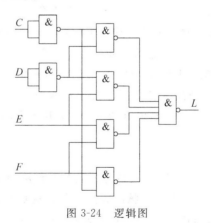

图 3-24　逻辑图

3.2.4　时序逻辑电路

上一节已经介绍过,逻辑电路可分为组合逻辑电路与时序逻辑电路,时序逻辑电路的输出不仅与当时的输入有关,而且还与电路原来的状态有关。从结构上看,时序逻辑电路不仅包含组合电路,还含有存储电路,因而具有记忆能力。

时序逻辑电路可分为同步时序电路和异步时序电路两大类。在同步时序逻辑电路中,存储电路内所有触发器的时钟输入端都接于同一个时钟脉冲源,因而,所有触发器的状态

（即时序逻辑电路的状态）的变化都与所加的时钟脉冲信号同步。在异步时序逻辑电路中，没有统一的时钟脉冲，有些触发器的时钟输入端与时钟脉冲源相连，只有这些触发器的状态变化才与时钟脉冲同步，而其他触发器状态的变化并不与时钟脉冲同步。

在时序逻辑电路中，触发器是最基本的单元电路，下面简要介绍几种基本的触发器。

1. 基本 RS 触发器

两个与非门电路或两个或非门电路可以组成基本 RS 触发器，与非门基本 RS 触发器如图 3-25(a)所示。它以 1 或 0 的形式存储数据，RS 触发器有两个输入端 R、S 和两个互补输出端 Q、$\bar{Q}$，在 S 端加上零脉冲会导致输出端 Q 变为高电平，同时 $\bar{Q}$ 会变为低电平，触发器置位，输出 1；在 R 端上加上零脉冲，会导致输出端 Q 变为低电平，$\bar{Q}$ 变成高电平，这时触发器复位，输出 0。

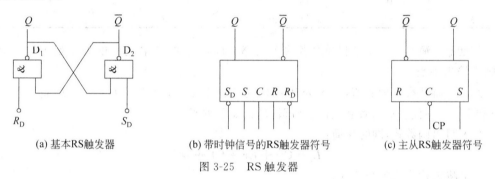

(a) 基本RS触发器 (b) 带时钟信号的RS触发器符号 (c) 主从RS触发器符号

图 3-25 RS 触发器

2. 带时钟信号的 RS 触发器

带时钟信号的 RS 触发器逻辑电路如图 3-25(b)所示。在许多情况下需要控制触发器同步运行，用与非门基本 RS 触发器外加两个控制门和第 3 个输入就可以完成这个作用。第 3 个输入通常称作时钟或触发脉冲输入端，用 C(Clock Pulse, CP)表示。要改变触发器的状态，连同外加时钟输入需要两个输入脉冲。为了使它动作，即 $Q=1$，S 端和 CP 端必须同时都是高电平，假若 S 端变为低电平，而 CP 端仍保留高电平或者通以负脉冲，触发器不会改变状态，只是保持原态。把高电平脉冲同时加到 R 端和 C 端可使触发器复位，即 $Q=0$。值得指出的是，在 CP 为 1 期间，如果 R 端、S 端发生变化，触发器的输出可能也会发生变化，即发生空翻现象。

3. 主从 RS 触发器

主从 RS 触发器由两个受时钟脉冲控制的主触发器和从触发器组成。它们受互补时钟脉冲的控制，如图 3-25(c)所示。当时钟脉冲为高电平时从触发器封锁，主触发器打开，R 端和 S 端的状态决定主触发器的状态。在时钟脉冲为低电平时主触发器封锁，从触发器打开，主触发器的状态决定从触发器的状态，从触发器的状态为输出状态。触发翻转只在时钟脉冲的低电平进行。由于采用主从电路结构，触发器状态改变是在时钟脉冲的下降沿，故不会出现空翻现象。

4. 主从 JK 触发器

一种常见的主从 JK 触发器逻辑电路见图 3-26，它由输出 Q 和 $\bar{Q}$ 被交叉耦合到主触发器的 RS 主从触发器构成，相应

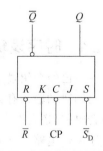

图 3-26 主从 JK 触发器符号

的输入端为 J、K。这种结构的 JK 触发器从 CP 信号的上升沿开始及整个高电平期间，主触发器接收 JK 信号，而在 CP 信号的下降沿将主触发器所存的信息传送到从触发器。主从 JK 触发器不会出现空翻现象。

5. D 触发器

D 触发器的 D 代表延迟或数据，它的输出是发生在早于一个时钟脉冲之前的 D 输入的函数。维持阻塞 D 触发器如图 3-27(a)所示。在时钟脉冲期间，在 D 输入提供 1 会导致输出变为 1，否则输出变为 0。其真值表(见表 3-10)表明这种关系，其中 Q^{n+1} 是时钟脉冲以后的 Q 输出，它取决于 D 的输入状态。用 JK 触发器构成的 D 触发器，如图 3-27(b)所示。

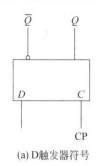
(a) D 触发器符号

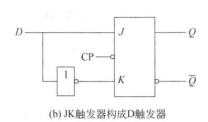
(b) JK 触发器构成 D 触发器

图 3-27 D 触发器

表 3-10 D 触发器真值表

D	Q^{n+1}
0	0
1	1

6. 边沿触发器

这种类型的触发器仅在时钟脉冲的上升沿(或下降沿)才接收输入的数据以改变触发器的状态，边沿触发器只对时钟脉冲的边沿敏感，故具有很强的抗干扰能力，不仅解决了电平触发器的"空翻"现象，还解决了主从 JK 触发器的"一次变化"问题。边沿概念通常体现在逻辑符号上，在 CP 端加一小三角，如图 3-28 所示。

7. 时序逻辑电路的分析

时序逻辑电路的分析，就是根据给定的时序逻辑电路图，通过分析，找出该时序逻辑电路在输入信号及时钟信号作用下，电路状态的转换规律以及输出的变化规律，进而说明该时序逻辑电路的逻辑功能。下面是分析时序逻辑电路的一般步骤。

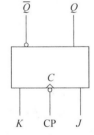
图 3-28 JK 边沿触发器

（1）分析电路的组成：电路的输入输出信号、触发器的类型、同步、异步等。

（2）由逻辑图写出下列各逻辑方程式：各触发器的时钟方程、时序电路的输出方程、各触发器的激励（驱动）方程。

（3）将驱动方程代入相应触发器的特性方程，求得时序逻辑电路的状态方程。

（4）根据状态方程和输出方程，列出该时序电路的状态表，画出状态图或时序图。

（5）根据电路的状态表或状态图说明给定时序逻辑电路的逻辑功能。

3.2.5 可编程逻辑器件

数字集成电路由早期的电子管、晶体管、小中规模集成电路发展到现在的超大规模集成电路（几万门以上）以及许多具有特定功能的专用集成电路。随着微电子技术的发展，设计与制造集成电路的任务已不完全由半导体厂商来独立承担，系统设计师们更愿意自己设计专用集成电路芯片(Application Specific Integrated Circuit,ASIC),而且希望 ASIC 的设计周期尽可能短,最好是在实验室里就能设计出合适的 ASIC 芯片,并且立即投入实际应用之中,因而出现了现场可编程逻辑器件,简称 FPLD(Filed Programmable Logical Device)。

可编程逻辑器是这样一类器件,其制作工艺采用的是 CMOS 工艺,在这些器件的内部,集成了大量功能独立的分立元件,它们可以是基本逻辑门或由基本逻辑门构成的宏单元,以及与阵列、或阵列等。依据不同需求,芯片内元件的种类、数量可以有不同的设置。此外,芯片内还有大量可配置的连线,在器件出厂时,芯片内的各个元件和单元之间并没有连接,芯片暂不具有任何逻辑功能,芯片内的各个元件、单元如何连接,由用户根据电路功能要求通过计算机编程决定,这种通过编程手段使芯片产生一定逻辑功能的器件称为 PLD。

最早的可编程逻辑器主要是用于数据存储的可编程只读存储器(Programmable Read-Only Memory,PROM),它诞生于 20 世纪 70 年代初期,其内部结构如图 3-29 所示。

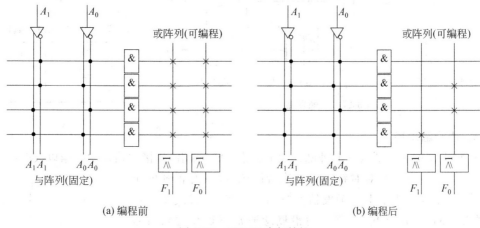

(a) 编程前　　　　　　　　　　　　　　(b) 编程后

图 3-29　PROM 内部结构

电路主体是由门构成的"与阵列"和"或阵列",为了适应各种情况,与阵列的每个输入端都包含有输入缓冲电路,并产生原变量(A)和反变量($\overline{A}$),PROM 的与阵列是固定的,或阵列是可编程的。如图 3-27(b)所示经过编程之后实现如下逻辑

$$F_0 = A_0\overline{A_1} + \overline{A_0}A_1$$
$$F_1 = A_1 A_0 \tag{3-4}$$

从存储器的角度来看,"与阵列"实际是一个向"或阵列"提供地址的全译码电路,因此对于"与阵列"而言有 n 个输入就会有 2^n 个输出,即有 2^n 个 n 输入的与门存在。如果利用 PROM 实现逻辑函数,则"与阵列"中每个与门的输出分别代表函数的一个最小项,显然 PROM 来实现逻辑关系是不经济的。例如一个 10 变量的逻辑函数,经过逻辑简化处理后,它用到的与门不会超过 40 个,而这个 10 输入的"与阵列"却有 1024 个 20 输入的与门,这使得芯片的面积很大,利用率过低,所以 PROM 除了制作函数表、译码显示电路之外,很少作为 ASIC 出现,通常只作为存储器出现。

为了解决这个问题 20 世纪 70 年代中期出现了可编程逻辑阵列(Programmable Logic Array,PLA)器件,它的与、或阵列皆可编程,因此通过逻辑简化技术使得这种器件的阵列规模比输入数相同的 PROM 小得多,而且使用灵活。但迄今为止,PLA 编程缺少高质量的支撑软件和编程工具，器件价格比较贵，门的利用率也不高，因此没有得到广泛使用。

20世纪70年代末80年代初又出现了一种新的可编程逻辑器件可编程阵列逻辑(Programmable Array Logic，PAL)，其特点是或阵列固定，与阵列可编程，因此又称为固定或阵列。因为这种结构速度快、价格低，其输出有极性转换和IO方式，也可以利用触发器输出，并对与阵列有反馈，通常都具有触发器上电清零和加密功能，使用者可以借助编程器进行自行编程(称为现场可编程)，因而很受用户的欢迎，后来出现的复杂可编程逻辑器件，都是采用的这种固定或阵列的结构。

20世纪80年代中期，人们在PAL器件的基础上进行改进，设计出通用阵列逻辑(Generic Array Logic，GAL)器件，增加了专门的输出控制部件——可编程的输出逻辑宏单元(Output Logic Macro Cell，OLMC)，使得输出组态更加灵活，具有更强的通用性。

随着电子技术的发展特别是集成电子技术的发展，20世纪90年代出现了复杂可编程逻辑器件，它不再像简单的PAL或者GAL器件那样在芯片内部只有一个与或阵列，而是将很多个类似于GAL器件的结构集中到一个芯片内部，并采用可编程的方法对它们进行灵活的连接和配置，完成各种复杂的功能。复杂可编程逻辑器件主要分两种——复杂可编程逻辑器件(Complex Programmable Logic Device，CPLD)和现场可编程门阵列(Field Programmable Gate Array，FPGA)。

图3-30和图3-31分别为GAL器件和OLMC内部原理图。

CPLD的内部结构如图3-32所示，芯片内部有很多个逻辑阵列块(Logic Array Bank，LAB)，每一个LAB相当于10～60个GAL结构的叠加，外围有专门的可编程IO控制模块，用来对IO端口的输入输出属性、驱动能力等进行可编程的配置。中间有专门的可编程连线阵列(Programmable Link Array，PLA)资源实现各个逻辑阵列以及IO端口的连接。这种结构大大地增强了可编程逻辑器件的通用性和灵活性，当需要实现简单逻辑功能时，可以只用一块LAB，当实现复杂逻辑时，可将多块LAB利用PLA连接起来共同实现逻辑功能。

FPGA的结构与CPLD非常类似，不过它利用一个查找表(Look-Up-Table，LUT)的结构来代替LAB结构中的与或阵列实现各种逻辑。LUT本质上就是一个随机存储器(Random Access Memory，RAM)，其性质类似计算机中的内存。目前FPGA中多使用4输入的LUT，所以每一个LUT可以看成一个有4位地址线的16×1的RAM。当用户通过原理图或硬件描述语言描述了一个逻辑电路以后，PLD/FPGA开发软件会自动计算逻辑电路的所有可能的结果，并把结果事先写入LUT，这样，每输入一个信号进行逻辑运算就等于输入一个地址进行查表，找出地址对应的内容，然后输出。

要实现如图3-33所示的四输入与门时，开发软件将16种输入与所对应的输出写入到LUT中(如表3-11所示)。当输入$a=0$、$b=0$、$c=0$、$d=1$时，将abcd组合起来当做查询地址0001到LUT当中进行查表操作，找到地址0001中存储的数据0进行输出；当输入$a=1$、$b=1$、$c=1$、$d=1$时，将abcd组合起来作为查找表的地址1111，根据地址到LUT当中查找到相应地址中存放的数据1进行输出，通过这种方式来实现各种逻辑。四输入与门LUT实现方式如图3-34所示。

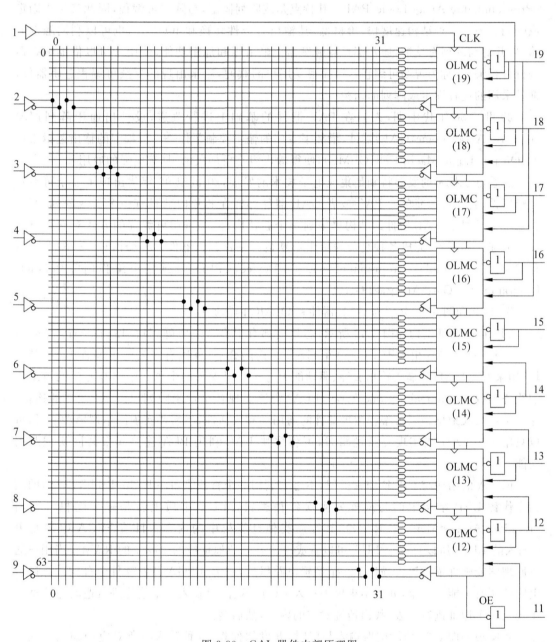

图 3-30 GAL 器件内部原理图

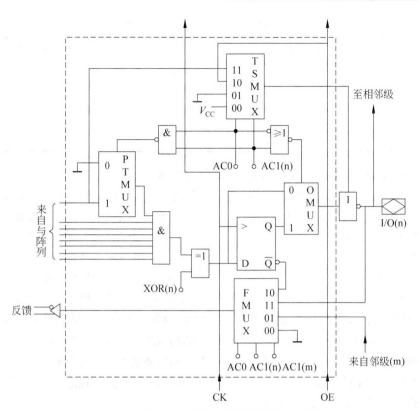

图 3-31　OLMC 内部原理图

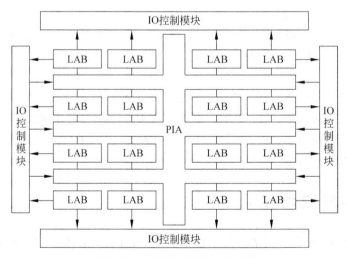

图 3-32　CPLD 内部结构示意图

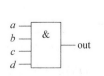

图 3-33　四输入与门实际逻辑电路

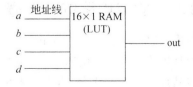

图 3-34　四输入与门 LUT 实现方式

表 3-11 输入与门 LUT 内部数据

a、b、c、d 输入	逻辑输出	地址	RAM 中存储的内容
0000	0	0000	0
0001	0	0001	0
0010	0	0010	0
⋮	0	⋮	0
1111	1	1111	1

因为工作原理的不同 CPLD 与 FPGA 之间存在如下区别。

(1) CPLD 是基于与或阵列的结构,因此里面包含着大量的逻辑门,而 FPGA 是一种基于 RAM 的结构,集成度比 CPLD 要大得多。一般 CPLD 芯片是几百门级的集成度,而 FPGA 的集成度可以达到几千门,甚至几万门、几十万门,因此利用 FPGA 可以实现更为复杂的逻辑关系,甚至于可以利用 SOC 技术将 CPU 嵌入 FPGA 内部,由此 CPLD 主要应用在控制领域,而 FPGA 主要应用在需要大量高速运算的数字信号处理领域。

(2) CPLD 主要通过熔断技术将与或阵列当中的节点进行连接来实现各种逻辑,因此经过一次烧写之后,编程数据将永远存储在 CPLD 内部,而 FPGA 是一种基于 RAM 的结构,它是以数据存储的方式来实现逻辑结构的,RAM 结构的特点决定了 FPGA 每次掉电之后内部存储的数据将全部丢失,因此 FPGA 芯片无法单独使用,需要和配置芯片(一般为 EPCS 系列芯片)共同使用,使用时将要烧写的数据提前存储到配置芯片当中,然后每次上电后由配置芯片自动进行数据的加载。

(3) CPLD 芯片是通过熔断技术进行烧写的,因此一块芯片只能供反复烧写几百次,而 FPGA 可以反复刷新几万次。

(4) 由于 CPLD 内部硬件结构比较明确,因此运行速度比 FPGA 快并且具有较大的时间可测性。在功耗上 RAM 结构的 FPGA 比 CPLD 要低得多,并且运行速度越快功耗上的优越性越明显。

随着集成技术的不断发展 FPGA 的优越性得到了越来越多的体现,逐渐开始取代 CPLD 产品,特别是随着 SOC 技术的发展,原来需要 CPU、硬盘、内存、显卡、网卡等多个设备共同完成的功能,都可以在一片 FPGA 上进行实现,因此可编程逻辑器件特别是 FPGA 在未来的应用前景将非常广泛。

3.3 集成电路简介

上一节介绍的可编程逻辑器件属于数字集成电路的范畴,本节将重点介绍一下集成电路的概念、分类、特征以及发展趋势。

3.3.1 集成电路的基本概念与分类

集成电路(Integrated Circuit,IC)是一种微型电子器件,采用一定的工艺把一个电路中所需的晶体管、二极管、电阻、电容和电感等元件及布线互联在一起,制作在一小块或几小块半导体晶片或介质基片上,然后封装在一个管壳内,成为具有所需电路功能的微型结构。按照不同的方式集成电路可有如下的分类。

1. 按集成电路的功能分类

模拟集成电路：指对模拟信号（连续变化的信号）进行放大、转换、调制、运算等作用的一类集成电路。由于早期的模拟集成电路主要是用于线性放大的电路，因此当时又称其为线性集成电路，但目前许多模拟集成电路已用于非线性情况，常见的模拟集成电路有各种运算放大器、集成稳压电源、彩色电视机等广播通信和雷达专用集成电路。

数模混合集成电路：可以同时处理数字和模拟两种信号的电路，如模/数和数/模转换器等。

2. 按器件结构类型分类

双极型集成电路：有源器件为双极型晶体管的集成电路。目前模拟集成电路和中、小规模数字集成电路主要是这类集成电路，其特点是速度高、驱动能力强，缺点是功耗较大、集成度相对较低。

MOS集成电路：有源器件为MOS晶体管的集成电路。目前大规模、超大规模数字集成电路基本都是这类集成电路。与双极集成电路相比，MOS集成电路的主要优点是抗干扰能力强、功耗小和集成度高（适合于大规模集成）等。

3. 按集成电路的结构形式分类

半导体集成电路（单片集成电路）：半导体集成电路是所有电子元器件在同一半导体材料上制作完成的。根据使用材料的不同，半导体集成电路主要分为硅半导体集成电路和化合物半导体集成电路。硅集成电路目前是主流，化合物集成电路主要是GaAs化合物半导体集成电路，其他材料的集成电路也在不断发展。

混合集成电路：在一块玻璃或陶瓷基片上，用膜形成技术和光刻技术等形成的多层金属和金属氧化物膜构成电路中全部元器件并且使其互联而实现某种电路功能的集成电路。混合集成电路主要包括薄膜IC、厚膜IC、薄厚膜IC和多芯片组IC等。

4. 按集成电路的规模分类

小规模集成电路（Small Scale Intergration，SSI）。

中规模集成电路（Medium Scale Intergration，MSI）。

大规模集成电路（Large Scale Intergration，LSI）。

超大规模集成电路（Very Large Scale Intergration，VLSI）。

特大规模集成电路（Ultra Large Scale Intergration，ULSI）。

巨大规模集成电路（Gigantic Scale Intergration，GSI）。

集成电路的规模通常由元件数多少来决定，目前不同国家采用的划分标准并不完全一致，通常集成电路规模的划分标准见表3-12。

表 3-12 集成电路规模划分标准

	MOS 数字 IC		双极数字 IC（元件数）	模拟 IC（元件数）
	元件数	门数		
SSI	<100	<10	<100	<30
MSI	100～1000	10～100	100～500	30～100
LSI	1000～10 000	100～10 000	500～2000	100～300
VLSI	$10^4 \sim 10^7$	$10^4 \sim 10^6$	>2000	>300
ULSI	$10^7 \sim 10^9$	$10^6 \sim 10^8$	—	—
GSI	$>10^9$	$>10^8$	—	—

5. 按集成电路的应用性质分类

通用集成电路：指各种标准逻辑电路、通用存储器和微处理器等。

专用集成电路：面向专门用途的集成电路。

3.3.2 集成电路的结构与基本特征

任何一种封装形式的集成电路，如果将其外壳剖开，就可以看到管壳底座内部有一个被隔离槽分割的小小的N形"弧岛"，这就是IC的半导体硅芯片。集成电路中的晶体管及电阻、电容等元件分别制作在这芯片上。一般简单的IC，一个芯片至少有几十至数百个元器件，复杂的IC，一个芯片上有成千上万乃至亿万个元器件。在芯片的表面是金属铝引线，通过这些引线将彼此绝缘的元件连接构成具有一定功能的电路，并将芯片与管壳电极连接起来，从而制成便于使用时插接、焊接的集成电路。

集成电路所包含的元件和器件都集成在几何尺寸十分小的晶片（芯片）上。一般情况下，电路工作时，元器件间的温差极小。组成电路的所有元器件都是在相同工艺条件下经历同一个工艺流程，结构与几何尺寸相同的元器件的特性和参数十分相近。

集成电路通常采用扩散电阻器（$30\Omega\sim30\mathrm{k}\Omega$）和PN结电容器（$2\sim30\mathrm{pF}$），大功率电阻及较大容量的电容器则采用膜（薄膜或厚膜）工艺制作而成，电感器采用外接而不在芯片上制作，集成电路中的基本电路模块可参考3.1节与3.2节。

集成电路的出现已经模糊了电子技术中元器件与线路分离的概念，开辟了电子元器件与线路甚至整个系统向一体化发展的方向。集成电路与分立元器件电路相比，主要有如下特点。

1. 提高工作速度

由于超大规模集成电路芯片内部连线很短，缩短了延迟时间，更重要的是整个电路制作在芯片内部，不易受外部干扰。连线间的分布电容、PN结势垒电容等的大小直接影响电路的工作速度，目前微电子加工技术越来越精细，其特征尺寸越来越小，已进入深亚微米，缩小特征尺寸的目的之一就是提高电路的工作速度。

2. 降低功耗

芯片内部电路元器件尺寸小、连线短、驱动电路所需要的功率随之也就减少。降低功耗的目的不仅仅是为了节省电能，更重要的目的是为了提高芯片的集成度即芯片的规模，因为芯片的规模受功耗的限制，过高的功耗会使芯片因发热而损坏，提高集成度，就可以使整个电子系统做在一块芯片内，降低功耗。

3. 降低电子整机的生产成本

用大规模集成电路来组装电子产品可以大幅度地减少印制电路板，减少电子产品的体积和质量，减少装配和调试费用。超大规模及巨大规模集成电路对降低航空航天领域内的电子设备以及雷达、导航、微型计算机、飞行控制器等各种电子设备的质量和成本已经并且正在做出巨大贡献。

4. 体积小而质量轻

集成电路芯片的质量通常只有几克，使之构成的电子产品又轻又小。这个优点不仅对航空航天及军事领域的应用极为重要，而且使人们的日常生活方式发生了很大的改变。如手机、便携式笔记本等，它们无不利用了大规模集成电路实现质量轻、体积小和高可靠性的优点。

5. 可靠性高

电子系统的可靠性通常与分立元器件的个数成反比。用分立式元器件组装的电子系统，由于大量分立元器件焊接在印制电路板上，往往因虚焊、漏焊或接触不良而造成电路故障，这种故障难以发现，给维护工作带来了极大困难。采用大规模集成电路以后，元器件数目和外部的接触点都大大减少，封装出厂后的芯片内部的连线出故障的概率很小，可靠性得到很大提高。如采用大规模集成电路后，计算机的可靠性得到了很大的提高。

6. 缩短电子产品设计和组装周期

利用现成的集成电路芯片组件来设计电子产品，自然要比利用分立元器件要方便得多，且设计时间可以大量节省。因为一块大规模集成电路芯片可以替代大量的元器件，组装工作量大大减少，产品组装周期自然缩短。

3.3.3 集成电路制造中的工艺

在集成电路中，各个元器件及相互之间的连接都是在统一的工艺流程中制成的。标准工艺流程是根据三极管的制造过程编制出来的，若三极管是 NPN 型三极管，相应的标准工艺称为双极性工艺，若三极管是场效应管，相对应的称为 NMOS 工艺和 CMOS 工艺。当今集成电路的设计大都采用 CMOS 工艺。

CMOS 技术的发明应用要从基本的硅平面技术说起。硅平面工艺不仅可以在同一硅片上制作出许多 BJT 以及电路元件等，还可以制作出器件之间的 P-N 结隔离，因此首先发明的是 BJT IC。但在这种 IC 中，"隔离墙"占用的面积过大，再加上 BJT 是电流控制型器件，功耗比较大，所以限制了集成规模的提高。1930 年的美国和 1935 年的英国科学家均提出绝缘栅场效应晶体管(Insulator Gate Field Effect Transistor, IGFET)的器件结构，限于当时的工艺水平未能实现。

到了 1960 年代初，科学家利用 Si 平面工艺做出了 MOSFET，首先做出的 MOSFET 是负极性 P 沟道器件，制作正极性的 N 沟道器件遇到一些困难。格罗夫(A. S. Grove，1936 年—)等几位物理学家对 Si-SiO_2 界面做了透彻的研究，解决了界面态和 Na+ 离子的影响问题，把 NMOS、PMOS 的器件水平提高一大步。CMOS 工艺的发明和进步主要包括用离子注入代替高温扩散掺杂，用化学气相沉积(Chemical Vapour Deposition, CVD)生长 SiO_2、多晶硅等薄膜等，用反应离子刻蚀(Reactive Ion Etching, RIE)代替湿法刻蚀，用 poly-Si(多晶硅)作为栅极代替铝栅，用 Stepper(步进光刻曝光机)代替精缩版曝光机，用铜互连代替铝互连，等等。CMOS 的技术进步是惊人的，但每一项工艺发明或者改进，哪怕是很小的改进，都不容易。以铜互连工艺为例，作为电学互连的材料，铜优于铝，这是尽人皆知的常识，但是真正用到 IC 互连上，却花费了十几年的工夫。1982 年，Intel 推出 80286 处理器，首次将 CMOS 工艺用于 CPU 制作。距离 CMOS 思想的提出，差不多已经过去了 20 年时间。1985 年 IBM 开始在 RISC 大型机中采用 CMOS 芯片，直到 1998 年，还是与诺发公司(Novellus System)合作，才完成铜互连在 IC 中的应用，其中的艰难可想而知。IBM 开发的的铜互连工艺是一项很有远见的决策，已经成为 $0.13\mu m$ 以下互连工艺的唯一选择。

整个集成电路制作需要几百道工序，根据元器件的结构，进行分层设计，经过若干层的叠加连接，切割封装后生成最终产品，其生产的大致过程如图 3-35 所示。生产之前利用晶圆处理技术制作集成芯片的衬底，然后利用掩膜制造技术，根据设计需要为每一层电路制作掩膜版。生产过程中，利用光刻技术，将掩膜版上的图形转移到半导体材料上，根据半导体材料上的图形利用刻蚀技术进行元器件雕刻或利用沉积技术进行元件连接，利用掺杂技术在雕刻位置掺入半导体杂质，生成 PN 结等各种结构。完成一层设计之后，利用外延生长技术，生成一层新的半导体，不断重复上面的步骤最终完成芯片制造。

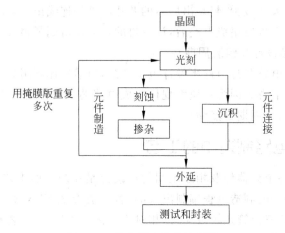

图 3-35　芯片制造简易流程图

3.3.4　集成电路的发展趋势

21 世纪集成电路技术仍将以尺寸不断缩小的硅基 CMOS 工艺技术为主流，随着 IC 设计与工艺水平的不断提高，新的半导体材料逐渐成为发展的重点，并且集成电路技术与其他学科的结合也产生了一些新的技术和新的产业增长点。

1. 主流工艺——硅基 CMOS 电路

硅半导体集成电路的发展以不断增大晶圆尺寸和缩小特征尺寸为主要趋势。随着晶圆尺寸的不断增大，每片晶圆的成本不会有太大提高，但却可将更多的芯片刻制到一片晶圆上，大大降低每片芯片的成本。晶圆半径增加 50%，相应的每片芯片成本可以降低 30%～40%。晶圆的直径尺寸已经从最初的 2 英寸发展到主流的 8 英寸。2002 年世界各大半导体厂商已经能够量产 12 英寸的晶圆产品，下一步转向 18 英寸晶圆的前景现已浮现。然而，硅晶圆具有离圆心越远就越容易出现坏点的特性，所以不能够随心所欲地增大晶圆尺寸，在增大晶圆尺寸的同时要不断缩小特征尺寸。

所谓特征尺寸是指器件中最小线条宽度，常常作为技术水平的标志。对 MOS 器件而言，通常指器件栅电极所决定的沟道几何长度，是一条工艺线中能加工的最小尺寸，也是设计采用的最小设计尺寸单位。缩小特征尺寸从而提高集成度是提高产品性价比最有效手段之一，只有特征尺寸缩小了，在同等集成度的条件下，芯片面积才可以做得更小，而且可以使产品的速度、可靠性都得到提高，相应成本可以降低。早期由于光刻技术采用自然光，受到其波长影响，特征尺寸只能达到 10 微米级，随着技术的发展利用各种不同离子束来代替自然光，目前的特征尺寸已经达到 20nm，随着更先进技术的出现，特征尺寸会变得越来越小。

2. MEMS 技术

微机电系统（Micro Electro Mechanical Systems，MEMS）是一种体积非常小、重量非常

轻的机电一体化产品,其量度以微米为单位。MEMS 是指集微型传感器、微型执行器以及信号处理和控制电路、接口电路、通信和电源于一体的完整的微型机电系统,主要包含微型传感器、执行器和相应的处理电路三部分。它是源于硅微细加工技术,是微电子、材料、机械、化学、传感器、自动控制等多学科交叉的产物。

美国是研究开发 MEMS 最早的国家,早在 20 世纪 60 年代就开始研究。以往 MEMS 技术一直主要用于军事领域,经过近 20 年的技术发展,MEMS 开始在消费类电子产品领域内大量投产,进入家电领域。目前,国外已开发成功硅基和非硅三维 MEMS 等多种产品,产品有惯性传感器、压力传感器、通信用 MEMS 元器件、微型光机电器件等,可应用于汽车、机械和电子、光学、医学生物学、航空航天、军事以及消费类家电各领域。例如苹果(Apple)公司在 iPhone 5 中采用全新声学设计,分别在机身正面上方、后面和底座,导入 MEMS 麦克风,此一做法可实现更好的降噪效果,进一步提升音讯品质,另外,如果没有 MEMS,苹果公司的 iPhone 就无法根据用户手持手机的方向将网页从竖屏(垂直)旋转成横屏(水平)显示。

3. 生物芯片技术

微电子技术与生物技术紧密结合产生生物芯片。所谓"生物芯片",是指类似于计算机芯片的装置,它在几秒钟的时间里,可以进行数以千次计的生物反应,如基因解码等,现在正在研究利用有机高分子导电材料作生物芯片技术制造生物计算机,其容量将达到现在电子计算机的 10 亿倍。

据预测,生物芯片计划可能会产生一个市场规模达数十亿美元的新兴产业。DNA 是微电子技术与生命科学结合的创新领域,基因鉴定是其重要的应用,在农业、综合工业的研究和生产中有广泛的应用前景。2014 年初,全球首个耳聋基因芯片应用取得新成果,由清华大学程京院士领衔的生物芯片研究团队研制的世界上第一款遗传性耳聋基因检测芯片,从待检测的人身上获取一点血液,就可以检测其是否携带耳聋基因突变位点。

4. 化合物微电子材料的发展

除采用硅材料发展微电子产品之外,在近几十年中,科学家还研究开发了各种各样的非硅化合物半导体材料来发展微电子产品,例如之前介绍过的 SiC(碳化硅)、GaN(氮化镓)等第三代半导体材料。各种非硅化合物半导体材料虽然在材料本身的物理性能上比硅优越,但它们不像硅那样有类似二氧化硅的完美氧化方案,因此造价较高,主要用于军工领域雷达卫星通信等领域,暂时无法像硅材料那样进行普及应用。

5. SOC 技术

近 10 年来,随着信息技术、材料科学与精密制造技术的飞速发展,使集成电路的设计、制造技术得到了极大提高。集成电路设计与制造技术所支持的已经不再是一般的电路集成,而是可以把数以亿计的半导体元件集成在一个芯片中。同一个集成电路芯片中半导体元件数量的大幅度增加,已经引起了应用电子系统设计和实现技术的质变。这种质的变化,就体现在集成电路技术已经实现了从功能电路的集成制造到全系统集成制造的飞跃。

所谓全系统集成制造,是指把完整系统所需要的所有电路,用集成电路制造技术制造在一个芯片中,这就是 20 世纪 90 年代后期兴起的片上系统(System on Chip,SoC)技术。SoC 技术是一项基于 IP 核和自顶向下设计方法的集成电路设计技术。由于以 IP 核为基础、以系统设计为核心,使得 SoC 技术的应用领域变得十分广阔。SoC 技术已成为 21 世纪应用电子系统设计的重要技术核心,也是电子技术应用的重要技术概念和方法。

实际上，在 SoC 技术提出之前就已经出现了类似的技术概念和产品。例如，某些控制系统专用处理器及通信系统专用处理器等，最典型的代表就是单片机。单片机的出现已经有 30 多年了，其概念的提出就是一种早期的系统集成概念。之所以把这种芯片称为单片机，原因就是这种集成电路把微处理器和一些必要的应用电路集成制造于一个芯片中。用单片机设计一个应用系统十分方便，这些技术就是形成 SoC 技术的基础。不过，早期的高集成度产品并不能叫做 SoC，原因是这些高集成度器件不具备完整电路系统集成的特征。

完整的电路系统集成应当具有如下特点：

(1) 使用完整系统器件设计应用系统时，不需要复杂的系统和电路设计，只需要在设计中根据需要进行必要的设置；

(2) 除功率器件外，系统所有的电路全部集成在一个芯片上，所以在使用时只需要配置必要的电路连接和非集成器件。

根据上述特点，可以给出 SoC 的基本定义，即目标系统功能和参数特性可以用模型描述，同时系统还可以分为主系统部分和辅助部分，其中主系统部分必须包含全部系统模型，辅助系统起补偿和一般驱动作用。如果主系统部分和辅助部分全部在同一个 IC 器件中实现，则这种器件就叫做 SoC 器件。通过用 IP 核（软核或硬核）采用自顶向下的设计方法设计 SoC 器件的技术，就叫做 SoC 技术。SoC 是一种系统集成的硬件和软件综合技术，基本内容包括系统设计技术、IP 核技术、软硬件协同设计技术、系统验证技术、纳米工艺技术、低功耗技术等。

现代应用电子技术中包含了硬件（Hardware，HW）、硬件加软件（Hardware + Software，HW+SW）、固件（Firmware，FW）三个技术层次，这三个层次是现代电子科学与技术所提供的应用技术发展的三个阶段。自 1997 年以来，电子科学与技术的应用技术又增加了一个新的层次，即 SoC 层次，SoC 技术的出现标志着电子科学与技术的应用进入了 SoC 阶段。

从各个发展阶段上看，从 HW+SW 阶段开始，电子技术应用就与单片机紧密地联系在一起。在 FW 阶段，作为固件系统的重要核心技术，单片机又以嵌入式技术为基础，再次成为现代电子应用技术核心技术之一，并为 SoC 应用技术提供了坚实的基础。同时，SoC 也为单片机技术提供了更广阔的应用领域，使单片机与嵌入式系统的应用技术发生了革命性的变化。

3.4 EDA 工具介绍

3.4.1 EDA 技术概述

20 世纪末，电子设计技术获得了飞速发展，在其推动下，现代电子产品几乎渗透到社会的各个领域，有力地推动了社会生产力的发展和社会信息化程度的提高，同时也使得现代电子产品的性能进一步提高，产品的更新换代速度变得越来越快。传统的纯人工的设计方法已经跟不上产品开发的速度，现代电子设计技术的核心已经日趋转向基于计算机的电子设计自动化技术，即电子设计自动化（Electronic Design Automation，EDA）技术。

EDA 是指利用计算机完成电子系统的设计，是以计算机和微电子技术为先导，汇集了计算机图形学、拓扑学、逻辑学、微电子工艺与结构和计算数学等多种计算机应用学科最新成果的先进技术。EDA 技术以计算机为工具,代替人类完成数字系统的逻辑综合、布局布线和设计仿真等工作。

3.4.2 EDA 技术发展

EDA 技术的发展大致经过三个阶段。

1. CAD(Computer Aided Design,计算机辅助设计)阶段(20 世纪 60 年代~80 年代初期)

CAD 阶段分别研制了一些单独的软件工具,主要有印刷电路板(Printed Circuit Board,PCB)布线设计、电路模拟、逻辑模拟及版图的绘制等,即此时人们已经开始用计算机辅助进行 IC 版图编辑、PCB 布局布线,取代了手工操作,产生了计算机辅助设计的概念。例如,目前常用的 PCB 布线软件 Tango 以及用于电路模拟的 Spice 软件和后来产品化的 IC 版图编辑与设计规则检查等软件都是这个时期的产品。CAD 阶段是 EDA 技术发展初期,由于 PCB 布图布线工具受到计算机工作平台的制约,其支持的设计工作有限且性能比较差。

2. CAE(Computer Aided Engineering,计算机辅助制造)阶段(20 世纪 80 年代初期~90 年代初期)

伴随计算机和集成电路的发展,EDA 技术进入到计算机辅助工程设计阶段。20 世纪 80 年代初,推出的 EDA 工具则以逻辑模拟、定时分析、故障仿真、自动布局和布线为核心,重点解决电路设计完成之前的功能检测等问题。利用这些工具,设计师能在产品制作之前预知产品的功能与性能,能生成产品制造文件,在设计阶段对产品性能的分析前进了一大步。如果说 CAD 工具代替了设计工作中绘图的重复劳动,CAE 工具则代替了设计师的部分工作,对制造出最佳的电子产品起着关键的作用。CAE 阶段的 EDA 工具不仅为成功开发电子产品创造了有利条件,而且为高级设计人员的创造性劳动提供了方便。但是 CAE 工具大部分从原理图出发进行设计,过多的精力被放到具体化的元件图形的连接组合上,从而制约了设计速度和效果。

3. EDA 阶段(20 世纪 90 年代以来)

尽管 CAD/CAE 技术取得了巨大的成功,但并没有把人们从繁重的设计工作中彻底解放出来。在整个设计过程中,自动化和智能化程度还不高,各种软件界面千差万别,学习使用困难,并且互不兼容,直接影响到设计环节间的衔接。基于以上不足,人们开始追求贯彻整个设计过程的自动化。

可编程逻辑器件的出现以及硬件描述语言的成熟和发展为彻底的电子设计自动化提供了有利的条件,整个系统只需要利用一个可编程逻辑器件加上几个简单的外围专用芯片就可以构成,然后采用硬件描述语言(Hardware Description Language,HDL)在可编程逻辑器件上完成系统行为级设计,最后通过综合器和适配器生成最终的目标器件。这不仅极大地提高了系统的设计效率,而且使设计者摆脱了大量的辅助性工作,使他们能将精力集中于创造性的方案与概念的构思上。例如要设计一个 1 位的全加器,两个加数输入端分别为 a 和 b,一个进位输入端为 cin,一个和值输出为 sum,一个溢出输出 cout。逻辑真值表如表 3-13 所示。按照传统设计方法只有根据真值表做卡诺图,然后化简,进行复杂计算得到如图 3-36 所示的门级电路图,然后选择合适的器件,制版连接形成系统。而有了 EDA 技术之后,设计人员不必把过多的精力放到实现的细节上,只需要着重于功能的描述即可,通过下面的一句硬件描述语言即可非常简单地实现全加器的逻辑功能。

```
assign {cout,sum}=a+b+cin;
```
其他的布局、布线、综合、下载功能都由计算机通过 EDA 工具自动完成,从而大大提高了处理复杂设计的能力,并且大幅度缩短了设计所需的周期。

表 3-13 1 位全加器真值表

输	入		输	出
a	b	cin	cout	sum
0	0	0	0	0
0	0	1	0	1
0	1	0	0	1
0	1	1	1	0
1	0	0	0	1
1	0	1	1	0
1	1	0	1	0
1	1	1	1	1

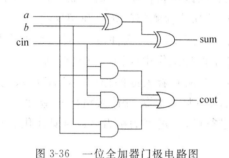

图 3-36 一位全加器门极电路图

3.4.3 EDA 软件与简介

EDA 软件按照功能大致可以分为：模拟仿真软件、PCB 电路设计软件、可编程逻辑器件开发软件三类。

1. 模拟仿真软件

电子电路的设计过程中大量的工作是各种数据的测试以及性能的分析。由于测试手段以及仪器精度的限制,有些项目的测试实现起来十分困难,甚至不可能进行测试。例如超高频电子线路的软信号测量与噪声测量、某些功率输出电路中具有破坏性质的器件极限参数测量,再如高温、高电压、大电流等。采用 EDA 模拟仿真软件,可以非常方便地实现全功能的测试,也可以模拟各种工作环境,各种极限条件下的电路特性。

常用的仿真软件有 Spice/Pspice、EWB/Multisim、Proteus、MATLAB 等。

2. PCB 设计软件

PCB 设计从开始的手工绘制到现在超大规模元件库,强大的自动布局布线等功能越来越方便工程师进行线路板设计工作。PCB 设计可分为四部分,即原理图设计、PCB 版图设计、电路模拟仿真、抄版软件等。在 PCB 设计软件中，一般都包含了原理图设计和 PCB 版图设计两大模块，一些强大的 PCB 设计软件甚至将以上的模块都包括在内。常见的 PCB 设计软件有 Protel/Altium 系列产品、Cadence 系列产品、Mentor 系列产品、Cadsoft Eagle 系列等。

3. 可编程逻辑器件开发软件

可编程逻辑器件(Programmable Logic Device, PLD)是一种由用户根据需要而自行构造逻辑功能的数字集成电路。它们的基本设计方法是借助于 EDA 软件，用原理图、状态机、布尔表达式、硬件描述语言等方法，生成相应的目标文件，最后用编程器或下载电缆下载到目标器件实现逻辑功能。PLD 的开发工具一般由器件生产厂家提供，但随着器件规模的不断增加，软件的复杂性也随之提高，目前由专门的软件公司与器件生产厂家合作，推出功能强大的设计软件。

常见的 PLD 开发工具有 ALTERA 公司推出的 Quartus Ⅱ 集成开发环境和 XLINX 公司推出的 ISE 集成开发环境。另外，很多第三方厂商也提供了第三方的开发软件，其中常用的有综合软件 Synplify Pro 和仿真软件 ModelSim。

3.4.4 硬件描述语言

硬件描述语言的出现和综合工具的成熟发展是真正的 EDA 时代到来的标志，有了硬件描述语言可以将设计者从烦琐的底层硬件结构设计当中解脱出来，将主要的精力放到功能的设计和实现上，而具体的底层硬件结构由计算机自动完成，从而实现真正意义上的"电子设计自动化"。

硬件描述语言 HDL 是一种用形式化方法来描述数字电路和数字逻辑系统的语言。数字逻辑电路的设计者可以利用这种语言来描述自己的设计思想，然后利用 EDA 工具进行仿真，再自动综合到门级电路，最后用 ASIC 或 FPGA 实现其功能。

硬件描述语言发展至今已经有 20 多年的历史，从 20 世纪 60 年代开始，为了解决大规模复杂集成电路的设计问题，许多 EDA 厂商和科研机构就建立和使用着自己的电路描述语言，如 Data I/O 公司的 ABEL-HDL、Altera 公司的 AHDL、Microsim 公司的 DSL、日本开发的 SFL 语言和 UDL/I 等，这些语言一般都是面向特定的设计领域和层次，而成为美国电气和电子工程师协会(Institute of Electrical and Electronics Engineers, IEEE)标准的只有超高速集成电路硬件描述语言(Very-High-Speed Integrated Circuit Hardware Description Language, VHDL)和 Verilog HDL 语言。

1. VHDL

VHDL 诞生于 1982 年，最初是由美国国防部开发出来供美军用来提高设计的可靠性和缩减开发周期的一种使用范围较小的设计语言。1986 年 IEEE 标准化组织开始工作，讨论 VHDL 语言标准，于 1987 年 12 月通过标准审查，并宣布实施，即 IEEE STD 1076-1987 [LRM87](VHDL87)，自此 VHDL 成为标准化的硬件描述语言。1993 年，IEEE 对 VHDL 进行了修订，从更高的抽象层次和系统描述能力上扩展 VHDL 的内容，公布了新版本的 VHDL，即 IEEE 标准的 1076—1993 版本，简称 93 版，该标准一直沿用至今。

VHDL 具有设计技术齐全、方法灵活、支持广泛的特点。它支持自顶向下的设计方法；

支持同步电路、异步电路、FPGA以及其他随机电路的设计；系统硬件描述能力强，具有多层次描述系统硬件功能的能力；能进行系统级的硬件描述；可以自定义数据类型，可以实现与工艺无关编程。

2. Verilog HDL

Verilog HDL最初是于1983年由Gateway Design Automation(GDA)公司为其模拟器产品开发的硬件建模语言，当时它只是一种专用语言。它是由GDA公司的设计人员模仿C语言开发的。由于Verilog HDL语言从C语言发展来，所以有C语言基础的设计人员能够较快入门。

由于GDA公司的模拟、仿真器产品的广泛使用，Verilog HDL作为一种易于使用且实用的硬件描述语言逐渐为众多设计者所接受。1989年，GDA公司被Cadence公司并购，1990年，Cadence公司正式发布Verilog HDL语言，并成立了开放式Verilog国际交流组织(Open Verilog International，OVI)这一促进Verilog发展的国际性组织。1992年，OVI开始致力于推广Verilog OVI标准成为IEEE标准，并于1995年使Verilog HDL语言成为IEEE标准，称为IEEE Std 1364—1995。

Verilog HDL借用C语言的结构和语句，可以形式化地表示电路的行为和结构，在多个层次上对所设计的系统加以描述，语言对设计规模不加任何限制，具有混合建模能力，同时在一个设计中的各子模块可用不同级别的抽象模型来描述，基本逻辑门(如not、and等)、开关级结构模型(如pmos和nmos等)均内置于语言中，可直接调用，易创建用户定义原语(User Designed Primitive，UDP)，易学易用，功能强大。

Verilog HDL与VHDL是目前两种最常用的硬件描述语言，同时也都是IEEE标准化的HDL语言。归纳起来，它们主要有以下几点不同：

(1) 从推出过程来看，VHDL来自官方，诞生不久就成为国际标准，而Verilog HDL来自民间经过大量的使用和推广，直到1995年才成为国际标准，所以VHDL偏重于标准化的考虑，而Verilog HDL与EDA工具的结合更为紧密。

(2) 从描述结构上来看，VHDL语法严谨，描述较为烦琐，Verilog HDL语法宽松，风格更加简洁明了、高效便捷，如果单纯从描述结构上考察，两者的代码之比为3∶1。

(3) 从数据类型上来看，VHDL允许使用者自定义数据类型，如抽象数据类型，这种特性使得系统层级的建模较为容易。相比于VHDL，Verilog HDL语言的主要数据类型就简单许多(主要只有两种：导线和寄存器)，其数据类型的定义完全是从硬件的概念出发，这也使得Verilog HDL行为建模能力较强而系统级建模的能力较弱。

VHDL与Verilog HDL这两种标准化的硬件描述语言各有特点，很难区分它们的优劣，VHDL烦琐但严谨，Verilog HDL简洁但有时不严密，因此若开发偏重于集成电路的设计那大多采用Verilog HDL，若进行大规模系统级开发则多采用VHDL语言。

如图3-37所示的两段代码分别是VHDL语言和Verilog HDL语言描述的8位全加器，可以很明显地看到Verilog HDL代码量比VHDL少得多，因此硬件描述语言的初学者大都使用Verilog HDL作为入门级的硬件描述语言。

VHDL 语言描述	Verilog HDL 语言描述

library ieee;
Use ieee.std_logic_1164.all;
Use ieee.std_logic_arith.all;
 	
entity vadd is
  port (a,b: in std_logic_vector(7 downto 0);
       c: in std_logic_vector(0 to 0);
     s : out std_logic_vector(8 downto 0));
End vadd;
 	
architecture rtl of vadd is
begin
s<=unsigned(a)+unsigned(b)+unsigned(c);
End rtl;
	module kadd(a,b,c,s);
	input[7:0] a ,b;
	input c;
	output[8:0] s;
	assign s=a+b+c;
	end module

图 3-37　VHDL 与 Verilog HDL 代码量上的区别

参 考 文 献

[1] 刘辉. 模拟集成电路及其应用[M]. 合肥：安徽科学技术出版社，1984.
[2] 王港元. 电子技能基础[M]. 成都：四川大学出版社，2001.
[3] 吴雪方. 半导体双极型集成电路[M]. 北京：电子工业出版社，1989.
[4] 郭永贞. 数字逻辑[M]. 南京：东南大学出版社，2003.
[5] 康华光. 电子技术基础数字部分(第四版)[M]. 北京：高等教育出版社，2000.
[6] 彭介华. 智能数字电子技术基础[M]. 长沙：湖南大学出版社，1988.
[7] 刘刚,何笑明,陈涛,等. 微电子器件与IC设计[M]. 北京：科学出版社，2009.
[8] 谢君堂. 微电子技术应用基础[M]. 北京：北京理工大学出版社，2006.
[9] 张兴,黄如,刘晓彦,等. 微电子学概论[M]. 北京：北京大学出版社，2005.
[10] 郝跃. 微电子概论[M]. 北京：电子工业出版社，2011.
[11] 傅友登. 数字电路与系统[M]. 成都：四川大学出版社，2003.
[12] 李哲英,骆丽,刘元盛,等. 电子科学与技术导论[M]. 北京：电子工业出版社，2010.
[13] 关旭东. 硅集成电路工艺基础[M]. 北京：北京大学出版社，2003.
[14] 严利人. 微电子制造技术概论[M]. 北京：清华大学出版社，2010.
[15] 李哲英,骆丽,刘元盛,刘佳. 电子科学与技术导论[M]. 北京：电子工业出版社，2011.
[16] 康华光. 电子技术基础模拟部分(第四版)[M]. 北京：高等教育出版社，1999.
[17] David A. Patterson,John L. Hennessy. Computer Organization and Design. 北京：高等教育出版社，2010.
[18] 孙肖子,等. 专用集成电路设计基础[M]. 西安：西安电子科技大学出版社，2004.
[19] 王志功,沈永朝. 集成电路设计基础[M]. 北京：北京大学出版社，2004.

第 4 章 通信科学与技术
CHAPTER 4

通信技术发展迅速,应用日新月异,拉近了人与人之间的距离,提高了经济效益,深刻改变了人类的生活方式和社会面貌,特别是与传感技术、计算机技术的相互融合,使其渗透到了社会的各个领域,已成为 21 世纪国际社会和世界经济发展的强大推动力。

本章主要介绍电话通信网、微波通信、卫星通信、光纤通信和移动通信等几种典型的通信方式。

4.1 通信科学与技术概论

4.1.1 通信的定义

通信的目的是传递信息,古代的消息树、烽火台和驿马传令,以及现代社会的文字、书信、电报、电话、广播、电视、遥控、遥测等都属于通信的范畴。自 1837 年莫尔斯(S. F. B. Morse,1791—1872 年)发明电报机和电码,1876 年贝尔(A. G. Bell,1847—1922 年)发明电话机,人类便进入了电通信时代,即借助电信号来传递信息。

随着社会生产力的发展,人们对信息传递的要求越来越高,而电通信具有迅速、准确、可靠等特点,而且几乎不受时间、地点、空间、距离的限制,因此得到了飞速发展和广泛应用。可以这样来定义通信:通信是利用电、光等技术手段,借助电信号或光信号从一地向另一地(多地)进行信息的有效传递和交换。

从本质上讲,通信就是实现信息传递和交换功能的一门科学技术,它要将大量有用的信息无失真、高效率地进行传输,同时还要在传输过程中将无用信息和有害信息抑制掉,当今的通信不仅要有效地传递信息,而且还有存储、处理、采集及显示等功能,通信已成为信息科学技术的一个重要组成部分。

4.1.2 通信系统一般模型

要进行通信,实现信息的传递和交换,必须有发送者和接收者,发送者和接收者可以是人也可以是各种设备。换句话说,通信可以在人与人之间,也可以在人与设备或设备与设备之间进行。目前的通信大多是指电话、电视及计算机之间的通信,以点对点通信为例,通信系统的一般模型如图 4-1 所示。

图 4-1 中各个部分的功能如下:

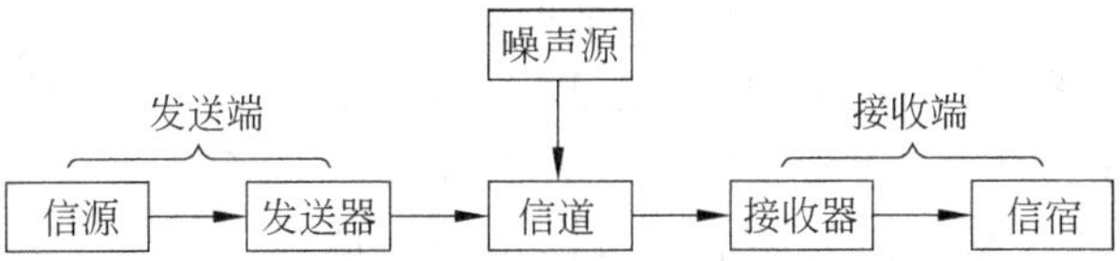

图 4-1 通信系统的一般模型

（1）信源：将含有信息的消息，如话音、图像、计算机数据等转换成原始电信号，信源可分为模拟信源和数字信源。

（2）发送器：对原始信号完成某种变换，使之适合在信道中传输。它涵盖的内容很多，例如调制、放大、滤波和发射等，在数字通信系统中，还包括信源编码和信道编码等。

（3）信道：将来自发送设备的信号传送到接收端的物理媒质，分为有线信道和无线信道两大类。

（4）噪声源：噪声源是信道中的噪声及分散在通信系统其他各处噪声的集中表示。

（5）接收器：其功能与发送器相反，它从接收信号中恢复出原始电信号。

（6）信宿：把原始电信号还原成相应的消息，如扬声器将传来的电信号还原成声音等。

4.2 电话及电话通信网

4.2.1 电话的诞生及基本原理

1844 年，莫尔斯发出了第一份公众电报，但电报传送的主要是符号，传输的信息首先要译成电码然后传送，接收方也要经过解码的过程。1876 年，美国科学家贝尔发明了电话，1877 年第一份用电话发出的新闻稿被发送到波士顿《世界报》，标志着电话为公众所采用。

电话通信是利用电信号的形式来传送人的语音信号。最简单的电话通信系统至少由电话终端和传输媒介组成，示意图如图 4-2 所示。

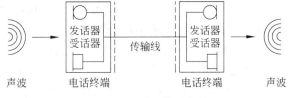

图 4-2 电话通信示意图

在发送端发话人讲话时，声波作用在发送端的发话器的膜片上，使发话器电路产生相应的电流变动，把发话人的声音转变成电信号经传输媒质传送到接收端的受话器中，接收端的受话器把接收到的电信号转换为声波送入人的耳中。综上所述，电话通信是在发送端将人的声音转换成电信号，由传输媒质送到接收端，接收端再把电信号还原为人的声音。

4.2.2 电话交换技术的诞生及发展

两个电话用户之间进行通话须用一对线连通才能实现，当电话用户数很多，要实现任意两个用户都可以通话，按照这种简单的直接连接方式把所有用户两两相连是不可能的。如果在用户分布密集的中心安装一个公共设备，如图 4-3 所示，每个用户经各自的线路连接到该公共设备上。当任意两个用户之间要通话时,该公共设备将这两个用户的通信线路连通,用户通话完毕,再将两个用户间的通信线路断开,这个公共设备人们称为电话交换机,其基本功能就是将需要通话的电话用户连接起来,并在话终时及时拆断连线。

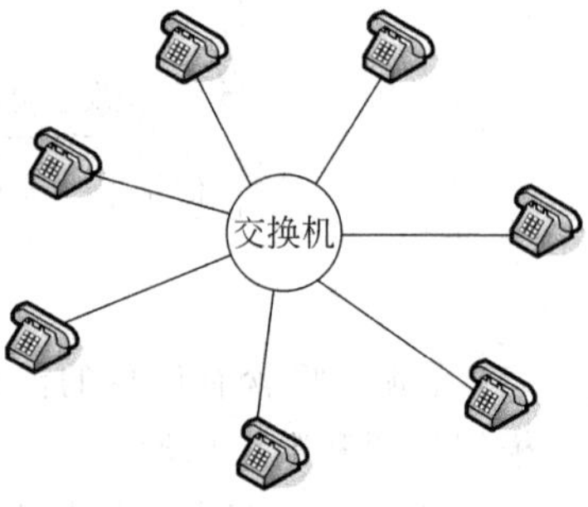

电话发明以后,电话交换技术一直在不断发展。从整个发展过程来看,电话交换技术的发展主要分为三个阶段。

图 4-3　电话用户通过交换机连接

1. 人工交换时期

1878 年磁石式人工电话交换机开始使用,随着用户数目的增加,磁石式人工电话交换机已不能满足需要,于是 1891 年出现了共电式电话交换机,共电式比磁石式有所改进,但仍是人工操作,接续速度慢,易出差错,接线员需日夜服务等问题依然存在,迫使人们寻求自动接续方式。

2. 机电交换时期

1892 年,美国人史端乔(Strowger)发明的步进制自动电话交换机开通使用,在这个基础上各国又做了改进,产生了德国西门子式自动交换机,这种交换机的特点是主叫用户的拨号脉冲直接控制交换网络中步进选择器的动作,从而完成电话的接续,属于直接控制方式。不久又出现了旋转制与升降制的交换机,开始采用间接控制方式,这种交换机采用了记发器,主叫用户的拨号脉冲由记发器接收再通过译码器译成电码来控制接线器动作。不论是步进制还是旋转制与升降制,接线器均需进行上升和/或旋转动作,接续速度慢,杂音大,易磨损,维护工作量大。

1919 年瑞典的两位工程师发明了一种"纵横接线器"的新型选择器并申请专利。1926 年和 1938 年分别在瑞典和美国开通了纵横制交换机,接着法国、日本、美国等国也相继生产纵横制交换机,从此纵横制自动电话交换机开始广泛使用。纵横制交换机有两个主要特点,一是在话路连接上各接点大多数是采用金属接点,不易磨损,寿命长,维护工作量少,杂音小,通话质量好;二是采用公共控制方式,将控制功能与话路分开,集中由记发器和标志器完成,记发器和标志器成为公共的控制设备。电话机的拨号脉冲先由记发器接收下来,在适当的时候转发给标志器,以控制选定路由中接线器横棒和纵棒的动作完成接续。

随着电子技术和计算机技术的迅速发展,传统的机电式交换结构受到了猛烈冲击,交换机进入了电子交换时代。

3. 电子交换时期

1965 年,美国贝尔公司生产出世界上第一台程控交换机 NO1ESS,控制系统采用了电子计算机,由存放在存储器中的程序来控制交换机接续动作,但此时的交换机的话路系统仍采用纵横接线器,所以话路系统是空分的,传输的信号是模拟信号。20 世纪 60 年代初期,脉冲编码调制(Pulse Code Modulation,PCM)技术在通信线路中使用,于是各国开始研制将 PCM 信息直接交换的系统。1970 年法国开通了第一部程控数字交换机 E10,控制系统采用了计算机,话路系统采用了存储器和与非门,构成了数字交换网络,实现了传输和交换一体化。由于程控数字交换技术的先进性和设备的经济性,使电话交换跨上了一个新的台阶,而且对开通非话业务,实现综合业务数字交换奠定了基础,因而成为交换技术的主要发展方向,随着微处理器技术和专用集成电路的飞跃发展,程控数字交换的优越性愈加明显地展现出来。

世界各国研制与生产出众多各具特色的程控数字交换机,比较有代表性的有 SOPHO-S/iS、ISDX、HICOM、MD-110、HARRIS20-20 等。20 世纪 90 年代后,我国逐渐出现了一批自行研制的大中型容量的具有国际先进水平的数字程控局用交换机,典型的如深圳华为公司的 C&C08 系列、西安大唐的 SP30 系列、深圳中兴的 ZXJ 系列等,这些交换机的出现,表明在窄带交换机领域,我们国家的研发技术已经达到了世界水平。随着时代的发展,目前的交换机系统逐渐融合异步传输模式(Asynchronous Transfer Mode,ATM)、无线通信、接入网技术、高速率数字用户线路(High-speed Digital Subscriber Line,HDSL)、非对称数字用户线路(Asymmetric Digital Subscriber Line,ADSL)、视频会议等先进技术。交换机系统已不仅仅是语音传输系统,而是一个包含声音、文字、图像的高比特宽带传输系统。

4.2.3 程控交换机

程控交换机的结构如图 4-4 所示。程控交换机由话路子系统和控制子系统两大部分组成。话路子系统把用户线连接到交换网络构成通话回路,控制子系统主要由计算机系统及其程序软件构成,存储各种程序和数据,进行分析、处理进入交换机的各种信息,并对话路子系统、输入输出设备发出指令。

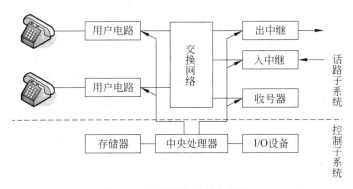

图 4-4 程控交换机结构框图

用户电路是交换机连接模拟用户的接口电路,交换机为每一个用户配备一个用户电路。用户电路共有七大功能,通称 BORSCHT 功能,即 B(Battery feeding)馈电、O(Overvoltage protection)过压保护、R(Ringing control)振铃控制、S(Supervision)监视、C(CODEC & filters)编译码和滤波、H(Hybrid circuit)混合电路和 T(Test)测试。

出中继电路和入中继电路是和其他电话交换机的接口电路,它传输交换机之间的各种通信信号,也监视局间通话话路的状态。

收号器的基本功能是接收和转发用户的拨号信息,并在用户开始拨号前送出拨号音。

交换网络完成用户与用户之间的话路接续,是交换机交换功能核心部件,可以是各种接线器(如纵横接线器、编码接线器、笛簧接线器),也可以是电子开关矩阵(电子接线器)。目前应用的程控交换机绝大部分都是数字程控交换机,相应的其核心部件为数字交换网络。

数字交换网络可以对编码的各路数字信号进行交换,经过 PCM 编码的各路数字信号在 PCM 帧结构中分别占用不同的时隙,所以数字交换网络实现话路接续的实质是数字信号的时隙交换。

所谓时隙交换即把 PCM 输入端的一个时隙的信息交换到 PCM 输出端的另一个时隙。PCM 收发支路与数字交换网络的连接及时隙交换示意图如图 4-5 所示。PCM 是四线传输,所以发送和接收分开,分别连至数字交换网络。一条 32 路 PCM 时分复用线(母线)的两个电话用户 A、B,A 用户信号发送时隙为 TS1,经过数字交换网络,到 B 端时换成 TS2,相反方向 B 用户信号从 TS2 发出,到 A 端时换成 TS1。

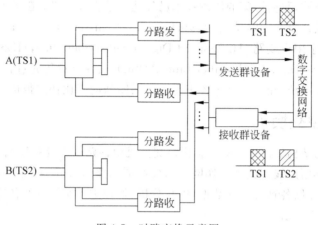

图 4-5 时隙交换示意图

对于 PCM30/32 一次群来说最多只能提供 30 个话路时隙,能交换的用户数有限,为增加程控交换机的容量,可以增加连接至数字交换网络上的母线的时隙数,但是母线上的时隙数并不能无限增加,这就要求数字交换网络能够在不同母线的时隙之间进行信息交换。图 4-6 中,多条母线接在数字交换网络上,母线 1 上的 A 用户使用时隙 5,B 用户使用时隙 9,经数字交换网络后,A 用户的信息交换到母线 m 的时隙 25 中,而 B 用户的信息交换到母线 2 的时隙 21 中,数字交换网络完成了不同母线不同时隙之间信息的交换。

图 4-6 多条时分复用线时隙交换示意图

可见,数字交换网络要完成时隙交换,具体实现时应具备以下功能:

(1) 在一条母线上进行不同时隙之间的交换功能;
(2) 在不同母线之间进行同一时隙的交换功能。

时间接线器(T 接线器)可以实现同一母线上不同时隙之间信息的交换,空间接线器(S 接线器)可以实现不同母线相同时隙之间信息的交换,实际上数字交换网络正是由时间接线器和空间接线器组合而成的。

4.2.4 电话网的组成、结构

我国的电话通信网由长途电话网和本地电话网两部分组成,网络规划为五级的等级结构,如图 4-7 所示。其 C1~C4 级构成长途电话网,端局 C5 是本地电话网的交换中心。本地网中的汇接局主要用于汇接本汇接区内的本地或长途业务。

长途电话网中,一级交换中心 C1 为大区中心,我国共有六个大区中心;二级交换中心 C2 为省中心,全国共有 30 个省中心;三级交换中心 C3 为地区中心,我国共有 350 多个地区中心;四级交换中心 C4 为县中心,全国共有 2200 多个县中心。长途电话网采用的是四级汇接辐射式网络结构,如图 4-8 所示。各级之间主要通过基干路由连接,另外当两个城市之间的话务量很大,且地理条件允许的情况下,可以建立直达路由,直达路由包括低呼损直达路由和高效直达路由两种。

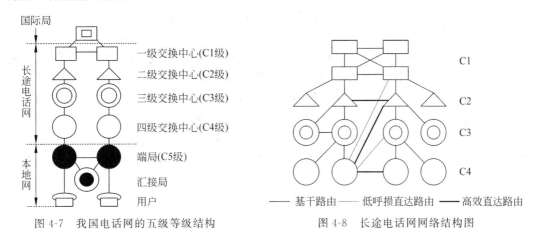

图 4-7　我国电话网的五级等级结构　　　图 4-8　长途电话网网络结构图

随着电话业务的不断发展,用户数量的不断增多,五级网络结构存在的问题日趋明显,网络结构的管理和维护越来越复杂,不利于电话通信网的建设和发展,因此目前我国的长途电话网已由四级向两级结构转变,并将逐步过渡到无级动态网。具体过程如图 4-9 所示。

先把 C3 和 C4 合并成一级 DC3,形成扩大的本地网构成,电话网结构由原来的五级变成四级,再以 DC2 来取代原来的 DC2 和 DC3,形成电话网的三级结构,我国电话网最终将演变到由一级长途网和本地网组成的两级网络结构。那时我国将实现长途无级网,我国电话网将由长途电话网平面、本地电话网平面和用户接入网平面三个层面组成,如图 4-10 所示。

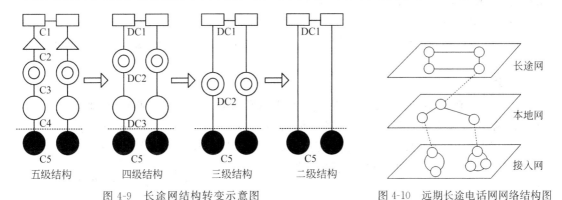

图 4-9　长途网结构转变示意图　　　图 4-10　远期长途电话网网络结构图

4.2.5　软交换技术

1. 软交换的概念

随着当代互联网技术的不断进步,网络 IP 电话获得越来越广泛的应用,在此基础上诞生了软交换技术。人们利用这些技术可以同时实现现有电话交换设备提供的所有业务以及因特网服务业务。实际上,软交换是互联网进化过程中因特网与电话交换网络充分融合的一种新兴技术。软交换技术是一种把当代最流行的因特网与电话交换网融合在一起构成下一代网络(Next Generation Network,NGN)的一种技术。

软交换可以理解为把原来仅完成电话交换业务的电话通信网长途干线通信线路用传输互联网数据的分组交换网络来实现,因此在交换机和互联网之间要有称为媒体网关的接入设备。软交换技术在其中用于实现接入控制功能,包括呼叫控制、资源分配、协议处理、路由选择、认证计费等功能。

广义上看,软交换是以软交换设备为控制核心的软交换网络,包括接入层、传输层、控制层和应用层,总称为软交换系统。从狭义上看,软交换特指独立于传输网络的控制层软交换设备。软交换设备使得用户可以通过各种接入设备(终端电脑、普通电话机等)连接到分组网,实现语音、数据、移动业务和多媒体等业务的综合呼叫控制。

软交换采用业务控制/呼叫控制分离、传输/接入分离技术,实现开放分布式网络结构,使业务独立于网络,通过开放式协议和接口,灵活地定义业务特征,而不必关心承载业务的网络形势和终端类型。

软交换的实现主要有如下一些优点。

1)开放性强

软交换体系结构中各模板均采用标准化的协议开发,既能独立发展又能有机组合在一起,实现互通。用户可根据需求选择优势产品,实现最佳配置。

2)灵活性强

软交换体系结构把应用层、控制层与核心网络层完全独立分开,便于快速形成各种新业务,极大地缩短了开发周期,使得用户可以灵活地享受所提供的各种业务。

3)支持多用户

软交换设计的思想迎合了计算机网、电信网、有线电视网的融合趋势,让数字用户、模拟用户、移动用户都可以享受到其提供的业务。

4)业务能力强

软交换可以提供包括语音、数据和多媒体等各种业务,最大限度地满足了不同用户的需求。

2. 软交换系统

软交换系统的核心是软交换网,软交换网为本网内的用户提供呼叫控制、地址解析、用户认证、业务通信等多项功能。软交换网根据不同用户终端通过不同的终端通信协议实现入网用户的接入。图4-11给出了软交换系统的主要组成。

(1)信令网关:7号信令网和IP网之间的接口网关,对来自交换机的信令消息进行中继转换处理。

(2)媒体网关:媒体网关实现两种网络之间

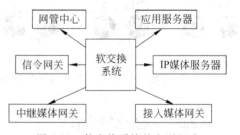

图4-11 软交换系统的主要组成

媒体数据格式的转换,可分为中继媒体网关和接入媒体网关,前者完成各种用户和接入网的接入,后者主要完成传统交换机的汇接接入。

(3) IP媒体服务器:完成媒体资源的生成、控制和管理。

(4) 应用服务器:主要用于提供业务执行环境。

(5) 网管中心:网络的整体控制管理。

下面以一次呼叫为例说明双方建立通话的过程。

假设主叫方使用一台普通计算机,该机有一个多媒体卡,上面带有麦克、耳机等通话设备。主叫计算机上同时安装有拨号软件,能够通过鼠标或键盘数字键拨号,此时计算机等同于一台电话机。

主叫首先连接到互联网,然后通过拨号键盘拨通媒体网关的网关号码,媒体网关(通过一个身份码)验证该主叫身份后,回送拨号音。主叫继续拨对方电话号码,信令网关负责转换为IP网络能够识别的信号并经IP网传送到被叫方所在区域的媒体网关。软交换在对方的远端地址与本端地址之间建立一个关联,主被叫建立了通话路径,实现通话。被叫可以是一台计算机,也可以是一部普通话机或手机。

软交换设备是多种逻辑功能的实体集合,提供综合业务的呼叫控制、连接以及部分业务功能,是下一代电信网语音、数据、视频等业务的核心设备,也是目前电话交换网向分组网过渡的主要设备之一。软交换设备的主要功能包括呼叫控制、业务提供、业务交换、互通、计费、网管、各式终端设备的控制与管理、7号信令转换、H.323终端管控等。

3. 软交换系统的应用

软交换思想的核心竞争力在于其软件特性,它既可以作为独立网络部件分布在网络的各处,为各种媒体提供基本和补充业务,也可以与其他增强业务节点一起形成新的产品形态,正是这一灵活性使其非常适应当代互联网环境下的各种应用领域:

(1) 把电话交换网的业务转移到互联网上。软交换结合媒体网关和信令网关完成控制转移和媒体接入转换,可作为汇接局和长途局的接入,提供公用电话交换网(Public Switched Telephone Network,PSTN)的全部业务。

(2) 把分组网和电路网互通。如在H.323呼叫中,软交换可视为H.323终端在会话初始协议(Session Initiation Protocol,SIP)中的呼叫,也可以视为用户代理。

目前软交换的应用主要集中在如下几个方面:

(1) 分组中继。在分组中继网中,通过软交换技术和媒体网关直接提供高速的分组数据接口,大大减少了传输网中低速交叉连接设备的数量,再利用语音压缩和静音抑制技术来实现可变速率适配,可把电话传输成本和宽带需求降低60%。

(2) 分组本地接入。采用软交换技术实现语音的本地分组接入,不但可以减少甚至淘汰掉老式的电话终端局,而且还可以提供普通电话所没有的多媒体综合业务。

(3) 多媒体业务。软交换技术把各种应用服务器上的新业务进行集中呼叫控制,通过各种网关设备提供给广大终端用户,不但灵活、多变、快速、及时而且便于增值。

(4) 第三代移动通信网。软交换技术适用于第三/四代移动通信网中的呼叫控制与媒体承载的分离,因此在第三/四代移动通信网络中被广泛使用。

4.3 微波通信

4.3.1 微波通信的基本概念

无线电波的传播

现代通信中无线电波应用十分广泛,无线电广播、电视、雷达、探测、通信等都是利用无线电波在媒质中的传播来传输信号。根据使用频率、传输距离和位置,无线电波的传播方式可以分为以下几种。

(1) 地波传播。无线电波频率在 2MHz 以下,沿地球表面传播,具有一定的绕射能力。在低频段和甚低频段,地波传播的距离可以达到数百或数千千米,如图 4-12 所示。

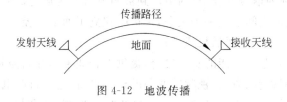

图 4-12 地波传播

(2) 天波传播。又称为电离层反射传播,是指无线电波经高空电离层反射回来到达地面接收点的传播方式,使用频率范围 2~30MHz。无线电波经电离层反射的一次反射距离最大可以达到 4000km,如图 4-13 所示。

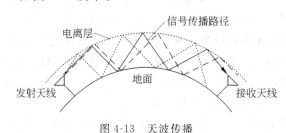

图 4-13 天波传播

(3) 视线传播。使用频率高于 30MHz,无线电波将穿越电离层,不能被反射回来,并且绕射能力也很小,所以只能在视线距离以内进行通信。为增大传输距离,利用增加天线高度或进行中继增大视线距离。

(4) 散射传播。是一种超视距通信,利用传播媒质的不均匀性产生对电波的散射作用,在两地间进行通信。对流层、电离层、流星余迹等都具有散射的性质,如图 4-14 所示。

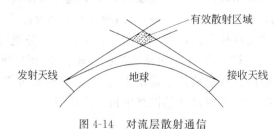

图 4-14 对流层散射通信

(5) 波导模传播。指电波在电离层下缘和地面所组成的同心球壳形波导内的传播,利用这种方式可以实现衰减较小的远距离通信。

4.3.2 微波通信系统组成

1. 微波天线

无线电通信系统都是利用无线电波来传输信息,而无线电波的发射和接收都是通过天线来完成,因此天线是无线电系统中重要的组成部分。

图 4-15 中,发射机输出的射频信号通过馈线(电缆)输送到天线,由天线以电磁波的形式辐射出去,到达接收端由天线接收下来并通过馈线送到接收机。可见天线是一种能量转换器,发射天线将发射机内的高频震荡能量转换成电磁波能量,而接收天线将电磁波能量转换为高频震荡能量。同一部天线,既可用作发射,也可用作接收,即收、发可以共用一部天线。

天线辐射或接收的功率有些方向大,有些方向小,表示这种辐射或接收功率大小在空间的分布,称为方向图,如图 4-16 所示。方向图中有许多波瓣,其中包含最大辐射方向的波瓣称为主瓣,其他依次称为第一副瓣、第二副瓣等。天线辐射或接收是否集中,可以用主瓣宽度来表示。主瓣中辐射强度(功率密度)为最大值一半的两个向径之间的夹角称为主瓣宽度。副瓣的最大值相对于主瓣最大值的比称为副瓣电平,一般用分贝表示。

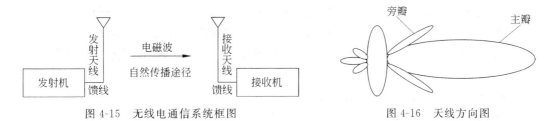

图 4-15 无线电通信系统框图　　图 4-16 天线方向图

天线的方向性系数是一给定方向上的辐射强度与所有方向上的平均辐射强度的比值。天线的增益等于天线的方向性系数乘以天线效率,天线效率是天线辐射功率与输入功率的比值。天线的方向性系数和增益常交替使用,它们之间的不同之处是,方向性系数忽略了天线的损耗,如电介质、阻抗、极化和电压驻波比损耗,因为在绝大多数天线中,这些损耗极小,所以天线的方向性系数和增益几乎相等。

在微波应用上,天线的类型与结构有很多种类。按波长特性可分为八分之一波长、四分之一波长和半波天线;按结构可分为单极子型、对称振子型、喇叭型、抛物面型、角型、螺旋型、介质平板型和阵列型天线;按频带宽度可分为窄频带型和宽频带型天线。

2. 抛物面天线

抛物面天线是使用最多的一种微波天线,结构简单,方向性强,工作频带宽,主瓣窄、副瓣低、增益高,因此它在雷达、通信、射电天文中获得了广泛的应用。抛物面天线由抛物面反射器和位于其焦点处的馈源组成,馈源可以是单个振子或振子阵、单喇叭或多喇叭、槽缝天线、螺旋天线等。抛物面反射器有旋转抛物面、切割抛物面和柱形抛物面等,如图 4-17 所示。图 14-17(a)为旋转抛物面天线,图 4-17(b)为切割抛物面天线,图 4-17(c)为柱形抛物面天线。

3. 微波馈线系统

微波馈线系统是指连接微波收、发信设备与天线的微波传输线和有关的微波器件,传输

图 4-17 几种形式的抛物面天线

线及有关的微波器件可为同轴线型或波导型。3GHz 以下的微波系统大多采用同轴线型馈线,而 3GHz 以上则大多数采用波导型馈线。

馈线系统的功能是传输、控制和分配射频信号。发射机产生的强大射频信号通过馈线系统传输至天线,天线收到的微弱射频信号通过馈线系统传输至接收机。

4. 微波通信系统的频率设置

在微波中继通信系统中为了提高射频频谱的利用率和减少波道间或临近路由的传播信道间的干扰,必须很好地解决系统的频率设置问题。

波道是指微波通信系统中的不同射频通道。为增加系统的传输容量,各个微波站在每个方向需使用多套微波收发信机同时工作,而每套收发信机在同一方向必须使用不同的微波收发频率,以避免相互干扰。这样每两套对通的微波收发信机之间就构成了独立的数字微波通道,称为一个波道。微波通信系统频率设置是分配各个波道的收发信机的射频频率,并确定收发信机的本振频率。

通常按以下基本原则进行频率设置:

(1) 在一个中间站,一个单向波道的收信和发信必须使用不同频率,而且有足够大的间隔,以避免发送信号被本站的收信机收到,使正常的接收信号受到干扰。

(2) 多波道同时工作时,相邻波道频率之间必须有足够的间隔,以免相互发生干扰。

(3) 整个频谱必须安排紧凑,使整个频段得到经济的利用。

(4) 因微波天线和天线塔建设费用很高,多波道系统要设法共用天线,达到既能满足技术指标,又能减少建设费用。

(5) 避免某一传输信道采用超外差式接收机的镜像频率传输信号。

当一条微波中继通信线路各相邻两个微波站之间只有一个波道工作时,其频率配置称为单波道频率配置,单波道频率配置常采用二频制方案和四频制方案。二频制是指一个波道的收发只使用两个不同的微波频率,如图 4-18 所示。四频制是指每个中继站方向收发使用四个不同的频率,间隔一站的频率又重复使用,如图 4-19 所示。

图 4-18 二频制方案

对应的各相邻两个微波站之间有多个波道工作时,其频率配置称为多波道频率配置。

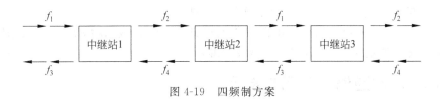

图 4-19　四频制方案

多波道频率配置常采用交错制方案和分割制方案。多波道频率配置方案请参考有关专著。

5．数字微波通信系统的构成与特点

图 4-20 为数字微波系统通信线路的示意图,图中通信线路有一条主干线,长达几千千米,两条支线,除线路两端的微波终端外,中间还有许多微波分路站和微波中继站。

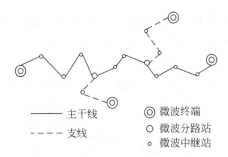

图 4-20　数字微波系统通信线路的示意图

数字微波系统的设备连接图如图 4-21 所示,系统主要由以下几部分组成。

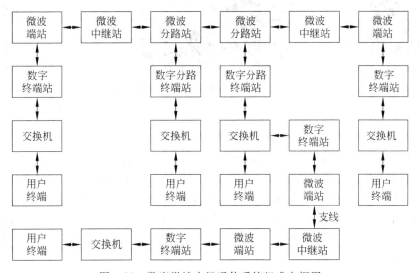

图 4-21　数字微波中继通信系统组成方框图

（1）用户终端:用户直接使用的终端设备,如自动电话机、电传机、计算机和调度电话机等。

（2）交换机:将需要通信的用户接续起来,可以是模拟交换也可以是数字交换。

（3）数字终端机复用设备:把交换机传输来的多路话音信号变换成时分多路复用信号送至微波信道进行传输,或将时分多路复用信号变换成多路话音信号送至交换机。按照工作性质不同可以组成数字终端站和数字分路终端站。

（4）微波站：传输数字信号。由微波收发设备、天线、馈线、铁塔等几部分组成。按照工作性质分为微波端站、微波分路站和微波中继站。

4.3.3 微波通信的应用与发展

在光纤通信研究未取得实质性成果以前,世界各国均拟将微波通信作为通信网的主干传输手段,并大力发展微波通信。我国在 20 世纪 60 年代组织了"6401 微波通信攻关"项目,随后在全国建立了 20 000km 多的模拟微波通信。到 20 世纪 80 年代,由于光纤通信投入使用,微波通信的主干地位受到了挑战,目前正让位给光纤通信,但仍然是现代通信系统的重要补充手段。

过去通信网的微波干线发展,主要是集用于大、中城市间的建设,省内微波支线的建设,特别是有线光纤传输系统由于地理环境复杂难以铺设或代价昂贵的地区,更需要发展微波通信,其通信容量一般要求为 155.52Mb/s 及 2×155.52Mb/s 的数字微波通信系统。此外,城市郊区、县城至农村村镇或沿海岛屿的用户、分散的居民点因经济发展水平的限制或通信容量要求不大,微波通信系统因较为经济故十分适用,参见图 4-22、图 4-23 和图 4-24。

图 4-22 微波站

图 4-23 微波站电视转播机房

图 4-24 农村移动通信微波站

另一方面,随着中国电信经营业的改组,引入多家竞争机制,经营商如果认为租用线路不太方便时,则往往会自建微波通信线路,因此微波通信目前在国内的重要应用领域之一是企事业单位组建企业内部网(Intranet)并接入 ISP。一般接入速率为 64kb/s～2Mb/s,使用频段为 2.4～2.4835GHz,该频段属于工业自由辐射频段,也是国内目前唯一不需要组委会批准的自由频段。其采用的技术主要为微波扩频技术,特点是利用伪随机码对输入信息进行扩展频谱编码处理,然后在某个载频进行调制以便传输,属于中程宽带通信方式(见图 4-25)。

微波通信的另外一个重要应用就是在广播电台中的应用,即利用微波频段通过地面视距进行广播节目信号的传送。设备具有数字微波接口和光端接口,可方便地与微波机和光端机连接。发端机可将来自于模拟(经 A/D 转换)或数字节目源的样点信号、通道状态和独立数据转换成一路串行数字序列,经纠错编码、交织、信道编码和复接器后,分别送往微波调制机和光调制机进行传送,送入微波调制机的信号再通过功放和天线发射出去。收端机将收到的码流进行信道解码,解出的信号经去交织、纠错解码电路得到各路样点信号和独立数据信号,并通过相应各路的接口电路恢复成模拟或数字信号。广播电台的节目信号,其中一

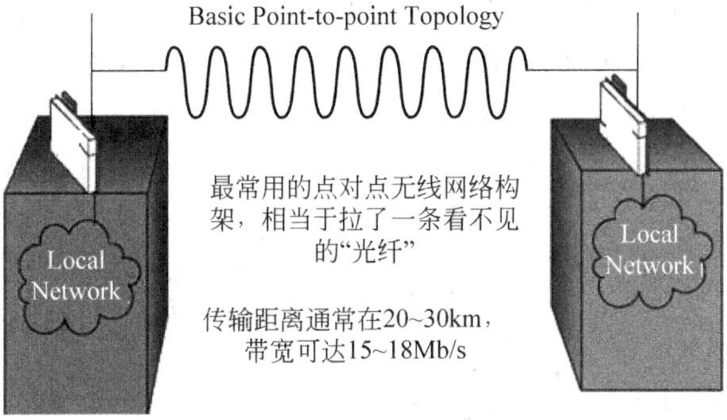

图 4-25　企事业单位组建 Intranet 微波技术实现方案

种传输方式是通过数字微波通信系统完成的,广播电台播控系统主控机房将由数字矩阵切换后的输出信号送入微波端机的输入端,通过数字微波终端设备进行传输。传送线路的两端都设置有数字微波传输设备,传输线路一端的传输设备设置在广播电台,传输线路另一端的传输设备设置在接收方。

在市内的短距离支线连接方面,如移动通信基站之间、基站控制器与基站之间、局域网之间的无线联网等方面微波通信仍然发挥重要作用。局域网之间的无线联网若用 18GHz、23GHz 等频段的数字微波设备作为中、小容量(34Mb/s、8Mb/s)的传输手段加以解决最为方便。加之这些高频段小容量的数字微波设备的天线体积小、质量轻,极易在一般屋顶上架设,设备耗电量也非常小,因此常为移动通信经营者所采用,特别是在市内有线中继线提供有困难的地区。

除了在传统的传输领域外,数字微波技术在固定宽带接入领域也越来越引起人们的重视。工作在 8GHz 频段的本地多点分配业务(Local Multipoint Distribution Services,LMDS)已在发达国家大量应用,预示数字微波技术仍将拥有良好的市场前景。迄今,尽管中国电信基础建设取得了极大的发展,但是仍无法满足网络迅速发展的迫切需要,因此无线微波扩频通信以其建设快速简便等优势成为建立广域网连接的另一重要方式,并在一些城市中形成一定规模,是国内城市通信基础设施的有效补充。

4.4　卫星通信

4.4.1　卫星通信基本概念

卫星通信是无线通信的主要形式之一,其利用人造地球卫星作为中继站转发无线电波,实现两个或多个地球站之间的通信。地球站是指设置在地面、空中、海洋上的通信站,包括地面站、机载站和船载站。

由于作为中继站的卫星处于外层空间,这就使得卫星通信不同于其他地面无线电通信方式,而属于宇宙通信的范畴。卫星通信给人一种源自太空的神秘感,长期以来一直促使人们不断地探索和追求。时至今日,它已发展成为不可或缺的、任何地面通信系统无法代替的现代通信系统。

卫星通信的设想最早出现在 1945 年阿瑟·克拉克(A. Clarke,1917—2008 年)发表的著名论文"Extra-Terrestrial Relays"中。他提出了利用 3 颗卫星以近似相等的间隔实现全球通信。3 颗卫星与地球同步旋转,构成一个静止的卫星星座,如图 4-26 所示。

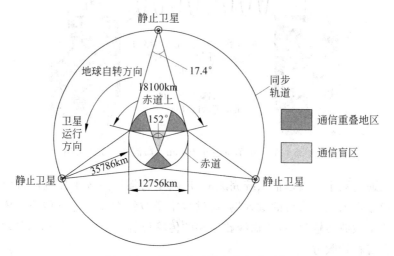

图 4-26　3 颗静止卫星实现全球通信

而今天实际建立的卫星通信系统不只是静止轨道(Geostationary Earth Orbit,GEO)卫星系统,还有其他一些非静止轨道卫星系统,如低轨(Low Earth orbit,LEO)卫星系统、中轨(Medium Earth Orbit,MEO)卫星系统等。GEO 卫星系统的轨道在赤道平面内,卫星轨道高度是 35 786km,三颗经度相差 120°的卫星,能以零仰角覆盖地球除南北极地区以外的所有地区。地面用户利用地球站与卫星之间的链路进行通信,但长距离的通信带来了长的传输时延,用户间单跳通信的传输时延达到 0.25s。LEO 卫星系统卫星轨道高度为 500~1500km,属非静止轨道,因此需要用较多数目的卫星组成特定的星座才能实现全球覆盖。具有代表性的 LEO 系统有美国的铱系统(Iridium,66 颗卫星)、全球星系统(Globalstar,48 颗卫星)和轨道通信系统(Orbcomm,47 颗卫星)等,相比于 GEO 卫星系统,其具有信号的传输距离短,传输损耗小等特点,并且传输时延大大降低。但是 LEO 卫星系统比较复杂,为保证对用户的实时通信要求进行较频繁的切换,MEO 卫星系统卫星轨道高度在 10 000km 左右,系统为用户提供服务的时间相对较长,切换概率较小,但是传输时延和传输损耗比 LEO 卫星系统大,比 GEO 卫星系统小。

4.4.2　卫星通信系统的组成

卫星通信系统由空间段和地面段两部分组成,如图 4-27 所示。

空间段以卫星为主体,包括地面卫星控制中心(Satellite Control Center,SCC)及其跟踪、遥测和指令站(Telemetry, Track & Command,TT&C)。通信卫星主要起无线电中继站的作用,它是靠星上通信装置中的转发器和天线,接收来自地面的无线电波,经过放大后,变换频率再向地面发射实现中继。

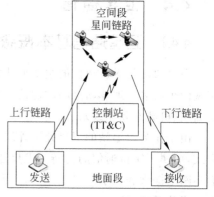

图 4-27　卫星通信系统的基本组成

转发器是通信卫星的核心,1个通信卫星可以包括1个或多个转发器,每个转发器能接收和转发多个地球站信号。转发器的数量越多,卫星的通信能力就越大,所以转发器的数量是衡量卫星先进与否的重要标志。

在TT&C站与卫星之间有一条监视和控制链路,对卫星进行以下几方面的监控:

(1) 在卫星发射阶段,一旦最后一级火箭释放,TT&C必须对卫星进行跟踪和定位并对天线和太阳能帆板的展开实施控制。

(2) 在系统运行过程中,对卫星的位置和轨道进行监视和校正,以便将轨道的漂移(倾斜)和卫星摄动控制在允许的范围内。

(3) 对由于"双重照射"形成的地区性通信干扰问题进行监视。对正常工作的卫星系统的覆盖区形成"双重照射"而引起的严重干扰,TT&C必须迅速进行检测,探明干扰源所在,使正常业务受到的损害最小。

另外,SCC可以有独立于TT&C站的天线来对卫星转发器的输出以及整个空间通信分系统进行测试、监控,并对出现的故障进行检修。

地面段由地球站、用户终端、连接用户终端与地球站的链路及接口等组成。其中地球站是地面段的主体,其主要功能是将发射的信号传到卫星,再将从卫星发射的信号接收下来。地球站有大有小,业务形式也多种多样。一般来说,天线口径越大,发射与接收能力就越强,功能也越多。

在图4-28所示的卫星通信系统中,上行链路指的是发送地球站到卫星之间的链路,相反下行链路指的是的卫星到地球站之间的链路。

卫星通信工作过程如图4-28所示,发送端输入的信息经过处理和编码,进入调制器对载波(中频)进行调制,已调的中频信号经过上变频将频率搬移至适合信道传输的上行射频频率,再经过高功率放大器放大到足够大的功率后,馈送到天线经上行链路发往卫星,这个信号为上行信号,卫星接收到上行信号,对信号进行放大,经变频器变换信号的频率(将上行频率变为下行频率),由卫星天线经下行链路发向地球站,此信号为下行信号。接收端地球站经天线接收到下行信号,进入低噪声模块变频放大器对信号进行放大,并变到中频,然后送到调制解调器和解码器,恢复出原始基带信号,最后通过地面网络传送给用户。为了增大发送输出信号和接收端输入信号之间的隔离度,避免二者相互干扰,上行频率和下行频率一般使用不同的频率,且尽量保持足够大的间隔。

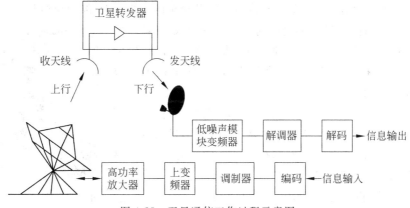

图4-28 卫星通信工作过程示意图

4.4.3 卫星通信的应用与发展

在我国，1970年4月24日成功发射第一颗人造地球卫星"东方红一号"，迈出了我国发展航天技术的第一步。1984年4月8日，"东方红二号"卫星发射成功，开始了我国利用本国的通信卫星进行卫星通信的历史。1988年至1990年，我国相继成功发射了3颗"东方红二号甲"卫星，"东方红二号甲"卫星是"东方红二号"卫星的改型星，主要为国内的通信、广播、交通、水利、教育等部门提供各种服务。1997年5月12日，我国成功发射了第3代通信卫星"东方红三号"卫星，主要用于电视传输、电话、电报、传真、广播和数据传输等业务。2003年10月15日，我国第一艘载人飞船神舟五号成功发射，神舟五号21小时23分钟的太空行程，标志着我国已成为世界上继俄罗斯和美国之后第三个能够独立开展载人航天活动的国家。2011年9月29日中国第一个目标飞行器和空间实验室"天宫一号"发射，并于2011年11月3日凌晨实现与神舟八号飞船的对接任务，于2012年6月18日下午14时14分与神舟九号对接成功（见图4-29），于2013年6月13日13时18分与神舟十号完成自动交会对接（见图4-30）。

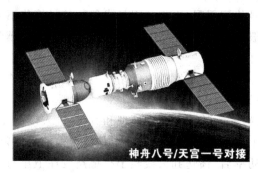
图4-29 天宫一号与神舟八号对接

图4-30 天宫一号与神舟十号交会对接

卫星通信除了在通信、交通、广播等领域全面发挥作用以外，在重大自然灾害面前也发挥了救灾减灾"生命线"的作用。2008年汶川大地震发生后，第一个关于映秀镇现场灾情的视频就是通过卫星发送的。此外，地震发生后，与汶川映秀镇的第一次通话就是靠通信卫星实现的，而汶川灾后第一个移动通信基站的开通也依赖于卫星通信。2010年玉树地震发生后，中国电信在玉树州玉树县建设的48部"村村通"卫星电话迅速作出反应，第一时间向外界发出地震及灾情信息，让信息迅速传向全省乃至全国各地。48部卫星电话在地震当天共产生通话6773分钟，平均每部电话通话141分钟，话务量是平时的10倍，保障了灾区的通信畅通，对通报灾情、指挥救援发挥了重大作用。未来10年，随着高清电视、立体电视等需求的不断增加，卫星移动用户将达百万。

2013年8月，美国空军"宽带全球卫星通信系统"（Wideband Global Satcom，WGS）的第6颗卫星被送入预定轨道（见图4-31）。WGS系统是美军有史以来功率最大、容量最大的宽带军事通信卫星系统，其采用了诸多的先进技术。WGS系统目前已投入作战使用，初步显示其为美军视频流、

图4-31 组装中的WGS卫星

远程会议、实时数据传输和高分辨率成像等多媒体信息提供高速率通信。美军在2010年就已具备了吉比/秒量级传输容量的卫星通信能力,到2020年将具备10吉比/秒传输容量的卫星通信能力。WGS是美军实现通信卫星由战略通信向战术通信转型的第一个宽带卫星通信系统,这也意味着美军在一体化联合作战中将获得实时的信息传输能力,使"发现即消灭"成为现实。而我国目前尚未建立起卫星移动通信系统,提供的卫星移动通信和卫星宽带服务都是代理国外的系统,因此在卫星移动通信业务发展中没有主动权,更难以获得完备的通信安全机制。

4.5 光纤通信

4.5.1 光纤通信的基本概念

光纤通信是以光导纤维为传输媒质,光波作为载体的通信方式。光纤通信具有传输损耗小、频带宽、重量轻、线径细、耐腐蚀、不受电磁干扰等优点,因而光纤通信成为现代通信的主要传输手段,并在现代通信网中起着重要作用。

光波是电磁波,其频率比无线电波中微波频率高 $10^4 \sim 10^5$ 倍,包括红外线、可见光、紫外线、波长范围为 $6 \times 10^{-3} \sim 300 \mu m$,其中紫外线波长范围为 $6 \times 10^{-3} \sim 0.39 \mu m$,可见光波长范围为 $0.39 \sim 0.76 \mu m$,红外线波长范围为 $0.76 \sim 300 \mu m$,光波中除可见光外、红外线、紫外线等均为人眼看不见的光。光纤通信的波谱在 $1.67 \times 10^{14} \sim 3.75 \times 10^{14}$ Hz 之间,即波长在 $0.8 \sim 1.8 \mu m$ 之间,属于近红外波段。

4.5.2 光纤通信的基本原理

1. 光纤通信系统的组成

光纤通信系统主要由光发送机、光接收机、中继器和光纤光缆组成,此外,系统中还包含一些互连器件和光信号处理器件,如光纤连接器、隔离器、开关等,如图 4-32 所示。

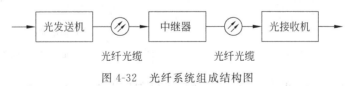

图 4-32 光纤系统组成结构图

(1) 光发送机的作用是把电信号转换成光信号耦合进光纤。完成电光转换的重要器件是半导体光源,目前主要采用半导体激光器(Laser Diode,LD)或半导体发光二极管(Light-Emitting Diode,LED)。

(2) 光接收机的作用是把光信号转换成原始的电信号。完成光电转换的重要器件是光电检测器,目前主要采用光电二极管(Positive Intrinsic-Negative,PIN)或雪崩光电二极管(Avalanche Photo Diode,APD)。

(3) 光纤光缆的作用是为光信号的传输提供通道,将光信号由发送端传送到接收端,是由光纤经过一定的工艺而形成的线缆。

(4) 中继器的作用是延长光信号的传输距离。中继器的形式主要有两种,一种是光-电-光转化形式的中继器,称为电中继器;一种是不进行光-电-光形式的转化,直接对光信号进行放大的中继器,称为光中继器。

2. 光纤的结构与分类

光纤简单地说就是用来导光的透明介质纤维,是光纤通信系统中最基本的传输物理媒质,光纤是影响光纤通信系统最重要的因素之一。

目前,通用的光纤绝大多数都是用石英、塑料等导光材料组成的圆柱形线状导光纤维,折射率高的中心部分叫纤芯,折射率低的纤芯外围部分叫做包层,最外面为涂敷层,如图4-33所示。由于纤芯的折射率比包层的折射率大,光波会在两层的边界处产生反射,经过多次反射光波可以实现远距离传输。

按照光纤的纤芯和包层折射率分布的不同,光纤可以分为阶跃型光纤和渐变型光纤两种。折射率在两种介质(纤芯和包层)内均匀不变,仅在边界处发生突变,这种光纤为阶跃型光纤。而渐变型光纤的纤芯折射率沿半径增大方向逐渐减小,光波传输的路径是因折射而逐渐弯曲的,并达到远距离传输的目的,如图4-34所示。

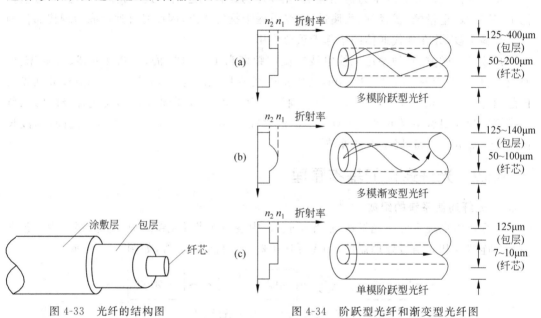

图4-33 光纤的结构图　　　图4-34 阶跃型光纤和渐变型光纤图

按照纤芯中传输模式的多少来划分,光纤可分为单模光纤和多模光纤。多模光纤允许多个模式在光纤中传输,不同的传输模式经过长距离传输之后会产生时延差,结果会导致多模光纤的带宽变窄,降低传输容量,因此多模光纤仅适用于低速率、短距离的通信。单模光纤只传输基模,不存在模间时延差,使传输带宽大大加宽,因此它适用于大容量、长距离的光纤通信。单模光纤目前大多采用折射率阶跃分布,单模光纤中的光波传输轨迹如图4-34所示。

3. 光纤传输特性

1) 衰减特性

使光纤产生衰减的因素有很多,主要有固有损耗和非固有损耗,固有损耗包含材料的本征吸收和本征散射,非固有损耗包含材料的杂质吸收和波导散射。本征吸收损耗是材料本身所固有的,光纤材料组成的原子系统中,一些处于低能级的电子会吸收光波能量而跃迁到高能级态，引起吸收损耗，而杂质征吸收损耗是由光纤制作材料中的杂质引起的。瑞利散射是一种最基本的散射过程，属于固有散射，它是由于材料的不均匀使光散射而引起的损耗。另外，在光纤的制造过程中，在纤芯和包层交界面上出现某些缺陷，如光纤的纤芯和包层的交界面不完整、芯径变化、圆度不均匀、残留气泡和气痕等，这些结构上的缺陷会形成波导散射。

光纤的损耗系数定义为传输单位长度光纤所引起的光功率减小的分贝数，一般用 α 表示损耗系数，单位是 dB/km。

$$\alpha_f = \frac{10}{L} \lg \frac{P_1(\lambda)}{P_2(\lambda)} \tag{4-1}$$

式中，L 为光纤的总长度，$P_1(\lambda)$ 和 $P_2(\lambda)$ 分别为输入光功率和输出光功率。

衰减系数是表示光纤传输特性的最重要的参数之一。光纤衰减系数的大小，既可以评定光纤质量，又可以作为计算光纤通信系统中的中继距离的一个重要指标。衰减(损耗)谱直观地描述了衰减系数与波长的函数关系，石英光纤的衰减谱如图 4-35 所示。在谱线上，损耗值比较高的地方，叫做光纤的吸收峰，较低的损耗所对应的波长叫做光纤的工作波长(或工作窗口)，从图 4-35 中显示的光纤三个工作窗口的波长范围可以看出，光纤通信上常用的工作窗口主要有三个波长，即 $\lambda_1 = 0.85 \mu m, \lambda_2 = 1.31 \mu m, \lambda_3 = 1.55 \mu m$。

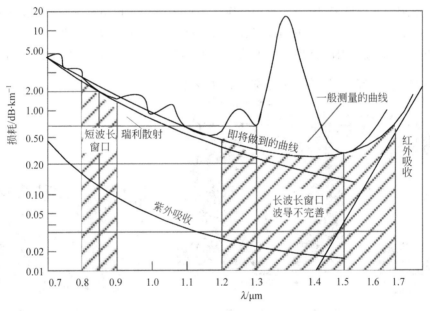

图 4-35 石英光纤衰减谱

2) 色散特性

光纤的色散是在光纤中传输的光信号，随传输距离增加，不同成分的光传输时延不同而引起的脉冲展宽。在光纤的损耗已经大为降低的今天，色散对光纤通信的影响显得尤为突出。

色散的类型主要包括模式色散、材料色散、波导色散和偏振模色散。

模式色散是由于光纤不同模式在同一波长下传播速度不同，使传播时延不同而产生的色散。只有多模光纤才存在模式色散，它主要取决于光纤的折射率分布。

材料色散是由于光纤的折射率随波长变化而使模式内不同波长的光时间延迟不同产生的色散。取决于光纤材料折射率的波长特性和光源的谱线宽度。

波导色散是由于波导结构参数与波长有关而产生的色散。取决于波导尺寸和纤芯包层的相对折射率差。波导色散和材料色散都是模式的本身色散,也称模内色散。对于多模光纤,既有模式色散,又有模内色散,但主要以模式色散为主。而单模光纤不存在模式色散,只有材料色散和波导色散,由于波导色散比材料色散小很多,通常可以忽略。

偏振模色散是由于沿两个不同方向偏振的同一模式的相位常数不同,从而导致这两个偏振方向的光传播速度不同,引起时延差。偏振模色散对高速大容量光纤通信系统有着不可忽视的影响,并被认为是限制光纤通信系统传输容量和距离的最终因素。所以自20世纪90年代以来,已引起业界的广泛关注,并已成为国际上光纤通信领域研究的热点。

4.5.3 光纤通信的应用与发展

1966年,英籍华裔学者高锟博士(K. C. Kao,1933—)发表了一篇题为《光频率介质纤维表面波导》的论文,开创性地提出光导纤维在通信上应用的基本原理,认为只要解决好玻璃纯度和成分等问题,就能够利用玻璃制作光学纤维,利用光在玻璃中的全反射而高效地传输信息。

在高锟理论的指导下,1970年美国的康宁公司(Corning Incorporated)拉出了第一条达到通信标准的光纤,损耗为20dB/km,从此光纤通信开始飞速发展,把光纤通信的发展推向一个新的阶段,高锟也因此而获得2009年的诺贝尔物理学奖(见图4-36和图4-37)。

图4-36 2009年诺贝尔物理学奖获得者　　　　图4-37 高锟在实验室

1976年美国亚特兰大进行了世界上第一个实用光纤系统的现场试验,系统采用GaAlAs激光器作光源,多模光纤作传输介质,速率为44.7Mb/s,传输距离约10km。1982年12月31日,我国第一条实用通信光纤光缆(烽火科技集团制作)从汉口合作路到武昌民主路铺设,全部使用国产光纤,全长13.3公里,标志着中国光纤通信走向实用化阶段。2000年以来,以10Gb/s为基群,总容量为320Gb/s的DWDM也正式进入到商用化阶段。

2000年,美国CTR公司提出了一个全球Project Oxygen(氧气工程)的计划,其主要目标是实现"全球信息超级高速公路"的梦想,建立面向全球商业应用的光纤超级互联网络,真正实现传统电话服务和互联网络服务的集成化,该计划被称为20世纪通信领域最宏伟工程。32万公里海底光缆,从美国东部出发,横跨大西洋,穿过地中海,经红海和印度洋,通过马六甲海峡,进入太平洋,横跨太平洋与美国西部连通,连接175个国家和地区,262个着陆点,连接除南极洲外的各大洲。每段的传输容量至少将达到100Gb/s,某些特定的线路将达到1Tb/s。Project Oxygen第一次真正实现传统的电话服务与Internet的集成,彻底改变电话公司通过海底电缆和卫星进行国际电话服务的方式(见图4-38和图4-39)。

图4-38 Project Oxygen

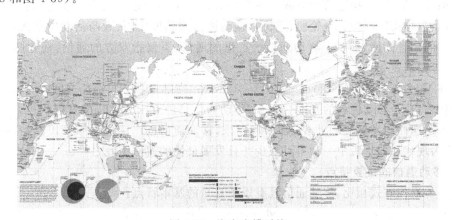

图4-39 海底光缆系统

光纤通信的潜力是巨大的,作为现代通信的主要支柱之一,在现代通信网中起着重要的作用。光纤通信的发展方向主要体现在以下两个方面。

1. 向超高速系统发展

从过去电信发展史看,网络容量的需求和传输速率的提高一直是一对主要矛盾。光纤通信现已实现的单信道最高速率已达640Gb/s,经验告诉我们,每当传输速率提高4倍,传输每比特的成本大约下降30%~40%,因而高比特率系统的经济效益大致按指数规律增长,这就是为什么光纤通信系统的传输速率在过去数十年来一直在持续增加的根本原因。目前商用系统已从45Mb/s增加到10Gb/s,其速率在数十年里增加了2000多倍,比同期微电子技术的集成度增加速度还要快得多。高速系统的出现不仅增加了业务传输容量,而且也为各种各样的新业务,特别是宽带业务和多媒体提供了实现的可能。

2. 向超大容量系统扩容

据研究显示,光纤的200nm可用带宽资源仅仅利用了不到1%,99%的资源尚待发掘。如果将多个发送波长适当错开的光源信号同时在一根光纤上传送,则可大大增加光纤的信息传输容量,这就是波分复用(Wavelength Division Multiplexing,WDM)的基本思路。近年来波分复用系统发展迅猛,目前1.6Tb/s的WDM系统已经大量商用,同时全光传输距离也在大幅扩展。目前全球实际敷设的WDM系统已超过2000个,美国朗讯公司已推出80个不同波长的WDM系统,其总容量可达200Gb/s(80×2.5Gb/s)或400Gb/s(40×10Gb/s),实验室的水平则已达到 2.6Tbit/s(132×20Gbit/s)。

4.6 移动通信

4.6.1 移动通信的基本概念

1. 移动通信的基本概念

随着社会的发展,科技的进步,人们对通信的需求日益迫切,对通信的要求也越来越高。理想的目标是任何人在任何时候和任何地点都能和另一个人进行任何方式的通信,显然,没有移动通信这一愿望是无法实现的。

所谓移动通信,是指通信双方或至少有一方处于运动中进行信息交换的通信方式。例如,固定点与移动体(如汽车、轮船、飞机)、移动体与移动体之间、人与活动中的人或人与移动体之间的信息传递,都属于移动通信。这里的通信,不仅指双方的通话,还包括数据、传真、图像等通信业务。

早在 1897 年,马可尼(Marconi,1874—1937 年)在陆地和一只拖船之间,用无线电进行了消息传输,这是移动通信的开端。至今,移动通信已经有 100 多年的发展历史,并在技术和理论上迅速向前发展。20 世纪 80 年代以来,移动通信已广泛应用于国民经济的各个部门,并成为现代通信手段中一种不可缺少并且发展最快的通信手段之一。

2. 移动通信的主要特点

与其他通信方式相比,移动通信具有以下自身的基本特点:

(1) 电波传播环境恶劣。移动台处在快速运动中,并且会受到地形地物的阻挡和遮蔽,实际接收的信号往往是由多条路径信号叠加而成,即产生多径效应。多径效应产生瑞利衰落,信号电平起伏可达 40dB 以上。

(2) 多普勒频移产生调频噪声。由于移动台在运动中,当达到一定速度时会产生多普勒效应。多普勒频移公式如下:

$$f_i = \frac{v}{\lambda}\cos\theta_i = f_m\cos\theta_i \tag{4-2}$$

式中,v 为移动台速度,λ 为工作波长,θ_i 为接收信号与移动台运动方向之间的夹角,f_m 为 $\theta_i=0°$ 时的最大多普勒频移。在高速移动电话系统中,多普勒频移可影响 300Hz 左右的话音,产生附加调频噪声,出现失真。

(3) 干扰严重。除天电干扰、工业干扰和汽车火花干扰等一些常见干扰,移动通信还存在移动用户之间的邻道干扰、互调干扰、共道干扰及多址干扰等。

(4) 系统和网络结构复杂。移动通信是一个多用户通信系统和网络,必须使用户之间互不干扰,能协调一致地工作。由于移动台在通信区域内随时运动,需要随机选用无线信道,进行位置登记、频率和功率控制、越区切换等移动性管理技术,此外,移动通信系统还应与市话网、卫星通信网、数据网等互联,所以移动通信系统及其整个网络结构是很复杂的。

(5) 频率资源有限。移动通信使用的频段是 VHF 和 UHF 频段,频段资源极其有限。为满足用户需求量的增加,除开发新频段外,应该采用有效的频率利用措施提高系统的频带利用率。如现在的频分复用技术、多波道共用技术及缩小波道间隔技术等。

(6) 综合了各种技术。移动通信综合了交换技术、计算机技术和传输技术等多种技术。

(7) 对设备的要求高。移动台必须适于在移动环境中使用,外界条件的影响很难预料,移动台应具有很强的适应能力,而且要尽量使用户操作方便,适应新技术、新业务的出现和发展,以满足不同人群的使用。另外,基站设备有可能在室外工作,因此,要求其性能稳定可靠、安装方便,适应不同的外部环境条件。

4.6.2 移动通信的发展历史

全球移动通信的发展大致可以分为以下几个阶段:

(1) 初级阶段。从 20 世纪 20 年代起至 20 世纪 70 年代,移动通信的发展完成了从专用军事通信向民用方向发展的过程,移动通信的主要使用工作频率也从 2MHz 发展到 150MHz 和 450MHz,接续方式从人工交换发展到自动交换方式。

(2) 第一代移动通信系统(1G)。1978 年美国贝尔实验室开发了先进移动电话业务系统,这是第一个真正意义上的具有随时随地通信能力的模拟蜂窝移动通信系统,从此以后直至 20 世纪 90 年代初,这一时期的移动通信系统都为第一代移动通信系统。代表性的系统有美国的高级移动电话系统(Advanced Mobile Phone System,AMPS)、英国全入网通信系统(Total Access Communications System,TACS)、北欧的北欧移动电话-900(Nordic Mobile Telephone-900,NMT-900)及日本的 HCNTS 等。1G 系统采用的频率为 400~900MHz 不等,采用的主要技术是模拟调频、频分多址技术,以模拟话音业务为主。1G 系统的主要缺点是容量有限、通话质量不高、不能提供数据业务、频带利用率低、保密性差等。

(3) 第二代移动通信系统(2G)。第二代移动通信系统始于 20 世纪 80 年代中期,完成至 20 世纪 90 年代末。2G 是基于数字传输的,代表性系统有欧洲的全球移动通信系统(Global System for Mobile communication,GSM)、美国的数字高级移动电话系统(Digital AMPS,DAMPS)(IS-54 目前用 IS-136)、美国的码分多址移动通信系统(Code Division Multiple Access,CDMA)及日本的 JDC(Japanese Digital Cellular)等。GSM 系统使用最主要的频段是 900MHz 和 1800MHz,分别称作 GSM900 和 1800MHz 数字蜂窝系统(Digital Cellular System at 1800MHz,DCS1800)。2G 主要采用时分复用和码分复用技术,与 1G 相比,具有较强的保密性、通话质量好、系统容量大、频率利用率高等优点。能提供数字语音业务和最高速率为 9.6kb/s 的数据业务,并与综合业务数字网(Integrated Services Digital Network,ISDN)相兼容。

通用分组无线业务(General Packet Radio Service,GPRS)是在第二代移动通信 GSM 系统上发展来的。GPRS 系统所用频率与 GSM 一样,在 GSM 系统的基础上增加了一些硬件设备和软件升级,GPRS 系统又被称作 2.5G 移动通信系统,可以提供最高速率为 171.2kb/s 的分组交换数据业务。2.5G 是 2G 的增强版,是 2G 向 3G 发展过程中的中间过渡。

(4) 第三代移动通信系统(3G)。第三代移动通信系统始于 20 世纪 80 年代,可同时提供高质量的语音业务,最高传输速率为 2Mb/s 的数据、图像业务,并支持多媒体业务。最具有代表性的是欧洲与日本提出的 WCDMA、北美提出的 CDMA2000 和我国提出的 TD-SCDMA。主要特点是全球无缝漫游、高速率、高服务质量和高保密性等。

(5) 第四代移动通信系统(4G)。4G 集 3G 与 WLAN 于一体,能够传输高质量视频图像,图像的传输质量与高清晰电视不相上下。4G 能够以 100Mb/s 的速度下载,上传的速度也能达到20Mb/s,在高速率和高可靠性的前提下,满足人们从语音到多媒体等多种综合业务的需求。

在我国,1994年4月中国联通的成立打破了邮电"一统天下"的局面。联通采用技术先进、设备成熟、具有国际自动漫游功能的GSM数字移动通信技术,组建公众移动通信网。1994年9月中国电信也采用GSM数字移动通信技术,组建中国电信全国公众数字移动通信网。从1994年9月至1995年底短短一年多,中国电信就有15个省、直辖市、自治区开通了GSM数字移动电话业务,并采用中国七号信令完成联网自动漫游。1999年4月,信息产业部确定由中国联通在全国范围经营CDMA数字蜂窝系统。2000年4月20日,从中国电信分离的移动业务由新成立的中国移动通信集团公司(简称"中国移动")运营。

我国积极制定具有我国自己知识产权的3G标准,在1998年6月30日,共有10个组织向国际电信联盟(International Telecommunication Union,ITU)提交无线传输技术(Radio Transmission Technology,RTT)建议,我国信息产业部电信科学技术研究院代表中国也提交了自己的候选方案TD-SCDMA。1999年11月在芬兰召开的ITU第18次会议上,TD-SCDMA技术正式成为IMT-2000(International Mobile Telecom System-2000,国际移动电话系统-2000)的三种主流标准之一。2001年4月,ITU正式确立欧洲WCDMA、美国CDMA2000和中国TD-SCDMA为世界三大3G标准。2008年5月,我国原有6大电信运营商(移动、联通、电信、铁通、网通、卫通)整合成3大电信运营商(中国移动、中国联通、中国电信)。新的三大电信运营商均可开展移动业务,并为其发放三张3G牌照,形成三家拥有全国性网络资源、实力与规模相对接近、具有全业务经营能力和较强竞争力的市场竞争主体,电信资源配置进一步优化,竞争架构得到完善。

2012年1月18日,国际电信联盟在2012年无线电通信全会全体会议上,正式审议通过将LTE-Advanced和WirelessMAN-Advanced(802.16m)技术规范确立为IMT-Advanced(即4G)国际标准。中国主导制定的TD-LTE-Advanced和FDD-LTE-Advance同时并列成为4G国际标准。2013年12月4日下午,工业和信息化部正式向中国移动、中国联通和中国电信颁发"LTE/第四代数字蜂窝移动通信业务(TD-LTE)"经营许可,我国通信行业进入4G时代。

4.6.3 全球移动通信系统

1. GSM数字移动电话系统的组成

第二代移动通信系统的代表性系统是GSM、CDMA系统,GSM全球移动通信系统是基于时分多址(Time Division Multiple Access,TDMA)的数字蜂窝移动通信系统,与模拟蜂窝网相比其技术更先进、功能更完备、通信更可靠,且可以方便地与其他数字通信网互联。GSM系统的组成如图4-40所示。

GSM系统主要由移动台(Mobile Station,MS)、基站子系统(Base Station Subsystem,BSS)和网络子系统(Network Subsystem,NSS)组成。基站子系统由基站收发信机(Base Transceiver Station,BTS)和基站控制器(Base Station Controller,BSC)组成。网络子系统由移动交换中心(Mobile Service Switching Centre,MSC)、归属位置寄存器(Home Location Register,HLR)、访问者位置寄存器(Visitor Location Register,VLR)、设备识别寄存器(Equipment Identity Register,EIR)、鉴权中心(Authentication Centre,AUC)和操

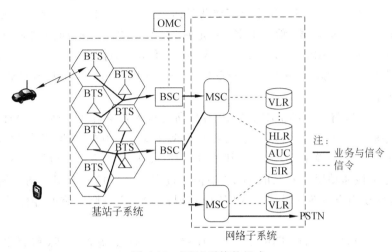

图 4-40 GSM 系统的组成

作维护中心(Operation and Maintenance Centre, OMC)等组成。一个 MSC 可以管理几十个基站控制器，而一个基站控制器可以控制 256 个 BTS。系统通过 MSC 实现与多种网络的互联，包括 PSTN、ISDN、PLMN(Public Land Mobile Network，公共陆地移动网络)等。

1) 移动台

移动台是 GSM 系统中用户使用的设备。移动台主要类型有车载台、便携台和手机等。一个 GSM 移动台分成两部分，一部分是与无线电接口有关的硬件和软件，另一部分是用户特有数据即用户识别模块(Subscriber Identity Module, SIM)。SIM 卡包含与用户有关的信息，也包括鉴权和加密的信息，SIM 卡支持用个人身份码(Personal Identification Number, PIN)来鉴别卡的用户，PIN 由 4～8 位数字组成，在 SIM 卡出售时写入，SIM 卡支持个人移动性，移动台如无 SIM 卡只能进行紧急呼叫。

2) 基站子系统

基站子系统是 GSM 系统的基本组成部分。在整个系统主要起中继作用，与移动台之间采用无线信道连接，负责无线发送、接收和无线资源管理。与网络子系统中的 MSC 之间常采用有线信道连接，实现移动用户之间或移动用户与固定用户之间的通信连接。

基站子系统由 BTS 和 BSC 组成，BTS 是为一个小区服务的无线收发设备，BSC 的一侧与 BTS 相连，一侧与 MSC 相连，具有对一个或多个 BTS 进行控制以及相应呼叫控制的功能。

3) 网络子系统

网络子系统对 GSM 移动用户之间的通信和移动用户与其他通信网用户之间的通信起着管理作用。主要功能包括交换、移动性管理和安全性管理。

(1) 移动交换中心(MSC)。MSC 是网络的核心，通常它是一个大的数字程控交换机，提供交换、控制功能并面向各种功能实体，如 BSS、HLR、VLR、AUC、EIR、OMC 和固定网(PSTN、ISDN、PLMN 等)等。除了完成固定网中交换中心所要完成的呼叫接续与控制等功能外，MSC 还要完成无线资源的管理、移动性管理(如位置登记、位置更新、越区切换等)等功能。除此之外，MSC 还起到 GSM 网络和固定网的接口作用。

(2) 归属位置寄存器(HLR)。HLR 是管理移动用户的数据库，每个移动用户都应在某归属位置寄存器注册登记。HLR 主要存储两类信息数据：一类是一些永久性的信息，如用户类别、业务限制、电信业务、承载业务、补充业务、用户的国际移动识别码（International Mobile Subscriber Identification Number，IMSI）以及用户的保密参数等；一类是用户当前位置的临时性信息，如移动台漫游号码（Mobile Station Roaming Number，MSRN）、VLR 地址、呼叫路由等。

（3）访问者位置寄存器（VLR）。VLR 存储所有进入其覆盖区的移动用户的数据信息。它是一个动态的数据库，当漫游用户进入某个 MSC 区域，必须在 MSC 相关的 VLR 中进行登记，在 VLR 中建立有关的用户信息，其中包括 IMSI、移动用户所在位置区的标志等参数，而这些参数是从该移动用户归属的 HLR 中传递过来的。一旦移动用户离开该 VLR 控制的区域，则该移动用户重新在另一个 VLR 处登记，原 VLR 将删除临时存储的该移动用户数据。

（4）设备识别寄存器（EIR）。EIR 存储着移动设备的国际移动设备识别码（International Mobile Equipment Identity，IMEI），通过核查白色、黑色和灰色三种清单，运营部门就可判断出移动设备是属于准许使用的，还是失窃而不准使用的，还是由于技术故障或误操作而危及网络正常运行的 MS 设备，以确保网络内所使用的移动设备的唯一性和安全性。

（5）鉴权中心（AUC）。AUC 为认证移动用户的身份和产生相应鉴权参数（随机数 RAND、符号响应 SRES、密钥 Kc）的功能实体，即提供用于安全方面的确认参数和加密的密钥，用来防止无权用户接入系统和保证无线通信安全。

（6）操作维护中心（OMC）。OMC 负责操作维护全网的设备，以保证系统的正常运转。接入 MSC 和 BSC，处理来自网络的错误报告，控制 BSC 和 BTS 的业务负载。OMC 通过 BSC 对 BTS 进行设置并允许操作者检查系统的相连部分。

2. GSM 的编号

1）移动台国际 ISDN 号码（Mobile Subscriber International ISDN/PSTN number，MSISDN）

类似于 PSTN 中的电话号码，是在呼叫接续时所需拨的号码，其结构如图 4-41 所示。

图 4-41 中 CC（Country Code）为国家代号，中国为 86，美国的国家代码是 1，英国的国家代码是 44。国内有效 ISDN 号码为一个 11 位数字的等长号码，如图 4-42 所示，由三部分组成。

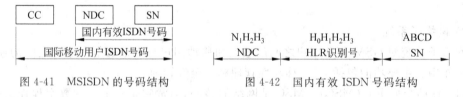

图 4-41 MSISDN 的号码结构　　图 4-42 国内有效 ISDN 号码结构

NDC（National Destination Code）：移动业务接入号，我国目前采用 139、138……

$H_0 H_1 H_2 H_3$：HLR 识别号。

SN（Subscribe Number）：移动用户号，由各 HLR 自行分配。

2）移动台漫游号码（MSRN）

MSRN 漫游号码的组成格式与 MSISDN 相同。在呼叫接续过程中，由 VLR 给用户分配一个临时性的漫游号码,用于建立通信路由。一旦接续完成,此漫游号码即被收回,并可分配给其他移动台使用。

3)国际移动用户识别码(IMSI)

国际上唯一识别一个移动用户所分配的号码,如图4-43所示。

MCC(Mobile Country Code):移动国家代码,唯一识别移动用户所属的国家,中国为460。

MNC(Mobile Network Code):移动网络代码,用于识别移动用户所归属的移动通信网。

图 4-43 IMSI 结构

MSIN(Mobile Subscriber Identification Number):移动用户识别号,识别移动通信网中的移动用户。

4)临时移动用户识别号(Temporary Mobile Subscriber Identity,TMSI)

防止IMSI被空中拦截,确保用户的保密性,GSM采用TMSI作为IMSI的空中混淆码。VLR可给来访的移动用户分配一个TMSI,TMSI只有本地的有效性(只限于在该访问服务区使用)。

5)国际移动设备识别码(IMEI)

IMEI是区别移动设备的标志,存储在移动设备中,可用于监控被窃或无效的移动设备,如图4-44所示。

TAC:型号批准码,由欧洲型号标准中心分配。

FAC:装配厂家号码。

SNR:产品序号,用于区别同一个TAC和FAC中的每台移动设备。

SP:备用。

6)位置识别码(Location Area Identity,LAI)和小区识别码(Cell Identity,CI)

位置识别码结构如图4-45所示。

图 4-44 IMEI 结构　　　　　图 4-45 LAI 结构

MCC:移动国家代码。

MNC:移动网络代码。

LAC:位置区码,用于识别GSM网络中的位置区域的固定长度的码字,最多不超过2字节,采用十六进制编码,由各营运部门自定。

在LAI后面加上小区的标志号CI(最大16b)可构成小区识别码。

3. GSM 工作原理及过程

移动电话系统要进行一次正常通话,涉及位置登记、移动台被呼、移动台主呼和通话过程中的越区切换等。下面主要介绍移动台被呼过程。

这里以市话用户呼叫移动用户为例来说明移动台被呼过程,如图4-46所示。

(1)固定网的用户拨打移动用户的电话号码MSISDN。

(2)固定网的交换机接收到市话用户的呼叫后,根据MSISDN将该呼叫接续到关口

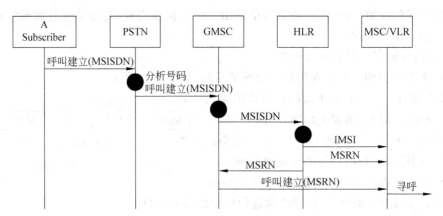

图 4-46　移动台被呼过程

MSC(Gateway Mobile Switching Center,GMSC)。

(3) GMSC 内部有一张 MSISDN 与 HLR 对应的表,根据此表得到被呼用户所在的 HLR 地址,发送一个携带 MSISDN 的消息给 HLR。

(4) HLR 分析由 GMSC 发来的信息,查询到用户的位置信息,即用户当前登记的 VLR 的地址。

(5) HLR 向当前为被呼移动用户服务的 MSC/VLR 发出请求。

(6) MSC/VLR 收到请求后,产生一个 MSRN 并传送给 HLR。

(7) GMSC 从 HLR 获得 MSRN,对其进行分析,得到被叫的路由信息。并向正在为被呼用户服务的 MSC/VLR 发送呼叫建立请求消息。

(8) 正在为被呼用户服务的 MSC/VLR 接到此消息,通过查询 VLR 识别出被叫号码,找到被叫用户所在位置区,并通过位置区内的所有 BTS 向移动台发出寻呼消息。

(9) 被叫移动用户发回寻呼响应消息。

系统接到寻呼响应后,为用户分配信道,建立连接,完成一次呼叫建立。

4. 通用分组无线业务(GPRS)

GPRS 是在 GSM 网络的基础上发展的移动数据分组网,使用分组交换技术,能兼容 GSM 并在网络上更加有效地传输高速数据和信令。在 GSM 的基础上构建 GPRS 时,GSM 的绝大部分部件都不需要作硬件改动,只需增加 GPRS 服务支持节点(Serving GPRS Support Node,SGSN)、GPRS 网关支持节点(Gateway GPRS Support Node,GGSN)和分组控制单元(Package Control Unit,PCU)等三个主要部件,并对相关软件升级即可。图 4-47 为 GPRS 网路结构示意图。

(1) SGSN 主要是负责传输 GPRS 网络内的数据分组,它扮演的角色类似通信网络内的路由器(router),将 BSC 送出的数据分组路由(route)到其他 SGSN,或是由 GGSN 将分组传递到外部的因特网,除此之外,SGSN 还包括所有管理数据传输有关的功能。

(2) GGSN 是 GPRS 网络连接外部因特网的一个网关,负责 GPRS 网络与外部因特网的数据交换。

(3) PCU 是 GPRS 系统引入的新部件,也可以做成 BSC 的新增模块与 BSC 集成在一起。具有的功能主要是将数据业务从 GSM 话音业务中分离出来,传送到 SGSN,并对外提

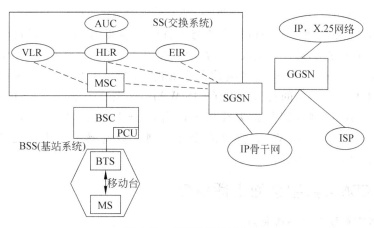

图 4-47　GPRS 网路结构

供 Gb 接口(SGSN 和 BSS 间的接口)，在帧中继上建立起到 SGSN 的 BSSGP 协议。

GPRS 网络可以提供点对点的业务和点对多点的业务，这两类业务也被称为 GPRS 网所提供的承载业务。在 GPRS 承载业务支持的标准化网络协议基础上，GPRS 可支持或为用户提供一系列的交互式电信业务，包括承载业务、用户终端业务、补充业务以及短消息业务、匿名接入等其他业务。

5. 无线通信协议(Wireless Application Protocol，WAP)

WAP 是开发移动网络上类似互联网应用的一系列规范的组合。WAP 协议与现在通行的互联网协议类似，但专为小屏幕、窄带的用户装置(如移动电话)进行了优化，它使无线装置可以轻易、实时地交流信息和服务。

WAP 通信协议分层结构如图 4-48 所示。从上到下各协议层为无线应用环境(Wireless Application Environment，WAE)、无线会话层(Wireless Session Protocol，WSP)、无线交易层(Wireless Transaction Protocol，WTP)、无线传输安全层(Wireless Transport Layer Security，WTLS)和无线传输层(Wireless Datagram Layer，WDP)，WDP 的下面以各种不同的通信系统为载体。WAP 协议采用分层结构，使其他服务和应用通过一组定义好的接口来使用 WAP 协议栈，外部的应用可以直接接入会话层、交易层、安全层和传输层。

图 4-48　WAP 协议的分层结构

WAP 协议的运作不限定于某种特定的网络，任何网络都能成为 WAP 协议的传输平台，包括从传统的 GSM、IS-95 等 2G 网络，进一步到 GPRS、cdma2000-1X 等 2.5G 网络，甚至到 W-CDMA 网络、cdma2000 等 3G 网络，都能采用 WAP 协议。

WAP 协议在无线网络上的运作方式与因特网基本相同，采用客户机-服务器（client-server）的数据连接方式，最重要的改变是在网络内安装一部 WAP 网关，WAP 网关一边连接 Internet 或 intranet，另一边连接电信营运商的 PLMN 无线网络，无线终端设备通过 WAP 网关存取位于因特网的资源。所有支持 WAP 协议的无线终端设备内都有一个微浏览器（microbrowser），浏览器具备无线标记语言（Wireless Markup Language，WML）与 WML 脚本（script）编译器，WAP 协议的设计使浏览器的操作只占用无线设备少量的 ROM、RAM、CPU 等资源。

4.6.4　CDMA 数字移动电话系统

CDMA 数字移动电话系统特点

CDMA 码分多址技术是在扩频通信技术的基础上发展起来的一种崭新而成熟的无线通信技术，由于其完全适合现在移动通信系统的大容量、高质量和综合业务等需求，因而 3G 的主流标准全部采用 CDMA 技术。1989 年，美国高通公司（Qualcomm Incorporated）成功开发 CDMA 蜂窝移动通信系统。1993 年，高通公司开发的 CDMA 蜂窝体制被采纳为北美数字蜂窝标准，定名为 IS-95，并成为 2G 蜂窝移动通信系统的两大技术标准之一。1995 年，第一个 IS-95 CDMA 商用系统开通使用。到 20 世纪 90 年代末，在全球许多国家和地区，包括中国香港、韩国、日本、美国都已建有 CDMA 商用网络。

IS-95 是真正在全球得到广泛应用的第一个 CDMA 标准，又称 IS-95A，载频宽度为 1.25MHz，仅能支持 8kb/s 的编码语音服务和简单的数据业务，信道承载能力有限。之后又出版了支持 1.9GHz 的 CDMA 个人通信服务（Personal Communications Service，PCS）系统的 STD-008 标准，支持 13kb/s 语音编码的 TSB74 标准，13kb/s 语音编码服务质量已经非常接近有线电话的语音质量。1998 年 2 月，美国高通公司宣布将 IS-95B 标准用于 CDMA 基础平台上。IS-95B 可提高 CDMA 系统性能，并增加用户移动通信设备的数据流量，提供对 64kb/s 数据业务的支持。其后，CDMA2000 成为窄带 CDMA 系统（与第三代采用 5MHz 带宽的 CDMA 系统相区分，IS-95 CDMA 系统又被称为 N-CDMA 系统）向第三代系统过渡的标准。CDMA2000 在标准研究的前期，提出了 1x 和 3x 的发展策略，随后的研究表明，1x 和 1x 增强型技术代表了未来发展方向。

与其他系统相比，CDMA 系统具有以下主要特点。

1. 软容量

在频分多址（Frequency Division Multiple Access，FDMA）、TDMA 系统中，通信信道是以频带或时隙的不同来划分的，每个蜂窝小区一旦固定，很难改变。当小区服务的用户数达到最大信道数，系统会出现忙音，当移动用户需要越区切换时，也很容易出现通话中断现象。在 CDMA 系统中，信道划分是靠不同码型来划分的。当系统满负荷，增加少数用户加入系统工作，相当于背景噪声一定程度的增加，只会引起话音质量的轻微下降，而不会出现没有信道不能通话的阻塞现象。所以话务量高峰期间，可以稍微降低系统的质量性能，以适当增多系统的用户数目，即短时间内的系统容量与用户数之间存在一种"软"的关系。

体现软容量的另外一种形式是小区呼吸功能。所谓小区呼吸功能就是指各个小区的覆盖大小是动态的。当相邻两个小区负荷一轻一重时，负荷重的小区通过减小导频发射功率，使本小区的边缘用户由于导频强度不够,切换到相邻的小区,使负荷分担,即相当于增加了容量。

2. 大容量

理论计算及现场试验表明,CDMA 系统每个小区的信道容量是模拟系统的 10～20 倍,是 TDMA 系统的 4～5 倍。如果小区的扇区数超过 3 个,容量将会进一步提高。

3. 移动台辅助软切换

CDMA 系统在进行越区切换时,移动台同时与原小区和新小区保持联系,当移动台确认已经和新小区的基站联系后,原小区基站才断开和该移动台的联系,即"先连接再断开",以保证通话畅通,不掉线。这有别于 TDMA 系统的"先断开再连接"。软切换只能在具有相同频率的信道间进行。当移动台处于多个小区的交界处进行软切换时,会有多个基站向它发送相同的信息,移动台进行分集合并接收,即软切换为实现分集接收提供了条件,从而能提高正向业务信道的抗衰落性能,可提高话音质量。

4. 采用多种形式的分集技术

移动通信信道是一种多径衰落信道,分集接收是克服多径衰落的一个有效方法,采用这种方法,接收机可对多个携有相同信息且衰落特性相互独立的接收信号在合并处理之后进行判决。CDMA 系统综合利用了时间分集、频率分集和空间分集来抵抗衰落对信号的影响,使系统性能大为改善。

(1) 时间分集——采用了符号交织、检错和纠错编码等方法。

(2) 频率分集——本身是 1.25MHz 宽带的信号。

(3) 空间分集——基站使用两副接收天线,基站和移动台都采用了 Rake 接收机技术,软切换也起到了空间分集的作用。

5. 保密性强

CDMA 系统的信号扰码方式提供了高度的保密性,窃听必须找到码址,而 CDMA 码址共有 4.4 万亿种可能的排列,使其在防止串话、盗用等方面具有其他系统不可比拟的优点。

6. 通话质量更高

CDMA 系统 13kb/s 语音编码服务质量已经非常接近有线电话的语音质量,并且由于 CDMA 系统可自动跟踪多径信号,大大降低了衰落的敏感性,而 CDMA 的软切换更是使系统掉话的可能近似为无,这些都使得 CDMA 的通话质量更高。

7. 话音激活

人类对话的特征是不连续的,每次通话的占空比小于 35%,CDMA 系统在不讲话时停止发射信号,这样用户在不讲话时对其他用户的干扰减小,这就是 CDMA 系统的话音激活技术。在 FDMA 和 TDMA 系统中,由于通话停顿等重新分配信道存在一定的时延,所以难以利用话音激活技术。

8. 频率规划简单,建网成本低

用户按不同的序列码区分,所以每一个小区的每一个扇区都使用相同的频率,因此简化了系统规划。且 CDMA 网络覆盖范围大,系统容量高,所需基站少,降低了建网成本。

9. 功率控制

CDMA 系统的容量主要受限于系统内移动台的相互干扰,如果每个移动台的信号到达基站时的信噪比(Signal to Noise Ratio,SNR)是达到系统性能要求可以接受的最小值时,系统容量达到最大。CDMA 功率控制的目的就是既维持高质量通信,又不对占用同一信道的其他用户产生不应有的干扰。

通信过程中,距离接收机近的信道将严重干扰距离接收机远的信道接收,使近端强信号掩盖了远端弱信号,即远近效应。另外由于移动信道的多径衰落,接收机所接收的信号也会产生严重的衰落,所以必须采用功率控制技术,实时地调整发射机所需的功率,维持接收信号电平在所需范围。

10. 低发射功率

由于 CDMA 系统中采用功率控制、软切换、语音激活等技术,以及 IS-95 规范对手机最大发射功率的限制,CDMA 系统发射功率最高只有 200mW,普通通话功率可控制在零点几毫瓦,其辐射功率很小,对人体的健康没有不良影响,CDMA 手机享有"绿色手机"的美誉。

移动通信中 CDMA 技术占有非常重要的地位,基于 CDMA 的 IS-95 标准是第二代移动通信系统中的两大技术标准体制之一,而在第三代移动通信系统的主流标准 WCDMA、CDMA2000、TD-SCDMA 中,则全部基于 CDMA 技术。

4.6.5 第三代移动通信系统

1. 概述

第三代移动通信技术,是指支持高速数据传输的蜂窝移动通信技术。3G 是指将无线通信与国际互联网等多媒体通信结合的新一代移动通信系统,能够同时传送声音及数据信息,速率一般在几百千比特每秒以上。目前 3G 存在四种标准:CDMA2000、WCDMA、TD-SCDMA、WiMAX(Worldwide Interoperability for Microwave Access,全球微波互联接入)。

早在 1985 年,国际电信联盟就提出了第三代移动通信的概念,当时称为未来公用陆地移动通信系统(Future Public Land Mobile Telecommunication System,FPLMTS),1996 年改为国际移动电信系统 IMT-2000。

2. 3G 标准

国际电信联盟在 2000 年 5 月确定 WCDMA、CDMA2000、TD-SCDMA 三大主流无线接口标准,写入 3G 技术指导性文件《2000 年国际移动通信计划》。2007 年,WiMAX 也被接受为 3G 标准之一。

WCDMA 最初主要由爱立信、诺基亚(Nokia)公司为代表的欧洲通信厂商提出。以日本 NTT DoCoMo 为主的各个公司提出的技术与欧洲的 WCDMA 比较相似,二者相互融合,成为 WCDMA 系统。WCDMA 主要采用带宽为 5MHz 的带宽 CDMA 技术,上、下行快速功率控制,下行发射分集,基站间可以异步操作。

CDMA2000 是在 IS-95 系统的基础上由高通、朗讯、摩托罗拉(Motorola)和北电(Nortel Networks)等公司一起提出。CDMA2000 技术的选择和设计最大限度地考虑了与 IS-95 系统的后向兼容,很多基本参数和特性都是相同的,并在无线接口采用了增强技术。

TD-SCDMA 由中国电信科学技术研究院提出,是第一个使用时分双工(Time Division Duplexing,TDD)方式的第三代移动通信系统标准,具有灵活的空中接口,并采用了智能天线、联合检测等先进技术,具有相当高的技术先进性,并在 WCDMA、CDMA2000、TD-SCDMA 三个主流标准中具有最高的频谱效率。

WCDMA、CDMA2000、TD-SCDMA 的主要技术参数比较见表 4-1。

表 4-1 WCDMA、CDMA2000、TD-SCDMA 主要技术参数比较

标准 参数	WCDMA	CDMA2000	TD-SCDMA
信道带宽	5/10/20MHz	1.25/5/10/15/20MHz	1.6MHz
码片速率	3.84Mc/s	N×1.2288Mc/s	1.28Mc/s
多址方式	单载波 DS(Direct Sequence,直接序列)-CDMA	单载波 DS-CDMA	单载波 DS-CDMA+TD-SCDMA
双工模式	FDD（Frequency Division Duplexing,频分双工）	FDD	TDD
帧长	10ms	20ms	10ms
多速概念	可变扩频因子和多码 RI 检测：高速率业务 盲检测：低速率业务	可变扩频因子和多码 盲检测：低速率业务	可变扩频因子和多时多码 RI 检测
FEC 编码	卷积码 R=1/2,1/3,K=9 RS 码(数据)	卷积码 R=1/2,1/3,3/4,K=9 Turbo 码	卷积码 R=1～1/3,K=9 Turbo RS 码：帧间交织
交织	卷积码：帧内交织 RS 码：帧间交织	块交织(20ms)	卷积码：帧内交织 Turbo RS 码：帧间交织
扩频	前向：Walsh（信道化）+Gold 序列 2^{18}（区分小区） 反向：Walsh（信道化）+Gold 序列 2^{41}（区分用户）	前向：Walsh（信道化）+M 序列 2^{15}（区分小区） 反向：Walsh（信道化）+M 序列 $2^{41}-1$（区分用户）	前向：Walsh（信道化）+PN 序列（区分小区） 反向：Walsh（信道化）+PN 序列（区分用户）
调制	数据调制：QPSK BPSK 扩频调制：QPSK	数据调制：QPSK、BPSK 扩频调制：QPSK/OQPSK	接入信道：DQPSK 接入信道：DQPSK/16QAM
相干解调	前向：专用导频信道(TDM) 反向：专用导频信道(TDM)	前向：公共导频信道 反向：专用导频信道(TDM)	前向：专用导频信道(TDM) 反向：专用导频信道(TDM)
语音编码	AMR	CELP	EFR(增强全速率语音编码)
最大数据率	达 384kb/s 室内高达 2.048Mb/s	1x-EV-DO：2.4Mb/s 1x-EV-DV：≥5Mb/s	最高为 2.048Mb/s
功率控制	FDD：开环+快速闭环(1.6kHz) TDD：开环+慢速闭环	开环+快速闭环(800Hz)	开环+快速闭环(200Hz)
基站同步	异步(不需要 GPS) 可选同步(需要 GPS)	同步(需要 GPS)	同步(主从同步,需要 GPS)
切换	移动台控制软切换	移动台控制软切换	移动台辅助硬切换

WiMAX 又称为 802.16 无线城域网,是又一种为企业和家庭用户提供"最后一英里"的宽带无线连接方案。将此技术与需要授权或免授权的微波设备相结合之后,由于成本较低,将扩大宽带无线市场,改善企业与服务供应商的认知度。2007 年 10 月 19 日,国际电信联盟在日内瓦举行的无线通信全体会议上,经过多数国家投票通过,WiMAX 正式被批准成为继 WCDMA、CDMA2000 和 TD-SCDMA 之后的第四个全球 3G 标准。

3. 3G 关键技术

1) 初始同步与 Rake 多径分集接收技术

CDMA 通信系统接收机的初始同步包括 PN 码（Pseudo-Noise Code）同步、符号同步、帧同步和扰码同步等。CDMA2000 系统采用与 IS-95 系统相类似的初始同步技术，即通过对导频信道的捕获建立 PN 码同步和符号同步，通过同步信道的接收建立帧同步和扰码同步。WCDMA 系统的初始同步则需要通过"三步捕获法"进行，即通过对基本同步信道的捕获建立 PN 码同步和符号同步，通过对辅助同步信道的不同扩频码的非相干接收，确定扰码组号等，最后通过对可能的扰码进行穷举搜索，建立扰码同步。

移动通信是在复杂的电波环境下进行的，如何克服电波传播所造成的多径衰落现象是移动通信的另一基本问题。在 CDMA 移动通信系统中，由于信号带宽较宽，因而在时间上可以分辨出比较细微的多径信号。对分辨出的多径信号分别进行加权调整，使合成之后的信号得以增强，从而可在较大程度上降低多径衰落信道所造成的负面影响。这种技术称为 Rake 多径分集接收技术。

2) 高效信道编译码技术

第三代移动通信的另外一项核心技术是信道编译技术。在第三代移动通信系统主要提案中（包括 WCDMA 和 CDMA2000 等），除采用与 IS-95CDMA 系统相类似的卷积编码技术和交织技术之外，还建议采用 Turbo 编码技术及 RS 卷积级联码技术。

3) 智能天线技术

智能天线也叫自适应阵列天线，它由天线阵、波束形成网络、波束形成算法三部分组成。它通过满足某种准则的算法去调节各阵元信号的加权幅度和相位，从而调节天线阵列的方向图形状，达到增强所需信号抑制干扰信号的目的。从本质上来说，智能天线技术是雷达系统自适应天线阵在通信系统中的新应用。由于其体积及计算复杂性的限制，目前仅适应于在基站系统中的应用。智能天线包括两个重要组成部分，一是对来自移动台发射的多径电波方向进行到达角估计，并进行空间滤波，抑制其他移动台的干扰。二是对基站发送信号进行波束形成，使基站发送信号能够沿着移动台电波的到达方向发送回移动台，从而降低发射功率，减少对其他移动台的干扰。智能天线技术用于 TDD 方式的 CDMA 系统是比较合适的，能够起到在较大程度上抑制多用户干扰，从而提高系统容量的作用。其困难在于由于存在多径效应，每个天线均需一个 Rake 接收机，从而使基带处理单元复杂度明显提高。

4) 多用户检测技术

在传统的 CDMA 接收机中，各个用户的接收是相互独立进行的。在多径衰落环境下，由于各个用户之间所用的扩频码通常难以保持正交，会造成多个用户之间的相互干扰，称其为多址干扰。多址干扰的存在严重影响系统的性能并限制系统容量的提高。这就需要使用多用户检测技术，多用户检测的基本思想就是把所用用户的信号都当做有用信号而不是干扰信号处理。这样就可以充分利用各用户信号的用户码、幅度、定时和延迟等信息，从而大幅度地降低多径多址干扰。如何把多用户干扰抵消算法的复杂度降低到可接受的程度是多用户检测系统能否实用的关键。目前，多用户检测技术主要由线性多用户检测和干扰抵消检测两种基本的方法来实现多用户检测。

5) 功率控制技术

在 CDMA 系统中，由于多用户共用相同的频带，且各用户的扩频码之间的相关特性不一定理想,用户发射功率的大小将直接影响系统的总容量,从而使得功率控制技术成为 CDMA 系统中的最为重要的核心技术之一。关于功率控制的相关知识,前面已经讲过,这里不再赘述。

4.6.6 第四代移动通信系统

1. 概述

在 3G 逐步进入商用后,4G 标准也初显端倪。4G 标准比第三代标准具有更多的功能。第四代移动通信可以在不同的固定、无线平台和不同频带的网络中提供无线服务,可以在任何地方宽带接入互联网(包括卫星通信和平流层通信),能够提供信息通信之外的定位定时、数据采集、远程控制等综合功能。同时,第四代移动通信系统还应该是多功能集成的宽带移动通信系统或多媒体移动通信系统,是宽带接入 IP 系统。4G 系统的主要指标有:

(1) 数据速率从 2Mb/s 提高到 100Mb/s,移动速率从步行到车速以上;

(2) 支持高速数据和高分辨率多媒体服务的需要,宽带局域网应能与 B-ISDN 和 ATM 兼容,实现宽带多媒体通信,形成综合宽带通信网;

(3) 对全速移动用户能够提供 150Mb/s 的高质量影像等多媒体业务。

2. 4G 标准

1) LTE Advanced

LTE-Advanced 的正式名称为 Further Advancements for E-UTRA,它满足国际电信联盟无线电通信组(ITU-Radio Communications Sector,ITU-R)的 IMT-Advanced 技术征集的需求,是第三代合作伙伴计划(3rd Generation Partnership Project,3GPP)形成欧洲 IMT-Advanced 技术提案的一个重要来源。LTE-Advanced 是一个后向兼容的技术,完全兼容 LTE,通常在 LTE 上通过软件升级即可。LTE-Advanced 的相关特性如下。

- 带宽:100MHz。
- 峰值速率:下行 1Gb/s,上行 500Mb/s。
- 峰值频谱效率:下行 30b/s/Hz,上行 15b/s/Hz。
- 针对室内环境进行优化。
- 有效支持新频段和大带宽应用。
- 峰值速率大幅提高,频谱效率有限地改进。

LTE-Advanced 包含 TDD 和 FDD 两种制式,其中 TD-SCDMA 将能够进化到 TDD 制式,而 WCDMA 网络能够进化到 FDD 制式。中国移动主导的 TD-SCDMA 网络期望能够绕过增强型高速分组接入技术(High-Speed Packet Access+,HSPA+)网络而直接进入 LTE。

2) WirelessMAN-Advanced

WirelessMAN-Advanced 事实上就是 WiMax 的升级版,即 IEEE 802.16m 标准,802.16 系列标准在 IEEE 正式称为 WirelessMAN,而 WirelessMAN-Advanced 即为 IEEE 802.16m,接收下行与上行最高速率可达到 300Mb/s,在静止定点接收可高达 1Gb/s。WirelessMAN-Advanced 也是国际电信联盟承认的 4G 标准,不过随着 Intel 于 2010 年退出,WiMAX 技术也逐渐被运营商放弃,并开始将设备升级为 LTE。

3. 网络结构

如图4-49所示,4G移动通信系统的网络体系机构可以由下而上分为:物理网络层、中间环境层、应用环境层等三层。物理网络层提供接入和选路功能,中间环境层作为桥接层提供服务质量(Quality of Service,QoS)映射、地址转换、安全管理等,物理网络层与中间环境层及其应用环境层之间的接口是开放的,这样可以带来以下优点:

(1) 使发展和提供新的服务变得更容易。
(2) 可以提供无缝高数据速率的无线服务。
(3) 可以运行于多个频带。
(4) 使服务能自适应于多个无线标准及多模终端,跨越多个运营商和服务商,提供更大范围服务。

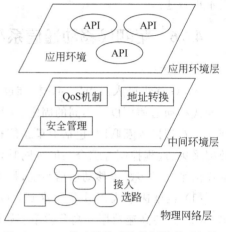

图4-49 4G移动通信系统的网络体系机构

4. 第四代移动通信系统的特点

1) 通信速度更快

由于人们研究4G通信的最初目的就是提高蜂窝电话和其他移动装置无线访问的速率,因此4G通信的特征莫过于它具有更快的无线通信速度。第四代移动通信系统传输速率可达到20Mb/s,甚至最高可以达到100Mb/s,这种速度会相当于2009年最新手机的传输速度的1万倍左右,第三代手机传输速度的50倍。

2) 网络频谱更宽

要想使4G通信达到100Mb/s的传输速度,通信运营商必须在3G通信网络的基础上进行大幅度的改造,以便使4G网络在通信带宽上比3G网络的带宽高出许多。据研究,每个4G信道将占有100MHz的频谱,相当于WCDMA 3G网络的20倍。

3) 通信更加灵活

从严格意义上说,4G手机的功能已不能简单规划电话机的范畴,因为语音数据的传输只是4G移动电话的功能之一而已,而且4G手机从外观和样式上看将有更惊人的突破,可以想象的是,眼镜、手表、化妆盒、旅游鞋都有可能成为4G终端。

4) 智能性能更高

第四代移动通信的智能性能更高,不仅表现在4G通信的终端设备的设计和操作具有智能化,更重要的是4G手机可以实现许多难以想象的功能,例如4G手机将能根据环境、时间及其他因素来适应提醒手机的主人。

5) 兼容性能更平滑

要使4G通信尽快地被人们接受,还应该考虑到让更多的用户在投资最少的情况下轻易地过渡到4G通信。因此,从这个角度来说,4G通信系统应该具备全球漫游、接口开放、能跟多种网络互联、终端多样化及能从2G平稳过渡等特点。

6) 业务更多样化

在未来的全球通信中,人们所需的是多媒体通信。个人通信、信息系统、广播和娱乐等各行业将会结合成一个整体,提供给用户比以往更广泛的服务和应用;系统的使用会更加的安全、方便与更加照顾用户的个性。4G 技术能提供各种标准的通信业务,从而满足宽带和综合多种业务需求。

7) 通信费用更加便宜

由于 4G 通信不仅解决了与 3G 的兼容性问题,让更多的现有通信用户能轻易地升级到 4G 通信,而且 4G 通信引入了许多尖端通信技术,因此,相对其他技术来说,4G 通信部署起来就容易迅速很多。同时在建设 4G 通信网络系统时,通信运营商们将考虑直接在 3G 通信网络的基础设施之上,采用逐步引入的方法,这样就能够有效地降低运营成本。

5. 4G 的关键技术

1) 正交频分复用(Orthogonal Frequency Division Multiplexing,OFDM)技术

第三代移动通信系统主要是以 CDMA 为核心技术,而第四代移动通信系统技术则以 OFDM 最受瞩目,OFDM 是一种无线环境下的高速传输技术。无线信道的频率响应曲线大多是非平坦的,而 OFDM 技术的主要思想就是在频域内将给定信道分成许多正交子信道,在每个子信道上使用一个子载波进行调制,并且各子载波并行传输,这样,尽管总的信道是非平坦的,既具有频率选择性,但是每个子信道是相对平等的,并且在每个子信道上进行的是窄带传输,信号带宽小于信道的相应带宽,因此就可以大大消除信号波形间的干扰。

OFDM 技术的最大优点是能对抗频率选择性衰落或窄带干扰。在 OFDM 系统中各个子信道的载波相互正交,于是它们的频谱是相互重叠的,这样不但减小了子载波间的相互干扰,同时又提高了频谱利用率。

2) 软件无线电技术

软件无线电是将标准化、模块化的硬件功能单元经过一个通用硬件平台,利用软件加载方式实现各种类型的无线电通信系统的一种具有开放式结构的新技术。通过下载不同的软件程序,在硬件平台上可以实现不同的功能,用以实现在不同的系统中利用单一的终端进行漫游,它是解决移动终端在不同系统中工作的关键技术。

软件无线电的核心思想是在尽可能靠近天线的地方使用宽带 A/D 和 D/A 变换器,并尽可能多地用软件来定义无线功能,各种功能和信号处理都尽可能用软件实现,其软件系统包括各类无线指令规则与处理软件、信号流变换软件、调制解调算法软件、信道纠错编码软件和信源编码软件等。

软件无线电技术主要涉及数字信号处理硬件(DSPH)、现场可编程器件(FPGA)和数字信号处理(DSP)等。目前,软件无线电技术虽然基本上实现了其基本功能:硬件数字化、软件可变编程化和设备可重复配置性,但是其传统的流水线式结构严重影响了设备可配置功能和设备的可扩展性。

3) 全 IP 技术

核心 IP 网络不是专门用于移动通信,而是作为一种统一的网络,支持有线及无线的接入,它就像具有移动管理功能的固定网络,其接入点可以是有线或无线。无线接入点可以是蜂窝系统的基站、WLAN(无线局域网)或者 Adhoc 自组网等。对于公用电话网和 2G 及未实现全 IP 的 3G 网络等则通过特定的网关连接。另外,热点通信速率和容量的需要或网络铺设重叠将使得整个网络呈现广域网和局域网等互联、综合和重叠的现象。

4) 智能天线技术

3G 也采用了该技术,请参照 4.6.5 节内容。

5）MIMO 技术

随着无线通信技术的快速发展，频谱资源严重不足已经日益成为遏制无线通信事业的瓶颈。MIMO 技术非常适用于城市内复杂无线信号传播环境下的无线宽带通信系统使用，在室内传播环境下的频谱效率可以达到 20～40b/s/Hz,而使用传统通信技术在移动蜂窝中的频谱效率仅为 1～5b/s/Hz,在点对点的固定微波系统中也只有 10～20b/s/Hz。MIMO 技术作为提高数据传输速率的重要手段得到人们越来越多的关注,被认为是新一代无线通信技术的革命。

参 考 文 献

[1] 樊昌信,曹丽娜等. 通信原理(第六版)[M]. 北京:国防工业出版社,2006.
[2] 达新宇,陈树新,王瑜,等. 通信原理教程[M]. 北京:北京邮电大学出版社,2004.
[3] 叶敏. 程控数字交换与交换网[M]. 北京:北京邮电大学出版社,2003.
[4] 童创明,梁建刚,鞠智芹,等. 电磁场微波技术与天线[M]. 西安:西北工业大学出版社,2009.
[5] 盛振华. 电磁场微波技术与天线[M]. 西安:西安电子科技大学出版社,1995.
[6] 吴诗其,吴廷勇,卓永宁,等. 卫星通信导论[M]. 北京:电子工业出版社,2006.
[7] 易波. 现代通信导论[M]. 长沙:国防科技大学出版社,1998.
[8] 丁炜. 通信新技术[M]. 北京:北京邮电大学出版社,1994.
[9] 李白萍,王志明. 现代通信系统[M]. 北京:北京大学出版社,2007.
[10] 崔健双. 现代通信技术概论[M]. 北京:机械工业出版社,2009.
[11] 邓大鹏. 光纤通信原理[M]. 北京:人民邮电出版社,2009.
[12] 顾生华. 光纤通信技术[M]. 北京:北京邮电大学出版社,2008.
[13] 吴风修. 光纤通信[M]. 北京:人民邮电出版社,2009.
[14] 章坚武. 移动通信[M]. 西安:西安电子科技大学出版社,2009.
[15] 啜钢,王文博,常永宇,等. 移动通信原理与系统[M]. 北京:北京邮电大学出版社,2005.
[16] 徐宝强. 微波电子线路[M]. 北京:国防工业出版社,2006.
[17] 王丽娜,王兵,周贤伟,等. 卫星通信系统[M]. 北京:国防工业出版社,2006.
[18] 陈振国,杨鸿文,郭文彬,等. 卫星通信系统与技术[M]. 北京:北京邮电大学出版社,2003.
[19] 原萍. 卫星通信引论[M]. 沈阳:东北大学出版社,2007.
[20] 常大年,王静,果明实,等. 现代移动通信技术组织[M]. 北京:北京邮电大学出版社,2000.
[21] 祁玉生,邵世祥. 现代移动通信系统[M]. 北京:人民邮电出版社,1999.
[22] 郭俊强,李成. 移动通信[M]. 北京:北京大学出版社,2008.
[23] 薛建彬. 现代通信概论[M]. 兰州:甘肃民族出版社,2008.

第 5 章 计算机科学与技术
CHAPTER 5

电子计算机及计算机科学与技术的发展应用是人类历史上一次深刻而伟大的科学技术革命,它促进了社会产业结构和管理的重大变革,极大地推动了社会生产力迅速发展和提高,对人类社会和社会经济活动产生了深刻而巨大影响。

计算机的诞生与发展经历了艰苦的探索过程。16 世纪开始,随着生产的发展和科技的进步,特别是天文学、航海遇到的大量烦琐的计算,迫切需要研制先进的计算工具。17 世纪,随着钟表制造技术的发展,尤其是齿轮传动装置和技术的发展,为机械计算机器的产生提供了重要的技术基础。19 世纪中期到 20 世纪初,随着精密机械制造技术和工艺水平的提高,以及物理学特别是电磁学等学科的发展,在纯机械计算机的基础上,出现了用电气元件制造的电磁式计算机。这些电磁式计算机的研制为后来电子计算机的诞生积累了重要经验。20 世纪 20 年代以后,电子科学技术和电子工业的迅速发展为制造电子计算机提供了可靠的物质基础和技术条件;巴贝奇提出的通用计算机结构、图灵机模型及布尔逻辑代数的创立奠定了现代电子计算机的理论基础;社会经济发展、科学计算及国防军事上的迫切需要,成为电子计算机产生的直接动力。第一台数字电子计算机——ENIAC 就是在这样一种背景下诞生的,它为现代计算机科学与技术的发展奠定了基础。

5.1 计算机的诞生与发展

5.1.1 机械计算机

17 世纪,在计算工具和钟表等自动制造技术的基础上,西方出现了最早的机械计算机。人们大都认为世界上第一台机械计算机的发明者是法国数学家帕斯卡(B. Pascal,1623—1662 年),其实在此之前,德国图宾根大学天文学和数学教授威尔海姆·契卡德(W. Schickard,1592—1635 年)就提出了一种能实现加法和减法运算功能的机械计算机的构思。1623 年,契卡德提出了一台机械计算机的设计构思及示意图。它主要由加法器、乘法器和记录中间结果的机构三部分构成。可惜契卡德的计算机还未完成,便于一场大火中被毁掉了,其思想也很少为后人所知晓。1960 年,契卡德家乡的人根据留下来的示意图重新制作出契卡德计算机,发现它确实可以工作。1993 年 5 月,德国为契卡德诞辰 400 周年举办展览会,隆重纪念这位一度被埋没的计算机先驱。

1642 年,法国数学家帕斯卡(B. Pascal,1623—1662 年)发明了世界上第一台真正的机械计算机,如图5-1所示。它能实现加、减法的8位计算,通过齿轮的位置来描述数据,通过机械的方式输入数据。

图5-1 帕斯卡发明的加法机

德国科学家莱布尼茨(G. W. Leibniz,1646—1716年)于1673年在帕斯卡计算机的基础上,制成了一台可进行四则运算的机械计算机,如图5-2所示。

图5-2 莱布尼兹研制的机械计算机

无论是契卡德、帕斯卡,还是莱布尼茨,他们发明的计算机都缺乏程序控制的功能。英国剑桥大学的数学家查尔斯·巴贝奇(C. Babbage,1792—1871年),在法国工程师雅克特(J. M. Jacquard,1752—1834年)发明的提花织布机(见图5-3)的启发下,提出了一种带有程序控制的完全自动计算机的设想。1821年,巴贝奇提出了几乎是完整的程序自动控制的设计方案,并于1822年利用多项式数值表的数值差分规律,设计出一台计算机模型——"差分机1号"(Difference Engine No. 1)。它不仅能每次完成一个算术运算,而且还能按预先安排自动完成一系列算术运算,已经包含有程序设计的萌芽。出于经济上考虑,巴贝奇差分机使用的是十进制系统,采用齿轮结构。十进制数字系统的每一组数字都刻在对应的齿轮上,每项计算数值由相啮合的一组数字齿轮的旋转方位显示(见图5-4)。

图5-3 雅克特提花机局部

在制造差分机期间,巴贝奇于1834年完成了一种"解析机"或称"分析机"(Analytical Engine)的设计,首次将计算机分为输入器、输出器、存储器、运算器、控制器五部分。可以说巴贝奇分析机是现代计算机结构模式的最早构思形式。但由于当时社会经济及技术条件的制约,巴贝奇研制计算机的设想未能实现。

19世纪末,为了满足美国人口普查的需要,受雅克特发明的自动提花机思想启发,美国

差分机模型　　　　　　　　　分析机模型

图 5-4　巴贝奇和他的发明

工程师霍勒里斯（H. Hollerith, 1860—1929 年）在 1888 年发明了统计机，如图 5-5 所示，它是一台具有使用价值的卡片程序控制计算机。它把信息用穿孔的办法记录在卡片上，再利用弱电流技术将信息识别和传递到机器中。这为以后深入研究穿孔卡片程序控制计算机打下了基础。

霍勒里斯　　　　　　　　　统计机

图 5-5　霍勒里斯和他发明的统计机

5.1.2　电磁计算机

19 世纪中期到 20 世纪初，随着精密机械制造技术和工艺水平的提高，以及物理学特别是电磁学等学科的发展，用电能做动力，将电气元件应用于计算工具成为当时科学家研究的重点。

1937 年 11 月，美国 AT&T 贝尔实验室研究人员乔治·斯蒂比兹（G. R. Stibitz, 1904—1995 年）在研究电话机上的继电器装置过程中受到启发，设计制造了一种电磁式数字计算机"Model-K"，如图 5-6 所示。

之后，斯蒂比兹先后研制出 Model 系列继电器计算机，是从机械计算机过渡到电子计算机的重要桥梁。

1938 年，德国工程师朱斯（K. Zuse, 1910—1995 年，见图 5-7）制作了一台全部采用了继电器的计算机 Z-1，这是一种纯机械式的计算装置，并且有可存储 64 位数的机械存储器。1940 年，在 Z-1 的基础上，朱斯相继制成了 Z-2 和 Z-3 型计算机。Z-3 是世界上第一台采用

乔治·斯蒂比兹　　　　Model-K计算机

图 5-6　乔治·斯蒂比兹和他发明的计算机

电磁继电器进行程序控制的通用自动计算机,它用了 2600 个继电器,能存储 64 个 22 位的数,用穿孔纸带输入。通过浮点二进制数进行运算,采用带数字存储地址形式的指令,能进行数的四则运算和求平方根,进行一次加法用 0.3 秒的时间,如图 5-8 所示。

1937 年,美国哈佛大学教授霍华德·艾肯(H. Aiken,1900—1973 年,见图 5-9)在深入研究了巴贝奇工作的基础上,提出了自动计算机的第一份建议书,即"Proposed Automatic Calculating Machine"。在这份文件中,艾肯提出了他的设计目标,也就是后来被称为 Mark-Ⅰ 的计算机的四个特征:

图 5-7　朱斯　　　　　图 5-8　1960 年复制的 Z-3 计算机　　　　图 5-9　艾肯

(1) 既能处理正数,也能处理负数。
(2) 能解各类超越函数,如三角函数、对数函数、贝塞尔函数、概率函数等。
(3) 全自动,即处理过程一旦开始,运算就完全自动进行,无须人的参与。
(4) 在计算过程中,后续的计算取决于前一步计算所获得的结果。

艾肯与 IBM 公司合作,于 1944 年建成了"自动程序控制计算机"(哈佛 Mark-Ⅰ),如图 5-10 所示。Mark-Ⅰ 是一种完全机电式的计算机。IBM 公司方面把它命名为 ASCC,即 Automatic Sequence Controlled Calculator。Mark-Ⅰ 是世界上最早的通用型自动机电式计算机之一,是计算机技术史上的一个重大突破。

1946 年,艾肯制成速度较快的 Mark-Ⅱ。1949 年制成使用一部分电子管的 Mark-Ⅲ 计算机,但并没有完全实现电子化,它除了使用 5000 个电子管外,还使用了 2000 个继电器。

图 5-10　哈佛 Mark-Ⅰ计算机

1952年又制成 Mark-Ⅳ，这些计算机仍然采用继电器而不是电子管作开关元件，但后来 IBM 公司没有继续资助这些项目的开发。

继电器计算机虽然比机械计算机运算速度快，但仍满足不了实际需要，它注定要被电子计算机所取代。

5.1.3　电子计算机的发明

20 世纪 20 年代后，电子技术和电子工业的迅速发展为研制电子计算机提供了可靠的物质基础。1905 年，英国物理学家弗莱明（J. A. Fleming，1849—1945 年）发明了电子管；1906 年，美国物理学家德福雷斯特（L. De Forest，1873—1961 年）发明真空三极管，这些都为电子计算机的制造奠定了物质条件。

多年来，人们习惯认为世界上第一台电子计算机是 1946 年宾夕法尼亚大学的莫克莱和埃克特制造的 ENIAC。事实上 ENIAC 也凝聚了约翰·阿塔诺索夫（J. V. Atanasoff，1903—1995 年）和克里福特·贝瑞（C. E. Berry，1918—1963 年）的研究成果，可以说 ENIAC 是在阿塔诺索夫研究工作的基础上建造的（见图 5-11 和图 5-12）。

图 5-11　约翰·阿塔诺索夫

图 5-12　克里福特·贝瑞

1930 年 7 月，获得威斯康星大学理论物理博士学位的阿塔诺索夫回到他的母校艾奥瓦州立学院（Iowa State College）任教。出于研究工作的需要，常常有大量的计算问题，而当时的机械计算机难以满足需要，他决定建造电子数字计算机，以从根本上改善计算工具。

1939 年 12 月，他们开始试验开发电子数字计算机的原型机，1942 年 10 月研制成完全采用真空管作为存储与运算元件的计算机——"阿塔诺索夫-贝瑞计算机"(Atanasoff-Berry Computer),简称 ABC 计算机。机器中包含 30 个加减器,共用了 300 多个电子管,这些加减器接收从磁鼓上读出的数并进行运算,实现了对微分方程的求解。尽管 ABC 机还不够完善,但它证明了用电子电路构成灵巧的计算机确实是可行的。ABC 计算机被认为是最早的电子管计算机,如图 5-13 所示。

图 5-13　ABC 计算机

此外,阿塔诺索夫在研制 ABC 机的过程中,提出了计算机的三条原则:
(1) 以二进制的逻辑基础来实现数字运算,以保证精度;
(2) 利用电子技术来实现控制、逻辑运算和算术运算,以保证计算速度;
(3) 采用把计算功能和二进制数更新存储的功能相分离的结构。

阿塔诺索夫提出的计算机三原则,对后来计算机体系结构及逻辑设计具有重要影响。

第二次世界大战期间,英国政府组织力量研制可以破译德军密码的计算机。阿伦·图灵(A. M. Turing,1912—1954 年)、纽曼(M. Newman,1897—1984 年)等众多科学家参与了这项工作。

1943 年 10 月,第一台 Colossus(巨人)译码计算机开始在英国投入运行。它破译密码的速度快,性能可靠。Colossus 机内部有 1800 只电子管,配备 5 个以并行方式工作的处理器,每个处理器以每秒 5000 个字符的速度处理一条带子上的数据。Colossus 机上还使用了附加的移位寄存器,在运行时能同时读 5 条带子上的数据,纸带以每小时 50 千米以上的速度通过纸带阅读器。Colossus 机没有键盘,它用一大排开关和话筒插座来处理程序,数据则通过纸带输入(见图 5-14)。

第二次世界大战期间,由于军事的需求,计算需要与计算能力之间的矛盾日益突出,计算工具的改进同样成为燃眉之急。美国设在马里兰州阿伯丁试验基地(Aberdeen Proving Ground,Maryland)的弹道研究室每天要为陆军提供 6 张火力表,每张表都要计算几百条弹道。当时一个熟练的计算人员用台式计算机计算一条飞行时间 60 秒的弹道就得需要 20 多小时。为此阿伯丁实验室聘用了 200 多名计算人员。改革当时机械计算机结构,提高计算速度,已迫在眉睫。这种需求成为电子计算机诞生的推动力。

1942 年 8 月,阿伯丁实验室的戈德斯坦(H. H. Goldstine,1913—2004 年)与宾夕法尼亚大学莫尔学院电工系工程师莫克莱(J. W. Mauchly,1907—1980 年)一起,起草了一份题

图 5-14 Colossus 计算机

为《高速电子管计算装置的使用》的报告,提出了电子计算机的设计方案,它是一台"电子数值积分计算机(Electronic Numerical Integrator And Calculator)",简称 ENIAC(见图 5-15 和图 5-16)。

1943 年 6 月,莫尔学院年仅 24 岁的硕士研究生埃克特(J. P. Eckert,1919—1995 年)担任总工程师(见图 5-17)。整个 ENIAC 方案的实施方案先后修改了 20 多次,经费总额超过 48 万美元。1945 年底,这台标志人类计算工具的历史性变革的电子计算机终于试制成功,1946 年 2 月 15 日正式举行揭幕典礼。

图 5-15 戈德斯坦

图 5-16 莫克莱

图 5-17 埃克特

ENIAC 包括控制部分、高速存储部分、运算部分和输入输出部分,采用十进制运算,运算部件通过直接计数方式。输入输出采用 IBM 的穿孔卡片机,每分钟能输入 125 张卡片,输出 100 张卡片。ENIAC 中还有只读存储器 ROM,通过 ROM、累加器和程序面板一起实现程序控制,通过改变面板插接线来改变程序。ENIAC 中的基本电路包括"门"(逻辑与)、缓冲器(逻辑或)和触发器,这些都是后来计算机的标准元件。除了没有存储程序的功能以外,它几乎体现或包括现代计算机的一切主要概念和组成部分。ENIAC 主频 100kHz,加法时间 0.2ms,乘法时间 2.8ms。ENIAC 重达 30 吨,占地 170 平方米,共用了 18 600 个电子管,运算速度达到每秒 5000 次,比当时的计算机快 1000 倍(见图 5-18)。

ENIAC 也存在着不足:

(1) 使用十进制,一方面造成数据存储十分困难,因为很难找到具有十种不同稳定状态的电气元件;另一方面十进制运算电路比较复杂,影响了计算速度。

图 5-18　ENIAC

（2）无程序存储功能，ENIAC 为外插接型计算机，所有计算的控制需要通过手工与其板面开关和插接导线来完成。

（3）存储容量小，只有 20 字节的寄存器存储数字。

（4）故障率高，维护量大。ENIAC 由近 2 万只电子管组成，电子管工作时散发的热量很大，影响了电子管的使用寿命。

（5）功耗大，ENIAC 工作时耗电量为每小时 150 千瓦。

1944 年夏天，时任阿伯丁弹道实验室顾问的著名数学家冯·诺依曼（J. von Neumann，1903—1957 年）参加到该计算机研究小组。诺依曼与埃克特、莫克莱等人对于 ENIAC 的不足，拟定了存储程序式电子计算机方案。他们把这一方案称为 EDVAC（Electronic Discrete Variable Automatic Computer）。其中一项重大的革新就是"程序存储"的思想，即程序设计者可以事先按一定的要求编制好程序，把它和数据一起存储在存储器中，实现全部运算自动执行。

在此期间，英国剑桥大学的计算机科学家莫里斯·威尔克斯（M. V. Wilkes，1913 年—）带领的研究小组捷足先登，在 EDVAC 方案基础上，于 1949 年研制成功了世界上第一台存储程序计算机——EDSAC（Electronic Data Storage Automatic Computer）（见图 5-19）。而直到 1952 年 EDVAC 计算机才面世。EDVAC 由计算器、逻辑控制装置、存储

图 5-19　EDSAC 计算机

器、输入、输出五部分组成,较之 ENIAC 有两个重大改进:一是采用二进制,以充分发挥电子器件的高速度;二是设计了存储程序,可以自动地从一个程序指令进入下一个程序指令。

在冯·诺依曼提出 EDVAC 方案中,正式提出了存储程序的概念,因此存储程序式计算机被称为"冯·诺依曼结构"。在此之前,图灵也曾提出了存储程序的思想,后人把它称之为"图灵机"。图灵对现代计算机理论的发展作出了重大贡献。

图灵有关存储程序的思想体现在他的 ACE(Automatic Computing Engine)计算机方案中。ACE 是一种存储程序计算机,字长 32b,主频 1MHz,采用水银延迟线作存储器。

5.1.4 电子计算机的发展

自 1946 年第一台电子计算机问世以来,以构成计算机硬件的逻辑单元为标志,大致经历了从电子管、晶体管、中小规模集成电路到大规模、超大规模集成电路计算机等四个发展阶段。

第一阶段——电子管计算机时代(1946—1957 年),也称为第一代计算机。使用电子管作为逻辑元件,采用磁鼓和磁芯作主存储器,主要用于科学计算,程序主要用机器代码和汇编语言。

1951 年 6 月 14 日,由莫克莱和埃克特设计的世界上第一台通用自动计算机 UNIVAC Ⅰ(Universal Automatic Computer)投入使用。这是唯一采用汞延迟线作为主存储器的计算机。第一台 UNIVAC Ⅰ 成功地处理了美国 1950 年人口普查资料。第二台 UNIVAC Ⅰ 曾用于处理 1952 年美国总统选举资料。UNIVAC 作为世界上最早的商用计算机,共生产了 46 台。1963 年 10 月,第一台 UNIVAC 在使用了 73 000 小时后退役。最后一台 UNIVAC 则一直运行到 1969 年才退役,标志着第一代计算机的结束。

1955 年,IBM 研制成功的 IBM650 计算机,如图 5-20 所示,使用磁鼓作为主存,并装备了穿孔卡片输入输出系统,获得了巨大成功。1950 年,美籍华裔物理学家王安(1920—1990 年)提出了利用磁性材料制造存储器的思想。1951 年,麻省理工学院的杰·福雷斯特(Jay W. Forrester)发明了磁芯存储器。从 20 世纪 50 年代中到 20 世纪 70 年代,磁芯一直被用作计算机的主存储器。

图 5-20 IBM 650(第一代计算机)

第二阶段——晶体管计算机时代(1957—1964 年),也称为第二代计算机。采用晶体管作为逻辑单元、磁芯作主存,外存多用磁盘,程序使用高级语言和编译系统。

1948 年 6 月,美国贝尔电话实验室的科学家巴丁(J. Bardeen,1908—1991 年)、布拉顿(W. Brattain,1902—1987 年)和肖克利(W. Shockley,1910—1989 年)研制成功了晶体管,

为计算机革命奠定了基础。

20世纪50年代中期,美国贝尔实验室及IBM等公司先后研制成功用晶体管构成的计算机。到1960年,原联邦德国、日本、法国都先后批量生产晶体管计算机。第二代计算机的速度从电子管的每秒几千次提高到几十万次以上,但重量、体积、功耗却成倍减少。所以说晶体管计算机的出现是计算机技术发展史上的一次伟大革命。

第三阶段——集成电路计算机时代(1964—1972年),也称为第三代计算机。开始使用半导体存储器做主存储器。在器件上,第三代计算机最突出的特点是使用集成电路。在体系结构上,其最重要特点是系列兼容,采用微程序设计。

1961年,得克萨斯仪器公司与美国空军共同研制成功第一批试验性集成电路计算机。1964年4月7日,IBM公司研制成功360系统计算机,它共有6个型号的大、中、小型计算机和44种新式的配套设备,包括多种外部设备如大容量磁盘存储器、字符显示器、图文显示器、字符识别装置等,以便人机交互。配上了操作系统和汇编语言、FORTRAN、ALGOL、PL/I等程序设计语言(见图5-21)。

IBM360系列计算机,在性能、成本、可靠性等方面都比以往计算机更进步,是迄今历史上获得最大成功的一个通用计算机系列。IBM360的乘法运算速度达到305 000次/秒,同时价格性能比大幅度下降,通用性提高。IBM360以其通用化、系列化和标准化的特点,对全世界计算机产业的发展产生了深远而巨大的影响,被认为是划时代的杰作。

第三代计算机发展的另一个标志是小型机的发展。20世纪60年代中期,集成电路出现以后,小型机因其维护简单、可靠性较高等特点而得到较大发展。美国数字计算机设备公司(Digital Equipment Company,DEC)于1965年研制成功的PDP-8计算机是第三代小型机的代表(见图5-22)。

图5-21 IBM 360计算机系统

图5-22 PDP-8 小型机

第四阶段——中大型计算机时代(1972年至今),也称为第四代计算机。进入20世纪80年代,中大型计算机开始了崭新时代。

1961年,美国仙童公司和得克萨斯仪器公司制造出电阻耦合的逻辑集成电路RTL。20世纪60年代中期,双极型集成电路工艺日臻成熟。同时,金属-氧化物-半导体(MOS)集成电路也在发展之中。1968年,美国又研制出互补金属-氧化物-半导体(CMOS)。集成电路的发展所带来的大规模集成电路的出现,为 20 世纪 70 年代的第四代计算机的出现奠定了实质性的基础。

与以往各代计算机不同,第四代计算机在处理方式、体系结构、机器性能以及逻辑和存储器件等方面,都有极其明显的标志:

(1) 面向终端用户的综合分布式处理方式;

(2) 体系结构具有虚拟机器、网络管理、数据库管理、文字处理、图形与图像处理,乃至声音处理等功能;

(3) 逻辑元件使用双极型 LSI 门阵列电路,存储器件利用超大规模集成电路动态随机存取存储器(Very Large Scale Integration Dynamic Random Access Memory,VLSI DRAM)电路;

(4) 存储器多层次化,如超高速缓存、主存、系统存储器、半导体磁盘、大容量光盘以及磁带库;

(5) 追求可靠性、可用性、可维修性、完整性和安全性。

第四代计算机和以往各代计算机在基本原理上相同,仍然是利用传统的冯·诺依曼体系结构。

仍在研制中的第五代计算机(20 世纪 80 年代初开始研制)试图从基础结构就突破冯·诺依曼机的模式,最大限度地采用并行操作,以利于执行人工智能软件。

5.1.5 微型计算机的发展

个人计算机的发展得益于微处理器的诞生。而微处理器与微型计算机的产生与发展都与英特尔(Intel)公司密不可分,这不仅是因为第一台微处理器是由 Intel 公司发明的,而且 Intel 公司迄今仍然是世界上微处理器的最大厂商。

Intel 公司是 1968 年 8 月由诺伊斯(R. N. Noyce,1927—1990 年)和戈登·摩尔(G. E. Moore)和格鲁夫(A. Grove)等人在美国加州的一所小房子里成立的小公司(见图 5-23)。

1969 年,日本"商业通信公司"要求 Intel 公司为它的一个高性能可编程计算器设计一组芯片,日方对这种计算器的原始设计至少需要 12 个专用芯片,但 Intel 公司青年工程师、物理学博士霍夫(Ted Hoff,1937 年—)拒绝了这个笨拙的建议,而代之以一种可从半导体存储器中检索其应用指令的单一芯片。这一芯片可以插接在多种应用产品而无须进行再设计(见图 5-24)。

图 5-23　Intel 创始人诺伊斯(中)、摩尔(右)和格鲁夫(左)

图 5-24　霍夫

经过一年的艰苦努力,霍夫研制小组终于在1971年1月生产出世界上第一块能够真正运行的微处理器芯片(Central Processing Unit, CPU)——4004型。4004型芯片有4个加法器、16个存储器、一个累加器,包含了2300个晶体管。这个价值只有200美元的芯片相当于ENIAC的计算能力(见图5-25)。随后,Intel公司相继研制出8008、8080、8086、8088等一系列微处理器芯片,为个人计算机(Personal Computer,PC)的发展和普及奠定了基础。

图 5-25　Intel 4004 微处理器

1977年,由乔布斯(S. Jobs,1955—2011年)和沃兹尼亚克(S. G. Wozniak,1950—)创办的美国苹果电脑公司研制出 Apple Ⅱ 个人计算机(见图5-26)。IBM于1980年7月也开始组织开发个人计算机。1981年12月,IBM生产出采用Intel 8088微处理芯片的16位微机IBM PC。IBM PC的字长、内存容量等主要性能指标要超过Apple Ⅱ。IBM很快又为微机装上硬磁盘,并提供多种应用软件。IBM PC迅速占领了世界微机市场(见图5-27)。

图 5-26　Apple Ⅱ 个人计算机

图 5-27　IBM PC

自IBM PC机问世后,个人计算机开始以每两三年换一代的速度发展。1982年,Intel 80286问世。1984年,采用这种微处理器的新一代个人计算机——PC-AT上市。1985年,32位的Intel 80386微处理器问世,高性能的新一代个人计算机出现。1988年,价格与80286相仿的低价微处理器80386SX问世。1989年,集成了大约200万只晶体管、功能强大的Intel 80486问世。1991年,低价的Intel 80486SX问世,使个人拥有"大型电脑"成为可能。与此同时,美国的AMD公司、Cyrix公司、德州仪器公司(TI)也推出了自己486CPU。1992年,全面超越486的新一代芯片问世,Intel公司将其命名为Pentium(奔腾),以和AMD和Cyrix的产品区别。个人计算机开始进入Pentium时代。1996年,Intel公司发明了多媒体扩展指令集(Multi Media Extensions,MMX)技术,并生产出Pentium MMX CPU,使计算机进入多媒体时代。自1998年后,Intel公司相继推出了Pentium Ⅲ、Pentium 4处理器,以及高性能的Celeron系列、Core系列、Pentium E系列、Pentium D系列处理器,引领着微处理器产业革命。

5.1.6 巨型机的研究与发展

巨型机是指运算速度最快、存储容量最大,专门用于国防科研、航空航天和气象预报等需要高速处理大量复杂计算问题的领域。

1957 年,"巨型机之父"的西蒙·克雷(S. R. Cray,1925—1996 年)协助威廉·诺雷斯(W. C. Norris,1911—2006 年)等人创办 CDC(Control Data Corporation)公司,并担任 CDC 系列大型机的总设计师(见图 5-28 和图 5-29)。

图 5-28　克雷

图 5-29　诺雷斯

在克雷的主持下,CDC 在 1958 年推出了第一个产品——CDC 1604 机,这是世界上最早的晶体管计算机之一,是当时功能最强大、运算速度最快的大型计算机(见图 5-30)。

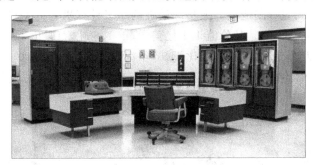
图 5-30　CDC 1604 计算机

1963 年 8 月,CDC 公司为美国原子能委员会交付了世界上第一台巨型机 CDC 6600,运算速度达每秒 300 万次,而价格仅有 300 万美元。一时间,各大机构争相订购。1965 年,CDC 6600 正式投产,前后售出 400 台之多,奠定了 CDC 公司在巨型机市场的地位。

1969 年,在克雷的主持下,CDC 公司又向市场推出 CDC 7600 巨型机,每秒运算能力提高到 1000 万次,这是一台真正意义上的"超级计算机"。

1972 年,克雷提出"向量计算机"的概念,即把 CDC 6600/7600 采用的单个数据输入方式改为同时输入一组数据的"向量方式",大大提高了运算速度。1976 年 3 月,世界上第一台具有向量处理能力的计算机 Cray-1 研制成功(见图 5-31),8MB 内存,使用半导体存储器,字长 64b,时钟周期 12.5ns,共用 20 万块半导体芯片,有 3400 块印刷电路板,内部连线超过 60 英里。占地仅 7 平方米,重量不足 5 吨,持续运算能力达每秒 1 亿次,最高运算速度可达每秒 2.5 亿次,比当时世界上最快的计算机还快 10 倍。Cray-1 的结构打破了传统的

"立柜"式，其形状像围绕着立柱的转椅。后来的巨型机，包括我国的银河机，大多仿效了克雷创造的这种结构。

图 5-31　CRAY-1 巨型计算机

之后，克雷公司相继推出了系列巨型机。1983 年 CRAY X-MP，向量运算达到每秒 4 亿次。1985 年，速度比 CRAY-1 快 6～12 倍的 CRAY-2 巨型机诞生。CRAY-2 采用了新型的氟化碳溶液浸泡芯片进行冷却，运算速度可达每秒 12 亿次。几年以后，克雷又推出了他研制的 CRAY-3 巨型机，运算速度高达每秒 100 亿次，是 CRAY-2 的 10 倍。1992 年克雷公司的 CRAY Y-MP 巨型机速度达到 240 亿次/秒。

2000 年，IBM 公司设计制造世界上功能最强的超级计算机——ASCI White（见图 5-32），它主要用来模拟核武器发射。其价值 1.1 亿美元，重 106 吨，每秒能够运算 12.3 万亿次，其功能几乎相当于 5 万台变通台式电脑，比 1997 年击败过棋王卡斯帕罗夫的"深蓝"还要强大 1000 倍。它可以存储容量相当于 3 亿本书或 6 座美国国会图书馆馆藏的内容，内置 8192 个微处理器。

图 5-32　ASCI White 超级计算机

中国于 1978 年由国防科技大学开始研制"银河-Ⅰ"巨型机，由慈云桂（1917—1990 年）和陈火旺（1936—2008 年）教授担任总设计师（见图 5-33 和图 5-34）。

1983 年"银河-Ⅰ"巨型机研制成功（见图 5-36）。它以向量运算为主、字长 64 位、每秒可完成 1 亿次浮点运算。"银河-Ⅰ"在技术上有两项创新：素数模和向量流水多阵列。1992 年，国防科大研制出每秒能进行 10 亿次浮点运算的"银河-Ⅱ"型机。

1994 年，李国杰院士领导的国家智能计算机研究开发中心研制成功"曙光 1 号"全对称多处理机(见图 5-35),为国家智能计算机的发展奠定了基础。1995 年,又研制成功"曙光 1000"大规模并行处理机群,运算速度峰值达到每秒 25 亿次,可以求解含 1.5 万个未知数的方程组。1996 年,由中国航空计算机技术研究所推出每秒运算速度可达 32 亿次的 PAR95 大规模可伸缩并行处理机。

图 5-33　慈云桂

图 5-34　陈火旺

图 5-35　李国杰

1997 年,国防科技大学进一步推出每秒运算可达 130 亿次的"银河-Ⅲ"型机。1998 年,我国又研制成功每秒运算 200 亿次的"曙光 2000 Ⅰ"巨型机,属商品化的超级服务器,整体性能达到国际先进水平。2000 年 1 月 28 日,"曙光 2000 Ⅱ"超级服务器通过了国家科技部的鉴定。"曙光 2000 Ⅱ超级服务器"由 82 台节点计算机组成,峰值计算速度突破每秒 1000 亿次,内存 50GB,有强大的信息服务能力,达到了 20 世纪 90 年代末国际同类产品的先进水平。

2001 年 2 月,中国科学院计算所研制的"曙光 3000 超级服务器"通过中国科学院组织的鉴定。"曙光 3000"是国家 863 计划和中科院知识创新工程的重大成果,是我国高性能计算机领域中新的里程碑。它的峰值浮点运算速度为每秒 4032 亿次,内存量为 168GB。表明我国已经掌握了高量级计算机的关键技术,具备了研制高性能巨型机的能力(见图 5-37)。

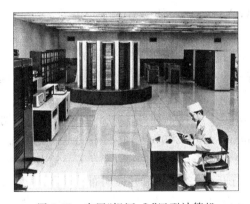
图 5-36　中国"银河-Ⅰ"巨型计算机

图 5-37　曙光 3000-1 超级服务器

2010 年,国防科技大学研制的"天河一号"二期系统,运算速度达到每秒 4700 万亿次的峰值性能和每秒 2507 万亿次的实测性能。2013 年,国际 TOP500 组织公布了最新全球超级计算机 500 强排行榜榜单,中国国防科学技术大学研制的"天河二号"以峰值计算速度每秒 5.49 亿亿次、持续计算速度每秒 3.39 亿亿次双精度浮点运算的优异性能位居榜首,成为全球最快超级计算机。

5.2 计算机科学理论基础

计算科学是关于计算和计算机械的数学理论。数学是计算科学的主要理论基础,与物理学、电子科学共同构成了今天计算机系统的基础。计算的平台与环境、计算过程的可操作性与效率以及计算的正确性问题是计算科学的基本问题,普遍存在于各个分支学科和研究方向之中,是学科研究与发展中经常面对而又必须解决的问题。半个多世纪来,计算机无论是运算速度还是功能都得到空前的提高,计算机的这种变革与进步,又极大地推动了计算机科学理论以及相关数学理论的深入发展。

5.2.1 计算理论

1985 年春,ACM 和 IEEE-CS 组成的工作组提交了《计算机作为一门学科》的报告,对计算机学科做了以下定义:计算机学科是对描述和变换信息的算法过程,包括对其理论、分析、设计、效率、实现和应用等进行的系统研究,它来源于对算法理论、数理逻辑、计算模型、自动计算机的研究,并与存储电子计算机一起形成于 20 世纪 40 年代中期。

1. 布尔代数

布尔代数是英国数学家乔治·布尔(G. Boole,1815—1864 年)为了研究思维规律于 1847 年和 1854 年提出的数学模型。布尔代数的思想,集中体现在他 1847 年的《逻辑的数学分析》和 1854 年出版的《思维规律研究》两部著作中。斯通(M. H. Stone,1903—1989 年)在 1935 年将布尔代数与环、集域以及拓扑空间上的闭开代数联系起来,使得布尔代数在理论上有了一定的发展。作为一种形式逻辑数学化的方法,布尔代数在创立时与计算机无关,但它的理论和方法为后来的数字电子学、自动化技术以及电子计算机的逻辑设计等提供了重要的理论基础。

布尔代数是一个满足一定性质的四元组$\langle A, \wedge, \vee, \neg \rangle$,其中 A 是非空集合,$\vee$ 和 $\wedge$ 是该集合上的二元运算,$\neg$ 是该集合上的一元运算,这些运算称为布尔运算。基本的布尔运算包括"与"(AND,符号为$\wedge$)、"或"(OR,符号为$\vee$)和"非"(NOT,符号为$\neg$)。其他运算,如"异或"(XOR,符号为$\oplus$)、等价(Equivalence,符号为$\leftrightarrow$)、"蕴含"(Implication,符号为$\rightarrow$)运算均可以用这三种基本运算来表示。

到了 20 世纪,人们利用布尔代数成功地解决了一些技术问题。20 世纪 30 年代后期,美国麻省理工学院的克劳德·香农(C. E. Shannon,1916—2001 年)开始系统地研究用布尔代数计算电网的问题。1938 年,年仅 22 岁的香农在硕士论文的基础上,写了一篇著名的论文《继电器开关电路的分析》,首次用布尔代数进行开关电路分析,并证明布尔代数的逻辑运算,可以通过继电器电路来实现,明确地给出了实现加、减、乘、除等运算的电子电路设计方法。自此之后,人们在计算机的设计中开始采用逻辑代数来分析和设计逻辑电路。

2. 图灵机

图灵机模型是由图灵(Alan Mathison Turing,1912—1954 年)于 1936 年在论文《论可计算数及其在判定问题中的应用》(On Computable Numbers with an Application to the Encryption Problem)中提出的。直观上,图灵机可以看成一个附有两端无穷的带子的黑箱,带子由连成串的方格组成,黑箱和带子由一指针相连。图灵机包含有穷多个状态和有穷多的指令。计算的每一步中,根据机器所处的状态和指针所指的方格上的符号,指令可决定机器干什么并转入什么状态。开始计算时,机器处于开始状态,然后一步步地根据指令进行计算,直到无法继续时停止。带上的信息即为计算的结果。图灵机模型如图 5-38 所示。

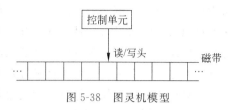

图 5-38　图灵机模型

图灵机的每一个移动与所读的符号、所处的状态有关。读头每次读一个符号,则在所读符号所在的磁带的方格中写入一个符号。一个移动将完成三个动作:

(1) 改变有限状态控制器的状态;

(2) 在当前所读符号所在的磁带方格中写入一个符号;

(3) 将读头向右或向左移动一格。

图灵认为,凡是可计算的函数都可以用他的图灵机来计算。

对图灵机的结构和工作过程,可以从以下几个方面来理解:

(1) 图灵机带子相当于存储器,它是无限长的,即图灵机有一个无限大的存储器,可以存储计算的中间结果,并作为输入输出的媒介。

(2) 读写头与带子的关系,相当于磁带与磁头的关系,利用它们可能进行输入输出。

(3) 控制装置相当于控制器,它可以控制读写头不断地无限长的磁带上来回移动并切换状态,控制器的命令相当于指令。

(4) 图灵机是可编程控制的。

为了用图灵机计算,就要对它编程,并把程序和数据存储在带子上,机器开始计算时,读写头从程序的开始处执行(把读写头置于带子某个符号上面),计算期间,根据程序的控制执行不同的任务(图灵机不断地移动并切换状态),一旦图灵机执行程序结束(切换到结束状态),那么,计算任务宣告完成(图灵机就停机),结果输出在存储器中(写在带子上)。实践证明,如果图灵机不能解决的计算问题,那么实际计算机也不能解决;只有图灵机能够解决的计算问题,实际计算机才有可能解决。但必须注意,有些问题是图灵机可以计算而实际计算机还不能实现的。

5.2.2　计算科学的基本内容

1. 计算科学的基本问题

计算科学是对描述和变换信息的算法过程,包括其理论、分析、设计、效率分析、实现和应用的系统研究。计算科学的基本问题是:什么能(有效地)自动进行,什么不能(有效地)自动进行。该问题主要涉及以下三个方面:

(1) 计算的平台与环境问题;

(2) 计算过程的能行操作与效率问题;

(3) 计算的正确性问题。

为了实现自动计算,人们首先想到了要发明和制造自动计算机,不仅从理论上提供计算的平台,或者证明问题本身不可解,而且要实际制造出针对各种待处理问题特点和要求的自动计算机器。进一步,从广义计算的概念出发,计算的平台在使用上还必须比较方便,于是派生出计算环境的概念。理论研究中提出的各种计算模型,各种实际的计算机系统、高级程序设计语言、计算机体系结构、软件开发工具与环境、编译程序与操作系统以及数据库系统等都是围绕这一基本问题发展而来的,其内容实质可归结为计算的模型问题,也就是说,这个基本问题实际上关心的是计算过程在理论上是否能行的问题。

  计算过程的可操作性与效率问题也是学科的基本问题之一。一个问题在判断为可计算的性质后,从具体解决这个问题着眼,按照可以被构造的特点与要求,给出实际解决该问题的具体操作步骤,同时还必须确保该过程的开销成本是人们能够承受的。围绕这一问题,学科发展了大量与之相关的研究内容与分支学科方向。例如,数值与非数值计算方法、算法设计与分析、结构化程序设计技术与效率分析、以计算机部件为背景的集成电路技术、密码学与快速算法、演化计算、数字系统逻辑设计、程序设计方法学和人工智能的逻辑基础等分支学科。

  计算的正确性是任何计算工作都不能回避的问题,特别是使用自动计算机进行的各种计算。一个计算问题在给出可行性操作序列并解决了其效率问题之后,必须确保计算的正确性;否则,计算是无意义的,也是容易产生不利影响的。围绕这一基本问题,长期以来,学科发展了一些相关的分支学科与研究方向,例如,算法理论(数值与非数值算法设计的理论基础)、程序理论(程序设计方法学)、程序设计语言的语义学、进程代数与分布式事件代数、程序测试技术、电路测试技术、软件工程技术(形式化的软件开发方法学)、计算语言学、容错理论与技术、Petri 网理论、CSP 理论、CCS 理论和分布式网络协议等。

2. 计算科学的基本内容

1) 构造性数学基础

  数理逻辑与抽象代数是计算科学最重要的数学基础,它们的研究思想和研究方法在计算科学许多有深度的领域中得到了广泛应用。数理逻辑是研究推理的科学,特别需要指出的是,数理逻辑在过去主要是研究数学中的推理。数理逻辑与哲学有着密切的联系,其哲学方面是形式逻辑,而形式逻辑的数学化方面构成了数理逻辑的研究内容。

  除了数理逻辑以外,对计算科学最重要的数学分支是代数,特别是抽象代数。抽象代数是关于运算的学问,是关于计算规则的学说。与古典代数不一样,抽象代数不是局限在字母的运算性质上,而是研究在更具有一般性的元素上的运算及其性质,这些一般性元素在表达形式上仍可以看成字母。在计算科学中,代数方法被广泛应用于许多分支学科。例如,可计算性与计算复杂性、形式语言与自动机理论、密码学、算法理论、数据表示理论、网络与通信理论、Petri 网理论、程序理论、形式语义学等许多方面都离不开代数。

2) 计算的数学理论

  所谓计算的数学理论是指一切关于可行性问题的数学理论的总和,另一种更具体的定义是指一切关于计算与计算模型问题的数学理论的总和。

  随着计算科学研究的不断深化,计算的数学理论的内容日益丰富,主要包括计算理论(可计算性与计算复杂性)、高等逻辑、形式语言与自动机、形式语义学、Petri 网、进程代数等。

3) 计算机组成原理、器件与体系结构

  计算机组成原理与设计是计算机发展的一个主流方向。这一方向的主要任务是根据各种计算模型研究计算机的工作原理,并按照器件、设备和工艺条件设计并制造具体的计算机。早期的计算机设计是建立在分离元器件的基础之上,这方面的工作更多地集中在对各个部件微观的精细分析,后来,随着集成电路技术的进步,工作的重点转到计算机的组织结构。集成电路对电路和功能部件的高集成度和计算机设计与软件开发之间建立的密切关系,使这一方向逐步发展为计算机体系结构方向。

4) 计算机应用基础和应用技术

要开展各个领域的各种计算机具体应用,首先就必须要有一些计算机应用基础知识。对计算科学专业的学生来说,计算机应用基础知识包括算法基础、程序设计、数据结构、数据库基础、微机原理与接口技术等。

计算机应用技术包括数值计算、信号处理技术、图形学与图像处理技术、网络技术、多媒体技术、计算可视化与虚拟现实技术、人工智能技术、办公自动化技术、计算机仿真技术、计算机辅助设计/测试/制造/教学等辅助系统。

5) 软件基础

软件是计算科学一个较大的学科门类,包括众多的分支学科方向,主要有高级程序设计语言、数据结构理论、程序设计原理、编译程序原理与编译系统实现技术、数据库原理与数据库管理系统、操作系统原理与实现技术、软件工程技术、程序设计方法学、各种应用软件等。

6) 新一代计算机体系结构与软件开发方法学

所谓新一代计算机体系结构是相对于过去的体系结构而言的。目前,对这类体系结构的研究内容很多,主要是各种新型并行计算机的体系结构、集群式计算机体系结构,体系结构的可扩展性、任务级并行性、指令级并行性、动态可改变结构等方面的内容,也有一些内容还不成熟,正在发展之中。

3. 计算科学与其他相关学科的关系

计算科学与数学的关系我们已经有了比较清楚的认识。总的说来,数学是计算科学的主要基础,数学与电子科学构成了今天计算机系统的基础,也构成了计算科学的基础。但是,与数学相比,电子技术基础地位的重要性不及数学,原因是数学提供了计算科学最重要的学科思想和学科的方法论基础,而电子技术主要是提供了计算机的实现技术,它仅仅是对计算科学许多数学思想和方法的一种最现实、最有效的实现技术。

同时,计算科学的发展也必然受制于其他科学技术的发展,这早已为计算机的发展历史所证实。为了将计算科学推向更高的层次和水平,它的发展近年来正在更多地依赖其他学科的发展和进步,参照和利用其他学科的思想、方法和成果。例如,在新一代计算机系统的研制中,人们正在考虑将光电子技术应用于计算机的设计和制造;医学中脑细胞结构、脑神经应激机制的研究,认知心理学的研究,甚至蜜蜂蜂窝结构的研究都在影响着计算科学一些方向的发展,如体系结构、神经元网络计算,等等。从现在大量的计算科学资料中不难得知,要断言一个学科对计算科学的发展没有丝毫的影响是难以想象的。就目前可以预见的对计算科学可能产生较大影响的学科而言,物理学中的光学、精细材料科学、哲学中的科学哲学、生物科学中的生物化学、脑科学与神经生理学、行为科学等都可能会对计算科学产生较大影响。

尽管如此,人们应该清楚地认识到,与计算科学联系最紧密的学科是哲学中的逻辑学、数学中的构造性数学和电学中的(微)电子科学。在不远的将来可能是光电子科学、生物科学中的遗传学和神经生理学,物理和化学科学中的精细材料科学,其影响的切入点主要集中在信息存储、信息传递、认知过程、大规模信息传输的介质和机理方面。

5.2.3 计算科学中的典型问题

在人类社会的发展过程中，人们提出过许多具有深远意义的科学问题，它们对计算学科的一些分支领域的形成和发展起了重要的作用。另外，在计算学科的发展过程中，为了便于理解计算学科中的有关问题和概念，人们还给出了不少反映该学科某一方面本质特征的典型实例，如图论中的哥尼斯堡七桥问题、算法与算法复杂性领域的 Hanoi 塔问题、进程同步中的生产者-消费者问题、哲学家进餐问题，等等。这些典型问题的提出和研究，不仅有助于人们深刻理解计算科学，而且还对该学科的发展有着十分重要的推动作用。

1. 哥尼斯堡七桥问题

17 世纪的东普鲁士有一座哥尼斯堡桥（Königsberg）城（现为俄国的加里宁格勒（Kaliningrad）城），城中有一座岛，普雷格尔（Pregol）河的两条支流环绕其旁，并将整个城市分成北区、东区、南区和岛 4 个区域，有 7 座桥将 4 个区连接起来，如图 5-39 所示。人们常通过这 7 座桥到各城区游玩，于是产生了一个有趣的数学难题：寻找一条路径，走遍这 7 座桥，且只许走过每座桥一次，最后又回到原出发点。该问题就是著名的"哥尼斯堡七桥问题"。

1736 年，瑞士数学家欧拉（L. Euler，1707—1783 年）发表了关于哥尼斯堡七桥问题的论文——《与位置几何有关的一个问题的解》，他在文中指出，从一点出发不重复地走遍七桥，最后又回到原出发点是不可能的（见图 5-40）。

为了解决哥尼斯堡七桥问题，欧拉用 4 个字母 A、B、C、D 代表 4 个城区，并用 7 条线表示 7 座桥，于是哥尼斯堡七桥问题就变成了图 5-41 中是否存在经过图中每条边一次且仅一次，经过所有的顶点的回路问题了。欧拉在论文中论证了这样的回路是不存在的。后来，人们把有这样回路的图称为欧拉图（见图 5-41）。

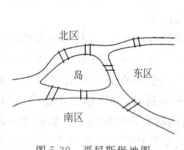
图 5-39 哥尼斯堡地图

图 5-40 欧拉

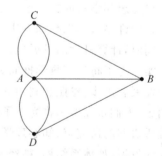
图 5-41 哥尼斯堡七桥问题抽象图

欧拉在论文中将问题进行了一般化处理，即对给定的任意一个河道图与任意多座桥，判定能否每座桥恰好走过一次，并用数学方法给出了 3 条判定的规则：

（1）如果通奇数座桥的地方不止两个，满足要求的路线是找不到的；

（2）如果只有两个地方通奇数座桥，可以从这两个地方之一出发，找到所要求的路线；

（3）如果没有一个地方通奇数座桥，则无论从哪里出发，所要求的路线都能实现。

欧拉的论文为图论的形成奠定了基础。今天图论已广泛应用于计算科学、运筹学、信息论、控制论等学科之中,并且已经成为人们对现实问题进行抽象的一个强有力的数学工具。

2. 四色问题

四色问题又称为四色猜想或四色定理,1852年首先由英国的一位大学生古思里(F. Guthrie)提出的。古思里在给一幅英国地图着色时发现,只要四种颜色就可以使任何相邻的两个郡不同色。他推断任何地图的着色也只需要四种颜色就够了,但他未能给出证明。1878年,英国数学家凯利(A. Cayley,1821—1895年)对此问题进行了认真分析,认为这是一个不可忽视的问题,他正式向伦敦数学学会提出这个问题,于是四色猜想成了世界数学界关注的问题。

世界上许多一流的数学家都纷纷参加了四色猜想的大会战。1879年,英国律师兼数学家肯普(A. B. Kempe,1849—1922年)发表了证明四色猜想的论文,宣布证明了四色定理。11年后,即1890年,年轻的数学家赫伍德(P. J. Heawood,1861—1955年)以自己的精确计算指出肯普的证明有误。赫伍德一生坚持研究四色问题,但始终未能证明这一定理。但赫伍德在肯普的方法的基础上证明了用5种颜色对任何地图着色都是足够的,即"地图五色定理"是成立的。

进入20世纪以后,科学家们对四色猜想的证明基本上是按照肯普的想法进行。有些数学家对平面图形的可约性进行了深入分析。1969年,德国数学家希斯(H. Heesch)第一次提出了一种具有可行的寻找不可避免可约图的算法,希斯的工作开创了研究的新思路。

1970年,美国伊利诺依大学(University of Illinois)的数学教授哈肯(W. Haken)与阿佩尔(K. Appel)合作从事这一问题研究。他们注意到希斯的算法可以大大简化和改进。从1972年他们开始用这种简化的希斯算法产生不可避免的可约图集,他们采用了新的计算机实验方法来检验可约性。1976年6月,哈肯和阿佩尔终于获得成功:一组不可避免的可约图终于找到了,这组图一共有2000多个,即证明了任意平面地图都能够用4种颜色着色。他们的证明需要在计算机上计算1200小时,程序先后修改了500多次。后来,Appel-Haken的证明被其他学者进行了简化,不过简化了的证明仍然比较烦琐。

3. 36军官问题

36军官问题由欧拉于18世纪作为一个数学游戏提出来的。问题的大意是:设有分别来自6个军团共有6种不同军衔的36名军官,他们能否排成6×6(6行6列)的编队使得每行每列都有各种军衔的军官1名,并且每行和每列上的不同军衔的6名军官还分别来自不同的军团?

如果将一个军官用一个序偶(i,j)表示,其中i表示该军官的军衔($i=1,2,\cdots,6$),而j表示他所在的军团($j=1,2,\cdots,6$)。于是,这个问题又可以变成:

36个序偶(i,j)($i=1,2,\cdots,6;j=1,2,\cdots,6$)能否排成6×6阵列,使得在每行和每列,这6个整数$1,2,\cdots,6$都能以某种顺序出现在序偶第一个元素的位置上,并以某种顺序出现在序偶第二个元素的位置上?

36军官问题提出后,很长一段时间没有得到解决,直到20世纪初才被证明这样的方队是排不起来的。将36军官问题中的军团数和军阶数推广到一般的n的情况,相应的满足条件的方队被称为n阶欧拉方。经过多次尝试,欧拉猜测:对任何非负整数k,$n=4k+2$阶欧拉方都是不存在的。

1901年,法国数学家塔里(G. Tarry,1843—1913年)用枚举法证明了欧拉猜想对于$n=$

6是成立的；大约在1960年前后，三位统计学家R. C. Bose、E. T. Parke和S. S. Shrikhande成功地证明了欧拉猜想对于所有的$n>6$都是不成立的，也就是说$n=4k+2(k\geqslant 1)$阶欧拉方是不存在的。

4. 哈密尔顿回路及旅行推销员问题

在图论中还有一个很著名的"哈密尔顿回路问题"，该问题是爱尔兰数学家哈密尔顿（W. R. Hamilton，1805—1865年）于1859年提出的一个数学问题。其主要意思是：在某个图G中，能否找到这样的路径，从一点出发不重复地走过所有的节点，最后又回到原出发点。欧拉回路是对边进行访问的问题，哈密尔顿回路是对点进行访问的问题。对图G是否存在"欧拉回路"已经证明出充分必要条件，而对图G是否存在"哈密尔顿回路"至今未找到满足该问题的充分必要条件。

哈密尔顿回路问题进一步被发展成为所谓的"旅行推销员问题"（Traveling Salesman Problem，TSP，又称为货郎担问题），其大意是：有若干个城市，任何两个城市之间的距离都是确定的，现要求一旅行商从某城市出发，必须经过每一个城市且只能在每个城市逗留一次，最后回到原出发城市。问如何事先确定好一条最短的路线，使其旅行的费用最少。

假设现在给定的4个城市分别为A、B、C和D，各城市之间的距离为已知数，如图5-42所示。这里可以通过一个组合的状态空间图表示所有的组合，如图5-43所示。从图中不难看出，可供选择的路线共有6条，从中很快可以选出一条总距离最短的路线。由此推算，若设城市数目为n时，那么组合路径数则为$(n-1)!$。很显然，当城市数目不多时要找到最短距离的路线并不难，但随着城市数目的不断增大，组合路线数将呈指数级数规律急剧增长，达到无法计算的地步，这就是所谓的"组合爆炸问题"。假设现在城市的数目增为20个，组合路径数则为$(20-1)!\approx 1.216\times 10^{17}$，如此庞大的组合数目，若计算机以每秒1000万条路线的速度计算，也需要花上386年的时间。

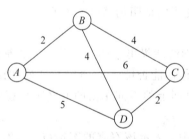

图5-42 城市交通图

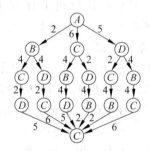

图5-43 组合路径图

TSP是最有代表性的优化组合问题之一，它的应用已逐步渗透到各个技术领域和人们的日常生活中，有不少学者在从事这方面的研究工作。在大规模生产过程中，寻找最短路径能有效地降低成本，这类问题的解决还可以延伸到其他行业中去，如运输业、后勤服务业等。然而，由于TSP会产生组合爆炸问题，因此寻找切实可行的简化求解方法就成为问题的关键。

5. Hanoi塔问题

相传印度教的天神在创造世界时，建了一座神庙，庙里竖立了3根柱子。天神将64个直径大小不一的金盘子，按照从大到小的顺序依次套放在第一根柱子上，形成了一座Hanoi

塔,如图 5-44 所示。天神让庙里的僧侣们将第一根柱子上的盘子借助第 2 根柱子全部移到第 3 根柱子上。同时规定:每次只能移动一个盘子;盘子只能在 3 根柱子上来回移动而不能放在他处;在移动过程中,3 根柱子上的盘子必须始终保持大盘在下,小盘在上。天神说当这 64 个盘子全部移到第三根柱子上后,世界末日就要到了。这就是著名的 Hanoi 塔问题。

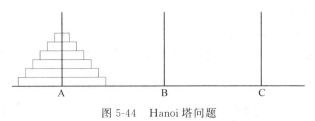

图 5-44　Hanoi 塔问题

Hanoi 塔是一个典型的只有用递归方法才能解决的问题。递归是计算科学中一个重要概念,所谓递归就是将一个较大的问题归约为一个或多个相对简单的子问题的求解方法。在这里先设计它的算法,进而估计它的复杂性。

n 表示 A 上盘子的总数。当 $n=2$ 时,第一步先把最上面的一个圆盘套在 B 上;第二步把下面的一个圆盘转移到 C 上;最后再把 B 上的一个圆盘转移到 C 上。到此转移完毕。

假定 $n-1$ 个盘子的算法已经确定。

对于一般 n 个盘子问题,先把上面的 $n-1$ 个盘子转移到 B 上,再把最后一个盘子转移到 C 上,然后把 B 上的 $n-1$ 盘子转移到 C 上,这样 n 个盘子的转移就完成了。

在此,令 $h(n)$ 表示盘子所需要的转移盘次。根据前面的算法分析,则有

$$\begin{aligned} h(n) &= 2h(n-1)+1 = 2(h(n-2)+1)+1 \\ &= 2^2 h(n-2)+2+1 = 2^3 h(n-3)+2^2+2+1 \\ &= \cdots \\ &= 2^n h(0)+2^{n-1}+\cdots+2^2+2+1 \\ &= 2^{n-1}+\cdots+2^2+2+1 = 2^n-1 \end{aligned}$$

当 $n=64$ 时,要完成 Hanoi 塔的搬迁,需要移动盘子的次数为

$$2^{64}-1 = 18\ 446\ 744\ 073\ 709\ 551\ 615$$

如果每秒移动一次,一年有 $365\times 24\times 3600 = 31\ 536\ 000$ 秒,僧侣们一刻不停地来回搬运,也需要花费大约 5849 亿年的时间。假定计算机以每秒 10 000 万个盘子的速度进行搬迁,则需要花费大约 5849 年的时间。通过这一例子,人们可以了解到理论上可以计算的问题,实际上并不一定能实现。

Hanoi 塔问题主要讲的是算法的时间复杂性。其算法的复杂度,可以用一个指数函数 $O(2^n)$ 表示,显然当 n 很大时,计算机是无法处理的。相反,当算法的时间复杂度的表示函数是一个多项式,如 $O(n^2)$ 时,则计算机可以处理。因此,一个问题求解算法的时间复杂度大于多项式时(如指数函数),算法执行时间将随 n 的增加而急剧增长,以致使问题难以求解出来。在计算复杂性中,将这一类问题称为难解性问题。

6. 生产者-消费者问题与哲学家共餐问题

1965 年,荷兰计算机科学家狄克斯特拉(E. W. Dijkstra,1930—2002 年)在他著名的论

文《协同顺序进程》(Cooperating Sequential Processes)中利用生产者-消费者问题(Producer-Consumer Problem)对并发程序设计中进程同步的最基本问题进行了抽象的描述,并使用信号灯的概念解决了这一问题(见图5-45)。

所谓消费者是指使用某一软硬件资源时的进程,而生产者是指提供(或释放)某一软硬件资源时的进程。同时,还有一个重要的概念,即信号灯,它借用了火车信号系统中的信号灯来表示进程之间的互斥。

在提出生产者-消费者问题后,狄克斯特拉针对多进程互斥访问有限资源(如I/O设备)的问题又提出并解决了一个被人称之为"哲学家共餐"(Dining Philosopher)的多进程同步问题(见图5-46)。

图5-45 狄克斯特拉

图5-46 哲学家共餐问题

对哲学家共餐问题可以作这样的描述:5个哲学家围坐在一张圆桌旁,每个人的面前摆有一碗面条,碗的两旁各摆有一只筷子。

假设哲学家的生活除了吃饭就是思考问题,而吃饭的时候需要左手拿一只筷子,右手拿一只筷子,然后开始进餐。吃完后又将筷子摆回原处,继续思考问题。那么,一个哲学家的生活进程可表示为:

(1) 思考问题;
(2) 饿了停止思考,左手拿一只筷子(如果左侧哲学家已持有它,则需等待);
(3) 右手拿一只筷子(如果右侧哲学家已持有它,则需等待);
(4) 进餐;
(5) 放右手筷子;
(6) 放左手筷子;
(7) 重新回到思考问题状态(1)。

现在的问题是:如何协调5个哲学家的生活进程,使得每一个哲学家最终都可以进餐。考虑下面的两种情况:

(1) 按哲学家的活动进程,当所有的哲学家都同时拿起左手筷子时,则所有的哲学家都将拿不到右手的筷子,并处于等待状态,那么哲学家都将无法进餐,最终饿死。

(2) 将哲学家的活动进程修改一下,变为当拿不到右手的筷子时,就放下左手的筷子,这种情况是不是就没有问题?不一定,因为可能在一个瞬间,所有的哲学家都同时拿起左手的筷子,则自然拿不到右手的筷子,于是都同时放下左手的筷子,等一会,又同时拿起左手的筷子,如此这样永远重复下去,则所有的哲学家一样都吃不到饭。

以上两个方面的问题，其实质是程序并发执行时进程同步的两个问题，一个是死锁（Deadlock），另一个是饥饿（Starvation）。

为了提高系统的处理能力和机器的利用率，并发程序被广泛使用，因此，必须彻底解决并发程序中的死锁和饥饿问题。于是，人们将 5 个哲学家问题推广为更一般性的 n 个进程和 m 个共享资源的问题，并在研究过程中给出了解决这类问题的不少方法和工具，如 Petri 网、并发程序语言等工具。

与程序并发执行时进程同步有关的经典问题还有：读-写者问题（Reader Writer Problem）、理发师睡眠问题（Sleeping Barber Problem）等。

5.2.4 计算机学科的典型方法

在计算机学科的发展中，围绕解决学科的一系列问题而形成了一些有效的、典型的方法，如证明方法、公理化方法、形式化方法、系统科学方法、结构化方法和面向对象的方法等。

1. 抽象方法

所谓抽象是一种思考问题的方式，它隐藏了复杂的细节，只保留实现目标所必需的信息。计算机学科的基本工作流程方式是：首先对现实世界中的研究对象进行抽象，建立必要的基本概念，然后运用数学工具和方法研究概念的基本性质、概念与概念之间的关系，提示研究对象发展变化的内在规律，为实验设计或工程设计的实现提供必要的方法和技术思想，最后开展实验、工程设计与实现工作。

计算机系统的分层表现了抽象的概念。当人们与计算机系统的某一个分层打交道时，没有必要考虑其他分层。例如，用高级语言编写程序时，人们不必关心硬件是如何执行指令的。同样，在运行程序时，人们也不必关心程序是如何编写的。

程序设计语言的发展也表现了抽象的概念。程序设计语言每前进一个阶段，语言自身就变得更抽象一些，也就是说，用语言中的一个语句可以表达的处理会更复杂，这种从具体到抽象的深化过程反映的正是软件开发的历史。

2. 构造性方法

构造性方法是整个计算机学科最本质的方法。这是一种能够对论域为无穷的客观事务按其有限构造特征进行处理的方法。

构造是计算机软硬件系统的最根本特征，递归和迭代是最具代表性的构造性方法，广泛应用于计算机学科的各个领域。递归和迭代是基于一个事实：很多序列项是按照由 a_{n-1} 得到 a_n 的方式产生的，按照这样的规则，可以从一个已知的首项开始，有限次地重复下去，最后得到一个序列。

3. 公理化方法

公理化方法是一种构造理论体系的演绎方法，是从尽可能少的基本概念、公理出发，运用演绎推理规则，推导出一系列的命题，从而建立整个理论体系的思想方法。用公理化方法构建的理论体系称为公理系统，它需要满足以下条件。

（1）无矛盾性：这是公理系统的科学性要求，它不允许在一个公理系统中出现相互矛盾的命题。

（2）独立性：公理系统中所有的公理都必须是独立的，即任何一个公理都不能从其他公理推导出来。

(3) 完备性：公理系统必须是完备的，即从公理系统出发，能够推导出该领域所有的命题。

公理化方法能够帮助人们认识一个系统如何严格表述，认识完备性和无矛盾性对一个公理系统的重要性，认识每一条公理深刻的背景、独立性和它的作用。

4. 形式化方法

在欧式几何公理系统中，所有的原始概念和原始命题都有直观的背景或客观意义，这样的公理系统称为具体公理系统。由于非欧几何的出现，人们感到具体公理系统过于受直观的局限。因而，在19世纪末20世纪初，一些杰出的数学家和逻辑学家开始了对抽象公理系统的研究。

在抽象公理系统中，原始概念的直观意义被忽视，甚至可以没有任何预先设定的意义，原始命题也无须以任何实际意义为背景，它们是一些形式约定的符号串。所谓形式是事物存在的外在方式、形状和结构的总和，形式化是将事物的内容与形式相分离，用事物的某种形式来表示事物。例如，形式化的运算规则 $1+1$ 可以解决为一个苹果加上一个苹果，也可以解释为一本书加上一本书。形式化方法是在对事物描述形式化的基础上，通过研究事物的形式变化规律来研究事物变化规律的全体方法的总称，形式化方法得到的就是抽象公理系统，也称形式系统。例如，布尔代数抽象公理系统可以解释为有关命题真值的命题代数，抽象符号 X 可以看作电路，1 和 0 分别表示命题的"真"和"假"，也可以解释为有关电路设计的开关代数，此时抽象符号 X 可以看作电路 X，1 和 0 分别表示电路的"闭"和"开"。

计算机系统就是一种形式系统，计算机系统的结构可以用形式化方法来描述，程序设计语言更是不折不扣的形式语言系统。

5. 原型方法与演化方法

原型方法的思想最初出现在软件工程的研究中，其主要内涵是：在软件开发的进程中，随着程序代码量的日渐庞大，开发费用和周期的不断增长，人们迫切需要在软件开发中引入新思想、新原理对采用的新方法、新技术的可行性进行验证，通过验证提出改进意见，为实际产品的工程技术开发提供原理性的指导。原型方法事实上是一种低成本、验证性的实验方法。

演化方法也叫进化方法，是一种模拟事物演化过程进而求解问题的方法，其主要思想是：针对具体问题，首先找到解决该问题的办法（或算法、程序、电路等），然后通过各种有效的技术方法改进解决问题的办法（或算法、程序、电路等）进而改进求解的结果。

演化方法在使用时常常与其他典型方法结合在一起。例如，与原型方法结合，可以开发一类特殊软件的程序自动生成系统，如人机界面自动生成系统。

5.3 计算机组成与体系结构

计算机硬件系统由一系列电子器件按照一定的逻辑关系连接而成，是计算机的物理基础。计算机组成是指计算机主要功能部件的组成结构、逻辑设计以及功能部件的相互连接关系。计算机体系结构是指计算机的功能特性和概念性结构，也称指令集体系结构。

现代计算机自问世以来发展迅速，但其基本结构仍遵循冯·诺依曼计算机结构，由运算器、控制器、存储器、输入输出等基本部分组成。

5.3.1 冯·诺依曼计算机结构

1946年世界上第一台通用电子计算机ENIAC研制成功。ENIAC为外插接型计算机，所有计算的控制必须手动编程，要通过设置分布在各处的6000多个开关以及连接众多的插头和插座来实现。如果程序能够以某种形式与数据一同存储于存储器中，计算机就可以通过在存储器中读取程序来获取指令，并执行相应动作。这样，编程的过程就可以简化，通过设置存储器的值就可以编写和修改程序。

这个称为"存储程序"的概念主要归功于当时ENIAC项目的顾问——冯·诺依曼（J. von Neumann，1903—1957年）。冯·诺依曼在1945年的EDVAC计算机的计划中首次公布了这一构想。1946年，冯·诺依曼和他的同事们在普林斯顿高级研究院开始设计一种新的程序存储计算机。这种机器后来称为IAS计算机，成为通用计算机的原型。图5-47给出IAS计算机的组成结构框架，它包括以下几部分。

（1）存储器，用于存储数据和指令；
（2）算术逻辑单元，对二进制数进行操作，完成算术运算和逻辑运算；
（3）控制器，负责翻译存储器中的指令并执行；
（4）输入输出设备，由控制器操纵，完成相应的输入输出功能。

除少数例子外，几乎所有计算机都有与IAS计算机相类似的结构和功能，因此它们统称为"冯·诺依曼机"。

冯·诺依曼机的主要特点可以归纳为：
（1）计算机由存储器、算术逻辑单元、控制器、输入设备、输出设备五大部件组成；
（2）指令和数据以同等地位存放于存储器中，并可按地址寻访；
（3）指令和数据均用二进制码表示；
（4）指令在存储器中按顺序存放，通常指令是顺序执行的，在特定条件下，可以根据运算结果或设定的条件改变执行顺序。

典型的冯·诺依曼计算机以运算器为中心，输入输出设备与存储器之间的数据传送都需要通过运算器。现代的计算机已经转化为以存储器为中心，如图5-48所示。由于算术逻辑单元和控制器在逻辑关系和电路结构上联系非常紧密，尤其在大规模集成电路制作工艺出现后，这两个部件往往制作在同一芯片上，通常将它们合起来统称为中央处理器（Central Processing Unit，CPU）输入和输出设备通常简称为I/O设备（Input/Output equipment）。这样，现代计算机可认为由三大部分组成：CPU、存储器、I/O设备。CPU与存储器合起来又可称为主机，I/O设备又称为外部设备。

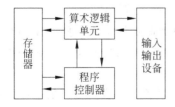
图5-47 IAS计算机的组成结构

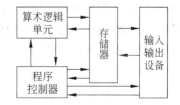
图5-48 以存储器为中心的计算机组成结构

5.3.2 计算机组成与体系结构

要描述计算机系统,需要区分计算机组成(Computer Organization)与计算机体系结构(Computer Architecture)这两个基本概念。

计算机体系结构是指能够被程序员所见到的计算机系统的属性,这些属性直接影响到低级语言程序的编写与逻辑执行。体系结构的属性通常包括指令集、数据类型、存储器寻址技术、I/O 机制等,大都属于抽象的属性。计算机组成是指计算机中实现体系结构的具体功能单元以及它们之间的相互连接,包含了许多对程序员来说是透明的硬件细节。例如,一台计算机是否具备乘法指令是体系结构的设计问题,而这条指令是由特定的乘法单元实现,还是通过重复使用系统的加法单元来实现,则是一个计算机组成问题。

了解计算机组成和体系结构的差别具有很重要的意义。计算机制造商往往提供一系列型号的计算机,它们都有相同的体系结构,但组成却不同。因而,同一系列中不同型号的计算机的价格和性能特点也不相同。一种计算机体系结构可能存在多年,而它的组成则随着技术的进步而不断更新。

5.3.3 计算机的分类

由于面向的应用不同,不同种类计算机的体系结构、组成、追求的性能指标都各不相同。20 世纪 60 年代,在计算机领域中占统治地位的是大型机,它们的典型应用是商业数据的处理和大规模科学计算。20 世纪 70 年代出现了小型机,它主要针对实验室中的科学应用,借助于分时操作系统,多个用户可以通过独立的终端共享一台小型机。同一时期也出现了面向科学计算的超级计算机。20 世纪 80 年代是基于微处理器的个人计算机崛起的时代,之后计算机在外观以及使用方法上都发生了巨大的变化,这些变化推动了桌面计算机、服务器、嵌入式计算机 3 个细分产品市场的形成。

1. 桌面计算机

桌面计算机的范围涵盖了从几千元的低端计算机到超过几万元、拥有超高配置的工作站。在这个价格和性能区间,计算机市场的总体趋势是提高其性价比。性能(计算性能、图形性能等)和价格的综合因素是消费者最关心的,因此也就成为设计者关注的焦点。因此,桌面计算机往往是最新、最高性能的微处理器和低成本微处理器最先应用的领域。

2. 服务器

在桌面计算机流行的同时,服务器在提供更大规模以及更可靠文件、计算服务方面的重要性也日趋显现。万维网的出现,加速了这种趋势。这些服务器取代了传统的大型机成为企业进行大规模信息处理的中枢。服务器具有以下几个重要特性:

(1) 可靠性。例如 Baidu 或者淘宝的服务器,必须确保每周 7 天、每天 24 小时连续运转。如果这样的服务器系统出现故障,其后果比一台桌面计算机的故障所带来的损失要严重得多。

(2) 可扩展性。随着服务需求或功能需求的增加,服务器也应随之扩展。因此对于服务器,能够在计算能力、存储容量以及 I/O 带宽等方面进行升级是至关重要的。

(3) 高效的吞吐量,即服务器的整体性能。通常以每分钟处理的事务数或每秒所响应的页面请求数等参数来衡量。

3. 嵌入式计算机

嵌入式计算机在日常生活中随处可见，从日常使用的电器（如微波炉、洗衣机、打印机、网络交换机、汽车）到手持数据设备（如手机和智能卡），以及视频游戏机和数字机顶盒等。嵌入式计算机以应用为中心，专用性强，设计的主要目标是以最低的价格满足实际的性能需求，而不追求用更高的价格来实现更高的性能。另外，由于应用场合比较特殊，嵌入式计算机经常对实时性、可靠性、体积、功耗等都有严格的要求。

5.4 操作系统

操作系统是全面管理计算机软件和硬件的系统程序，使计算机的各部件互相协调一致地工作。操作系统也是用户与计算机之间的接口，通过它用户可以更方便、更有效地使用计算机资源。半个多世纪来，从最早的简单批处理系统、分时操作系统，到今天的微机操作系统和面向大型机的多任务、多用户操作系统，它在调度和控制计算活动，提供软件开发、运行和应用环境，挖掘计算机潜力，提高计算机的性能等方面发挥着越来越重要的作用。

5.4.1 操作系统的功能

从一般用户角度看，可把操作系统看作是用户与计算机系统的接口。操作系统为用户提供以下几方面的服务。

（1）程序开发：操作系统提供各种工具和服务。

（2）程序运行：运行一个程序需要很多步骤，必须把指令和数据载入到主存储器、初始化 I/O 设备、准备其他一些资源。操作系统为用户处理这些问题。

（3）I/O 设备访问：每个 I/O 设备的操作都需要特有的指令集或控制信号，操作系统隐藏这些细节，并提供统一的接口。

（4）文件访问控制：向用户提供方便的使用文件的接口，并采取一定的安全措施实现文件的共享与保护。

（5）系统访问：对于共享和公共系统，操作系统控制对整个系统的访问，提供对资源和数据的保护，避免未授权用户的访问，还必须解决资源竞争时的冲突问题。

（6）错误检测和响应：计算机系统运行时可能发生各种各样的硬件和软件错误，如存储器错误、设备故障、算术溢出、访问被禁止的存储单元等。对每种情况，操作系统都必须提供响应，使其对正在运行的应用程序影响最小。

从资源管理角度看，可把操作系统视为计算机系统资源的管理者。计算机系统通常包含了各种各样的硬件和软件资源，操作系统的任务就是在相互竞争的进程之间有序地管理和分配处理器、存储器以及 I/O 设备等资源。资源管理主要包括以下工作：

（1）跟踪记录资源使用情况。

（2）分配或回收资源。

（3）提高资源的利用率。

（4）协调多个任务对资源请求的冲突。

5.4.2 操作系统的特征

操作系统的特征主要体现在并发性、共享性、虚拟性和异步性四方面。

1. 并发性

并发性是指两个或两个以上的事件在同一时间段内发生。并发性体现了操作系统同时处理多个活动事件的能力。这些并发进程体现为：宏观上同时执行，微观上任何时刻只有一个在执行。通过并发，能够减少计算机中各部件由于相互等待而造成的计算机资源浪费，改善资源利用率，提高系统的吞吐量。

2. 共享性

共享性是指计算机系统中的资源能够被并发执行的多个进程共同使用。操作系统对这些资源进行合理调配和管理，并使并发执行的多个进程能够合理地共享这些资源，达到节约资源、提高系统效率的目的。实现资源共享需要解决的问题有资源分配优化、信息保护、存取控制、进程之间同步等。

3. 虚拟性

虚拟性是指操作系统通过某种技术将一个实际存在的实体变成多个逻辑上的对应体。这样的多个逻辑对应体可以为多个并发进程访问，提高了实体的利用率。虚拟性目的是为用户提供方便高效的资源利用。与虚拟性相关的技术问题有处理器管理、虚拟存储器管理、同时周边作业（Simultaneous Peripheral Operation OnLine，SPOOL）技术等。

4. 异步性

异步性也称为随机性，是指在多道程序环境中多个进程的执行、推进和完成时间都是随机的、交替的、不可预测的。异步性会给操作系统带来潜在危险，有可能导致并发程序的执行产生与时间有关的错误，所以操作系统必须采取一定的措施，保证在运行环境相同的情况下，多次运行同一程序，都会获得完全相同的计算结果。

5.4.3 操作系统的发展与分类

1. 手工处理阶段

20世纪40至50年代，是电子管计算机时代，计算机运算速度慢（只有几千次/秒）。所有的程序设计是用纯粹的机器语言完成的。那时没有程序设计语言，也没有操作系统。到了20世纪50年代早期出现了穿孔卡片，将程序写在卡片上，然后读入计算机。计算完毕，打印机输出计算结果，用户取走并卸下纸带（或卡片）。

2. 批处理系统

20世纪50年代中期，出现了晶体管计算机，运行速度从每秒几千次发展到每秒几十万次、上百万次。手工操作已无法满足计算机高速度的需要。这样就出现了批处理系统（Batch Processing System）。批处理系统引入了一个称为监控程序的软件。这类操作系统中，用户将作业提交给计算机操作员，由它把这些作业按顺序组织成一批，并将整个作业放在输入设备上，供监控程序使用。每个程序完成处理后返回到监控程序，同时，监控程序自动加载下一个程序。批处理系统克服了手工操作的缺点，实现了作业的自动过渡，改善了主机CPU和输入输出设备的使用情况，提高了计算机系统的处理能力。早期的批处理分为两种方式：联机批处理和脱机批处理。

3. 多道程序系统

在单道批处理系统中，内存中仅有一道作业，系统中存在较多的空闲资源，致使系统资源利用率低。为了进一步提高资源的利用率和系统的吞吐量，在 20 世纪 60 年代中期引入了多道程序设计技术。在多道程序系统中，操作系统同时将多个作业保存在内存中。操作系统选择一个内存中的作业开始执行，该作业运行期间，可能必须等待另一个任务（如 I/O 操作）的完成。此时，多道程序操作系统会自动切换到另一个作业执行。当该作业需要等待时，CPU 会再次切换。

4. 分时系统

分时系统（Time-Sharing System），把处理机的运行时间分成很短的时间片，按时间片轮流把处理机分配给各联机作业使用。若某个作业在分配给它的时间片内不能完成其计算，则该作业暂时中断，把处理机让给另一作业使用，等待下一轮时再继续其运行。由于计算机速度很快，作业运行轮转得很快，给每个用户的印象是好像自己独占一台计算机，尽管它事实上为许多用户所共享。每个用户都可以通过自己的终端向系统发出各种操作控制命令，完成作业的运行。

5. 实时系统

实时系统是指系统能及时响应外部事件的请求，在规定的时间内完成对该事件的处理，并控制所有实时任务协调一致地运行。按照任务对截止时间的要求来分，实时系统分为硬实时系统（Hard Real Time System）和软实时系统（Soft Real Time System）两类。

硬实时系统必须满足任务对截止时间的要求，保证关键任务按时完成，否则可能出现难以预测的结果。这一目标要求对系统内所有延迟都有限制，从获取存储数据到请求操作系统完成任何操作。这一时间约束要求决定了硬实时系统没有绝大多数高级操作系统的功能，这是因为这些功能常常将用户与硬件分开，导致难以估计操作所需时间。因此，硬实时系统与分时操作系统的操作相矛盾，两者不能混合使用。

软实时系统，关键实时任务的优先级要高于其他任务的优先级，且在完成之前能保持其高优先级。与硬实时系统一样，需要限制操作系统内核的延迟，实时任务不能无休止地处于等待状态。软实时系统可以与其他类型的系统相混合。软实时系统可应用于，如多媒体、虚拟现实和高级科学研究项目（深海探测、行星漫游）等领域。

6. 微机操作系统

操作系统到 20 世纪 80 年代已趋于成熟，随着 VLSI 和计算机体系结构的发展，由此而先后形成了微机操作系统、多处理机操作系统、网络操作系统和分布式操作系统。

配置在微机上的操作系统称为微机操作系统。最早出现的微机操作系统，是在 8 位微机上的 CP/M。后来随着微机的发展，又相应地出现了 16 位、32 位、64 位微机操作系统。也可把微机操作系统分为单用户单任务操作系统、单用户多任务操作系统和多用户多任务操作系统。

单用户单任务操作系统只允许一个用户上机，且只允许用户程序作为一个任务运行。这是一种最简单的微机操作系统，主要配置在 8 位微机和 16 位微机上。最有代表性的单用户单任务操作系统是由美国 DR（Digital Research）公司在 1975 年推出的、带有软盘系统的 8 位微机操作系统 CP/M（Control Program for Microcomputers）和微软（Microsoft）公司在 1981 年为 IBM-PC 开发的 MS-DOS 操作系统。

单用户多任务操作系统只允许一个用户上机,但允许将一个用户程序分为若干个任务,使它们并发执行,从而有效地改善系统的性能。目前,在 32 位微机上所配置的 32 位微机操作系统,大多数是单用户多任务操作系统,其中最有代表性的是 IBM 公司于 1987 年开发的 OS/2 和微软公司研发的 Windows 系统。

多用户多任务操作系统允许多个用户通过各自的终端,同时使用同一台主机,共享主机系统中的各类资源,而每个用户程序又可进一步分为几个任务,使它们并发执行,从而可进一步提高资源利用率和增加系统吞吐量。在大、中、小型机中所配置的都是多用户多任务操作系统。其中,最有代表性的是贝尔实验室于 1969 年开发的 UNIX 操作系统。UNIX 最初是配置在 DEC 公司的小型机 PDP 上,后来它被移植到微型机上。

7. 多处理器系统

20 世纪 70 年代后多处理机系统(Multi-Processor System,MPS)的出现使计算机的体系结构发生了改变,相应地出现了多处理机操作系统。

多处理机操作系统可分为以下两种模式。

1) 非对称多处理(Asymmetric Multiprocessing)

在非对称多处理系统中,把处理机分为主处理机和从处理机两类,每个处理器都有各自特定的任务。主处理机只有一个,其上配置了操作系统,用于管理整个系统的资源,并负责为各从处理机分配任务。从处理机可有多个,它们执行预先规定的任务及由主处理机所分配的任务。在早期的特大型系统中,较多地采用主-从式操作系统。主-从式操作系统易于实现,但资源利用率低。

2) 对称多处理(Symmetric Multiprocessing)

通常在对称多处理系统中,所有的处理机都是相同的,没有主-从关系。在每个处理机上运行一个相同的操作系统拷贝,用它来管理本地资源和控制进程的运行,以及各计算机之间的通信。目前几乎所有现代操作系统,包括 Windows(从 Windows NT 开始)、Solaris、UNIX、OS/2、Linux 等,都支持对称多处理。这种模式的优点是允许多个进程同时运行。

8. 网络操作系统

网络操作系统具有以下两种工作模式。

1) 客户/服务器(Client/Server,C/S)模式

该模式是在 20 世纪 80 年代发展起来的、目前仍广为流行的网络工作模式。网络中的各个站点可分为以下两大类:

(1) 服务器。它是网络的控制中心,其任务是向客户提供一种或多种服务。服务器可有多种类型,如文件服务器、数据库服务器等。在服务器中包含了大量的服务程序和服务支撑软件。

(2) 客户。这是用户用于本地处理和访问服务器的站点。在客户中包含了本地处理软件和访问服务器上服务程序的软件接口。C/S 模式具有分布处理和集中控制的特征。

常用的客户机-服务器结构如图 5-49 所示。

2) 对等模式(Peer-to-peer)

采用这种模式的操作系统的网络中,各个站点是对等的。它既可作为客户去访问其他站点,又可作为服务器向其他站点提供服务。在网络中既无服务处理中心,也无控制中心,具有分布处理及分布控制的特征。

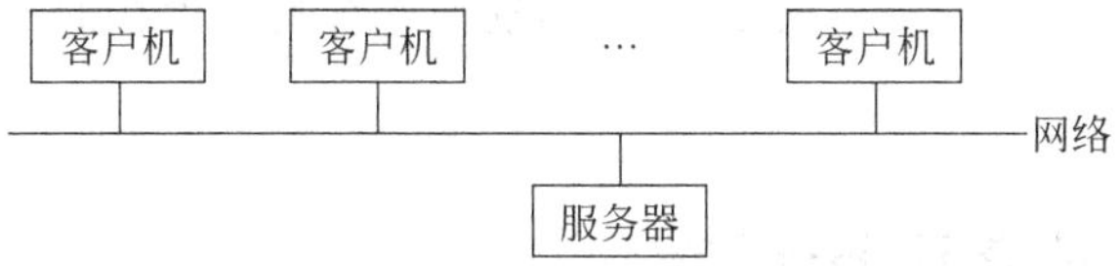

图 5-49　客户机-服务器系统的通用结构

9. 分布式操作系统

分布式处理系统（Distributed System），是指由多个分散的处理单元，经互联网连接而形成的系统。系统的处理和控制功能，都分散在系统的各个处理单元上。其中，每个处理单元既具有高度的自治性，又相互协同，能在系统范围内实现资源管理、动态地分配任务，并能并行地运行分布式程序。分布式处理系统中的所有任务，都被动态地分配到各个处理单元，并行执行。

在分布式处理系统上配置的操作系统，称为分布式操作系统。它与网络操作系统有许多相似之处，但两者又各有其特点。下面从五个方面对两者进行比较。

1）分布性

分布式操作系统不是集中地驻留在某一个站点中，而是较均匀地分布在系统的各个站点上，因此，操作系统的处理和控制功能是分布式的。而计算机网络虽然都具有分布处理功能，然而网络的控制功能，则大多是集中在某个（些）主机或网络服务器中，或说控制方式是集中式。

2）并行性

在分布式处理系统中，具有多个处理单元，因此，分布式操作系统的任务分配程序可将多个任务分配到多个处理单元上，使这些任务并行执行。而在计算机网络中，每个用户的一个或多个任务通常都在自己（本地）的计算机上处理，因此，在网络操作系统中通常无任务分配功能。

3）透明性

分布式操作系统通常能很好地隐藏系统内部的实现细节，如对象的物理位置、并发控制、系统故障等对用户都是透明的。例如，当用户要访问某个文件时，只需提供文件名而无须知道（所要访问的对象）它是驻留在哪个站点上，即可对它进行访问，亦即具有物理位置的透明性。对于网络操作系统，虽然它也具有一定的透明性，但主要是指在操作实现上的透明性。

4）共享性

在分布式系统中，分布在各个站点上的软硬件资源，可供全系统中的所有用户共享，并能以透明方式对它们进行访问。网络操作系统虽然也能提供资源共享，但所共享的资源大多是设置在主机或网络服务器中；而在其他机器上的资源，则通常仅由使用该机的用户独占。

5）健壮性

由于分布式系统的处理和控制功能是分布的，因此，任何站点上的故障，都不会给系统造成太大的影响；加之，当某设备出现故障时，可通过容错技术实现系统重构，从而仍能保证系统的正常运行，因而系统具有健壮性，即具有较好的可用性和可靠性。而现在的网络操作系统,其控制功能大多集中在主机或服务器中,这使系统具有潜在的不可靠性,此外,系统的重构功能也较弱。

5.5 高级程序设计语言

程序设计语言是计算机的一类指令系统,是人与计算机交流和沟通的工具。程序设计语言从诞生到现在,经历了从机器语言、汇编语言到高级语言的发展阶段。人们设计并实现了上百种程序设计语言,为今天程序设计语言的发展奠定了坚实的基础。程序设计语言的发展与应用,使计算机软件开发变得更加容易,大大推动了计算机软件产业的发展和计算机应用的普及。

5.5.1 机器语言

20世纪50年代以前,绝大部分的计算机是用"接线方法"进行编程,程序员通过改变计算机的内部接线来执行某项任务。

后来出现的计算机采用机器指令,即用0和1为指令代码来编写程序,称为机器语言(Machine Language)。机器语言是计算机真正"理解"并能运行的唯一语言,然而,不同机型的机器语言是不同的。

指令是在计算机的核心部件,一般小型或微型计算机的指令集可包括几十或几百条指令。指令的一般形式为:

操作码　操作数…操作数

其中,操作码表示要执行的操作,例如加法、乘法等。操作码决定了操作数的个数,一般为0~3个。

一般情况下,机器指令可以根据其功能划分为以下几类:

(1) 控制指令;
(2) 算术指令;
(3) 逻辑运算指令;
(4) 移位指令;
(5) 传送操作指令;
(6) 输入输出指令。

需要注意的是,不同的机器,其指令系统是不同的。虽然机器语言的程序可以直接执行,但对人的使用来说,这种程序很难阅读和理解,容易出错,编程效率低,且可移植性、重用性差,而且程序员还必须了解机器的许多细节。机器语言的这些缺点,阻碍了计算机的推广应用。

5.5.2 汇编语言

汇编语言是符号化的机器语言,即将机器语言的每一条指令符号化,采用一些具有启发性的文字串,如 ADD(加)、SUB(减)、MULTI(乘)、LOAD(取)、MOV(传送)、CLEAR(清除)、JMP(无条件转移)等,把每条机器指令转换成一条可读性较高的类似词语的指令。用汇编语言书写的程序不能在计算机中直接运行,它必须转换成机器指令才能运行,完成这种转换的程序称为编译程序。汇编语言的运行过程如图 5-50 所示。

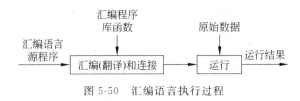

图 5-50　汇编语言执行过程

下面通过一个例子说明汇编语言的执行过程。

例 5-1　试用汇编语言编写从 1 累加到 100 的和。

分析:可以用一个寄存器存放最终的结果,并将它初始化为 0。然后每次把一个数加上去,直到 1~100 之间的数全被加完。被加数存放在另一个寄存器中,每次加完后加 1,并判断它的值是否大于 100,如果大于,则程序结束;否则,继续。

下面是这一计算过程的汇编代码:

```
MOV AX,1        ;将 1 放入寄存器 AX 中
MOV BX,2        ;将 2 放入寄存器 BX 中
CALC:           ;标号,本身不执行任何操作,跳转语句可根据此进行跳转
CMP BX,101      ;比较 BX 中的值是否大于 101,结果放在 CPU 内的寄存器内
JE STOP         ;判断标志寄存器的结果,如果相等,跳到 STOP;否则,继续下面的操作
ADD AX,BX       ;将 BX 和 AX 的数值相加,结果放到 AX 中
INC BX          ;将 BX 中的值加 1
JMP CALC        ;跳转到标号 CALC
STOP:           ;类似 CALC,是一个标号
HALT            ;停机,此时 AX 中的值为 13BA₁₆=5050
```

程序运行前 CPU 内部分寄存器的值如图 5-51 所示。

从这个例子可以看出,汇编语言编写的程序的运行就是通过一些运算语句改变寄存器中的数值,最后得到期望的计算结果。同时,汇编语言采用了助记符号来编写程序,在一定程度上简化了编程过程,并基本保留了机器语言的灵活性。在计算机程序设计中,用汇编语言来编制系统软件和过程控制软件,其目标程序占用内存空间少,运行速度快,有着高级语言不可替代的用途。

5.5.3　高级程序设计语言

机器语言和汇编语言都与硬件密切相关,利用计算机的硬件特性并且直接控制硬件,因此写出的代码快且高效,但其程序可移植性差,抽象水平低,比较难编写和理解,对大多数非专业人员来说不容易掌握和使用。计算机的不断发展和广泛应用,促使人们去寻求一些与人类自然语言相接近,并且能为不同计算机所接受的语意确定、规则明确、自然直观和通用易学的计算机语言,这就是高级语言。

现在公认最早的高级程序语言是 IBM 于 1954 年发布的公式翻译语言 FORTRAN (FORmula TRANslator)。高级语言在数据、运算和控制三方面的表达中引入许多接近算法语言的概念和工具,大大提高了抽象表达算法的能力。用高级语言编写的程序具有可读

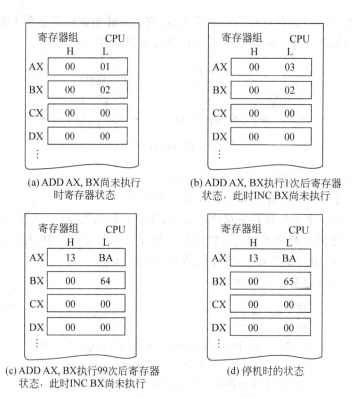

(a) ADD AX, BX 尚未执行时寄存器状态

(b) ADD AX, BX 执行1次后寄存器状态，此时INC BX尚未执行

(c) ADD AX, BX 执行99次后寄存器状态，此时INC BX尚未执行

(d) 停机时的状态

图 5-51　例 5-1 的程序运行过程

性好、可维护性强、可靠性高、可移植性好、重用率高的特点，使计算机软件开发变得更加容易，程序设计的效率和质量也得到了很大的提高，大大推动了计算机软件产业的发展和计算机的普及。目前，世界上使用较广的程序语言有 FORTRAN、C、C++、Ada、PASCAL 和 Java 等。程序设计语言根据不同的程序设计过程可划分为 4 类：命令式语言、逻辑语言、函数式语言和面向对象的语言，如图 5-52 所示。

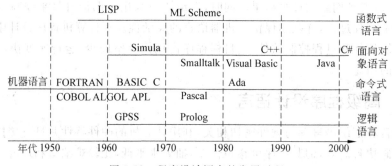

图 5-52　程序设计语言的发展过程

在研究和开发各种高级语言的过程中，人们也在研究各种语言实现技术。高级语言的基本实现技术有编译程序和解释程序两种。

(1) 编译程序是把高级语言程序（源程序）作为一个整体来处理，编译后与子程序库连接，形成一个完整的可执行的机器语言程序（目标程序代码）。源程序从编译到执行的过程如图 5-53 所示。

图 5-53 高级语言从编译到执行的过程

大多数编译器的编译过程是分阶段进行的,每个阶段都完成相应的任务。典型的编译器包含图 5-54 所示的各个阶段。

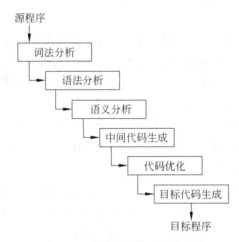

图 5-54 编译器工作过程示意图

(2) 与编译程序不同的是,解释程序按照高级语言程序的语句书写顺序,解释一句,执行一句,最后产生运行结果,但不生成目标程序代码。解释程序结构简单、易于实现,但效率低。

5.6 数据库技术

数据库技术主要研究和解决如何在信息处理过程中有效地组织和存储数据,以及如何在数据库系统中减少数据存储冗余、实现数据共享、保障数据安全以及高效地检索数据和处理数据,提高数据处理与信息管理的效率。

5.6.1 数据管理的发展

数据库技术是随着使用计算机进行数据处理的发展而产生的。所谓数据处理,是指对各种形式的数据进行收集、获取、组织、加工、存储、传输等工作,其基本目的是从大量的、杂乱无章的甚至是难以理解的数据中获取并推导出有价值的、有意义的数据,为下一步的行动提供决策依据。运用计算机进行数据管理经历了三个阶段:手工管理、文件系统管理和数据库系统管理。

1. 手工管理阶段

20 世纪 50 年代中期以前,计算机主要用于科学计算,没有大容量的存储设备,人们把程序和需要计算的数据通过打孔的纸带送入计算机中,计算的结果由用户自己手工保存。

数据不是共享的,当多个应用程序涉及某些相同的数据时,也必须由程序员各自定义,因此程序之间有大量的冗余数据。此时数据不具有独立性,数据的逻辑结构或物理结构发生变化后,必须对应用程序进行相应的修改,这种状况给程序编写、维护都造成很大麻烦。在人工管理阶段,程序与数据之间的一一对应关系如图 5-55 所示。

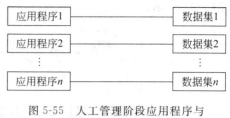

图 5-55　人工管理阶段应用程序与数据之间的对应关系

2. 文件系统阶段

20 世纪 50 年代后期到 20 世纪 60 年代中期,计算机不仅用于科学计算,还应用于信息管理。在硬件方面,有了磁盘、磁鼓等存储设备;在软件方面,出现了高级语言和操作系统;操作系统中有了专门管理数据的软件,处理方式有批处理和连机处理。

文件系统管理数据具有如下特点:

(1) 一个应用程序对应一组文件,不同的应用系统之间经过转化程序可以共享数据。

(2) 大量的应用数据以记录为单位可以长期保留在数据文件中,可以对文件中的数据进行反复地查询、增加、删除和修改等操作。

(3) 程序与数据之间有一定独立性。由于文件的逻辑结构和物理结构是由操作系统的文件管理软件实现,应用程序和数据之间由文件系统提供的存取方法进行数据交换。在文件系统管理阶段,程序与数据之间的关系如图 5-56 所示。

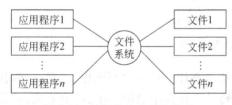

图 5-56　数据的文件系统管理

文件系统尽管对数据管理有了较大进步,但仍存在一些根本性问题。例如:

(1) 数据的共享性差,冗余大。由于文件之间是孤立的、无联系的,每个文件又是面向特定应用的,应用程序之间的不同数据仍要各自建立自己的文件,无法实现数据的共享,就会造成数据的冗余。

(2) 数据的独立性差,文件仍然是面向特定应用程序,数据和程序相互依赖,一旦文件的逻辑结构改变,应用程序也要改变。同理,当应用程序改变时,也会引起文件结构的改变。

(3) 数据一致性较差,由于相同数据的重复存储、各自管理,在进行更新操作时,容易造成数据的不一致性。针对上述问题,为突破文件系统分散管理的弱点,实现对数据的集中控制、统一管理,出现了一种全新的、高效的管理技术——数据库技术。

3. 数据库系统阶段

进入 20 世纪 60 年代,计算机用于管理的规模越来越大,应用越来越广泛,数据量急剧增长。同时,计算机性能大大提高。尤其是出现了大容量磁盘,为数据处理提供了大容量快速存储设备,在此基础上诞生了数据库技术。数据库技术研究的主要问题是如何科学地组织和存储数据,如何高效地获取和处理数据。目前,数据库技术作为数据管理的主要技术已广泛应用于各个领域。

数据库的特点是数据不再只针对某一特定应用,而是面向全组织,具有整体的结构性,共享性高,冗余度小,程序与数据之间具有一定的独立性,并且实现了对数据的统一控制。图 5-57 给出了数据库系统管理的示意图。

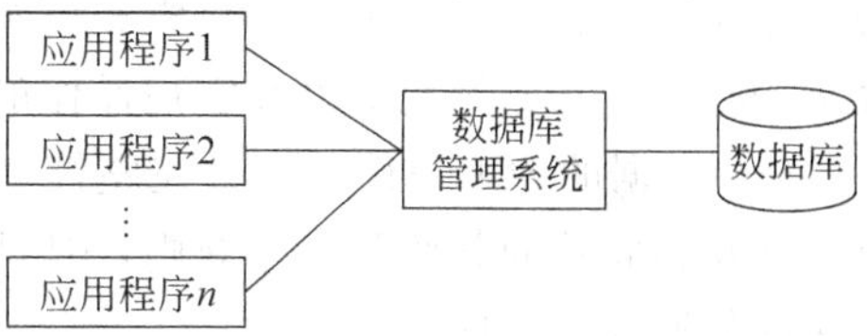

数据库管理系统具有以下显著特点:

(1) 数据库具有面向各种应用的数据组织和结构。整个实体的多方应用数据具有整体的结构化描述,同时也保证了针对不同应用的存取方式的灵活性。

图 5-57 数据库系统管理

(2) 数据的共享性好,冗余度低。

(3) 高度的数据独立性。数据的独立性是指数据记录和数据管理软件之间的独立。

从文件系统管理发展到数据库系统管理是信息处理领域的一个重大突破。在文件系统管理阶段,人们关注的是系统功能设计,因此程序设计处于主导地位,数据服从于程序设计;在数据库系统阶段,数据的结构设计已成为信息系统首先关心的问题。可以相信,随着计算机技术的发展,成熟的数据库理论将不断取得突破。

5.6.2 数据模型与数据库系统

在数据库中用数据模型(Data Model)来抽象、表示和处理现实世界中的数据和信息,它是现实世界数据特征的抽象。

1. 数据模型及其组成要素

数据库不仅反映数据本身的内容,而且也反映数据之间的联系。数据模型应满足三方面的要求:一是能比较真实地模拟现实世界;二是容易理解;三是便于在计算机上实现。因此在数据库系统中针对不同的使用对象和应用目的,采用不同的数学模型。

数据模型一般分为三层,如图 5-58 所示。

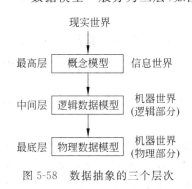

图 5-58 数据抽象的三个层次

物理层是数据抽象的最底层,用来描述物理存储结构和存储方法。这一层的数据抽象称为物理数据模型。逻辑层是数据抽象的中间层,用来描述数据库数据整体的逻辑结构。它是用户通过数据库管理系统看到的现实世界,是数据的系统表示。概念层的数据模型从机器立场看是抽象级别的最高层,其目的是按用户的观点来对世界建模。它应该能够方便、直接地表达各种语义,易于用户理解,独立于任何数据库管理系统(Data Base Management System, DBMS),并容易向 DBMS 所支持的逻辑数据模型转换。

一般地讲,数据模型是严格定义的一组概念的集合,精确地描述了系统的静态特性、动态特性和完整性约束条件。通常,数据模型由数据结构、数据操作和数据的约束条件三部分组成。

(1) 数据结构是所研究的对象类型的集合。它们包括两类,一类是与数据类型、内容、性质有关的对象;一类是与数据之间联系有关的对象。数据结构是刻画一个数据模型性质的最重要的方面,是对系统静态特性的描述。

(2) 数据操作是指对数据库中各种对象和实例允许执行的操作的集合,包括操作及有关的操作规则。数据库主要有检索和更新两大类操作,数据模型必须定义这些操作的确切含义、操作符号、操作规则以及实现操作的语言,是对系统动态特性的描述。

(3) 数据的约束条件是一组完整性规则的集合,其中完整性规则是指给定的数据模型中数据及其联系的制约和依存规则,用以限定符合数据模型的数据库状态以及状态的变化,以保证数据的正确性和有效性。

数据模型是数据库系统的核心和基础,各种 DBMS 软件都是基于某种数据模型的。根据模型应用的不同目的,可以将这些模型划分为两类,一类是概念模型,也称信息模型,它是按用户的观点来对数据和信息建模,主要用于数据库设计;另一类是数据模型,主要包括层次模型、网状模型和关系模型等,它主要按计算机系统的观点对数据建模,主要用于 DBMS 的实现。

2. 概念模型

概念模型用于信息世界的建模,是现实世界到信息世界的第一层抽象,是数据库设计人员进行数据库设计的有力工具,也是数据库设计人员和用户之间进行交流的语言,因此概念模型一方面应该具有较强的语义表达能力,能够方便、直观地表达应用中的各种语义知识,另一方面它还应该简单、清晰、易于用户理解。

1) 信息世界中的基本概念

信息世界涉及的概念包括实体、属性、实体类型、实体集、联系等。

(1) 实体(Entity)。客观存在并可以互相区分的事物称为实体,是现实世界中各种事物的抽象。实体可以是具体的人、事、物,也可以是抽象的概念或联系。例如,一个职工、一个学生、一个部门、一门课程等,都是实体。

(2) 属性(Entity Attribute)。实体所具有的某一特征称为属性。每个实体都有自己的特征,利用实体的特征可以区别不同的实体。一个实体可以由若干个属性来刻画,例如,学生实体可以由学号、姓名、性别、出生年月、系、入学时间等属性组成。能够唯一标识实体的属性称为该实体的码(Key)。

(3) 实体类型(Entity Type)。具有相同属性的实体必然具有共同的特征和性质。用实体名及其属性名集合来抽象和刻画同类实体,称为实体型。例如,学生(学号,姓名,性别,出生年月,系,入学时间)就是一个实体型。

(4) 实体集(Entity Set)。同型实体的集合称为实体集,例如,全体学生就是一个实体集。

(5) 联系(Relation)。在现实世界中,事物内部以及事物之间是有联系的,这些联系在信息世界中反映为实体内部的联系和实体之间的联系。实体内部之间的联系通常是指组成实体的各属性之间的联系,而实体之间的联系通常是指不同实体集之间的联系。实体型之间的联系可以分为一对一联系、一对多联系、多对多联系三类。

2) 概念模型

概念模型的表示方法很多,其中最著名最常用的是麻省理工学院的陈品山(Peter Pin-Shan Chen)于 1976 年提出的实体-联系方法(Entity-Relationship Approach),该方法用 E-R 图来描述现实世界的概念模型,E-R 方法也称为 E-R 模型。

E-R 图提供了表示实体型、属性和联系的方法。

实体型:用矩形表示,矩形框内写明实体名。

属性：用椭圆表示，并用无向边将其相应的实体连接起来。

例如，学生实体具有学号、姓名、性别、出生年月、系等属性，用 E-R 图表示如图 5-59 所示。

联系：用菱形表示，菱形框内写明联系名，并用无向边与有关实体连接起来，同时在无向边旁边标注上联系的类型。例如，在企业物资管理中，用"供应量"来描述联系"供应"的属性，表示某个供应商供应了多少数量的零件给某个项目，则这三个实体及其之间的联系的 E-R 图如图 5-60 所示。

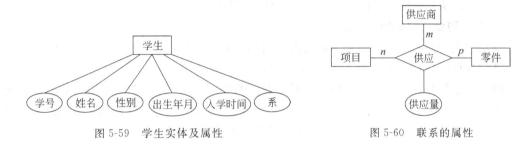

图 5-59　学生实体及属性　　　　　　图 5-60　联系的属性

3. 基于层次模型的数据库系统

不同的数据库管理系统支持不同的数据模型。在各种数据库管理系统软件中，最常见的模型有层次模型（Hierarchical Model）、网状模型（Network Model）和关系模型（Relation Model）。

层次数据库系统采用层次模型作为数据的组织方式。层次数据库系统的典型代表是 IMS(Information Management System)数据库管理系统。在层次模型中，各类实体及实体间的联系用有序的树型（层次）结构来表示。现实世界中许多实体之间的联系呈现出一种很自然的层次关系，例如行政机构、家族管理等。因此层次模型可自然地表达数据间具有层次规律的分类关系、概括关系、部分关系等。

层次模型由处于不同层次的各个节点组成。在层次模型中，每个节点表示一个记录类型（实体），记录之间的联系用节点之间的连线表示。父节点和子节点必须是不同的实体类型，它们之间的联系必须是一对多的联系。同一双亲的子女节点称为兄弟节点，没有子女节点的节点称为叶节点。图 5-61 给出了一个层次模型的例子。从图 5-61 中可以看出，层次模型像一棵倒立的树，节点的双亲是唯一的。图 5-62 所示的教师学生信息层次数据库系统，其中的关系就是属于层次数据模型。

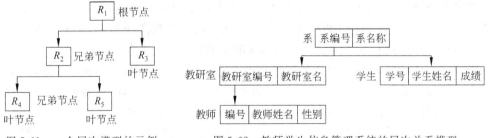

图 5-61　一个层次模型的示例　　　图 5-62　教师学生信息管理系统的层次关系模型

层次模型反映了现实世界中实体间的层次关系，层次结构是众多空间对象的自然表达形式，并在一定程度上支持数据的重构。但在应用时存在以下问题：

（1）由于层次结构的严格限制，对任何对象的查询必须始于其所在层次结构的根，使得低层次对象的处理效率较低，并难以进行反向查询。数据的更新涉及许多指针，插入和删除操作也比较复杂。

（2）层次命令具有过程式性质，它要求用户了解数据的物理结构，并在数据操纵命令中显式地给出存取途径。

（3）模拟多对多联系时导致物理存储上的冗余。

（4）数据独立性较差，给使用带来了很大的局限性。

4．基于网状模型的数据库系统

与层次模型同时出现的还有网状模型，其代表是巴赫曼（C. W. Bachman，1924年—）主持设计的数据库管理系统 IDS(Integrated Data System)。

网状数据模型是一种比层次模型更具普遍性的结构，它去掉了层次模型的两个限制，允许多个节点没有双亲节点，并允许节点有多个双亲节点。此外，它还允许两个节点之间有多种联系，因此网状模型可以更直接地去描述现实世界。

网状模型的优点是可以描述现实生活中极为常见的多对多的关系，其数据存储效率高于层次模型，但其结构的复杂性限制了它在空间数据库中的应用。网状模型在一定程度上支持数据的重构，具有一定的数据独立性和共享性，并且运行效率较高。但它在应用时存在以下问题：

（1）网状结构的复杂，增加了用户查询和定位的困难。它要求用户熟悉数据的逻辑结构，知道自身所处的位置；

（2）网状数据不直接支持对于层次结构的表达。

5．基于关系模型的数据库系统

关系模型以关系代数为语言模型，以关系数据理论为理论基础，具有形式基础好、数据独立性强、数据库语言非过程化等特点，得到了迅速发展和广泛应用。

在层次模型和网状模型中，实体间的关系主要是通过指针来实现，即把有联系的实体用指针连接起来。而关系模型是建立在数学中"关系"的基础上，它把数据的逻辑结构归结为满足一定条件的二维表的形式。实体本身的信息以及实体之间的联系均表现为二维表，这种表就称为关系。一个实体由若干个关系组成，而关系表的集合就构成关系模型。关系模型可用关系代数来描述，因而关系数据库管理系统能够用严格的数学理论来描述数据库的组织和操作，且具有简单灵活、数据独立性强等特点。关系模型的提出不仅为数据库技术的发展奠定了基础，同时也为计算机的普及应用提供了极大的动力。三十多年来，关系数据库系统的研究取得了巨大成绩，涌现出许多性能良好的商品化关系数据库系统，例如 DB2、Oracle、Ingress、Sybase、Informix 等。数据库的应用领域迅速扩大。

实践证明，由于关系模型具有严格的数学基础，概念清晰简单，数据独立性强，在支持商业数据处理的应用上非常成功。但由于关系数据模型以记录为基础，有确定的对象、确定的属性，不能以自然方式表示实体间的联系。同时，关系数据模型语义较贫乏，数据类型也不多，难以处理半结构化和非结构化的数据，对于不确定性数据也无能为力。于是人们就在关系数据模型基础上对其扩展，提出了时态数据模型、模糊数据模型、概率数据模型，进而提出实体联系数据模型、面向对象数据模型等。但关系数据模型后提出的数据模型都还存在一些理论上的缺陷，目前还无法取代关系数据库。

6. 常用的数据库管理系统

1) Access 关系数据库管理系统

Microsoft Access 是 Microsoft 公司推出的面向办公自动化、功能强大的关系数据库管理系统。在任何时刻，Access 只能打开并运行一个数据库。但是，在每一个数据库中，可以拥有众多的表、查询、窗体、报表、数据访问页、宏和模块。在 Access 中可以建立和修改录入表的数据，进行数据查询，编写用户界面，进行报表打印。

2) XBase

XBase 作为个人计算机系统中使用最广泛的小型数据库管理系统，具有方便、廉价、简单易用等优势，并向下兼容 Dbase、Foxbase 等早期的数据库管理系统。它有良好的普及性，在小型企业数据库管理与 WWW 结合等方面具有一定优势，但它难以管理大型数据库。目前 XBase 中使用最广泛的当属微软公司的 Visual FoxPro，它同时还集成了开发工具以方便建立数据库应用系统。

3) SQL Server 数据库

SQL Server 是微软公司开发和推出的大型关系数据库管理系统，它最初是由 Microsoft、Sybase 和 Ashton-Tate 三家公司共同开发的，并于 1988 年推出了第一个 OS/2 版本。Microsoft SQL Server 提供了一个查询分析器，目的是编写和测试各种 SQL 语句，同时还提供了企业管理器，主要供数据库管理员来管理数据库，适合中型企业使用。

4) Oracle 数据库

Oracle 是目前世界上最流行的大型关系数据库管理系统，具有移植性好、使用方便、功能与性能强大等特点，适用于各类大、中、小微型计算机和专用服务器环境。Oracle 具有许多优点，例如采用标准的 SQL 结构化查询语言，具有丰富的开发工具，覆盖开发周期的各阶段，数据安全级别为 C2 级（最高级），支持大型数据库，数据类型支持数字、字符、大至 2GB 的二进制数据，为数据库的面向对象存储提供数据支持。

Oracle 1.0 于 1979 年推出，之后不断更新版本。Oracle 适合大中型企业使用，在电子政务、电信、证券和银行企业中使用比较广泛。目前最新版本为 2013 年 7 月份推出的 Oracle 12c。Oracle 12c 增加了 500 多项新功能，引入了一个新的多承租方架构，使用该架构可轻松部署和管理数据库云。其新特性主要涵盖了六个方面：云端数据库整合的全新多租户架构、数据自动优化、深度安全防护、面向数据库云的最大可用性、高效的数据库管理以及简化大数据分析。

除 Oracle 和 Microsoft SQL Server 外，还有其他一些大型关系数据库管理系统，如 IBM 公司的 DB2、Sybase 公司的 Sybase 和 Informix 公司的 Informix 等，这些关系数据库管理系统都支持标准的 SQL 语言和 ODBC 接口。通过 ODBC 接口，应用程序可以透明地访问这些数据库。

5.7 计算机网络

计算机网络的发展经历了从简单到复杂、由单机与终端之间的远程通信到全球范围内成千上万台计算机与计算机互联通信的发展过程。在这一过程中，一方面，分组交换概念的提出为计算机网络的研究奠定了理论基础；TCP/IP 协议的提出与完善推动了互联网产业的发展;OSI参考模型的研究对网络理论体系的形成和网络协议的标准化起到了重要的推动作用。另一方面,计算机技术渗透到通信技术中,又提高了通信网络的各种性能。与此同时,社会经济发展对网络的强烈需求极大地推动了计算机网络技术和相关产业的发展。因此说,计算机网络是通信技术与计算机技术相结合的产物,也是社会发展需求与科学技术相互作用的结果。

5.7.1 计算机网络的产生与发展

计算机网络的发展始于20世纪50年代,经历了从简单到复杂、由单机与终端之间的远程通信到全球范围内成千上万台计算机与计算机互联通信的发展过程。在这一过程中,计算机技术与通信技术紧密结合,催生了计算机网络。计算机网络的发展大体经历了4个阶段。

1. 第一代网络:面向终端的远程联机系统

这一阶段可追溯到20世纪四五十年代。第一代网络的特点是整个系统中只有一台主机,远程终端没有独立的处理能力,通过通信线路和主机相连。其标志性成果是数据通信技术日趋成熟,分组交换概念的提出为计算机网络的研究奠定了理论基础。

1946年,在ENIAC问世后的最初几年里,因计算机体积庞大、造价昂贵,只有少数科研机构、政府部门和有经济实力的企业才有能力购买计算机。这些分布在不同位置的计算机,互相独立,执行计算任务时,都是采用单机集中计算的模式。在这种计算模式下,所有软件都在一台计算机上运行,其优点是比较安全且易于管理。但是,当计算机空闲时,其宝贵的资源及强大的计算能力却不能为需要它的人们所利用,造成了资源极大浪费。所以,这种模式的缺点是服务范围很小、资源不能共享、资源利用率低等。此时,计算机和通信并没有什么关系。

1954年,人们开始使用一种叫做收发器(Transceiver)的终端,将穿孔卡片上的数据从电话线路上发送到远地的计算机。后来,用户可以在远地的电传打字机上输入自己的程序,而计算机计算出的结果又可以从计算机传送到远地的打字机打印出来。计算机与通信的结合就这样开始了。

随着计算机的广泛应用和资源共享、沟通交流的迫切需要,如何把分布于各地、各单位的计算机连接起来、相互通信,以实现计算机资源和信息资源的共享这一课题自然地被提了出来。

最先出现的是以单个计算机为中心的远程联机系统,构成面向终端的计算机网络。所谓联机系统,就是一台中央主计算机连接大量在地理上处于分散位置的终端的系统。

20世纪50年代初期,美国MIT林肯实验室为美国空军设计的半自动地面防空系统(Semi-Automatic Ground Environment,SAGE),开始实行计算机和通信结合的尝试,将远距离雷达和其他测量控制设备的信息,通过通信线路汇集到一台中央计算机里进行集中处理和控制。该系统分为17个防区,每个防区的指挥中心装有两台IBM公司的AN/FSQ-7计算机,通过通信线路连接防区内各个雷达观测站、飞机场、防空导弹基地,形成联机计算机系统。由计算机辅助指挥员决策,自动引导飞机和导弹进行拦截。SAGE系统最先使用了人机交互作用的显示器,研制了小型前端处理机,制定了数据通信规程。这一系统于1963年建成,被认为是计算机技术和通信技术结合的先驱。

后来，许多系统都将地理位置分散的多个终端通过通信线路连接到一台中心计算机上，用户可以在自己办公室内的终端上输入程序，操作计算机，进行分时访问并使用其资源。这样，由终端和主机之间连接而产生的面向终端的计算机网络就诞生了，称为第一代网络，如图 5-63 所示。

20 世纪 60 年代初，美国航空公司投入使用的由一台中心计算机和全美范围内 2000 多个终端组成的联机订票系统 SABRE-1，就是一种面向终端的远程联机系统。这样的系统除了一台中心计算机外，其余的终端设备都没有自主处理的功能，还不是真正意义上的计算机网络。

面向终端的计算机网络具有明显的缺点：
(1) 主机负荷较重，既要承担通信工作，又要担负数据处理；
(2) 通信线路的利用率低，尤其在远距离时，分散的终端要单独占用一条通信线路；
(3) 这种结构属集中控制方式，可靠性低。

随着远程终端数量的增多，为了提高通信线路的利用率并减轻主机的负担，在 20 世纪 60 年代初，出现了多重线路控制器(Multi-line Controller)，它可以和多个远程终端相连接，即多点通信，如图 5-64 所示。所谓多点通信线路就是在一条通信线路上串接多个终端。多个终端可以共享同一条线路与主机通信，这种方式可提高信道的利用率。

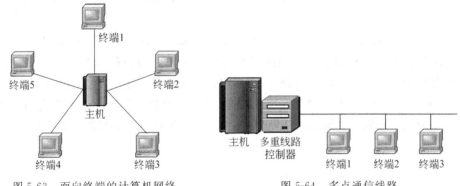

图 5-63　面向终端的计算机网络　　　　图 5-64　多点通信线路

针对终端数目增多的情况，为了解决中心计算机系统既要承担通信任务，又要承担数据处理工作造成的负担过重问题，在通信线路和中心计算机之间设置了一个前端处理机(Front End Processor，FEP)或通信控制器(Communication Control Unit，CCU)，如图 5-65 所示。前端处理机主要承担主机与终端的通信任务，让主机专门进行数据处理，出现了数据处理和通信控制的分工，从而更好地发挥中心计算机的数据处理能力。前端处理机可以由比较便宜的小型计算机充当，因而这种面向终端的计算机通信网在当时获得了很大的发展。直到现在，大型计算机组成的网络仍使用前端处理机。

另外，为了提高通信线路的利用率，节约远程通信线路的投资，在终端较集中的地区，设置集中器(Concentrator)，它首先通过低速线路将附近的密集的终端连至集中器，然后通过高速通信线路调制解调器与远程中心计算机的前端相连，构成远程联机系统。终端集中器和前端处理机的作用类似，它主要负责从终端到主机的数据集中及从主机到终端的数据分发。早期的计算机网络中，前端处理机的功能还不是很强，互联规模也不大，但这些技术对以后计算机网络的发展产生了深远的影响。

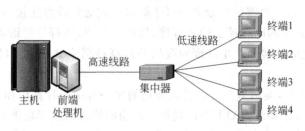

图 5-65　采用集中器和前端处理机的通信线路

2. 第二代网络：以通信子网为中心的计算机网络

20世纪60年代到20世纪70年代中期，随着计算机技术和通信技术的进步，计算机网络开始发展，出现了多台主计算机通过通信线路互联起来，即第二代计算机网络。其特点是系统中有多台主机（可以带有各自的终端），这些主机之间通过通信线路相互连接。它和第一代网络的显著区别在于：这里的多台主机都具有自主处理能力，它们之间不存在主从关系。在这一系统中，实现了计算机之间的互相通信和资源共享。这一阶段的标志性成果是ARPANET成功运行，TCP/IP协议的提出为网络互联打下了坚实基础。

ARPANET 是 1969 年 12 月由美国国防部（DOD）资助、国防部高级研究计划局（ARPA）主持研究建立的数据包交换计算机网络，它通过租用的通信线路将美国加州大学洛杉矶分校（University of California, Los Angeles）、加州大学圣巴巴拉分校（University of California, Santa Barbara）、斯坦福大学（Stanford University）和犹他大学（University of Utah）四个节点的计算机连接起来，构成了专门完成主机之间通信任务的通信子网。通过通信子网互联的主机负责运行用户程序，向用户提供资源共享服务，它们构成了资源子网。如图5-66所示，该网络采用分组交换技术传送信息，这种技术能够保证如果这四所大学之间的某一条通信线路因某种原因被切断以后，信息仍能够通过其他线路在各主机之间传递。

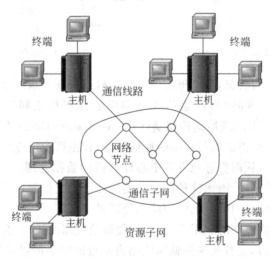

图 5-66　通信子网与资源子网

目前，ARPANET网络已从最初的四个节点发展为横跨全世界一百多个国家和地区、接有几万个网络、几百万台计算机和几亿用户的Internet。

3. 第三代网络：统一网络体系结构与标准的计算机网络

从 20 世纪 70 年代中期开始，计算机网络的研究发展进入盛行时期，各种广域网、局域网与公用数据网发展十分迅速。这一阶段的重要成果，一是 OSI 参考模型的研究对网络理论体系的形成和网络协议的标准化起到了重要的推动作用；二是 TCP/IP 协议的完善，推动了互联网产业的发展，成为事实上的标准。

网络发展早期，各厂家为了霸占市场，采用自己独特的技术并开发了自己的网络体系结构。当时，美国 IBM 研制的系统网络体系结构（System Network Architecture，SNA）和 DEC 公司研制的数字网络体系结构（Digital Network Architecture，DNA）就是当时的代表。不同的网络体系结构是无法互连的，所以不同厂家的设备无法达到互连，即使是同一厂家在不同时期的产品也是无法实现互连，这样就阻碍了大范围网络的发展。后来，为了解决不同网络体系结构用户之间的互连问题，20 世纪 70 年代后期，国际标准化组织（International Organization for Standardization，ISO）提出一个标准框架——开放系统互连参考模型（Open System Interconnection/Reference Model，OSI）。该模型共七层：物理层、数据链路层、网络层、传输层、会话层、表示层和应用层。模型中给出了每一层应该完成的功能。

4. 第四代网络：宽带综合业务数字网

进入 20 世纪 90 年代后至今都是属于第四代计算机网络，是随着数字通信技术的出现和光纤的应用而产生的，其特点是传输数据的多样化和高传输速率。不但能够传输传统数据，还能传输声音、图像、动画等多媒体数据，还可以提供视频点播、电视会议直播、全动画多媒体电子邮件等服务。

5.7.2 计算机网络的结构与组成

所谓计算机网络是指地理上分散的多台独立自主的计算机通过软硬件设备互连，以实现资源共享和信息交换的系统。这个系统包括各种计算机、数据通信设备、通信线路以及控制计算机之间的软件系统。通过它，人们可以实现计算机之间信息交流、资源共享、协同计算等服务。

1. 计算机网络分类

由于计算机网络的广泛使用，目前世界上已出现了多种形式的计算机网络。对计算机网络的分类方法也有很多。从不同角度观察网络、划分网络，有利于全面了解网络系统的各种特性。

根据网络覆盖的地理范围的大小，计算机网络可以分为广域网（Wide Area Network，WAN）、局域网（Local Area Network，LAN）、城域网（Metropolitan Area Network，MAN）等，如图 5-67 所示。

广域网（WAN）又称远程网，其覆盖范围可以跨城市、跨地区、甚至延伸到整个国家和全球。出于军事、经济和科学研究的需要，这类网络的发展较早。例如，美国国防部高级研究计划局的 APRA 网，于 1969 年开始研究，1971 年在美国全面推广使用，现已伸展到世界各地。目前，最常见的是使用公用或专用电话线路通信，主干网和一些局域网使用可进行数字通信的光纤数据通信专用线。例如，Internet 互联网是成千上万个分布于世界各地的计算机网络的松散联合体，这些网络使世界成为一个"地球村"。

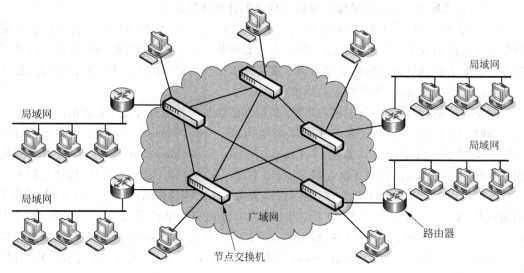

图 5-67 由局域网和广域网组成的互联网

局域网(LAN)是局部地区网的简称。通信距离通常限于中等规模的地理区域内,例如一幢办公大楼、一所学校。它能借助于具有中高速的数据传输率的物理通信信道实现可靠的通信。局域网具有如下一些特点:

(1) 覆盖地理范围有限。通常局域网内的计算机以及有关设备均限于安装在一幢大楼或一个建筑群之内,分布距离一般不超过几公里。

(2) 通信频带较宽,数据传输速率较高。通常局域网的数据传输率可以在几 Mbps 至几十 Mbps 之间,有时甚至可高达 100Mbps 以上。一般不必使用公用通信网络。

(3) 通信媒体结构简单,形式多样。局域网可采用双绞线、专用线、同轴电缆和光纤等通信媒体,也可使用现成的通信线路。

(4) 扩充性强。局域网的扩充一般较方便。网络中既可以连接计算机那样的数据处理设备,又可连接磁盘机、磁带机等大容量存储部件,还可连打印机、绘图机等大型外围设备,供各工作站共享使用。

城域网(MAN)是从局域网的基础上发展起来的一类新型数据网。但是,城域网在地理覆盖范围和数据传输率两个方面与局域网不同。城域网跨越的地理范围从几公里到几百公里,数据传输率可以从几 Kbps 到几百 Gbps 的较大范围内。

按通信传播方式划分,计算机网络可分为点对点网络和广播式网络两大类。点对点网络是由许多一对计算机之间的连接组成,通常为远程网络和大城市网络所采用,其拓扑结构有星状、环状、树状和网状(分布式)等。广播式网络是用一个共同的传输介质把各计算机连接起来,分为总线、微波和卫星三种拓扑结构。其中总线结构将各节点设备连到一根总线上,也可通过中继器与总线相连。其优点是节点设备的接入或拆卸非常方便,系统可靠性高,因此为大多数局域网所采用。

按网络的属性划分,计算机网络可分为专用网和公共数据网。专用网用某个计算机公司特有的网络硬件和软件实现,不同的网络之间不能直接通信,常用于国家管理部门或大企业集团将大量机构联成一体而形成的网络。例如军队、铁路、电力、银行等系统均有本系统的专用网。公共数据网使用兼容性好的标准化方式和公共通信网,将各个计算机或局域网连接起来,实现资源共享,最典型的就是国际互联网 Internet。

还有一种比较重要的分类方式,即按照网络拓扑结构划分,它是用拓扑系统方法来研究计算机网络的结构。

2. 计算机网络的拓扑结构

"拓扑"(Topology)一词是从图论演变而来的,是一种研究与大小形状无关的点、线、面特点的方法。计算机网络拓扑是指用网中节点与通信线路之间的几何关系表示的网络结构,它反映了网络中各实体间的结构关系,其中节点包含通信处理机、主机、终端。计算机网络设计的第一步是拓扑结构设计,它是指在给定计算机和终端位置(即给定网中节点位置)及保证一定的可靠性时延、吞吐量的情况下,通过选择合适的通路、线路的定量及流量的分配,使整个网络的建设和运营成本最低,网络拓扑结构设计得好坏对整个网络的性能和经济性有重大影响。

不同的网络拓扑结构其信道访问技术、性能(包括各种负载下的延迟、吞吐率、可靠性以及信道利用率等)、设备开销等各不相同,分别适用于不同的场合,下面对常用的计算机网络拓扑结构予以简单介绍。

1) 总线拓扑

总线拓扑是最常见的拓扑结构。总线拓扑的每个节点都通过相应的硬件接口直接连到传输介质上,如图 5-68(a)所示,每个站所发送的信号都可以传送到总线上的每一站点。总线拓扑的优点是信道利用率高,电缆长度短,布线容易。缺点是当增加节点时需要断开缆线,网络必须关闭。总线查错需从起始节点一直查到终节点。一个节点出错,整个网络会受到影响。特别是由于所有工作站通信均要通过一条公用的总线,实时性较差,当节点通信量增加时,性能会急剧下降。目前广泛使用的以太网就是基于总线拓扑的。

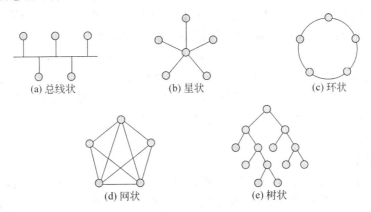

图 5-68 网络拓扑结构

2) 星状拓扑

星状网络拓扑是指每一个节点都通过一条单独的通信线路,直接与中心节点连接,如图 5-68(b)所示。早期的 Novell 网络采用的就是这种结构。星状拓扑中每一节点将数据通过中心节点发送,该节点可以是集线器(Hub)或者交换机(Switch)。中心节点控制全网的通信,任何两节点之间的通信都要通过中心节点。属于集中控制方式,对中心节点依赖性大,中心节点的故障可能造成全网瘫痪,这是星状拓扑的主要缺点。星状拓扑的优点是结构简单,易于实现,便于管理,是目前最流行的一种网络结构。

3) 环状拓扑

环状网是由许多干线耦合器用点到点链路连成单向闭合环路,然后每一个干线耦合器再和一个终端或计算机连在一起,形成环形,如图5-68(c)所示,在标准设计中,信号沿一个方向环形传递,通常为顺时针方向。在环状网络中,一般采用令牌传递的方案实现数据通信。令牌(Token)是一个特殊的指令字,在环上单向传递,经过每个站点。每当一个站点要发送数据时,需要先得到空闲的令牌,并填写相应的参数,再发送数据。典型的环状拓扑是任何时候只有一个数据包(令牌)在环上激活。环状拓扑的优点是电缆长度短,抗故障性能好;缺点是全网的可靠性差,一个节点出现问题会引起全网故障,且故障诊断困难。

4) 网状拓扑

如图5-68(d)所示,网状拓扑的节点之间的连接是任意的,没有规律,其主要优点是可靠性高;缺点是结构复杂,网络必须采用路由选择算法与流量控制方法。目前实际存在与使用的广域网基本上都是采用网状拓扑结构。

5) 树状拓扑

树状拓扑可以看成是星状拓扑的扩展。在树状拓扑结构中,节点按层次进行连接,信息交换主要在上下节点之间进行,相邻节点之间数据交换量小。网络的最高层是中央处理机,最低端是终端,而其他层次可以是多路转换器、集中器或部门计算机。如图5-68(e)所示,树状拓扑结构可使众多的终端共享一条通信线路,提高线路利用率,同时也可增强网络的分布处理能力。

5.7.3 计算机网络体系结构

支持计算机网络的重要技术是通信。通信是实现计算机之间信息传输的一种技术方式。一般情况下,网络上连接着大量的计算机系统,任何时刻,每一个计算机系统上可能有多个用户在同时使用计算机与其他用户进行通信,而网络的通信线路通常被设计成公用资源,为了保证可靠的数据交换,需要做很多的具体操作运算,因而使网络设计变得十分复杂。为了便于协议的有效实现和对不同用户开放,最大限度地实现线路的有效利用,人们采用一种"分而治之"的思想对网络结构进行分层研究。因此计算机网络涉及两个重要概念:通信协议和网络层次结构。

1. 通信协议

计算机网络是一个非常复杂的系统,要做到有条不紊地传输、交换数据,每个节点必须要遵守一些事先约定好的规则,这个在计算机之间交换数据的规则称为协议,即协议是一组规则的集合,是进行交互的双方必须遵守的约定。通信协议是一套语义和语法规则,用来规定有关功能部件在通信过程中的操作。

1) 通信协议的特点

(1) 通信协议具有层次性。这是由于网络系统体系结构是有层次的。通信协议被分为多个层次,在每个层次内又可以被分成若干子层次。

(2) 通信协议具有可靠性和有效性。如果通信协议不可靠就会造成通信混乱和中断,只有通信协议有效,才能实现系统内的各种资源的共享。

2）网络协议的组成

网络协议主要由以下三个要素组成：

（1）语法。语法是数据与控制信息的结构或格式，如数据格式、编码、信号电平等，即"怎么讲"。

（2）语义。语义是用于协调和进行差错处理的控制信息，如需要发出何种控制信息，完成何种动作，做出何种应答等，即"讲什么"。

（3）时序。时序即是对事件实现顺序的详细说明，如速度匹配、排序等，使两个实体之间有序的合作，共同完成数据传输任务，即"何时讲"。

协议只确定计算机各种规定的外部特点，不对内部的具体实现做任何规定，这同人们日常生活中的一些规定是一样的，规定只说明做什么，对怎样做一般不做描述。计算机网络软硬件厂商在生产网络产品时，是按照协议规定的规则生产产品，使生产出的产品符合协议规定的标准，但生产厂商选择什么电子元件、使用何种语言是不受约束的。

2. 网络系统的体系结构

早在最初的 ARPANET 设计时，对于非常复杂的网络协议就提出了分层结构处理的方法。分层处理的好处是：每一层可以实现相对独立的功能，因而可以将一个难以处理的复杂问题分解为若干个较容易处理的更小的一些问题。

目前的计算机网络系统的体系结构，类似于计算机系统的多层的体系结构，它是以高度结构化的方式设计的。所谓结构化是指将一个复杂的系统设计问题分解成一个个容易处理的子问题，然后加以解决。这些子问题相对独立，相互联系。所谓层次结构是指将一个复杂的系统设计问题划分成层次分明的一组组容易处理的子问题，各层执行自己所承担的任务。层与层之间有接口，并为层与层之间提供了组合的通道。层次结构设计是结构化设计中最常用、最主要的设计方法之一。

网络体系结构是分层结构，它是网络各层及其协议的集合。其实质是将大量的、各类型的协议合理地组织起来，并按功能的先后顺序进行逻辑分割。不同端系统里包含对应层的实体叫对等实体（Peer Entity）。换言之，正是对等实体利用协议进行通信。网络功能分层结构模型如图 5-69 所示。

值得注意的是，实际上数据不是从系统 A 的第 N 层直接传送到系统 B 的第 N 层，而是每一层都把数据和控制信息交给它的下一层，直到最下层。第一层下是物理介质（Physical Medium），它进行实际的通信。在图 5-69 中，点线表示虚拟通信，实线表示实际的物理通信。

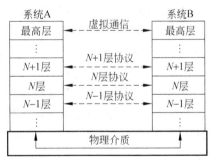

图 5-69 网络功能分层结构模型

每一对相邻层之间都有一个接口。接口定义下层向上层提供的原语操作和服务。当网络设计者在决定一个网络应包括多少层，每一层应当做什么的时候，其中一个很重要的考虑就是要在相邻层之间定义一个清晰的接口。为达到这些目的，又要求每一层能完成一组特定的有明确含义的功能。除了尽可能地减少必须在相邻层之间传递的信息的数量外，一个清晰的接口可以使同一层能轻易地用一种实现来替换一种完全不同的实现（如用卫星信道来代替所有的电话线），只要新的实现能向上层提供旧的实现所提供的同一组服务就可以了。

层和协议的集合称为网络体系结构(Network Architecture)。体系结构的描述必须包含足够的信息,使实现者可以用来为每一层编写程序和设计硬件,并使之符合有关协议。这种网络层次结构的好处在于:

(1) 独立性强。独立性是指对分层的具有相对独立功能的每一层,它不必知道下一层是如何实现的,只要知道下层通过层间接口提供的服务是什么,本层向上一层提供的服务是什么就可以。

(2) 功能简单。系统经分层后,整个复杂的系统被分解成若干个范围小的、功能简单的部分,使每一层功能简单。

(3) 适应性强。当任何一层发生变化,只要层间接口不发生变化,那么,这种变化就不影响其他任何一层。这就意味着可以对分层结构中的任何一层的内部进行修改,甚至可以取消某层。

(4) 易实现和维护。分层结构使实现和调试一个大的、复杂的网络系统变得简单和容易。

(5) 结构可分割。结构可分割是指被分层的各层的功能均可用最佳的技术手段实现。

(6) 易于交流和有利于标准化。

5.7.4 计算机网络技术的新发展

1. 网络应用新技术

计算机技术和网络技术的飞速发展,使得人们不再满足于简单的文件传输、电子邮件、远程登录等网络应用,而是希望网络能够提供更多的服务,如视频会议、视频点播、远程多媒体教学和网上购物等,以及更便捷的、无处不在地接入服务。

随着流媒体数据在互联网流量中占有的比重不断增加,基于分组交换、点对点传送和闭环拥塞控制的互联网体系表现出越来越多的不适应性。如何提高互联网的实时性处理能力,支持更多的实时性应用需求,成为下一代互联网最大的技术挑战之一。

近年来,互联网的无线接入技术发展迅速,例如,WiFi 和 WiMax,除了笔记本计算机可以方便地移动接入互联网外,各种无线移动终端也层出不穷,使互联网越来越具有移动性。移动化和云计算是互联网的两大发展趋势。移动互联网是指以宽带 IP 为技术核心,可同时提供语音、数据、多媒体等业务服务的开放式基础电信网络。从用户行为角度来看,移动互联网广义上是指用户可以使用手机、笔记本等移动终端,通过无线移动网络和 HTTP 协议接入互联网;狭义上是指用户使用手机终端,通过无线通信方式,访问采用 WAP 协议的网站。

随着技术的演进发展,移动通信与互联网呈现融合趋势,极大地促进了移动互联网的快速发展。移动互联网的主要应用包括手机游戏、移动搜索、移动即时通信、移动电子邮件等。从全球范围来看,社区网络应用和定位导航正在成为新的热点。

20 世纪 90 年代,出现了一种新兴的计算机网络——无线传感器网络(Wireless Sensor Networks,WSN)。它是由一组传感器以 Ad hoc 方式组成的有线或无线网络,集中了传感器技术、嵌入式计算技术和无线通信技术,能协作地感知、监测和收集各种环境下所感知对象的信息,通过对这些信息的协作式信息处理,获得感知对象的准确信息,然后通过 Ad hoc

方式传送到需要这些信息的用户。

人们依靠无线传感器网络可以实时监测外部环境,实现大范围、自动化的信息采集。它具有快速构建、部署方便的特点,不易受到目标环境的限制,特别适合布置在电源供给困难的区域或人员不易到达(环境恶劣地区、敌军阵地等)的区域,可应用在军事侦察、环境监测、医疗监护、空间探索、城市交通管理、仓储管理等领域,应用前景非常巨大。

无线传感器网络的基本组成元素是节点。节点同时具有传感、信息处理和进行无线通信的功能。对于不同的应用环境,节点的结构可能也不一样,但是它们的基本组成是一致的。一个节点通常由传感器、微处理器、存储器、A/D 转换接口、无线发射以及接收装置和电源组成。典型的无线传感器节点的结构如图 5-70 所示。

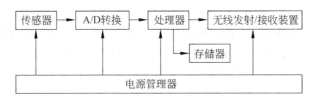

图 5-70　典型无线传感器网络节点结构图

无线传感器节点通常通过空投或者预先设定的方式分布在某个特定的地理区域,然后自动配置自组织成为一个无线网络。节点通过多跳通信把收集到的数据传递给基站/信宿。基站/信宿直接和 Internet 或者通信卫星相连,这样,用户就可以远程访问这些数据。其典型的网络体系结构如图 5-71 所示。

针对无线传感器网络的技术特点,2002 年,一项新的技术标准——ZigBee(紫蜂)技术在被提出,之后历经不断地更新和完善,获得了广泛的支持。ZigBee 拥有一套非常完整协议层次结构(见图 5-72),由 IEEE 802.15.4 和 ZigBee 联盟共同制订完成,其设计目标是通用性强、低功耗、低成本和低复杂度。

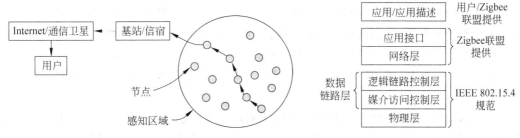

图 5-71　无线传感器网络的一种体系结构　　图 5-72　ZigBee 的层次结构

无线传感器网络特别适用于那些设备成本较低,传输数据量较少,使用电池供电并且要求工作时间较长的应用场合。但由于 WSN 自身的特点决定它不可能做得太大,只能在局部的地方使用。因此,WSN 利用无线技术即可以自成体系地单独使用,也可以成为 Internet 的"神经末梢"。

2005 年 11 月 17 日,在突尼斯举行的信息社会世界峰会(WSIS)上,国际电信联盟(ITU)发布了《ITU 互联网报告 2005:物联网》,正式提出了"物联网"的概念。物联网(the Internet of Things)是在计算机互联网的基础上,利用射频识别(Radio Frequency

Identification，RFID)、传感器技术、无线数据通信等技术，构造一个覆盖世界上万事万物的 Internet of Things。

2. 云计算

随着数字技术和互联网的急速发展，互联网上的数据量高速增长，导致了互联网数据处理能力的相对不足，但互联网上同样存在着大量处于闲置状态的计算设备和存储资源，如果能够将其聚合起来统一调度提供服务则可以大大提高其利用率，让更多的用户从中受益。如果用户能够通过高速互联网租用计算能力和存储资源，就可以大大减少对自有硬件资源的依赖，而不必为一次性支付大笔费用而烦恼。这正是云计算要实现的重要目标之一。云计算实现了资源和计算能力的分布式共享，能够很好地应对当前互联网数据量高速增长的势头。

云计算(Cloud Computing)至今为止没有统一的定义，不同的组织从不同的角度给出了不同的定义。美国国家标准与技术实验室对云计算的定义是：云计算是一个提供便捷的通过互联网访问一个可定制的IT资源共享池能力的按使用量付费模式。云计算将网络上分布的计算、存储、服务构件、网络软件等资源集中起来，基于资源虚拟化的方式，为用户提供方便快捷的服务，它可以实现计算与存储的分布式与并行处理。

云计算包含两方面的含义：一方面是底层构建的云计算平台基础设施，用来构造上层应用程序的基础；另一方面是构建在这个基础平台之上的云计算应用程序。如果把"云"视为一个虚拟化的存储与计算资源池，那么云计算则是这个资源池基于网络平台为用户提供的数据存储和网络计算服务。互联网上的各种计算机资源共同组成了若干个庞大的数据中心及计算中心。云计算中所指向的是IT基础设施的交付和使用模式，即通过网络以按需、易扩展的方式获得所需的资源(硬件、平台、软件)。云计算整体架构如图5-73所示。

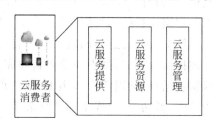

图5-73 云计算整体架构

从用户的角度来看，云计算系统将各种数据包括用户数据都通过网络保存到远端的云存储平台上，减小了用户对于数据管理的负担；同时，云计算系统也将处理数据的服务程序通过远程的大规模云计算处理平台进行，能够负担大量数据的处理工作。云计算是数据共享计算模式与服务共享计算模式的结合体，是下一代计算模式的发展方向。

从技术层面上讲，云计算基本功能的实现取决于两个关键的因素，一个是数据的存储能力，另一个是分布式的计算能力。因此，云计算中的"云"可以再细分为"存储云"和"计算云"，也即"云计算＝存储云＋计算云"。

"云"可分为基于因特网的公共云、基于组织内部网络的私有云以及兼具公共云与私有云特点的混合云，目前的研究主要集中于公共云。组织可将内部的资源进行整合为"云"，为组织内的成员提供服务，这就是私有云；将来则可以通过一定的机制对外部开放，成为公共云的一部分。未来，人们将看到各式的"云"，从不同的云中享受所需的各式服务。

在云计算的国际标准化方面，信息技术领域的国际标准化官方组织ISO/IEC JTC1(国际标准化组织/国际电工委员会 第一联合技术委员会)目前已正式成立了两个相关的标准研究组，即ISO/IEC JTC1/SC7下设的云计算中IT治理研究组和ISO/IEC JTC1/SC38下设的云计算研究组。云计算标准化的内容包括开放云计算接口、云计算基准(Benchmark)、云计算试验平台等。

云计算作为一项新生事物,仍然存在着诸多的问题,例如,云计算的安全性和可靠性仍有待提高;目前众多云计算服务提供商各自云计算服务的技术和标准还不统一,很难将它们联在一起进行并行管理;建立云计算服务花费巨大,云计算将像其他新技术一样遇到盈利模式的问题;持久的宽带互联网接入是云计算成功运行的基本前提,但是目前接入是网络发展最主要的瓶颈;针对用户已经习惯于现有的操作系统和文件系统的问题,云计算要实现跨平台的服务,就必须保证现有文件格式与未来基于 Web 应用的文件格式能够兼容,等等。

3. 语义网

自 1989 年,蒂姆·伯纳尔斯·李(Tim Berners Lee,1955 年—)发明万维网(WWW)开始,万维网便得到了飞速发展,并改变了人们彼此交流的方式和商业运作的方式。从最初的仅用于获得各种信息到现在的电子商务(e-Business)、电子政务(e-Government)、电子学习(e-Learning)、网络科学计算(e-Scientific computing)、网络协作(Network collaboration)等,使人们可以交互式地并获取所需数据以及恰当的服务。

随着网络技术的发展,Web 正由网页的集合转向服务的集合。面对网络上存在的大量服务,如何检索、使用这些服务,更好地满足用户的需要,成为目前迫切需要研究的问题。基于关键词的搜索引擎,如 YAHOO、Google、百度等成为使用现有万维网的主要工具。但是目前万维网的设计使得计算机不能理解网页内容的语义。因为万维网只是文档载体,它的目的只是供人来阅读。另外,由于网上信息爆炸及其无序存在,即使借助功能强大的搜索引擎,查准率也比较低,搜索信息的成本越来越高。因此,人们需要更智能地检索,从浩瀚的数据中抽取出对用户有用的信息,并希望能根据他们的需求来与网络进行对话,希望网络能扮演人的角色,提供更准确的信息甚至决策服务。这就要求用一种更容易被机器处理的表示方法来描述网上的内容,并采用智能技术来利用这种表示方法所提供的便利。这个革命性的方案称为"语义网"(Semantic Web)。

语义网的构想是由万维网创始人蒂姆·伯纳尔斯·李于 1998 年提出的,并于 2001 年5 月在《科学美国人》杂志上发表了同名论文《The Semantic Web》,为人们勾勒出一幅未来语义网的美好前景。

下面来看一下蒂姆·伯纳尔斯·李给出的关于语义网的一个经典例子。

电话铃响时彼得拿起电话,彼得的姐姐露西从办公室打来电话说:"妈妈需要找一位专家看病,你能安排送一下妈妈吗?"在这之前,露西已经上网给她的语义 Web 代理下了指令,计算机代理找出了在妈妈家方圆 20 英里范围内并在母亲的保险计划范围之内的所有诊所。然后,代理尝试将可能的预约时间和彼得及露西的繁忙的日程进行匹配,最后提供了一个完美的方案。这就是蒂姆·伯纳尔斯·李所描绘的语义网所能提供的智能检索、机器推理和Web 服务的特例。

现存的万维网其数据主要供人类使用,而语义网中将提供不仅为人、也能为计算机所处理的数据,这将使大量的智能服务成为可能。语义网研究活动的目标是"开发一系列计算机可理解和处理的表达语义信息的语言和技术,以支持网络环境下广泛有效的自动推理"。

蒂姆·伯纳尔斯·李对语义网的定义如下:"语义网是一个网,它包含了文档或文档的一部分,描述了事物间的明显关系,且包含语义信息,以利于机器的自动处理。并满足智能软件代理（Agent）对 WWW 上异构和分布信息的有效访问和搜索"。

语义网是下一代 Web（Next-generation Web）的雏形，它将在智能信息检索、基于 Agent 分布式计算、Web Service 和企业数据管理方面带来变革。目前这个领域是受到全世界范围的科学家、工业界和商业界关注和研究的重点之一。

4. 宽带网络技术

随着网络用户数目成倍增加和基于网络的分布式应用大量出现，对于网络带宽的需求越来越强烈；而大量分布式多媒体应用也要求网络提供足够的带宽，以满足不断增长的数据传输要求。在此需求的驱动下，一方面是各种高效的数据压缩算法应运而生；另一方面这也促进了宽带网络技术的开发。

带宽需求的增长主要受三方面因素的驱动。一是网络用户数目成倍增加，二是基于网络的多媒体信息流的传输需求不断增加。与传统网络应用（如文件传输、电子邮件等）相比，新的应用要传送大量的多媒体信息，因而具有更高的带宽需求。此外，分布式应用中，高速的微处理器运算速度和存储器访问速度形成的通信瓶颈问题，也要求提高网络传输速度加以解决。

从核心网看，由于光纤的巨大带宽，因此网络的光纤化是高速网络发展的主要趋势之一，并成为宽带网络的首选技术。光通信的最大优势之一是能提供大容量、高速率的信息传输。为了获得更快的传输速率，近年来提出并发展了全光网络（All-Optical Network）技术。全光网络使用光纤作为传输介质，采用波分多路复用技术（WDM）和光交叉互联（Optical Cross-Connect，OXC）技术进行信息传输。由于在路由选择、数据交换与传输过程中避免了光/电及电/光转换，消除了由此产生的电子瓶颈，从而使网络的传输和交换速率取得了很大提高。全光网络作为一种前景较好的宽带网络，在近年来得到了较大发展。美国正在研究的全光网络的速率已经达到每秒万亿位（Tb/s）的数量级以上的水平。

由于 TCP/IP 的日益流行和发展，为加快 IP 报文的传输速率，有人提出了在全光网络上使用 Packet Over SONET/WDM 机制，即 IP 报文不通过异步传输模式（Asynchronous Transfer Mode，ATM）传送，而通过点对点协议（Point-to-Point Protocol，PPP）或高级链路控制（High-level Data Link Control，HDLC）协议在同步光纤网（SONET）上传送。Packet over SONET 的途径具有带宽利用率高的优点，它能提供比基于 ATM 的网络高出 25％～30％的吞吐率。另一个优于 ATM 的地方是网络管理。网络管理员不必再定义 ATM 虚连接（VC），也不必使用局域网仿真（Local Area Network Emulation，LANE）或 MPoA（Multi Protocol over ATM）等协议来将 IP 广播域映射到 ATM 中。

网络的光纤化增加了通信链路的带宽，这使得网络通信带宽的瓶颈集中到了路由器、交换机和集线器等网络互联设备上。IP 业务的剧增和三网合一的趋势使高性能交换机、路由器成为 Internet 中最关键的互联设备。

5. 统一网络技术

随着因特网技术的发展和各种新型网络应用的出现，未来网络将会是一个统一整体，它综合了无线通信技术与固定通信技术，连接各类设备，同时传送语音、视频和数据，最终将目前的四种通信系统（语音、数据、视频、传真）融为一体，并向用户提供一种新的、统一的、可靠的、易于使用的网络环境，这就是未来的统一网络。

统一网络反映了网络向一体化、集成化发展趋势，包含多个层次的内涵：负载统一、协议统一、技术统一、物理网络统一、设备统一、应用统一以及组织管理统一。负载统一将不同类型的数据流统一于分组交换网中的第三层传输。协议统一和技术统一是相辅相成的,它们将目前的多协议逐步过渡到单一协议,即 IP 协议。物理网络统一将允许在同一物理网络中传输不同业务需求的各种流类型数据。设备统一要求一种设备可支持多种业务要求。应用统一使得各种多媒体应用、虚拟现实等有机地结合为一体。组织管理统一使得目前电信网、因特网、有线电视网三网合一,统一管理。

统一网络的发展预计要经历三个阶段。

第一个阶段着重于统一的连接,即将多种不同的、独立的连接方式统一为一种互联体系。从物理上说,统一网络的结构由广域核心网和边缘局域网组成。边缘局域网种类繁多,依赖的技术可能纷繁多样。然而关键的问题归纳起来有四类:一是广域核心网的互联技术;二是选择什么样的技术对边缘局域网与广域核心网互联;三是网络接入技术;四是网络协议与标准。广域核心网强调高带宽、高速率以及服务质量保证。统一网络的发展,在数据传输上依赖于光通信、光交换技术,在互联上依赖于核心级交换机、路由器;但在体系结构上选择何种技术目前仍是一个值得研究探讨的问题,现有的各种技术如完全基于分组的 IP 技术、ATM 技术、DTM 技术,各有利弊。因此未来的广域核心网既可能是一个由一种完全统一的技术互联而成的网;也可能是一个由各种技术组成并行的广域核心网群。边缘局域网与广域核心网互联的关键是高性能的网络交换设备、路由设备,这些互联设备能支持各种数据类型和相应的服务需求。网络接入技术意在解决桌面用户入网问题,针对不同的用户(如家庭用户或办公室用户)以及用户所处的不同环境应发展适合各种用户的接入技术。目前的网络接入技术主要有面向家庭用户的数字用户环线技术(Digital Subscriber Line,DSL)、有线电视接入技术、光纤到路边(Fiber to the Curb,FTTC)、光纤到家庭(Fiber to the Home,FTTH)技术以及移动设备接入技术等。

网络协议与标准是统一网络发展的又一个非常重要的因素。在协议标准方面,开放性是任何系统保持旺盛生命力和能够持续发展的重要特性,因此,也将是新一代互联网发展过程中所应该遵循的一个原则。基于统一的网络通信协议标准是互联网开放性的体现。早期那种各大公司专用网络体系结构"群雄逐"的局面逐步被 TCP/CP"一统天下"的形势取代,印证了开放系统互联是大势所趋。统一协议标准是维护互联网开放性的一项基本措施。

协议分层是网络研究中的另一个重要结论。"分而治之"是处理复杂对象的一种有效方法,使问题的解决得以极大简化。OSI 的 7 层模型和传统互联网的 4 层模型,都体现了这一思想,它们都属于平面型的协议模型。新一代的互联网是否需要像 B-ISDN 那样的立体型协议模型?这是一个值得研究的问题。增强新一代互联网节点的控制能力,是否可以通过垂直的控制管理平面来实现?(如图 5-74 所示)。最近,无线网络研究领域提出的层间联合设计思想也从一个侧面强调了采用立体型协议模型的必要性。另外,现有的 IP(IPv4)存在着不支持网络服务质量(QoS)、其地址空间将很快耗尽等诸多缺点,因此新一代互联协议(如 IPv6、RTP、RVSP 等)的研究和实现都是为实现统一网络的第一阶段需要迫切研究和解决的问题。

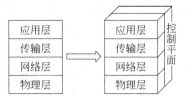

图 5-74 协议模型可能的演变

在这里将着重介绍新一代互联协议中的重要成员——IPv6。

IPv4 协议已无法满足互联网规模的扩展。IPv6 将成为新一代的互联网网络层协议。IPv6 协议把地址空间从 IPv4 协议中的 32 位扩展到 128 位,采用 IPv6 地址的下一代互联网,拥有海量的地址空间,可以实现互联网在空间规模上的可扩展,更为逐步解决目前互联网面临的重大技术挑战提供了崭新的技术试验平台,IPv6 的报文头部格式如图 5-75 所示。

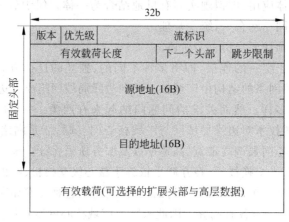

图 5-75　IPv6 数据报结构

目前,IPv6 是唯一能够代替 IPv4 的下一代互联网的核心协议,已经得到国际互联网技术领域的广泛认可。

IPv6 中,每个地址占据 16 字节,这是一个 IPv4 地址长度的 4 倍。可以识别 2128 个地址,大约的数目是 1038 个。这个地址空间如此之大,以至于地球上每个人都可以具有足够的地址空间来构成他们各自的、像目前的 Internet 一样大的互联网。如果这里估测地球的表面积是 511 263 971 197 990 平方米,那么在 IPv4 中,理论上共有 232 个地址可分配,地球上每平方公里大概拥有 4 个 IP 地址。而在 IPv6 中,理论上共有 2128 个地址可分配,地球上每平方米将有 655 570 793 348 866 943 898 599 个地址。IPv6 及其相关技术标准日趋完善的最明显体现,是支持 IPv6 协议的网络设备和应用软件的不断出现和应用。主流的互联网设备和软件厂商都已经支持 IPv6 协议。例如,CISCO、Juniper 等网络厂商的路由器和交换机已全面支持 IPv6 及其相关技术标准,成为构建 IPv6 下一代互联网的主体设备;微软新版本操作系统 WindowsVista 已经全面支持 IPv6 协议,并且以此为框架构造整个系统。而在此之前的 Windows XP 版本中,IPv6 只是一个可选项。此外,移动通信和家用电器对 IPv6 的需求也越来越迫切,很多家电厂商开始把目光集中在家电设备的 IPv6 网络接入上。这些需求更进一步促进了 IPv6 下一代互联网的发展。

统一网络的第二个阶段是实时业务的集成。这一阶段的主要任务:一是解决多媒体信息传输的 QoS 控制问题,使得实时数据流能够在统一网络中传输;二是开发各种多媒体实时分布应用。目前网络 QoS 的研究和开发中还有许多有待探究和解决的问题,如实时条件下的 QoS 路由、QoS 灵活性、准入控制、QoS 传输调度策略、QoS 综合服务、组播中的 QoS 机制、资源管理的动态监测与自适应技术等。另外,QoS 控制的复杂性也导致了统一网络中的网络管理问题,基于策略的网络控制与管理是统一网络中网络管理的关键技术和研究方向。如何充分有效地利用实时业务集成能力开发的应用是促进统一网络发展的重要需求和主要动力。新一代的网络应用是统一网络的第二阶段中的主要特点。

统一网络的第三阶段称为完全统一。完全统一是否就是科幻小说中描写的那种高度自动化、智能化的统一境界,目前难以预测;但是有一点肯定的是统一网络将会向人们提供各种电子信息服务,并渗透到社会生活的各个方面,从而改变当前的社会结构。

参 考 文 献

[1] 邹海林,刘法胜,汤晓兵,等.计算机科学导论[M].北京:科学出版社,2008.
[2] 董荣胜.计算机科学导论——思想与方法[M].北京:科学出版社,2007.
[3] J Glenn Brookshear 著,计算机科学概论(第10版)[M].刘艺,肖成海,马小会译.北京:人民邮电出版社,2009.
[4] 赵致琢.计算科学导论(第二版)[M].北京:科学出版社,2001.
[5] 刘越.云计算技术及应用[R].工业和信息化部电信研究院通信信息研究所,2009.
[6] 陈康,郑纬民.云计算:系统实例与研究现状[J].软件学报,2009.

第 6 章 信息处理技术

CHAPTER 6

21 世纪是信息化的崭新时代，信息技术是当今世界发展最为迅速的产业，信息处理技术发展突飞猛进，日新月异，给人类社会带来了前所未有的冲击和变革，信息处理技术水平已经成为衡量一个国家科技水平的重要标志。

本章主要介绍了与信息处理技术相关的一些基本概念，着重介绍了信息处理技术中的两大分支——数字图像信息处理与多传感器信息融合信息处理系统中的经典算法与典型结构。

6.1 信息处理技术概述

从人类产生那天起，人们就没有停止过与信息打交道，有意无意地接收信息、传递信息、处理信息和利用信息。信息是一个很抽象、很复杂的概念，它最早出现在通信领域，不同的学者在自己的学科领域内对"信息"这一概念有不同的理解。

信息作为一个科学术语被提出和使用，可追溯到 1928 年哈特雷(R. V. L. Hartley，1888—1970 年)在《信息传输》一文中的描述。他认为信息是指有新内容、新知识的消息。1948 年，香农(C. E. Shannon，1916—2010 年)在《通信的数学理论》中，给出信息的数学定义，认为信息是用以消除随机不确定性的东西，并提出信息量的概念和信息熵的计算方法，从而奠定了信息论的基础。维纳(N. Wiener，1894—1964 年)在其专著《控制论——动物和机器中的通信和控制问题》中，阐述信息是"人们在适应外部世界、控制外部世界的过程中，同外部世界交换内容的名称"。1956 年，英国学者阿什比(W. R. Ashby，1903—1972 年)提出"信息是集合的变异度"，认为信息的本性在于事物本身具有变异度。1975 年，意大利学者朗高(G. Longo，1935—1992 年)在《信息论：心得趋势与未决问题》中指出信息是反映事物构成、关系和差别的东西，它包含在事物的差异之中，而不在事物的本身。

随着时间的推移，时代赋予信息新的含义。信息是一个动态的概念，现代"信息"的概念已经与半导体技术、微电子技术、计算机技术、通信技术、网络技术、多媒体技术、信息服务业、信息产业、信息经济、信息化社会、信息管理、信息论等含义紧密地联系在一起。人类通过获取信息了解自然和认识社会，通过交换传递信息来促进人类科学技术的不断发展和社会的不断进步。

6.2 信息获取与传递

6.2.1 信息获取

一切生物都要随时获取外部信息才能生存,人类通过各种手段获取信息,并利用信息处理技术对其进行加工分析和处理,并最后得到结论、做出反应。从获取信息的手段来看,分为基于人工系统的信息获取方法和基于计算机系统的信息获取方法。

1. 基于人工系统的信息获取方法

人类从远古时代起就开始了利用自己的感官收集信息的活动,包括观察野兽的行踪和地形、辨识可食的野果、倾听同伴的呼喊等。随着社会生产力的发展,科技的进步,社会集团竞争的加剧,为了赢得政治、军事斗争的优势,在经济、文化生活中获得更多的物质利益和精神享受,人类的信息收集活动开始从自发的适应性活动逐步发展为有目的、有组织的社会活动,出现了专门从事信息收集工作的组织和人员。他们按照企业或组织的要求,采集并汇总整理各种信息,作为管理和决策的参考依据。

人工信息获取方法受到人力的限制,获取信息的速度较慢,信息量较少,无法适应当前社会生活对大信息量的要求。随着计算机的出现和计算机技术的发展,人们开始利用计算机系统作为信息获取的手段。

2. 基于计算机系统的信息获取方法

人们利用计算机作为信息获取的工具,通过信息数字化的方法将自然界中的信息变为计算机可以理解的"数据"。这些"数据"输入计算机后,经过处理变成有用的信息,输出、存储到计算机存储器中。数据对于计算机来说,形式可以是多种多样的,比如图形、图像、声音、视频以及文字等,这些数据经过"数据采集"以后,才能变成计算机中的数据。在日常生活中经常获取的信息主要是语音信息和图像信息。

1) 语音信息的获取

语言在人类社会的信息交流中使用最频繁,也最便利,人们对语音信息获取方法也研究最早。早在 1887 年,著名的美国发明家爱迪生(T. A. Edison,1847—1931 年)利用机械装置记录声音产生的振动波,发明了最早的语音获取设备——留声机(见图 6-1)。

现代语音获取设备大都通过语音传感器将语音信号转换为电信号,如固定电话和移动电话中的送话器,会场里扩音系统中的麦克风等。按声波转换成电信号的不同机理大致有两类器件,一类是采用压电晶体或者压电陶瓷,另一类是采用动感线圈。压电陶瓷的物理特性是当瓷体受压则产生电,可通过瓷片两边的金属膜将电信号引出,如果在瓷片两边加电压信号则瓷片就产生与电压信号相同的振动。动感线圈的工作原理是线圈切割磁力线而产生电压,参见图 6-2。

图 6-1 爱迪生与留声机

通过语音传感器获取的声音信号是连续的模拟电信号,这些信号无法直接利用计算机进行存储和处理,必须经过音频的采样编码设备将语音信号转换为数字信号。常见的声波——数字信号转换装置就是声卡(见图6-3),声卡中的声音控制芯片从麦克风等输入设备中获取声音模拟电信号,通过模数转换器,将声波信号转换成一串数字信号,采样并存储到计算机中。重放时,这些数字信号被送到一个数模转换器还原为模拟波形,放大后送到扬声器发声。

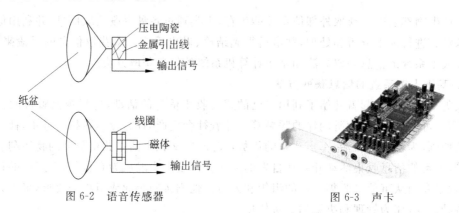

图6-2 语音传感器　　　　　图6-3 声卡

2) 图像信息获取

图像信息的获取应用十分广泛,如照相机、摄像机、视频会议、机器人视觉、远程遥感等。主要的图像获取工具有扫描仪、数码相机、摄像头等设备(见图6-4)。

扫描仪　　　　数码相机　　　　摄像头

图6-4 图像获取设备

(1) 扫描仪。

扫描仪是一种计算机外部数字化输入设备,通过扫描将外部稿件转换成计算机可以显示、编辑、存储和输出的数字化图像。照片、文本页面、图纸、美术图画、照相底片、菲林软片,甚至纺织品、标牌面板、印制板样品等三维对象都可作为扫描对象。

扫描仪工作时发出的强光照射在稿件上,没有被吸收的光线将被反射到光学感应器上,光感应器接收到这些信号后,将这些信号传送到模数(A/D)转换器,模数转换器再将其转换成计算机能读取的信号,然后通过驱动程序转换成显示器上能看到的正确图像。

(2) 数码相机。

数码相机是一种利用电子传感器把光学影像转换成电子数据的照相机。数码相机集成了影像信息的转换、存储和传输等部件,具有数字化存取模式,与计算机交互处理和实时拍摄等特点。光线通过镜头或者镜头组进入相机,通过成像元件转化为数字信号,数字信号通过影像运算芯片存储在存储设备中。

(3) 摄像头。

摄像头又称为电脑相机,电脑眼等,是一种视频输入设备,被广泛运用于视频会议、远程医疗及实时监控等方面。它的工作原理与数码相机类似,景物通过镜头生成的光学图像投射到图像传感器表面上,然后转为电信号,经过模数转换后变为数字图像信号后送到数字信号处理芯片中加工处理,再通过视频传输接口传输到计算机中处理,通过显示器就可以看到图像了。

所有的视频获取设备中最关键的部件就是感光元件,它将光信号变为模拟电信号并将电信号进行数模转换变为数字图像信号供计算机进行获取。现在最常用的感光元件是电子耦合组件(Charged Coupled Device,CCD)。CCD 是一种半导体器件,能够把光学影像转化为数字信号,CCD 上植入的微小光敏物质称作像素,一块 CCD 上包含的像素数越多,其提供的画面分辨率也就越高(见图 6-5)。CCD 的作用就像胶片一样,但它是把图像像素转换成数字信号。CCD 上有许多排列整齐的电容,能感应光线,其成像是一种矩阵扫描过程,当景物光照射到 CCD 表面

图 6-5　CCD 芯片

时,矩阵高速开关电路逐行逐点地将每点的电信号按顺序输出。CCD 的发明者威拉德·博伊尔(W. S. Boyle,1924—)和乔治·史密斯(G. E. Smith,1930—)博士也因此获得 2009 年的诺贝尔物理学奖(与光纤之父高锟共同获得 2009 年诺贝尔物理学奖,详见第 4 章光纤通信部分)。

6.2.2　信息传递

信息传递是指人们通过声音、文字或图像相互沟通信息,人们之间只有不断交流信息,才能使生产和生活正常进行。远古时代,信息的传递只能通过口耳相传或借助器物,如烽火报信、飞鸽传书等,信息传递速度慢并且不准确。到了近代,依靠交通工具的邮政系统对信息传递的速度相对快一些,但距离较远时传递速度仍然较慢且费用很高。电气时代到来之后,以电话电报为基础的现代通信网络的建立,大大提高了信息传递的速度,但信息只能以文字形式传递,传递形式单一。到了 20 世纪 90 年代随着互联网技术的出现,信息传递技术得到了飞跃性发展,各种信息以多媒体的形式通过网络进行传播,信息量大、速度快,不再受地域的限制。

互联网已经成为全世界信息汇聚的平台,不但计算机和各种网络终端可以接入互联网,家用电器、交通工具等各种配有网络接入端口的物品都可以接入互联网,称为"物联网"(The Internet of things),即"物物相连的互联网",这样网络的用户端延伸和扩展到了物品与物品之间,信息传递的对象也由"人-人"发展为"物-物"。物品接入"物联网"需要有相应的信息接收器、数据传输通路、智能的信息存储器等各种设备,新的技术要求就会带来新的技术突破和发展。物联网的发展会把信息传递的技术手段推向一个新的高度。

6.3　信息处理基本方法

在自然界中信息的存在形式是多种多样的,如声音、色彩、温度、流量等,为了便于信息的处理,将各种各样的信息通过各种传感器装置统一转换为连续或者离散的电信号进行处理,常用的处理方法有时间域的处理方法与变换域的处理方法。

6.3.1 时间域信号处理方法

时域信号的处理方法主要包括基本算术运算与卷积运算。算术运算处理主要包括信号的放大、缩小、平移、翻转、叠加、相减,尺度变换等处理方法。

通过图 6-6 可以看出基本的算术运算是对输入信号 $f(t)$ 中的每一个孤立的点进行的运算,例如放大运算将每一点放大 2 倍,翻转运算将每一个点从 x 轴正方向移动到 x 轴负方向。运算后的输出信号只能获取输入信号中单独点的信息,而无法获取输入信号中点与点之间相关联的信息,因此这种运算只能对输入的信号进行简单的处理而无法对输入信号进行归纳总结获取新的信息。

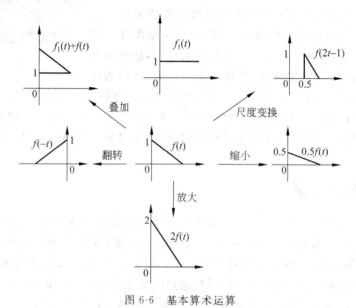

图 6-6 基本算术运算

卷积运算克服了算术运算的缺点,输出信号不再由输入信号中的孤立点经运算得到,而是由若干个输入信号共同参与运算得到一个输出点。连续信号和离散信号的卷积运算公式如下:

$$y(t) = f(t) * h(t) = \int_{-\infty}^{+\infty} h(\tau) f(t-\tau) d\tau \tag{6-1}$$

$$y(n) = f(n) * h(n) = \sum_{m=-\infty}^{+\infty} h(m) f(n-m) \tag{6-2}$$

通过公式可以看出经过卷积运算的每一个输出信号 $y(t)$(或者 $y(n)$)都是由若干个输入信号 $f(t)$(或者 $f(n)$)经过 $h(t)$(或者 $h(n)$)求积分(加权求和)之后得到的,因此每"一个"输出信号中,都包含着"若干个"输入信号的信息。只要通过对权值 $h(t)$(或 $h(n)$)的合理选取就可以达到各种不同的处理效果。

如图 6-7 所示一个含有噪声的平稳信号 $f(t)$,如果希望减弱噪声信号可以将 $f(t)$ 与 $h_1(t)$ 进行卷积,这样每一输出 $y_1(t)$ 是输入 $f(t)$ 与周围点平均,当没有噪声时,输出与输入相同,当有噪声出现时,由于平均的作用可以将较大突变的噪声进行减弱。同样,如果希望提取噪声消除掉平稳信号可以将 $f(t)$ 与 $h_2(t)$ 进行卷积,此时每一个输出点 $y_2(t)$ 是输入点

$f(t)$ 周围点的差值,当信号平稳时,没有差值,此时输出为 0,当输入信号中出现噪声后,出现差值,将噪声信号输出,从而达到消除信号提取噪声的效果。

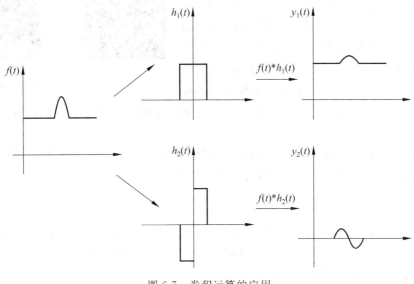

图 6-7 卷积运算的应用

6.3.2 变换域信号处理方法

虽然在自然界中大部分的信息都是以时间信号的形式存在的,但是由于信息通常分散分布在整个时间信号上,所以直接在时间域内对信号进行处理很难实现信息的有效获取与分析。如图 6-8 所示的一个包含 200Hz、900Hz、1000Hz 3 个频率成分的正弦信号,从时间域内很难直接观测出里面所包含的信息。因此需要采用一些变换域的手段来对信息进行处理。最常采用的变换域处理方法就是频域变换也叫傅里叶变换(Fourier Transform)。

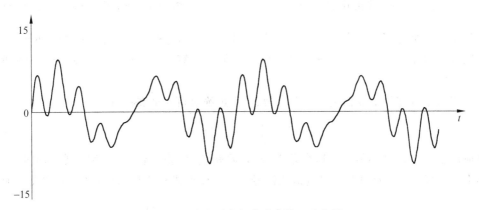

图 6-8 包含有 3 个频率成分的正弦信号

人类通过长期的实践发现,当人类对信号进行认识和感知的时候,对于信号的幅度大小并不很敏感,而对信号的频率变化比较敏感。比如人类进行图像感知时对图 6-9 所示的两幅亮度不同的黑色图像,很难将它们区分开来。

但是对于不同颜色的图像却很容易区分,这是因为不同颜色的图像发出不同频率光波的原因。类似的对于声音的认知也是这样,人类对于不同响度的声音很难区分,但是对不同频率的声音比较较容易区分(高频尖锐,低频低沉)。同样对于事物进行认识和感知的时候也存在类似的情况。人们在观察事物时总会对变化比较剧烈的信号有较深的印象,然后才会去关注变化比较平缓的信号。如图 6-10 所示,人们会首先注意到颜色深、变化剧烈的文字,然后才注意到颜色浅变化平缓的文字。

亮度为0　　　　　　亮度为10

图 6-9　亮度不同的图像

因此频域变换就是根据信号变化的快慢对信号进行分解,将时域信号分解为不同频率的三角函数或者它们积分的组合。具体变换公式如下

$$F(\omega) = \int_{-\infty}^{+\infty} f(t) e^{-j\omega t} dt \qquad (6-3)$$

图 6-8 中的信号经过频域变换之后的图形如图 6-11 所示。通过图像可以看出经过傅里叶变换后的信号中很明显有 3 个冲激,表明时域信号当中包含有 3 个不同的频率成分,并且低频信号的幅度是 2 个高频信号幅度的 2 倍。

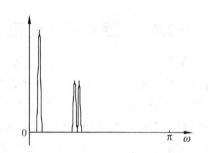

图 6-10　颜色变化不同的文字　　　图 6-11　傅里叶变换后的复合正弦信号

傅里叶变换除了在信息理解与获取中起到重要作用之外,还有利于信号的处理,它可以将时间域内复杂的卷积运算转换为频率域内的乘法运算,因此傅里叶变换在信号处理领域有着非常广泛的应用。

由于傅里叶变换成立需要输入信号 $f(t)$ 满足绝对可积的条件即:

$$f(\omega) = \int_{-\infty}^{+\infty} |f(t)| < \infty \qquad (6-4)$$

实际应用中很多信号都不满足这个条件,例如阶跃信号、指数信号等,因此在傅里叶变换的基础上进行修改,在 $f(t)$ 上乘以负指数信号 e^{-at} 从而形成拉普拉斯变换(简称拉氏变换)。

$$F(s) = \int_{-\infty}^{+\infty} f(t) e^{-at} e^{-j\omega t} dt = \int_{-\infty}^{+\infty} f(t) e^{-st} dt \qquad (6-5)$$

拉普拉斯变换适用于所有的输入信号,并且拉式变换中的变量 s(或者 s^{-1})直接与实际电路中的电感、电容等电子元件相对应,因此根据拉式变换可以构建信号处理的电路系统。

除了傅里叶变换与拉式变换这两种经典的变换域信号处理方法之外,还有很多其他变换方法,例如可以解决时间分辨率与频率分辨率矛盾的小波变换,可以用来进行压缩编码的

余弦变换等。

不管何种变换都有一个共同点,就是将"大量的"输入信号进行计算得到输出信号中的"一个"点,这样输出信号的每一个点中都包含了大量输入信号的信息。从而将分散在整个输入信号上的信息,集中到少数的输出信号上从而达到便于信息提取与信号处理的效果。

6.4 图像信息处理

6.4.1 概述

图像信息具有直观、形象、易懂和信息量大等特点,是人们日常生活中接触最多的信息种类之一。随着图像处理应用领域的不断扩大,图像处理技术也得到了不断提高、补充和发展。图像处理已经从可见光谱扩展到光谱中的各个阶段,从静止图像发展到运动图像,从物体的外部延伸到物体的内部,从图像表面特征的检测到图像内容的理解。

图像技术最早的应用是在报纸业,早在 20 世纪 20 年代,人们利用巴特兰(Bartlane)电缆图片传输系统,横跨大西洋将第一幅数字图像由伦敦传往纽约。它的传输方法是首先将图像数字化并对数字图像进行编码,然后在接收端用一台电报打印机利用字符模拟中间色调将图像还原出来。这种数字化编码传输图像的方法,将图像的传输速度由一个多星期提高到 3 个小时,使人们感受到数字图像传输的威力。由于当时还没有计算机,无法进行大量复杂的数学运算和数据存储,因此数字图像技术只局限于图像传输,没有涉及图像处理。

图像处理技术最早出现于 20 世纪 50 年代,当时的电子计算机已经发展到一定水平,人们开始利用计算机处理图形和图像信息。早期的图像处理的目的是改善图像的质量,它以人为对象,以改善人的视觉效果为目的。图像处理中,输入的是质量低的图像,输出的是改善质量后的图像,常用的图像处理方法有图像增强、复原、编码、压缩等。首次获得实际成功应用的是美国喷气推进实验室,他们对航天探测器徘徊者 7 号在 1964 年发回的几千张月球照片使用了图像处理技术,如几何校正、灰度变换、去除噪声等方法进行处理,并考虑了太阳位置和月球环境的影响,由计算机成功地绘制出月球表面地图,获得了巨大的成功。随后又对探测飞船发回的近十万张照片进行更为复杂的图像处理,以致获得了月球的地形图、彩色图及全景镶嵌图,获得了非凡的成果,为人类登月创举奠定了坚实的基础,也推动了数字图像处理这门学科的诞生。

数字图像处理取得的另一个巨大成就是在医学上获得的成果。1972 年英国 EMI(Electromagnetic Interference,电磁干扰)工作组的工程师豪斯费尔德(G. N. Hounsfield, 1919—2004 年)发明了用于头颅诊断的 X 射线计算机断层摄影装置,也就是人们通常所说的计算机 X 线断层摄影术(Computer Tomography,CT)。CT 的基本原理是根据人的头部截面的投影,经计算机处理来重建截面图像,称为图像重建。1975 年 EMI 工作组又成功研制出全身用的 CT 装置,获得了人体各个部位鲜明清晰的断层图像。1979 年,这项无损伤诊断技术获得了诺贝尔奖,说明它对人类做出了划时代的贡献。与此同时,图像处理技术在许多应用领域受到广泛重视并取得了重大的开拓性成就,这些领域包括航空航天、生物医学工程、工业检测、机器人视觉、公安司法、军事制导、文化艺术等,使图像处理成为一门引人注目、前景远大的新型学科。

随着图像处理技术的深入发展,从 20 世纪 70 年代中期开始,随着计算机技术和人工智能、思维科学研究的迅速发展，数字图像处理向更高、更深层次发展。人们已开始研究如何用计算机系统解释图像，实现类似人类视觉系统理解外部世界，这被称为图像理解或计算机视觉。很多国家，特别是发达国家投入巨大的人力、物力到这项研究中，取得了不少重要的研究成果。其中代表性的成果是20世纪70年代末麻省理工学院（Massachusetts Institute of Technology，MIT）的马瑞（D. Marr，1945—1980年）提出的视觉计算理论，这个理论成为计算机视觉领域其后十多年的主导思想。图像理解虽然在理论方法研究上已取得不小的进展，但它本身是一个比较难的研究领域，存在不少困难，因为人类本身对自己的视觉过程还了解甚少，因此计算机视觉是一个有待人们进一步探索的新领域。

数字图像处理是一门内容丰富、复杂的学科，整体上可以分为3个区别又有联系的层次：图像处理、图像分析和图像理解。它们之间的关系如图6-12所示。

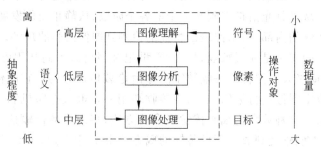

图 6-12　图像处理三层次示意图

其中图像处理强调在图像之间进行变换；图像分析则主要是对图像中感兴趣的目标进行检测和测量，以获取它们的客观信息从而建立对图像的描述；图像理解的重点是在图像分析的基础上，进一步研究图像中各自目标的性质和它们之间的互相联系，并得出对图像内容的含义以及对原来客观场景的解释，从而指导和规划行动。

图像处理是比较低层次的操作，它主要对图像像素进行处理，处理数据量非常大，例如图像采集、变换、滤波、增强、编码、压缩等处理；图像分析通过分割与特征提取等技术把图像变换成比较简洁的目标描述，例如目标检测、提取、跟踪、识别等处理；图像理解属于高层次操作，它在图像分析的基础上，进一步研究图像中各目标的性质和它们之间的相互联系，并得出对图像内容含义的理解以及对原来客观场景的解释，从而指导和规划行为。如果说图像分析主要是以观察者为中心研究客观世界（主要研究可观察到的事物），那么图像理解在一定程度上是以客观世界为中心，借助知识、经验等来把握整个客观世界（包括没有直接观察到的事物），基于内容的图像检索、图像建模重构、场景恢复都属于图像理解的范畴。

6.4.2　图像的几何处理与算术处理

图像是对三维实际景物的平面投影，为了观测需要，常常需要进行各种不同的几何变换。通过几何变换，将图像内像素的位置按照要求重新排布。几何变换只会改变像素的位置，并不会改变像素的颜色，因此几何变换可以看作是像素点坐标的变换，将输入图像(x_0, y_0)点坐标变换为输出图像的(x_1, y_1)点。常见的几何变换包括图像的平移、旋转、缩放等。

1. 平移

平移是将图像沿水平或垂直方向移动位置后，获得新的图像的变换方式。坐标变换公

式如下

$$\begin{bmatrix} x_1 \\ y_1 \end{bmatrix} = \begin{bmatrix} t_x \\ t_y \end{bmatrix} + \begin{bmatrix} x_0 \\ y_0 \end{bmatrix} \tag{6-6}$$

其中,t_x、t_y 为 x 方向和 y 方向平移的距离。

2. 旋转

图像旋转是指图像以某一点作为轴转过一定的角度。通常的做法是以图像的中心为圆心旋转,如绕中心逆时针旋转 α 度对应变换方程如下。

$$\begin{bmatrix} x_1 \\ y_1 \end{bmatrix} = \begin{bmatrix} \cos\alpha & -\sin\alpha \\ \sin\alpha & \cos\alpha \end{bmatrix} \begin{bmatrix} x_0 \\ y_0 \end{bmatrix} \tag{6-7}$$

3. 比例缩放

图像比例缩放是指将给定的图像在 x 轴方向按比例缩放 f_x 倍,沿 y 轴方向比例缩放 f_y 倍。缩放关系对应变换方程如下

$$\begin{bmatrix} x_1 \\ y_1 \end{bmatrix} = \begin{bmatrix} f_x & 0 \\ 0 & f_y \end{bmatrix} \begin{bmatrix} x_0 \\ y_0 \end{bmatrix} \tag{6-8}$$

4. 仿射变换

平移、旋转、缩放这3种几何变换的转换方程非常类似,在实际应用中可以将3种变换结合到一起,形成仿射变换。仿射变换的变换方程如下

$$\begin{bmatrix} x_1 \\ y_1 \end{bmatrix} = \begin{bmatrix} a & c \\ b & d \end{bmatrix} \begin{bmatrix} x_0 \\ y_0 \end{bmatrix} + \begin{bmatrix} e \\ f \end{bmatrix} \tag{6-9}$$

通过公式可以看出,平移、缩放、旋转是仿射变换的3种特殊形式。公式中 a、b、c、d 4个参数决定了图像的缩放和旋转;e、f 决定了图像的平移量。如图6-13所示,设定 $a=d=1, b=-0.1, c=e=f=0$ 实现了图像的列剪切的效果。

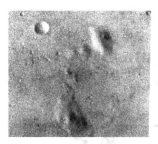 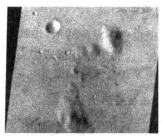

图6-13 仿射变换

在几何变换的过程中容易出现以下问题。

(1) 扩张或保持。在几何处理过程中,由于新图像的标准外接矩形有可能比原图像大,这时可以选择两种处理方式:要么扩大图像,使之能容下整个新图像;要么保留原始大小,将超出部分的信息切除。

(2) 未知信息。在原图像外面的区域,经坐标变换后可能变换到新图像内部,这些区域在新图像中将留下空白。

(3) 映射空洞。在几何处理过程中,如果在原图像中遍历所有像素,然后根据几何映射关系将其搬运到新图像的目标位置上容易产生映射空洞,即新图像中一些内部的像素是空

白的。为了避免映射空洞,通常采用在新图像中遍历所有像素,然后根据几何映射关系从原图像中搬运像素的方法。

(4)插值。在坐标映射过程中,算出的结果有可能是小数而不是整数,这时无法在源图像中找到具体的像素位置,此时需要进行插值操作。将离目标位置最近的原图像像素搬运到新图像中的做法,称作最近邻域插值;先根据周围两个或四个原图像像素的值进行基于距离的融合,然后再将结果搬运到新图像中,称作双线性插值。

图像算术运算是将两幅输入图像之间进行点对点的加、减、乘、除运算后得到输出图像的过程。图像的算术运算在图像处理中有着广泛的应用,它除了可以实现自身所需要的算术操作,还能为许多复杂的图像处理提供准备。

1)图像加法操作

加法运算定义为

$$C(x,y) = A(x,y) + B(x,y) \tag{6-10}$$

其中 A 与 B 是输入图像,C 是输出图像。加法操作一般用于对同一场景的多幅图像相加求平均来达到有效降低加性随机噪声的效果,在远程卫星图像传输过程中,这种算法必不可少,如图 6-14 所示,可以达到很好的去噪效果。

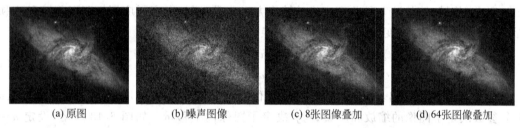

(a)原图　　　　(b)噪声图像　　　　(c) 8张图像叠加　　　　(d) 64张图像叠加

图 6-14　图像叠加去噪

2)图像减法操作

图像减法操作也叫差分操作,定义为

$$C(x,y) = A(x,y) - B(x,y) \tag{6-11}$$

减法操作通常用来检测图像中变化和运动的物体,还可以去除不需要的背景图像,突出研究对象。图 6-15 通过减法操作,起到了突出血管的作用。

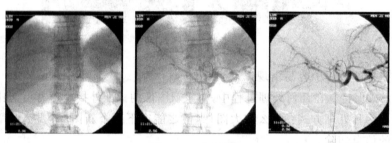

图 6-15　减法操作

3)图像乘法操作

两幅图像进行乘法操作可以实现掩膜运算,即屏蔽掉图像中的某些部分,同时对单幅图像乘一个常数还会起到调节图像亮度的功能,并且这种调节亮度的方法比利用加法运算调节亮度要自然得多,如图 6-16 所示。

图 6-16　乘法掩膜运算,进行部分屏蔽

4) 图像除法运算

图像除法运算又称为比率变换,给出的是相应像素值的变化率,而不是每个像素的绝对差异,可用于校正成像设备的非线性影响。

6.4.3　图像增强

图像增强技术不考虑图像降质的原因,只将图像中感兴趣的特征有选择地突出,而衰减其不需要的特征,故改善后的图像不一定要逼近原图像。如突出目标物轮廓、去除各类噪声、将黑白图像转变为伪彩色图像等。从图像质量评价观点来看,图像增强的主要目的是提高图像的可懂度。

图像增强技术有两类方法:空间域法和频域法。空间域中的方法直接在图像所在的二维空间进行处理,即直接对每一像素的灰度值进行处理。空间域法按技术不同可分为灰度变换和空间滤波。灰度变换是基于点操作,将每一个像素的灰度值按照一定的数学变换公式转换为一个新的灰度值。常用的有灰度变换增强、直方图均衡化等方法。空域滤波是基于邻域处理,应用某一模板对每个像素及其周围邻域的所有像素进行某种数学运算,得到该像素的新的灰度值。图像平滑与锐化技术就属于空域滤波。

频域法首先经过傅里叶变换将图像从空间域变换到频率域,然后在频率域对频谱进行操作和处理,再将其反变换到空间域,从而得到增强后的图像。

1. 灰度变换增强

灰度变换可使图像对比度扩展,图像清晰,特征明显,如图 6-17 所示。它是图像增强的重要手段。灰度变换是一种点处理方法,它将输入图像中每个像素 (x,y) 的灰度值 $g(x,y)$,通过映射函数 $T(\cdot)$,变换成输出图像中的灰度 $g(x,y)$,即 $g(x,y)=T[f(x,y)]$。

图 6-17　灰度拉伸效果对比

例如线性灰度拉伸变换,设一副 8 位灰度图像取值范围为 $[a,b]$,经灰度拉伸后输出图像的灰度取值范围 $[0,255]$,其变换公式为

$$g(x,y) = \frac{f(x,y)-a}{b-a} \times 255 \tag{6-12}$$

2. 直方图均衡增强法

直方图是多种空间域处理技术的基础。直方图操作能有效地用于图像增强。灰度直方图是灰度值的函数,它描述了图像中各灰度值的像素个数。通常用横坐标表示像素的灰度级别,纵坐标表示对应的灰度级出现的频率(像素的个数),如图 6-18 所示。

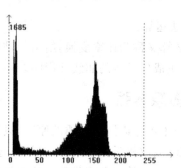

图 6-18 图像直方图

直方图均衡化就是通过把原图像的直方图通过变换函数修正为分布比较均匀的直方图,从而改变图像整体偏暗或整体偏亮,灰度层次不丰富的情况,如图 6-19 所示。

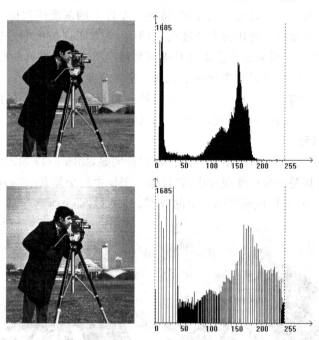

图 6-19 直方图均衡化效果

3. 邻域平均法

假设图像由许多灰度恒定的小块组成,相邻像素间存在很高的空间相关性,而噪声则相

对独立。可以将一个像素及其邻域内的所有像素的平均灰度值赋给平滑图像中对应的像素,从而达到平滑的目的,又称均值滤波或局部平滑法,如图 6-20 所示。

最简单的邻域平均法为非加权邻域平均:一幅图像大小为 $N \times N$ 的图像 $f(x,y)$,用邻域平均法得到的平滑图像为 $g(x,y)$。

$$g(x,y) = \frac{1}{M} \sum_{i,j \in S} f(i,j) \tag{6-13}$$

$x,y=0,1,\cdots,N-1$;S 为 (x,y) 邻域中像素坐标的集合,其中不包括 (x,y),M 表示集合 S 内像素的总数。非加权邻域平均法可以用模板卷积求得,即在待处理图像中逐点地移动模板,求模板系数与图像中相应像素的乘积之和,模板系数为 1。图 6-21 是非加权邻域平均 3×3 模板,图 6-22 展示了加权模板滤波的效果。

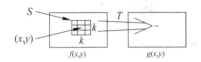

图 6-20 邻域平均法操作过程 　　　　图 6-21 非加权邻域平均 3×3 模板

(a) 噪声图像　　(b) 3×3 模板　　(c) 5×5 模板　　(d) 7×7 模板

图 6-22 不同大小的非加权模板滤波效果

通过修改模板的系数可以实现加权邻域平均法,图 6-23 为修改后 3×3 模板,通过图 6-24 的滤波效果比较可以看出,通过增大中心点像素的权值可以突出细节减少模糊。

(a) 噪声图像　　　　(b) 非加权平均　　　　(c) 加权平均

图 6-23 修改后的平滑模板　　　图 6-24 非加权平均与加权平均的比较

4. 中值滤波法

邻域平均法虽然可以平滑图像,但在消除噪声的同时,会使图像中的一些细节变得模糊(参见图 6-22)。特别是图像中掺杂有幅度区分较大的椒盐噪声时,使用平滑的方法很难将这些噪声去除。对于椒盐噪声宜采用中值滤波的方法,进行图像增强。中值滤波是一种非线性滤波,在消除噪声的同时还能保持图像中的细节部分,防止边缘模糊。它首先确定一个奇数像素窗口 W,窗口内各像素按灰度值从小到大排序后,用中间位置灰度值代替原灰度值。设原始图像在(x,y)的灰度值为$f(x,y)$,增强后图像在对应位置(x,y)的灰度值为$g(x,y)$,则有:

$$g(x,y) = \text{median}\{f(x-k, y-l), k, l \in W\} \quad (6-14)$$

式子中W为选定窗口大小,滤波效果如图6-25所示。通过比较可以看出,中值滤波的效果要优于均值滤波的效果,图像中的边缘轮廓比较清晰。

(a) 椒盐噪声图像　　(b) 邻域平均法　　(c) 中值滤波法

图 6-25　邻域平均法与中值滤波法的比较

5. 变换域增强

变换域增强是首先经过某种变换(如傅里叶变换)将图像从空间域变换到变换域,然后在变换域对频谱进行操作和处理,再将其反变换到空间域,从而得到增强后的图像。

如图6-26(b)所示,加上了周期噪声的图像在频率域内会产生冲激(在图6-26(e)中用圆圈标示)。这种周期噪声使用空间域的变换方法很难去除,在频率域内用图6-26(f)所示的带阻滤波器进行在频率域内进行滤波处理,将处理后的图像进行反变换得到图6-26(c)的输出,达到了较好的图像增强效果。

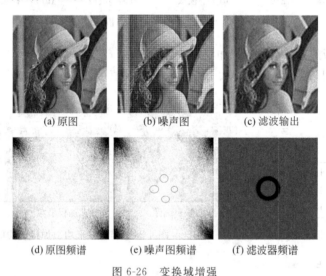

(a) 原图　　(b) 噪声图　　(c) 滤波输出

(d) 原图频谱　　(e) 噪声图频谱　　(f) 滤波器频谱

图 6-26　变换域增强

6.4.4　图像重建与图像分割

图像重建是图像处理中的一个重要分支,广泛的应用于物体内部结构图像的检测和观察中,它是一种无损检测技术。主要用于医疗、工业无损检测、核医学、电子显微、无线和雷达天文学、光显微、全息成像学以及理论视觉等领域。

根据用于图像重建的数据获取方式的不同,可分为透射模型、发射模型、反射模型。

透射模型建立于能量通过物体后有一部分能量会被吸收的基础之上,透射模型经常用于 X 射线、电子射线及光线和热辐射的情况下,它们都遵从一定的吸收规则。

发射模型可用来确定物体的位置。这种方法已经广泛用于正电子检测,通过在相反的方向分解散射的两束伽马射线,则这两束射线的渡越时间可用来确定物体的位置。

反射模型可以用来测定物体的表面特征,例如光线、电子束、激光或超声波等都可以用来进行这种测定。

图像重建在现实生活中最常见的应用就是计算机断层扫描技术(CT 技术)。CT 技术属于透射模型中的一种,它根据人体不同组织对 X 线的吸收与透过率的不同,应用灵敏度极高的仪器对人体进行测量,然后将测量所获取的数据输入电子计算机,电子计算机对数据进行处理后,就可摄下人体被检查部位的断面或立体的图像,发现体内任何部位的细小病变,参见图 6-27。

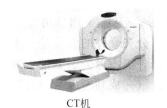
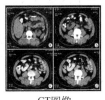

CT机　　　　　　　　CT图像

图 6-27　CT 机与 CT 图像

图像分割就是把图像分成若干个特定的、具有独特性质的区域并提出感兴趣目标,为后继的分类、跟踪、识别等处理提供基础。它是由图像处理到图像分析的关键步骤。现有的图像分割方法主要分以下几类:基于阈值的分割方法、基于区域的分割方法、基于边缘的分割方法以及基于特定理论的分割方法等。

阈值分割是图像分割中应用数量最多的一类,实际上是输入图像 f 到输出图像 g 的如下变换

$$g(x,y) = \begin{cases} 1, & f(x,y) > T \\ 0, & f(x,y) < T \end{cases} \tag{6-15}$$

T 为分割的阈值,通过对 T 的合理选取将目标在背景在图像中分割出来。阈值分割的优点是计算简单、运算效率较高、速度快。在重视运算效率的应用场合(如用于硬件实现),它得到了广泛应用。阈值分割算法的关键是确定阈值,如果能确定一个合适的阈值就可准确地将图像分割开来。在许多情况下,物体和背景的对比度在图像中的各处不是一样的,这时很难用一个统一的阈值将物体与背景分开。这时可以根据图像的局部特征分别采用不同的阈值进行分割。实际处理时,需要按照具体问题将图像分成若干子区域分别选择阈值,或者动态地根据一定的邻域范围选择每点处的阈值,进行图像分割。阈值的选择需要根据具体问题来确定,一般通过实验来确定。对于给定的图像,可以通过分析直方图的方法确定最佳的阈值,例如当直方图明显呈现双峰情况时,可以选择两个峰值的中点作为最佳阈值,参见图 6-28。

区域分割法分为区域生长和分裂合并法两种。

区域生长的基本思想是将具有相似性质的像素集合起来构成区域。具体先对每个需要

图 6-28 阈值分割

分割的区域找一个种子像素作为生长的起点,然后将种子像素周围邻域中与种子像素有相同或相似性质的像素(根据某种事先确定的生长或相似准则来判定)合并到种子像素所在的区域中。将这些新像素当作新的种子像素继续进行上面的过程,直到再没有满足条件的像素可被包括进来。这样一个区域就长成了。

分裂合并法近似于是区域生长的逆过程,它从整个图像出发,不断分裂得到各个子区域,然后再把前景区域合并,实现目标提取。分裂合并的假设是对于一幅图像,前景区域是由一些相互连通的像素组成的,因此,如果把一幅图像分裂到像素级,那么就可以判定该像素是否为前景像素。当所有像素点或者子区域完成判断以后,把前景区域或者像素合并即可得到前景目标,参见图 6-29。

原图　　　　　　　　区域生长　　　　　　　分裂合并

图 6-29 图像的区域分割法

图像分割的另一种重要途径是通过边缘检测,即检测灰度级或者结构具有突变的地方,表明一个区域的终结,也是另一个区域开始的地方。这种不连续性称为边缘。不同的图像灰度不同,边界处一般有明显的边缘,利用此特征可以分割图像。

图像中边缘处像素的灰度值不连续,这种不连续性可通过求导数来检测到。对于阶跃状边缘,其位置对应一阶导数的极值点,对应二阶导数的过零点(零交叉点),因此常用微分算子进行边缘检测。由于边缘和噪声都是灰度不连续点,在频域均为高频分量,直接采用微分运算难以克服噪声的影响,因此用微分算子检测边缘前要对图像进行平滑滤波。LOG 算子和 Canny 算子是具有平滑功能的二阶和一阶微分算子,边缘检测效果较好,参见图 6-30。

目前为止没有一种适合于所有图像的通用的分割算法,但是可以看出,图像分割方法正朝着更快速、更精确的方向发展,各种新理论和新技术结合将不断取得突破和进展。例如基于聚类分析的图像分割方法,将图像空间中的像素用对应的特征空间点表示,根据它们在特征空间的聚集对特征空间进行分割,然后将它们映射回原图像空间,得到分割结果;基于小

原图　　　　　　　　LOG算子　　　　　　　　Canny算子

图 6-30　边缘分割

波变换的阈值图像分割方法由小波变换将图像的直方图分解为不同层次的小波系数,然后依据给定的分割准则和小波系数选择阈值门限,最后利用阈值标出图像分割的区域;基于神经网络的分割方法,通过训练多层感知机来得到线性决策函数,然后用决策函数对像素进行分类来达到分割的目的。

6.4.5　图像编码

图像编码是指在满足一定质量(信噪比的要求或主观评价得分)的条件下,以较少比特数表示图像或图像中所包含信息的技术,已广泛应用于图像数据压缩、图像传输和特征提取等方面。在图像数字化中,图像的原始数据是十分巨大的,通过图像编码压缩可以节省图像存储器的容量,减少传输信道容量,缩短图像处理的时间,以使数字图像能在实际中更广泛地得到应用。

图像信号固有的统计特征表明,原始数字图像当中包含有大量的冗余,图像相邻像素之间,相邻行之间,或者相邻帧之间,存在较强的相关性。利用某种编码方法在一定程度上消除这些相关性,就可以实现图像信息的数据压缩。通过压缩保留不确定的信息,去掉确定的信息,用一种更接近信息本身的描述代替原冗余的描述。

根据解码重建后的图像和原始图像之间是否有误差,图像压缩编码分为无损(也称为无失真、无误差、信息保持、可逆压缩)编码和有损(有误差、有欠真、不可逆)编码两大类。无损编码中删除的仅仅是图像数据中冗余的数据,经解码重建的图像和原始图像没有任何失真,压缩比不大,通常只能获得1~5倍的压缩比,常用于复制、保存十分珍贵的历史、文物图像等场合;有损编码是指解码重建的图像与原图像相比有失真,不能精确地复原,但视觉效果基本上相同,是实现高压缩比的编码方法,数字电视、图像传输和多媒体等常采用这类编码方法。

常见的无损编码方式有行程编码、赫夫曼编码和算术编码。

行程编码(Run-Length Encoding)是仅存储一个像素值以及具有相同颜色的像素数目的图像数据编码方式,也称游程编码。该压缩编码技术相当直观和经济,运算也相当简单,因此解压缩速度很快,尤其适用于计算机生成的图形图像,对减少存储容量很有效果。

赫夫曼编码(Huffman)是一种不定长编码的方法,先对图像数据扫描一遍,计算出各种像素出现的概率,按概率的大小指定不同长度的唯一二进制码字,出现概率高的像素采用较短的码字,概率低的像素采用较长的码字,由此得到一张该图像的赫夫曼码表。编码后的图像数据记录的是每个像素的码字，而码字与实际像素值的对应关系记录在码表中。

算术编码的编码方式与赫夫曼编码类似，都属于不定长编码方式。算术编码采用 0 到 1 区间上一个浮点数来代替一串输入符号。本质是为整个输入流分配一个码字，而不是给输入流中的每个字符分别指定码字。算术编码是一种到目前为止编码效率最高的统计熵编码方法，它比赫夫曼编码效率提高 10% 左右，但由于其编码复杂性和实现技术的限制以及一些专利权的限制，所以并不像赫夫曼编码那样应用广泛。

常见的有损编码方式有预测编码和变换编码两种。

预测编码是根据某一种模型，利用以前的（已收到）一个或几个样值，对当前的（正在接收的）样本值进行预测，将样本实际值和预测值之差进行编码。如果模型足够好且样本序列在时间上相关性较强，那么误差信号的幅度将远远小于原始信号，从而可以用较少的数据对其差值量化得到较好的数据压缩效果。

变换编码指将给定的图像数据变换（如正交变换）到另一个数据域（如频域）上，然后进行量化、编码和传输，使大量的信息能用较少的数据来表示。以傅氏变换为例，变换后的大的频谱系数 90% 集中在低频，可以压缩低频，忽略高频。根据变换方式的不同，变换编码又可分为傅氏变换、正弦变换、余弦变换、斜变换、哈尔变换、K-L 变换等多种形式，其中应用最广的是离散余弦变换，在静止图像编码标准 JPEG 中，在运动图像编码标准 MJPEG 和 MPEG 的各个标准中都使用了离散余弦变换。改进的离散余弦变换在 AAC（Advanced Audio Coding，高级音频编码）编码和 MP3 音频压缩当中也得到了使用。

20 世纪 80 年代后期和 90 年代初，人们结合人类的视觉生理和心理特性、模式识别、计算机视觉、神经网络、小波分析和分形几何学等理论，开始探索图像压缩编码的新途径，编码技术不再拘束于信息论框架，而是充分利用视觉的生理和心理特性，以及信源的各种性质以获得更高的压缩比。开发出了分裂合并编码、分形编码、基于模型的编码、小波编码等多种编码方式。

图像压缩编码技术虽然多种多样，但在国际上必须有一种标准的压缩格式为各个厂家所广泛接受，使不同厂家的各种产品能够兼容和互通。目前，图像压缩标准化工作主要由国际标准化组织、国际电工委员会和国际电信联盟进行，有关专家组首先征求一些大的计算机及通信设备公司、大学和研究机构所提出的建议，然后以图像质量、压缩性能和实际约束条件为依据，从中选出最好的建议，并在此基础上做出一些适应国际上原有的不同制式的修改，最后形成相应的国际标准。

JPEG（Joint Photographic Experts Group）是在国际标准化组织领导之下制定静态图像压缩标准的委员会，第一套国际静态图像压缩标准 ISO10918—1（JPEG）就是该委员会制定的。由于 JPEG 优良的品质，使它在短短几年内获得了极大的成功，被广泛应用于互联网和数码相机领域，网站上 80% 的图像都采用了 JPEG 压缩标准。

JPEG 算法操作可分成以下三个基本步骤：

(1) 通过 DCT（Discrete Cosine Transform，离散余弦变换）去除数据冗余。

(2) 使用量化表对 DCT 系数进行量化，量化表是根据人类视觉系统和压缩图像类型的特点进行优化的量化系数矩阵。

(3) 对量化后的 DCT 系数进行编码使其熵达到最小，熵编码采用赫夫曼可变字长编码。

JPEG 压缩技术十分先进,它用有损压缩方式去除冗余的图像数据,在获得极高的压缩率的同时能展现十分丰富生动的图像。2000 年 3 月 JPEG 标准升级为 JPEG2000,放弃了 JPEG 所采用的以离散余弦转换为主的区块编码方式,而改采用以小波转换为主的多解析编码方式。小波转换的主要目的是要将图像的频率成分抽取出来,分别加以控制及编码。采用小波变换后,JPEG2000 能实现渐进传输,这也就是人们常说的"渐现"特性。它先传输图像的轮廓,然后逐步传输数据,不断提高图像质量,让图像由朦胧到清晰显示,而不必是像 JPEG 一样,由上到下慢慢显示。其压缩率比 JPEG 高约 30% 左右,同时支持有损和无损压缩。JPEG2000 作为一种新型图像压缩技术标准,其涉及的应用领域比 JPEG 广泛得多,包括互联网、彩色传真、打印、扫描、数字摄像、遥感、移动通信、医疗图像和电子商务等多个领域。

6.4.6 数字图像处理的应用

图像是人类获取和交换信息的主要来源,因此图像处理的应用领域必然涉及人类生活和工作的方方面面。随着人类活动范围的不断扩大,图像处理的应用领域也将随之不断扩大。

1. 航天和航空技术方面的应用

数字图像处理技术在航天和航空技术方面的应用,除了对太空照片的处理之外,另一方面的应用是在飞机遥感和卫星遥感技术中。许多国家每天派出很多侦察飞机对地球上有兴趣的地区进行大量的空中摄影,对由此得来的照片进行处理分析,从照片中提取人工所不能发现的大量有用情报。

从 20 世纪 60 年代末以来,美国及一些国际组织发射了资源遥感卫星(如 LANDSAT 系列)和天空实验室(如 SKYLAB),由于成像条件受飞行器位置、姿态、环境条件等影响,图像质量总不是很高。因此,以如此昂贵的代价进行简单直观的判读来获取图像是不合算的,而必须采用数字图像处理技术,如 LANDSAT 系列陆地卫星,采用多波段扫描器(MSS),在 900km 高空对地球每一个地区以 18 天为一周期进行扫描成像,其图像分辨率大致相当于地面上十几米或 100 米左右(如 1983 年发射的 LANDSAT-4,分辨率为 30m)。这些图像在空中先处理(数字化、编码)成数字信号存入磁带中,在卫星经过地面站上空时,再高速传送下来,然后由处理中心分析判读。这些图像无论是在成像、存储、传输过程中,还是在判读分析中,都必须采用很多数字图像处理方法。

现在世界各国都在利用陆地卫星所获取的图像进行资源调查(如森林调查、海洋泥沙和渔业调查、水资源调查等)、灾害检测(如病虫害检测、水火检测、环境污染检测等)、资源勘察(如石油勘查、矿产量探测、大型工程地理位置勘探分析等)、农业规划(如土壤营养、水分和农作物生长、产量的估算等)、城市规划(如地质结构、水源及环境分析等)。我国也陆续开展了以上诸方面的一些实际应用,并获得了良好的效果。在气象预报和对太空其他星球研究方面,数字图像处理技术也发挥了相当大的作用。

2. 生物医学工程方面的应用

数字图像处理在生物医学工程方面的应用十分广泛,而且很有成效。除了上面介绍的 CT 技术之外,还有一类是对医用显微图像的处理分析,如红细胞、白细胞分类、染色体分析、癌细胞识别等。此外,在 X 光肺部图像增晰、超声波图像处理、心电图分析、立体定向放射治疗等医学诊断方面都广泛地应用图像处理技术。

3. 通信工程方面的应用

当前通信的主要发展方向是声音、文字、图像和数据结合的多媒体通信,具体地讲是将电话、电视和计算机以三网合一的方式在数字通信网上传输,其中以图像通信最为复杂和困难,因图像的数据量十分巨大,如传送彩色电视信号的速率达 100Mb/s 以上。要将这样高速率的数据实时传送出去,必须采用编码技术来压缩信息的比特量,在一定意义上讲,编码压缩是这些技术成败的关键。除了已应用较广泛的熵编码、DPCM 编码、变换编码外,目前国内外正在大力开发研究新的编码方法,如分形编码、自适应网络编码、小波变换图像压缩编码等。

4. 工业和工程方面的应用

在工业和工程领域中图像处理技术有着广泛的应用,如自动装配线中检测零件的质量并对零件进行分类、印刷电路板瑕疵检查、邮政信件的自动分拣等,其中值得一提的是研制具备视觉、听觉和触觉功能的智能机器人,将会给工农业生产带来新的激励,目前已在工业生产中的喷漆、焊接、装配中得到有效的利用。

5. 军事公安方面的应用

在军事方面图像处理和识别主要用于导弹的精确制导,各种侦察照片的判读,具有图像传输、存储和显示的军事自动化指挥系统,飞机、坦克和军舰模拟训练系统等;公安业务图片的判读分析,指纹识别,人脸鉴别,不完整图片的复原,以及交通监控、事故分析等。目前已投入运行的高速公路不停车自动收费系统中的车辆和车牌的自动识别都是图像处理技术成功应用的例子。

6. 文化艺术方面的应用

目前这类应用有电视画面的数字编辑,动画的制作,电子图像游戏,纺织工艺品设计,服装设计与制作,发型设计,文物资料照片的复制和修复,运动员动作分析和评分等等,现在已逐渐形成一门新的艺术——计算机美术。

6.5 信息融合

6.5.1 信息融合的目的和应用领域

近二十年来,传感器技术获得了迅速发展,各种面向复杂应用背景的多传感器信息系统大量涌现,在一个系统中装配的传感器在数量上和种类上也越来越多,因此需要有效地处理各种各样的大量的传感器信息。在这些系统中,信息表现形式的多样性,信息容量以及信息的处理速度等要求已经大大超出人脑的信息综合能力。处理各种各样的传感器信息意味着增加了待处理的信息量,很可能会涉及在各传感器数据组之间数据的矛盾和不协调。在这样的情况下,多传感器信息融合技术(Multi-sensor information Fusion,MIF)应运而生。

"融合"是指采集并集成各种信息源、多媒体和多格式信息从而生成完整、准确、及时和有效的综合信息的过程。信息融合是针对一个系统中使用多种传感器(多个/或多类)这一特定问题而展开的一种信息处理的新研究方向。信息融合技术研究如何加工、协同利用信息,并使不同形式的信息相互补充,以获得对同一事物或目标的更客观、更本质的认识,经过融合后的系统信息具有冗余性、互补性、实时性等特点。

1. 军事应用

军事应用是信息融合技术诞生的源泉,信息融合技术主要应用于海上监视,空对空防御和地对空防御,自主式武器系统和自主式运载器,战场情报收集系统,采用多传感器进行截获、跟踪和指挥制导的火控系统,军事力量的指挥和控制站,敌情指示和预警系统。其应用领域主要包括以下几个方面:

1) 海洋监视系统

未来海战将是集电子战、C3I 系统(C3 指 Command 指挥、Control 控制、Communication 通信,I 指 Intelligence 情报)和精确制导武器的"海、陆、空、天、电"五维战争,舰船可能遇到飞机、水面舰艇、潜艇、岸基等多种武器平台发射的导弹、火炮、炸弹和鱼雷等的攻击,因此,海上防御是非常重要的。海上防御首先就要进行海上监视,主要对海上目标进行探测、跟踪和目标识别,以及对海上事件和敌人作战行动进行监视。海洋监视系统对象包括空中、水面和水下。空中包括作战飞机,水面和水下包括各种舰艇及水下的潜艇,这些是未来作战的重点防御内容。

2) 空对空或地对空防御系统

空对空或地对空防御系统的目标是检测、跟踪、识别敌方飞机、导弹等,典型的包括雷达、EM5 接收机、远近红外探测器、敌我识别传感器等。

3) 战略预警系统

战略预警系统为早期发现、跟踪、识别来袭的远程弹道导弹、战略轰炸机和巡航导弹等战略武器,并及时发出警报采取的措施。战略预警系统由天基、空基、陆基多种探测系统、信息处理系统和信息传输系统组成,是现代战略进攻武器系统和战略防御系统的重要组成部分。其任务是尽早探明来袭目标及其各种参数,处理所获信息,对来袭目标进行跟踪、识别,为军事决策、战略武器的使用及民防准备等实时地提供信息。根据预警对象的不同,需要采用不同的预警手段。对弹道导弹的预警主要采用弹道导弹预警雷达和预警卫星,对战略轰炸机和巡航导弹等飞行器的预警主要采用地面远程警戒雷达和预警机。

2. 民事应用

近年来,信息融合技术除了在军事应用上,在民事应用中也取得了飞速的发展,主要应用领域包括以下几个方面。

1) 医疗诊断

对普通病人,医生诊断病情主要是通过接触、看、听、问和病人自述等途径了解病情,而对一些复杂的情况可能就需要多种传感器的信息,如 X 射线图像、核磁共振图像等,对人体的病变、异常和肿瘤等进行定位与识别。医生利用这些结果确定病情,减少或避免误诊。利用信息融合原理还可开发专家诊断软件系统,更方便病情的确诊。

2012 年 10 月,欧洲同步加速器辐射源研究中心、德国慕尼黑大学以及美国加州大学洛杉矶分校经过近 10 年的研究,开创了一种新型 X 光乳腺成像方式,能够以比现在常用的二维放射摄影术低出约 25 倍的辐射剂量拍摄乳房的三维 X 光图像。同时,新方法还能使生成的三维高能 X 射线计算机断层扫描诊断图像(CT)的空间分辨率提升 2 倍至 3 倍,相关研究论文发表在美国《国家科学院学报》在线版上。目前常用的乳腺癌扫描技术是"双重视图数字乳腺摄影术",它的缺陷在于只能提供两幅乳腺组织的图像,而无法准确探测乳腺肿瘤,造成乳腺癌的误诊,而这种高能 X 射线和相衬成像技术的使用,再加上复杂的新型 EST 数学算法,能够基于X光数据重建CT图像,并形成了比传统乳腺摄影清晰度、对比度和整体图像品质更高的三维图像。

2) 交通管制系统

多传感器信息融合系统的另一个应用领域是交通管制系统。日本VICS(Vehicle Information and Communication System)系统是一个典型的利用交通监控信息融合进行交通信息服务的例子。VICS中心首先将从交通监控信息中心所得到的多种交通信息经过融合处理和编辑后,获得路网的交通状态分布信息,然后通过红外信标、微波信标以及调频广播的方式,将路网的交通状况实时地传递给道路上行驶的车辆,引导车辆以最佳路径到达目的地。VICS所提供的信息可以使驾驶员明确掌握各种情况、减少迷路、选择最短路线、分散交通流、顺利找到停车泊位,可使用户的驾驶情绪得以稳定,相应缩短交通所花时间,缓解和解除交通堵塞。对于社会来讲,VICS系统的意义在于提高了交通的安全性、使交通得以畅通、环境得到保护、提高了整个社会的效率。VICS系统的实施给日本带来了巨大的社会效益,据报道VICS系统自1996年在日本实施以来,近20年的实际行驶纪录试验结果表明,使用VICS信息比不使用VICS信息车辆可以缩短15%～20%的驾驶时间,目前日本国内销售的丰田汽车60%安装汽车导航和VICS车载终端。由此可见,交通监控信息融合的应用,可以产生巨大的经济效益与社会效益。

3) 图像融合

图像融合(Image Fusion)是指将多源遥感图像按照一定的算法,在规定的地理坐标系,生成新的图像的过程。高效的图像融合方法可以根据需要综合处理多源通道的信息,从而有效地提高图像信息的利用率、系统对目标探测识别的可靠性及系统的自动化程度。

2008年我们国家的汶川地震和2010年的玉树地震,国家调动过多颗卫星,为抗震救灾提供卫星成像分析和数据。2014年3月8日,马来西亚航空公司一架从吉隆坡飞往北京的航班失去联络,该飞机航班号为MH370,机型波音777-200,载有239人。事件发生后,我国共调用10颗共四类卫星参与马航客机的搜救,从而保证拍摄图像的完整性。3月11日,中科院遥感与数字地球研究所遥感地球所已经得到了包括高分一号卫星在内的多颗卫星对相关区域拍摄的图像,并进行了分析,高分一号卫星最快每4天飞抵相关海域上空一次,空间分辨率达到2米,无论是大的飞机残骸还是其他大漂浮物,都能在卫星图像上显示出来,这些图片经过分析和处理后将为马航失踪飞机的寻找提供重要线索。

这诸多方面的优点使得图像融合在医学、遥感、计算机视觉、气象预报及军事目标识别等方面的应用潜力得到充分认识,尤其在计算机视觉方面,图像融合被认为是克服目前某些难点的技术方向;在航天、航空多种运载平台上,各种遥感器所获得的大量光诺遥感图像(其中分辨率差别、灰度等级差别可能很大)的复合融合,为信息的高效提取提供了良好的处理手段,取得明显效益。

6.5.2 信息融合的理论基础

1. 信息融合的定义

信息融合技术是20世纪70年代提出来的,近二十年来,基于科学的发展,特别是微电子技术、集成电路及其设计技术、计算机技术、近代信号处理技术和传感器技术的发展,信息融合技术已经发展成为一个新的学科方向和研究领域。

早期的信息融合方法是针对数据处理的,所以也有人将信息融合称为数据融合。信息融合是针对一个系统中使用多种传感器这一特定问题而展开的一种信息处理的新研究方向,从这个角度上讲,信息融合又可以称为多传感器信息融合或多源信息融合。由于信息融合应用面非常广泛,且各行各业按照自己的理解又给出了不同的定义,虽然对这门边缘学科的研究已经有30多年的历史,但至今仍然没有一个被普遍接受的定义。

目前,能被大多数研究者接受的有关信息融合的定义,是由美国三军组织实验室理事联合会(JDL:Joint Director of Laboratory)提出来的。JDL将信息融合定义为:把来自许多传感器和信息源的数据进行联合、相关、组合和估值的处理,以达到精确的位置估计与身份估计,以及对战场情况和威胁及其重要程度进行适时的完整评价。另外根据国内外研究成果,多传感器信息融合比较确切的定义可概括为充分利用不同时间与空间的多传感器数据资源,采用计算机技术对按时间序列获得的多传感器观测数据,在一定准则下进行分析、综合、支配和使用,获得对被测对象的一致性解释与描述,进而实现相应的决策和估计,使系统获得比它的各组成部分更充分的信息。

由于应用领域不同,信息融合模型有所区别。美国国防部实验室联合指导委员会数据融合小组给出了一个信息融合在军事领域应用的通用模型。该模型开始分三级,后来发展成四级。应当指出,"级"这一术语,并不意味着各级之间有时序特性,实际上,这些子过程经常是并行处理的。

第一级处理包括数据和图像的配准、关联、跟踪和识别。

数据配准是把从各个传感器接收的数据或图像在时间和空间上进行校准,使它们有相同的时间基准、平台和坐标系。数据关联是把各个传感器送来的点迹与数据库中的各个航迹相关联,同时对目标位置进行预测,保持对目标进行连续跟踪,关联不上的那些点迹可能是新的点迹,也可能是虚警被保留下来,在一定条件下,利用新点迹建立新航迹,消除虚警。识别主要指身份或属性识别,给出目标的特征,以便进行态势和威胁评估。

第二级处理包括态势提取、态势分析和态势预测,统称为态势评估。

态势提取是从大量不完全的数据集合中构造出态势的一般表示,为前级处理提供连贯的说明。静态态势包括敌我双方兵力、兵器、后勤支援对比及综合战斗力评估;而动态态势包括意图估计、遭遇点估计、致命点估计等。态势分析包括实体合并,协同推理与协同关系分析,敌我各实体的分布和敌方活动或作战意图分析。态势预测包括未来时刻敌方位置预测和未来兵力部署推理等。

第三级处理为威胁评估是关于敌方兵力对我方杀伤能力及威胁程度的评估,具体地说,包括综合环境判断、威胁等级判断及辅助决策。

第四级处理称为优化融合处理,包括优化利用资源、优化传感器管理和优化武器控制,通过反馈自适应,提高系统的融合效果。

信息融合的一般模型如图6-31所示。

2. 信息融合的分类

由于考虑问题的出发点不同,信息融合目前有很多分类方法。按照信号处理的域进行分类,信息融合系统可以分为时间融合、空间融合和时空融合三种。

(1) 时间融合:指同一传感器对目标在不同时间的量测值进行融合处理。

(2) 空间融合:指在同一时刻,对不同的传感器的量测值进行融合处理。

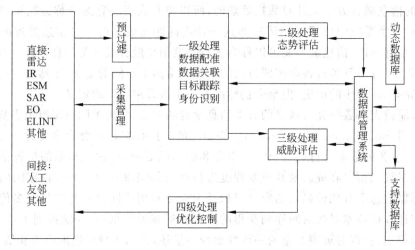

图 6-31　信息融合的一般模型

(3) 时空融合：指在一段时间内，对不同传感器的量测值不断地进行融合处理。

按照融合的顺序和融合的层次高低分为低级、中级和高级并根据融合的层次和实质内容，将其与像素级、特征级和决策级相对应起来。这种分类方法更合理，也被更多的人所接受。

1) 像素级融合

像素级融合是指在融合程中要求参与融合的传感器信息间具有精确到一个像素的配准精度。它是直接在采集到的原始数据层上进行的融合，在各种传感器的原始测报未经预处理之前就进行数据的综合与分析。在信息处理层次中像素级融合的层次较低，故也称其为低级融合，参见图 6-32。

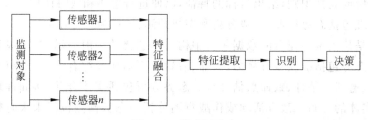

图 6-32　像素级融合

像素级融合对传感器的原始数据进行融合处理，尽可能多地保持了原始信息，提供其他两个层次融合所不具有的细微信息。

但像素级融合具有以下缺点：

(1) 由于所要处理的传感器信息量大，故处理代价高、处理时间长、实时性差；

(2) 融合是在信息最低层进行的，由于传感器的原始数据的不确定性、不完全性和不稳定性，要求在融合时有较高的纠错能力；

(3) 由于要求各传感器信息之间具有精确到一个像素的配准精度，故要求传感器信息来自同质传感器；

(4) 通信量大，抗干扰能力差。

2）特征级融合

特征级融合属于中间层次的融合，它先对来自传感器的原始信息进行特征提取（特征可以是目标的边缘、方向、速度等），形成特征矢量，并在对目标进行分类或其他处理前对各组信息进行融合，参见图 6-33。

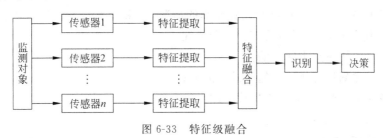

图 6-33　特征级融合

特征级融合的优点在于实现了可观的信息压缩，有利于实时处理，并且由于所提取的特征直接与决策分析有关，因而融合结果能最大限度地给出决策分析所需要的特征。特征级融合可分为两大类：一类是目标状态融合，另一类是目标特性融合。

目标状态信息融合主要应用于多传感器目标跟踪领域。融合系统首先对传感器数据进行预处理以完成数据配准，数据配准后，融合处理主要实现参数相关和状态矢量估计。

目标特性融合属于特征级联合识别，具体的融合方法仍是模式识别的相应技术，只是在融合前必须先对特征进行相关处理，对特征矢量进行分类组合。在模式识别、图像处理和计算机视觉等领域，已经对特征提取和基于特征的分类问题进行了深入的研究，有许多方法可以借用。

3）决策级融合

决策级融合是在信息表示的最高层次上进行的融合处理。不同类型的传感器观测同一个目标，每个传感器在本地完成预处理、特征抽取、识别或判断，以建立对所观察目标的初步结论，然后通过相关处理、决策级融合判决，最终获得联合推断结果，从而直接为决策提供依据，参见图 6-34。

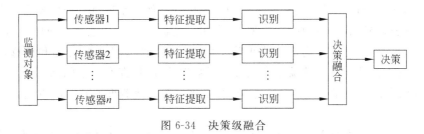

图 6-34　决策级融合

决策级融合具有以下优点：

（1）容错性强。当某个或者某些传感器出现错误时，系统经过适当的融合处理，仍能得到正确的结果，可以把个别传感器出现的错误影响减到最低限度；

（2）通信量小，抗干扰能力强；

（3）对计算机的要求低，运算量小，实时性强。

决策级融合的缺点主要是信息损失大、性能相对较差。

6.5.3 信息融合技术

信息融合所采用的技术主要有以下几种：

1. 经典推理和统计方法

经典推理和统计方法是在已知先验概率的情况下，求所观察事件的概率。它是建立在牢固的数学基础之上的，但其存在四点严重不足。

（1）先验概率往往是不确知的；

（2）在一个时刻只有估计二值假设的能力；

（3）对多变量情况，复杂性成指数增加；

（4）不存在先验似然估计的优点。

2. 多贝叶斯估计法

贝叶斯估计为数据融合提供了一种手段，是融合静态环境中多传感器高层信息的常用方法。它使传感器信息依据概率原则进行组合，测量不确定性以条件概率表示，当传感器组的观测坐标一致时，可以直接对传感器的数据进行融合，但大多数情况下，传感器测量数据要以间接方式采用贝叶斯估计进行数据融合。多贝叶斯估计将每一个传感器作为一个贝叶斯估计，将各个单独物体的关联概率分布合成一个联合的后验的概率分布函数，通过使用联合分布函数的似然函数为最小，提供多传感器信息的最终融合值，融合信息与环境的一个先验模型提供整个环境的一个特征描述。

贝叶斯估计解决了经典推理中的部分问题，但仍存在以下缺点：

（1）定义先验似然函数困难；

（2）在存在多个潜在假设和多个独立事件时比较复杂；

（3）要求有些假设是互斥的；

（4）缺乏通用不确定性能力。

3. 卡尔曼滤波方法

卡尔曼滤波主要用于融合低层次实时动态多传感器冗余数据。该方法用测量模型的统计特性递推，决定统计意义下的最优融合和数据估计。如果系统具有线性动力学模型，且系统与传感器的误差符合高斯白噪声模型，则卡尔曼滤波将为融合数据提供唯一统计意义下的最优估计。卡尔曼滤波的递推特性使系统处理不需要大量的数据存储和计算，但是采用单一的卡尔曼滤波器对多传感器组合系统进行数据统计时，存在以下的问题：

（1）在组合信息大量冗余的情况下，计算量将按照滤波器维数的三次方剧增，实时性不能满足；

（2）传感器子系统的增加使故障随之增加，在某一系统出现故障而没有来得及被检测出时，故障会影响整个系统，使可靠性降低。

4. D-S（Dempster-Shafer，登普斯特-谢弗）技术

D-S方法是贝叶斯理论的推广，其3个基本要点是：基本概率赋值函数、信任函数和似然函数。

D-S方法的推理结构是自上而下的，分为三级。第1级为目标合成，其作用是把来自独立传感器的观测结果合成为一个总的输出结果；第2级为推断，其作用是获得传感器的观测结果并进行推断，将传感器观测结果扩展成目标报告。这种推理的基础是一定的传感器报告以某种可信度在逻辑上会产生可信的某些目标报告;第 3 级为更新,各种传感器一般都存在随机误差,所以在时间上充分独立地来自同一传感器的一组连续报告比任何单一报告可靠,因此在多传感器合成之前,要先组合(更新)传感器的观测数据。D-S 推理利用概率区间和确定区间来决定多元假设的似然性,在身份融合方面具有较大的应用潜力。

5. 模糊逻辑理论

模糊逻辑是多值逻辑,通过指定一个 0 到 1 之间的实数表示真实度,相当于隐含算子的前提,允许将多个传感器信息融合过程中的不确定性直接表示在推理过程中。如果采用某种系统化的方法对融合过程中的不确定性进行推理建模,则可以产生一致性模糊推理。与概率统计方法相比,逻辑推理存在许多优点,它在一定程度上克服了概率论所面临的问题,它对信息的表示和处理更加接近人类的思维方式,它一般比较适合于在高层次上的应用(如决策),但是逻辑推理本身还不够成熟和系统化。此外,由于逻辑推理对信息的描述存在很大的主观因素,所以信息的表示和处理缺乏客观性。模糊集合理论对于数据融合的实际价值在于它外延到模糊逻辑,模糊逻辑是一种多值逻辑,隶属度可视为一个数据真值的不精确表示。在数据融合过程中,存在的不确定性可以直接用模糊逻辑表示,然后使用多值逻辑推理,根据模糊集合理论的各种演算对各种命题进行合并,进而实现数据融合。

模糊逻辑理论在多传感器数据关联、目标跟踪、态势评估和威胁评估等领域中有着非常好的应用前景。

6. 人工神经网络技术

神经网络具有很强的容错性以及自学习、自组织及自适应能力,能够模拟复杂的非线性映射。神经网络的这些特性和强大的非线性处理能力,恰好满足了多传感器数据融合技术处理的要求。在多传感器系统中,各信息源所提供的环境信息都具有一定程度的不确定性,对这些不确定信息的融合过程实际上是一个不确定性推理过程。神经网络根据当前系统所接收的样本相似性确定分类标准,这种确定方法主要表现在网络的权值分布上,同时,可以采用神经网络特定的学习算法来获取知识,得到不确定性推理机制。利用神经网络的信号处理能力和自动推理功能,即实现了多传感器数据融合。

6.5.4 数据融合的主要内容

1. 多传感器数据融合系统结构

众所周知,对数据融合系统来说,它的结构不同,可能导致其有不同的系统性能。从目标跟踪的角度来说,多传感器融合系统的结构通常分为四种——集中式融合系统、无反馈的分布式融合系统、有反馈的分布式融合系统和有反馈的全并行融合系统。

集中式融合系统可利用所有传感器的全部信息进行状态估计、速度估计和预测值计算,其最主要的优点是利用了全部信息,系统的信息损失小,性能好,目标的状态、速度的估计是最佳估计。但把所有原始信息全部送给处理器中心,通信开销太大,融合中心的计算机的存储容量要大,对计算机要求高以及数据关联困难是它的主要缺点,参见图 6-35。

分布式无反馈融合系统,它的每个传感器

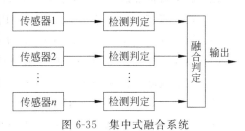

图 6-35 集中式融合系统

都要进行滤波,这种滤波通常称为局部滤波。送给融合中心的数据是当前的状态估计,融合中心利用各个传感器所提供的局部估计进行融合,最后给出融合结果,即全局估计。分布式融合系统要求的通信开销小,融合中心的计算机所需的存储容量小,而且融合速度快。

分布式有反馈系统和分布式无反馈系统相似,只是由融合中心到每一个传感器有一个反馈通道,这有利于提高各个传感器状态估计和预测的精度,参见图 6-36 和图 6-37。

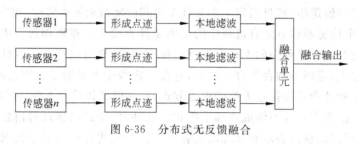

图 6-36 分布式无反馈融合

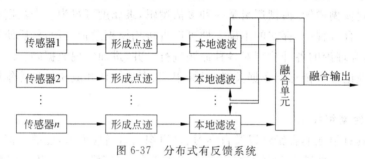

图 6-37 分布式有反馈系统

并行分布式有反馈融合系统通过传送通道,使每一个传感器都能存取其他传感器的当前估计,因此每个传感器都独立地完成全部运算任务,不仅有局部融合单元,还有全局融合单元,因此这种融合系统是最复杂的融合系统也是最有潜力的融合系统,参见图 6-38。

2. 数据关联

多传感器数据融合的关键技术之一是 DA(Data Association,多源数据关联)问题,它也是多传感器数据融合的核心部分。所谓数据关联,就是把来自一个或多个传感器的观测或点迹 $Y_i(i=1,2,\cdots,N)$ 与 j 个已知或已经确认的事件归并到一起,使它们分别属于 j 个事件的集合,即保证每个事件集合所包含的观测来自同一个实体的概率较大。具体地说,就是要把每批目标的点迹与数据库中各自的航迹配对,因为空间的目标很多,不能将它们配错。

数据关联包括点迹与航迹的关联和航迹与航迹的关联,它们是按照一定的关联度量标准进行的。所采用的关联方法主要包括:

(1) 最邻近数据关联(Nearest Neighbor DA,NNDA);
(2) 概率数据关联(Probabilistic DA,PDA);
(3) 联合概率数据关联(Joint PDA,JPDA);
(4) 简易联合概率数据关联(Cheap JPDA,CJPDA);
(5) 准最佳联合概率数据关联(Suboptimal JPDA,SJPDA);
(6) 最邻近联合概率数据关联(Nearest Neighbor JPAD,NNJPDA);
(7) 模糊数据关联(Fuzzy DA,FDA)。

其中 NNDA 和 PDA 方法是针对单目标或者稀疏目标环境的;JPDA 方法针对目标密

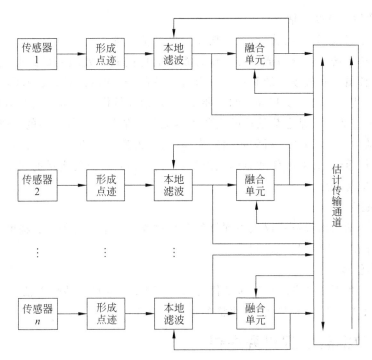

图 6-38　并行分布式有反馈融合系统

度较高的环境,但其计算量较大;后来的 CJPDA、SJPDA、NNJPDA 等方法都是针对 JPDA 的缺点提出来的,极大地减少了计算量,但在性能上有所牺牲。

3. 状态估计

状态估计在这里主要指对目标的位置和速度的估计。位置估计包括距离、方位和高度或仰角的估计,速度估计除速度之外,还有加速度估计。要完成上述估计,在多目标的情况下,首先必须实现对目标的滤波、跟踪,形成航迹。跟踪要考虑跟踪算法、航迹的起始、航迹的确认、航迹的维持、航迹的撤销。在状态估计方面,用得最多的是 $\alpha\text{-}\beta$ 滤波、$\alpha\text{-}\beta\text{-}\gamma$ 滤波和卡尔曼滤波等。这些方法都是针对匀速或匀加速目标提出来的,但一旦目标的真实运动与所采用的目标模型不一致时,滤波器将会发散。状态估计中的难点在于对机动目标的跟踪,后来提出的自适应 $\alpha\text{-}\beta$ 滤波和自适应卡尔曼滤波均改善了对机动目标的跟踪能力。扩展卡尔曼滤波是针对卡尔曼滤波在笛卡儿坐标系中才能使用的局限而提出来的,因为很多传感器,包括雷达,给出的数据都是极坐标数据。当然,多模型跟踪法也是改善机动目标跟踪能力的一种有效的方法。

4. 身份估计

身份估计就是要利用多传感器信息,通过某些算法,实现对目标的分类与识别,最后给出目标的类型,如目标的大小或具体类型等。当然,目前在传感器分辨率较低的情况下,能够给出目标的大小就是可取的。例如一个小目标,如果有 100 米以下的飞行高度和 3 马赫以上的速度,我们就可将其判定为巡航导弹。身份估计所涉及的基本理论和方法包括参数模板法、聚类方法、神经网络方法和基于物理模型的各种方法。模式识别理论与方法在多传感器目标身份融合中有广泛的应用。

5. 态势评估与威胁评估

态势评估是对战场上敌、我、友三方战斗力分配情况的综合评价过程，它是信息融合和军事自动化指挥系统的重要组成部分。作为战场信息提取和处理的最高形式，态势评估和威胁评估是指挥员了解战场上敌我双方兵力对比及部署、武器配备、战场环境、后勤保证及其变化、敌方对我方威胁程度和等级的重要手段，是指挥员作战决策的主要信息源。态势提取、态势分析和态势预测是态势估计的主要内容威胁评估是在态势评估的基础上，综合敌方的破坏力、机动力、运动模式及行为企图的先验知识，得到敌方的战术含义，估计出作战事件出现的程度或严重性，并对敌作战意图做出指示与警告，其重点是定量的表示出敌方作战能力和对我方的威胁程度。

6. 辅助决策

辅助决策包括给出决策建议供指挥员参考和对战斗结果进行预测。辅助决策属多目标决策，一般不存在最优解，只能得到满意解。

7. 传感器管理

一个完整的数据融合系统还应包括传感器管理系统，以科学地分配能量和传感器工作任务，包括分配时间、空间和频谱等，使整个系统的效能更高。

6.5.5 数据融合的研究进展

尽管信息融合在军事领域的地位始终突出，但是随着信息融合技术的发展，其应用领域得以迅速扩展，信息融合已成为现代信息处理的一种通用工具和思维模式。目前以模糊理论、神经网络、证据推理等为代表的智能方法占有相当大的比例，这些方法兼有对问题描述的非建模优势和语言化描述与综合优势。近年来随着人工智能技术的发展，信息融合技术有朝着智能化、集成化的趋势发展。最新的发展包括：

（1）建立数据融合的基础理论，这包括进一步研究融合技术的数学基础，对于同类信息相融合的数值处理，主要研究其各种最优、次优分散式算法；对于不同类型信息相融合的符号处理方法，引进其他领域的一些新技术，如具备学习功能的新型 AI 技术、进化算法、小波分析技术、进化神经网络等。

（2）开展对兼有稳健性和准确性的融合算法和模型的研究。多传感器数据融合从本质上说是一个参数估计问题，或者说是一个算法问题，信号处理技术及其软件的实现方法在数据融合中占了相当大的比重。应借鉴成功经验，着重研究相关处理、融合处理、系统模拟算法和模型，开展对数据融合系统的评估技术和度量标准研究。

（3）分布式处理结构所具有的独特优点（信道容量要求低，系统生命力强，工程易于实现），将使其在检测、估计、跟踪方法中进一步发展。

（4）研究数据融合用的数据库和知识库，高速并行检索和推理机制。利用大型空间数据库中数据和知识进行推理是融合系统过程中的关键任务，但其数据量往往非常庞大，这就有必要深入研究和探讨用于空间数据库的知识发现机制和处理方法。

（5）开发更加有效的推理系统，以进行融合过程中的状态估计和决策分析。

（6）人工智能可使系统本身具有较好的柔性和可理解性，同时还能处理复杂的问题，因而在未来的数据融合技术中利用人工智能的各种方法，以知识为基础构成多传感器数据融合将继续是其研究趋势之一。

（7）神经网络以其泛化能力强、稳定性高、容错性好、快速有效的优势，在信息融合中的应用日益受到重视。目前，将模糊数学、神经网络、进化计算、粗集理论、小波变换、专家系统等智能技术有机地结合起来，是一个重要的发展趋势。

参 考 文 献

[1] 黄载禄等.电子信息科学与技术导论[M].北京：高等教育出版社,2011.
[2] 何东健等.数字图像处理[M].西安：西安电子科技大学出版社,2008.
[3] 杨万海.多传感器数据融合应用[M].西安：西安电子科技大学出版社,2004.
[4] 陈森,徐克虎.C~4ISR 信息融合系统中的态势评估[J].火力与指挥控制,2006.
[5] 高方君.C3I 多传感器信息融合系统.火力与指挥控制[J].火力与指挥控制,2008.
[6] 李新德.多源不完善信息融合方法及其应用研究[C].武汉：华中科技大学,2006.
[7] 高健.DSmT 信息融合技术及其在机器人地图创建中的应用[C].武汉：华中科技大学,2007.
[8] 童利标,漆德宁.无线传感器网络与信息融合[M].安徽：安徽人民出版社,2008.
[9] 郭星明.全通用管理信息处理系统设计理论[M].北京：中国水利水电出版社,2008.

第 7 章 人工智能与智能信息处理

CHAPTER 7

人工智能是一门综合了计算机科学、生理学、哲学的交叉学科。人工智能的研究课题涵盖面很广,从机器视觉到专家系统,包括许多不同的领域,这其中共同的基本特点是让机器学会"思考"。现在,人工智能专家们面临的最大挑战之一是如何构造一个系统,可以模仿有上百亿个神经元组成的人脑的行为去思考复杂的问题。

计算智能和人工智能两者之间有部分重合,计算智能以生物进化的观点认识和模拟智能,认为智能是在生物的遗传、变异、生长以及外部环境的自然选择中产生的,因此计算智能与生命科学、系统科学紧密联系,模糊计算、神经计算和进化计算构成计算智能的核心。传统的人工智能始于 20 世纪 50 年代,它以符号形式表达和模拟智能行为,而计算智能始于 20 世纪 80 年代,它以数字形式表达和模拟智能行为。将计算智能理论应用于信号与信息处理领域即为智能信息处理。智能信息处理是计算机科学中的前沿交叉学科,其面向海量和复杂信息研究先进的信息处理技术,它不仅有很高的理论研究价值,而且对于国家信息产业的发展乃至整个社会经济建设、发展都具有极为重要的意义。

7.1 人工智能

7.1.1 人工智能的定义

人工智能(Aritificial Intelligence,AI)是一门正在发展中的综合性前沿科学,其出现与计算机诞生相同的年代,涉及控制论、自动化、生物学、信息论、医学等多门学科。人工智能虽然已经成为一个学术领域,但却一直没有一个明确的定义,但是人工智能的两个研究方向一直没变:一是要用机器来实现人的智能,这是工程学的研究方向;二是要解释人的智能结构,这是科学的研究方向。因此就这两个研究方向,这里可以引用美国麻省理工学院的温斯顿(P. H. Winston)教授对人工智能的定义"人工智能就是研究如何使计算机去做过去只有人才能做的智能工作"和美国斯坦福大学人工智能研究中心尼尔逊(N. J. Nelson)教授对人工智能的定义"人工智能是关于知识的学科——怎样表示知识以及怎样获得知识并使用知识的科学。"

7.1.2 人工智能的发展简史

1. 人工智能的起源

1936年,英国著名的数学家阿兰·图灵(A. M. Turing,1912—1954年)创立图灵机模型,证明使用一种简单的计算机制从理论上能够处理所有的问题(见图7-1和图7-2),1943年,美国神经生理学家卡洛克(W. S. McCulloch,1898—1969年)和皮茨(W. Pitts,1923—1969年)一起研制出世界上第一个人工神经网络模型(MP模型),并设计出与生物学上神经元工作原理相同的电路,开创了以仿生学观点和结构化方法模拟人类智能的途径。1948年美国著名数学家维纳(N. Wiener,1894—1964年)创立控制论,为以行为模拟观点研究人工智能奠定了理论和技术基础。1949年麻省理工学院的香农(C. E. Shannon,1916—2001年)提出了下国际象棋的计算机程序的基本结构。1950年,图灵又发表了题为"Computing Machinery and Intelligene"(计算机能思维吗?)的著名论文,明确提出了机器能思维的观点,并设计了一种检验机器智能的实验,即著名的图灵测试。至此,人工智能的雏形已初步形成。

图7-1 阿兰·麦席森·图灵

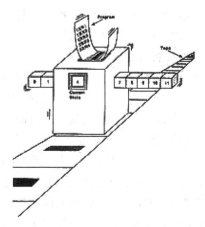

图7-2 图灵机

2. 人工智能的形成期

1956年夏季,年轻的美国学者麦卡锡(J. McCarthy,1927—2011年)、明斯基(M. L. Minsky)和香农等人共同发起,邀请塞缪尔(A. L. Samuel)、纽厄尔(A. Newell,1927—1992年)和西蒙(H. A. Simon,1916—2001年)等参加在美国的达特茅斯(Dartmouth)大学举办了一次长达2个月的研讨会,认真热烈地讨论用机器模拟人类智能的问题,会上首次使用了人工智能这一术语,这是人类历史上第一次人工智能研讨会,标志着人工智能学科的诞生,具有十分重要的历史意义。这些从事数学、心理学、信息论、计算机和神经学研究的年轻学者,后来绝大多数都成为著名的人工智能专家,为人工智能的发展做出重要贡献。

1956年,纽厄尔和西蒙的"逻辑理论机"(The Logic Theory Machine)程序模拟了人用数理逻辑证明定理时的思维规律,该程序证明了怀特赫德(A. N. Whitehead,1861—1947年)和罗素(B. Russell,1872—1970年)的《数学原理》一书中第2章的52条定理,这一工作被认为是人工智能的真正开端。

1956年,塞缪尔研制成功了具有自主学习、自适应能力的西洋跳棋程序。这个程序可以从棋谱中学习,也可以在下棋过程中积累经验、提高棋艺。这个程序在 1959 年打败了塞缪尔本人,又在 1962 年打败了美国一个州的跳棋冠军,这是模拟人类学习过程中的又一次卓有成效的探索。

1960 年,麦卡锡从理论上的兴趣出发,设计了 LISP 程序设计语言。LISP 的名字来源于 LIST Processing,是适用于字符串处理的语言。麦卡锡的 LISP 具备了今天的 LISP 的所有基本功能,目前仍然是人工智能系统重要的程序设计语言和开发工具。

1960 年,纽厄尔等人提出了通用问题求解器(General Problem Solver,GPS)作为人类解决问题的模型。GPS 根据人类解决问题的共同规律编制而成,可以求解 11 种不同类型的问题,如不定积分、三角函数、猴子摘香蕉、人羊过河等,从而使启发式程序有了更广泛的应用。

1961 年,明斯基发表论文《向人工智能前进》(Stops Toward Artificial Intelligence)对当时人工智能的研究起了推动作用,人工智能领域中的研究者大都是通过这篇论文了解人工智能的。

1965 年,鲁滨逊(J. A. Robinson,1928—)发表了使用逻辑表达式表示的公理机械地证明给定的逻辑表达式的方法,这种方法称为归结原理,对后来的自动定理证明和问题求解的研究产生了很大的影响,著名的程序设计语言 PROLOG 也是以归结原理为基础的。

3. 人工智能的发展期

从 1970 年开始,人工智能得到广泛的研究,如果说在这之前主要是一批科学家在实验室中进行人工智能的基本原理和方法的研究,那么从 1970 年前后开始,人工智能走出实验室进入实用化的阶段,其中最引人注目的是各种专家系统的出现,它们已经应用于化学、医疗、地质、气象、教学、科学研究和军事等各个方面,大大提高了工作效率和工作质量。

1972—1976 年,费根鲍姆(M. J. Feigenbaum)研究小组开发成功 MYCIN(麦欣)医疗专家系统,用于对细菌感染疾病的诊断和治疗。医生可以向系统输入病人信息,系统即可给出对血液细菌感染的治疗意见,如果没有这一程序,大多数诊断都需要血液样本培植细菌,而这一过程至少需要 48 小时。计算机运算速度和存储能力的发展使专家系统的设计人员能够增大计算机的信息库,提高程序的效率。

1972 年美国 Stanford 大学研究所开发的 PROSPECTOR 专家系统是世界上最早的三个专家系统之一,可以对钼、铜、锌等矿产资源进行评价预测和提供钻探井位,根据 PROSPECTOR 的预测意见,发现了一个经济价值超过一亿美元的钼矿床。

在我国,人工智能研究起步较晚。1977 年,中国科学院自动化研究所基于中医学家关幼波(1913—2005 年)先生的经验,把中医学术与现代电子计算机技术相结合,研制成功了我国第一个"中医肝病诊治专家系统";1981 年起,我国相继成立了中国人工智能学会(China Association of Artificial Intelligence,CAAI)等学术团体;1984 年召开智能计算机及其系统的全国学术讨论会;1985 年中国科学院合肥智能所熊范纶建成"砂姜黑土小麦施肥专家咨询系统",这是我国第一个农业专家系统;1986 年起把智能计算机系统、智能机器人和智能信息处理(含模式识别)等重大项目列入国家高技术研究计划;1989 年首次召开中国人工智能联合会议(International Joint Conference on AI,IJCAI);1990 年中国科技大学研制出我国第一台两足步行的机器人,2000 年成功研制出我国第一台类人形机器人,并具有一定的语言能力;1993 年起,我国又把智能控制和智能自动化等项目列入国家科技攀登计划；21世纪后，更多的人工智能与智能系统研究获得各种基金计划支持。

我国的科技工作者已在人工智能领域取得许多具有国际领先水平的创造性成果。其中，尤以吴文俊院士关于几何定理证明的"吴氏方法"最为突出，已在国际上产生重大影响，并与袁隆平院士的"杂交水稻"一起荣获2001年国家科学技术最高奖励。

7.1.3 人工智能发展中的不同学派

1. 符号主义

符号主义（Symbolicism），又称为功能模拟学派、逻辑主义、心理学派或计算机学派，是基于物理符号系统假设和有限合理性原理的人工智能学派。主要观点认为物理符号系统是实现智能行为的充要条件，所有的智能行为都可等价于一个符号系统，思维过程是符号模拟的处理过程。它认为人是一个物理符号系统，计算机也是一个物理符号系统，因此就能够用计算机来模拟人的智能行为，即用计算机的符号操作来模拟人的认知过程。长期以来，符号主义学派一直在人工智能中处于主导地位，其代表人物是纽厄尔和西蒙等人。

从符号主义的观点来看，知识是信息的一种形式，是构成智能的基础，知识表示、知识推理、知识运用是人工智能的核心，知识可用符号表示，认知就是符号的处理过程，推理就是采用启发式知识及启发式搜索对问题求解的过程，而推理过程又可以用某种形式化的语言来描述，因而有可能建立起基于知识的人类智能和机器智能的同一理论体系。

有限合理性是西蒙提出的一种观点，他认为人类之所以能在大量不确定性、不完全信息的复杂环境下解决那些似乎超出人类求解能力的难题，其原因在于人类采用了一种称为启发式搜索的试探性方法来求得问题的有限合理解。符号主义的代表成果是1957年纽厄尔和西蒙等人研制的启发式程序LT逻辑理论机，证明了52条数学定理，LT的成功说明了可以用计算机来研究人的思维过程，模拟人的智能活动。

符号主义的出现促进了人工智能的快速发展，但是仍然面临很多的困难，尤其是一些大的实际问题，虽然可以把问题描述成适合于计算机解决的形式，但是对于解决问题所需的巨大的搜索空间也难以处理。1965年，斯坦福大学计算机科学系的人工智能鼻祖费根鲍姆教授研究了以往人工智能系统成功和失败的教训，发现人类专家之所以成为专家，主要是由于他们拥有丰富的专业知识以及通过长期的实践摸索出来的相关经验性知识，他结合化学领域的专门知识，研制了世界上第一个专家系统DENDRAL，可以推断化学分子结构。

1970年前后，随着大批实用型专家系统的涌现，知识工程作为一个发展中的学科逐渐被认可。1977年费根鲍姆在第五届国际人工智能联合会议上提出知识工程的概念，它将具体智能系统研究中那些共同的基本问题抽出来，作为知识工程的核心内容，使之成为指导具体研制各类智能系统的一般方法和基本工具，成为一门具有方法论意义的科学。在1984年8月全国第五代计算机专家讨论会上，史忠植提出："知识工程是研究知识信息处理的学科，提供开发智能系统的技术，是人工智能、数据库技术、数理逻辑、认知科学、心理学等学科交叉发展的结果。"

符号主义走过了一条启发式算法—专家系统—知识工程的发展道路，尤其是专家系统的成功开发与应用，使人工智能研究取得了突破性的进展，其发展也达到鼎盛时期。到了20世纪80年代，在经历了一系列开花结果之后，困难和问题也接踵而来，一些大型计划，如日本的第五代计算机计划、美国的陆地自主车计划（Autonomous Land Vehicle，ALV）和

CYC(取自 encyclopedia)计算机大百科全书计划等就此搁浅。专家分析发现,问题的原因在于人工智能的根本性问题。一是所谓的交互问题,即传统方法只能模拟人类深思熟虑的行为,而不包括人与环境的交互行为;另一个问题是扩展问题,即所谓的大规模问题,传统的人工智能方法只用于建造某一特定领域的专家系统,不能把这种方法简单地推广到规模更大、领域更广的复杂系统中去,因此一些专家提出从智能体与环境的交互中研究智能现象,以解决人工智能中的难题。

2. 联结主义(Connectionism)

当传统的符号主义发展遭遇瓶颈,一直处于低谷的人工神经网络(Artificial Neural Network)却开始慢慢复苏,给处于困境中的传统人工智能提供了一种新的思维方式。持联结主义(又称仿生学派(Bionicsism)、生理学派(Physiologism))观点的人认为,大脑是一切智能活动的基础,如果从大脑神经元及其联结机制出发进行研究,搞清楚大脑的结构以及它进行信息处理的过程和机制,有望揭示人类智能的奥秘,从而真正实现人类智能在机器上的模拟。

早在19世纪30年代,神经学——研究神经细胞或者说神经元的科学揭示人们大脑中许多神经元相互连接使人们能够感知、学习和记忆,神经元是神经系统中的基本单位,处于"激动"或"未激动"两种状态,当收到刺激时,神经元每秒产生大约50~100次电脉冲,而当未受到刺激时,神经元只产生几次电脉冲。一个神经元从它所连接的所有神经元那里接收到足够的刺激后就会处于"激动"状态,从而使得我们能够感知外部世界。

对于许多神经学家来说,大脑和计算机的工作机制非常相似,大脑中的神经元以电脉冲("激动"和"未激动"两种状态)的方式来接收信息,而计算机中的逻辑门电路也有类似的"开"和"关"两种状态。1943年,美国神经生理学家卡洛克(W. S. McCulloch,1898—1969年)和数学家皮茨(W. Pitts,1923—1969年)首先设计出了与生物学上神经元工作原理相同的电路,开创了用电子装置模仿人脑结构和功能的新途径,从而使得利用复杂的计算机程序或者和神经元相似的电路的物理连接来生成人工神经网络成为可能。到了20世纪60年代中期,对以感知器为代表的脑模型研究曾出现过热潮,但由于当时的理论模型、生物原型和技术条件的限制,20世纪70年代中期跌入低谷,直到1982年霍普菲尔德(J. J. Hopfield)提出了一种全新的后来被称为Hopfield网络模型后,才开始复苏。1986年,鲁梅尔哈特(D. Rumelhart,1942—2011年)等研制出了多层前馈网络,简称BP网络,实现了明斯基关于多层网络的设想。此后,联结主义势头大振,从模型到算法,从理论分析到工程实现,为神经网络计算机走向市场打下基础。

符号主义是从宏观上模拟人的思维过程,认为知识可用符号表示,认知的过程就是一步一步产生、调节、搜索并获取符号的过程,人的知觉、决策、理解就像在串行计算机上运行程序。联结主义则是试图从微观上模拟人类的认知过程,它从人脑模式出发,将神经网络设计成连续的层,每一层的输出是下一层的输入,相互连接的人工神经元分布在不同的层上,除输入层外,每层的神经元具有与它们联系的连接权,每个神经元的输入信号是由连接权来增加的,当网络辨别模型时,连接权发生变化,所以联结主义的本质是用人脑的并行分布处理模式来表现认知过程。

3. 行为主义(Actionism)

行为主义(又称进化主义(Evolutionism)、控制论学派(Cyberneticsism))最早来源于20

世纪初的一个心理学流派,认为行为是有机体用以适应环境变化的各种身体反应的组合,它的理论目标在于预见和控制行为。20 世纪 40—50 年代控制论思想成为时代思潮的重要部分,影响了早期的人工智能工作者。维纳等人提出的控制论和自组织系统以及钱学森等人提出的工程控制论和生物控制论,影响了许多领域。控制论把神经系统的工作原理与信息理论、控制理论、逻辑以及计算机联系起来,到 20 世纪 60—70 年代,控制论系统的研究取得一定进展,播下智能控制和智能机器人的种子,并在 20 世纪 80 年代诞生了智能控制和智能机器人系统。

行为主义是近年来才以人工智能新学派的面孔出现的,引起许多人的兴趣与研究。这一学派的代表作首推布鲁克斯(R. Brooks)的六足机器人,它被看作新一代的"控制论动物",这个由 150 个传感器和 23 个执行器构成的像蝗虫一样能六足行走的机器虫实验系统,虽然不具有像人那样的推理、规划能力,但其应付复杂环境的能力却大大超过了原有的机器人,在自然环境下具有灵活的防碰撞和漫游行为。因此布鲁克斯认为,要求机器人像人一样去思维太困难了,不如先做一个机器虫,再慢慢进化成一个机器人。在 1991 年的第 12 届国际人工智能联合会议上,布鲁克斯对传统的人工智能进行了批判和否定,提出基于进化的人工智能新途径,从而形成行为主义的新学派。至此人工智能形成了相对独立的三大学派,即基于知识工程的符号主义学派、基于人工神经网络的联结主义学派和基于控制论的行为主义学派。

行为主义人工智能认为智能行为产生于主体与环境的交互过程中,复杂的行为可以通过分解成若干个简单的行为加以研究。主体根据环境刺激产生相应的反应,同时通过特定的反应来陈述引起这种反应的情景或刺激。因此他能以这种快速反馈替代传统人工智能中的精确的数学模型,从而达到适应复杂、不确定和非结构化的客观环境的目的。行为主义的思想认为智能主体只有在真实环境中,通过反复学习才能学会处理各种复杂情况,最终学会在未知环境中运行。

行为主义人工智能与传统人工智能最主要的区别在于智能主体能够自主地适应客观环境,而不依赖于设计者制定的规则或数学模型。认为智能不需要知识、不需要表示、不需要推理,人工智能可以像人类智能一样逐步进化。这种适应的实质就是复杂系统的各个要素彼此之间的精确联系以及它们整个系统与四周环境的精确联系。为了达到精确联系必须采用某种协调机制,这些协调机制可以使智能主体与外界环境相适应,使智能主体内部状态相互配合以及多个智能主体之间产生协作。因此,寻求合理的协调机制便成为行为主义人工智能的主要研究方向。

行为主义学派的出现,给人工智能的研究又提供了一条新的思路,对人工智能的发展产生了深远的影响,当然也受到很多学者的质疑。有人质疑让机器从昆虫的智能进化到人类的智能只是一种幻想。三个人工智能学派将长期共存与合作,取长补短,并走向融合和集成,为人工智能的发展做出贡献。

20 世纪 80 年代初,美国、欧洲和日本都先后制订了一批针对人工智能的大型计划,其目的是为了实现人工智能的进一步突破,但这些计划执行到 20 世纪 80 年代中期就面临很多问题,达不到预期的目标,其原因涉及人工智能的根本性问题。人工智能的研究目标是研究和总结人类思维的普遍规律,并在计算机上模拟和实现,但人工智能系统存在两个致命的问题:一是人类的知识不仅仅只是现成的数据和抽象的规则,还包括大量的难于用语言描绘的东西,所有这些知识共同指导人类的行为;二是传统人工智能是符号主义,将一个现实系统变成一个符号系统,基于此符号系统,使用动态搜索方法求解问题,但实际上不存在无所不能的逻辑推理系统。

7.1.4 人工智能的应用领域

人工智能研究的一个主要目标是使机器能够胜任一些通常需要人类智能才能完成的复杂工作,它企图了解智能的实质,并生产出一种类似人类智能反应的机器。人工智能涉及计算机科学、信息论、控制论、自动化仿生学、生物学、心理学、数理逻辑、语言学、医学和哲学等多门学科。该领域的研究包括机器人、语言识别、图像识别、自然语言处理和专家系统等。

1. 问题求解与博弈

人工智能所要解决的问题大部分是结构不良或非结构化的问题,对这样的问题一般不存在成熟的求解算法,只能利用已有的知识一步步地摸索前进。对于给定的问题,智能求解的第一步是目标的表示,第二步是搜索,第三步是执行阶段。

人工智能的重大突出成就是发展了能够求解问题的下棋程序。在下棋程序中应用的某些技术手段,比如向前看几步,把一个复杂的问题分解成一个个容易的小问题。人工智能研究博弈的主要目的不是为了让计算机与人下棋,而是为了通过对博弈的研究检验人工智能是否能正确地模拟人工智能。Deep Blue 被称为世界上第一台超级国际象棋电脑,该机器有 32 个独立的运算器,每个运算器运算速度是每秒 200 万次,机内还安装了一个包含有 200 万个棋局的国际象棋程序。Deep Blue 于 1997 年与当时的象棋世界冠军前苏联人卡斯帕罗夫对弈 6 局,结果以 2 胜 3 平 1 负的成绩获胜;2004 年,国际象棋女子特级大师诸宸与 Fritz(机器名)交战失手,几天后再战仍旧失手。这些都充分证明了智能机器人所表达出来的智能已经与人类不相上下。

2. 逻辑推理与定理证明

逻辑推理作为人工智能的核心技术,是其研究中最持久的子领域之一,其中特别重要的是要找到一些方法,只把注意力集中在一个大型数据库中的有关事实上,留意可信的证明,并在出现新信息时适时修正这些证明。

数学领域中对臆测的定理寻求一个证明,一直被认为是一项需要智能才能完成的任务。这个过程不仅需要丰富的专业知识,同时还依赖于人的经验、直觉、想象力和洞察力,需要人的智能。因此,数学定理的机器证明和其他类型的问题求解,就成为人工智能研究的起点。

在人工智能的发展时期,1957 年纽厄尔、肖和西蒙等人编制出一个称为逻辑理论机 LT 的数学定理证明程序,该程序证明了怀特赫德和罗素的《数学原理》一书中的 52 个定理。他们将人类在解题时的思维过程归结为三个阶段:

(1) 先想出大致的解题计划;

(2) 根据记忆中的公理定理和推理规则组织解题过程;

(3) 进行方法和目的分析,修正解题计划。后来,开始探讨通用的机器定理证明的方法,归结原理是其中突出的例子。

1976 年 7 月,美国的阿佩尔(K. Appel,1932—2013 年)等人合作解决了科学界 100 多年的难题——四色定理。他们用三台大型计算机,运行了 1200 小时,并对中间结果进行人为反复修改 500 多处,四色定理的成功证明曾轰动计算机界。

3. 专家系统

专家系统是依靠人类专家已有的知识建立起来的知识系统，目前专家系统是人工智能研究中开展较早、成效最多的领域，广泛应用于医疗诊断、地质勘探、石油化工、军事、文化教育等方面。与通用问题求解系统不同，专家系统强调在某一专业领域中积累大量的知识，包括实现范例以及该领域专家们所具有的经验和规律。

专家系统通常由人机交互界面、知识获取、推理机、解释器、知识库、综合数据库等6个部分构成，如图7-3所示。

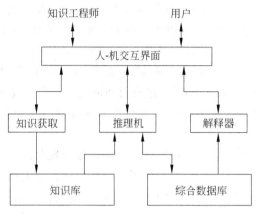

图7-3 专家系统的基本结构

知识库是问题求解所需要的领域知识的集合，包括基本事实、规则和其他有关信息。知识的表示形式可以是多种多样的，包括框架、规则、语义网络等。知识库中的知识源于领域专家，是决定专家系统能力的关键，即知识库中知识的质量和数量决定着专家系统的质量水平。知识库是专家系统的核心组成部分。一般来说，专家系统中的知识库与专家系统程序是相互独立的，用户可以通过改变、完善知识库中的知识内容来提高专家系统的性能。

综合数据库也称为动态库或工作存储器，是反映当前问题求解状态的集合，用于存放系统运行过程中所产生的所有信息以及所需要的原始数据，包括用户输入的信息、推理的中间结果、推理过程的记录等。综合数据库中由各种事实、命题和关系组成的状态，既是推理机选用知识的依据，也是解释机制获得推理路径的来源。

知识获取负责建立、修改和扩充知识库，是专家系统中把问题求解的各种专门知识从人类专家的头脑中或其他知识源那里转换到知识库中的一个重要机构。知识获取可以是手工的，也可以采用半自动知识获取方法或自动知识获取方法。

推理机是实施问题求解的核心执行机构，它实际上是对知识进行解释的程序，根据知识的语义，对按一定策略找到的知识进行解释执行，并把结果记录到动态库的适当空间中。推理机的程序与知识库的具体内容无关，即推理机和知识库是分离的，这是专家系统的重要特征。它的优点是对知识库的修改无须改动推理机，但是纯粹的形式推理会降低问题求解的效率。将推理机和知识库相结合也不失为一种可选方法。

解释器用于对求解过程做出说明，并回答用户的提问。解释机制涉及程序的透明性，它让用户理解程序正在做什么和为什么这样做，向用户提供了关于系统的一个认识窗口。在很多情况下，解释机制是非常重要的。为了回答"为什么"得到某个结论的询问，系统通常需要反向跟踪动态库中保存的推理路径,并把它翻译成用户能接受的自然语言表达方式。

人机界面是系统与用户进行交流时的界面。通过该界面,用户输入基本信息、回答系统提出的相关问题。系统输出推理结果及相关的解释也是通过人机交互界面。

DENDRAL 是 20 世纪 60 年代后期由斯坦福开发出来的,其根据化学分子式和大量光谱来推断有机化合物的分子结构;MYCIN 使用专业的医学知识诊断脊髓脑膜炎和血液传染病,并开具治疗处方;PROSPECTOR 程序可以根据矿点的地理信息判断矿石储量的类型和可能位置;美国航天局约翰逊空间中心的 CLIPS 是一种比 LISP 或 C 语言层次更高的语言,它提供一个推理机去执行该语言的语句,具有高移植性、高扩展性、强大的知识表达能力和编程方式以及低成本等特点,一经推出,立即受到欢迎,被广泛应用于政府、工业和学术界,有力地推动了专家系统技术在各领域及各种运行环境下的应用;OKPS 是中国科学院计算技术研究所智能科学开放实验室研制的面向对象知识处理系统(Object-oriented Knowledge Processing System,OKPS),它采用面向对象的知识表示方法来描述和存储知识,可以通过所见即所得的可视化工具,对具体的应用建立专家知识库。

4. 模式识别

当人们看到某物或现象时,人们首先会收集该物体或现象的所有信息,然后将其行为特征与头脑中已有的相关信息相比较,如果找到一个相同或相似的匹配,人们就可以将该物体或现象识别出来。因此,某物体或现象的相关信息,如空间信息、时间信息等,就构成了该物体或现象的模式。模式识别就是在某些量度或观测基础上利用计算机等装置对物体、图像、图形、语音、字形等信息进行自动识别,是对人类感知外界功能的模拟。

计算机模式识别系统基本上是由三个相互关联而又有明显区别的过程组成的,即数据生成、模式分析和模式分类。数据生成是将输入模式的原始信息转换为向量,成为计算机易于处理的形式;模式分析是对数据进行加工,包括特征选择、特征提取、数据维数压缩和决定可能存在的类别等;模式分类则是利用模式分析所获得的信息,对计算机进行训练,从而制定判别标准,以期对待识模式进行分类。

模式识别方法主要有统计决策法、结构模式识别方法、模糊模式识别方法和人工神经网络模式识别方法。经过几十年的迅速发展,如今模式识别已经广泛应用于各个领域,这些领域包括农业、工业、医学、自然科学和社会科学等。

在农业中,模式识别用于分析土壤成分,以决定种植何种作物,或者种植某种作物需要的养料是否充足,最终达到增产的目的,同时在作物生长的过程中,用来对作物的施肥、浇水等进行智能控制;工业生产中,模式识别被广泛用来进行文字识别、语音分析、地下探测、图像处理、冶金和建材等;医学中主要有药物作用研究、心电图与向量心电图分析、脑电图描绘与神经生物信号处理、放射性同位素检查、显微观察与生物医学数据分析、基因染色体研究等;自然科学中,模式识别在天文、地球和行星探测、地质、卫星数据分析、遥远星球生命探测等方面应用广泛。

5. 机器人

机器人是一种自动化的机器,它具备一些人类具有的智能能力,如感知能力、规划能力、动作能力和协同能力。机器人技术最近这些年一直在迅速地发展,但对机器人的研究仍处于探索和实验阶段。

1997 年,IBM 研发的计算机"深蓝"战胜了国际象棋冠军卡斯帕罗夫,2011 年 IBM 以其公司的创始人 Thomas J. Watson 名字命名的第四代机器人沃森(Watson),继续着对人类智能极限的挑战。2011 年 2 月,智能计算机沃森在美国哥伦比亚广播公司(Columbia Broadcasting System,CBS)一档著名的智力问答节目"危险边缘"(Jeopardy)上,把另外两名有"电脑"之称的人类竞争对手远远甩在了后面,轻松赢走了丰厚的奖金。"危险边缘"是哥伦比亚广播公司益智问答游戏节目,该节目的问题涉及历史、文学、艺术、流行文化、科技、体育、地理、文字游戏等多个领域,参赛者需具备历史、文学、政治、科学和通俗文化等知识,还得会解析隐晦含义、反讽与谜语等,而电脑并不擅长进行这类复杂思考。人们发现,如今的沃森和当年那个战胜人类"棋神"的电脑深蓝,已经不能同日而语,参见图 7-4。与人类选手同台竞技的沃森,不但能够听懂主持人的自然语言,甚至包括主持人的嗯嗯啊啊的语气词,以及不符合语法逻辑的口语,还能够分析哪些是讽刺、哪些是双关、哪些又是连词,从而判断题意。

图 7-4　智能计算机沃森

7.2　智能信息处理

将计算智能理论应用于信号与信息处理领域即为智能信息处理。信息系统是指以信息处理、交换、传输为目的的各类通信与信息系统,它所涉及的范围很广,比如信息通信、广播电视、雷达导航、遥控遥感、程序控制等领域以及军事和经济各部门的各种信息系统。智能信息处理就是将不完全、不可靠、不精确、不一致和不确定的信息处理为完全、可靠、精确、一致和确定的信息的过程和方法,智能信息处理的基础理论研究包括现代信号处理、人工神经网络、模糊系统理论、进化计算和人工智能等。

7.2.1　智能信息处理的主要技术

1. 模糊理论

1923 年数学家罗素在一篇题为《含糊性》(Vagueness)的论文里专门论述过今天称之为"模糊性"的问题,并且明确指出:"认为模糊知识必定是靠不住的,这种看法是大错特错的。"他认为所有的自然语言均是模糊的,比如"红的"和"老的"等概念没有明确的内涵和外延,因而是不明确的和模糊的,可是在特定的环境中人们用这些概念来描述某个具体对象时却又能心领神会,很少引起误解和歧义。罗素精辟的观点是超前的。

大家知道,传统数学是研究清晰性的客观现象,所谓清晰就是依据一定的标准把事物分类。现实世界中许多事物可依据精确标准分为界限明确的类别,每个事物要么属于某一类,要么不属于某一类,非此即彼,明确清晰。而模糊理论是以模糊集合(fuzzy set)为基础,其基本精神是接受模糊性现象存在的事实,而以处理概念模糊不确定的事物为其研究目标,并积极的将其严密的量化成计算机可以处理的信息。它研究的是一种不确定性现象,这种不确定性是由于事物之间差异的中间过渡性所引起的划分上的不确定性。

1965 年,美国加州大学扎德(L. A. Zadeh)教授在《Information and control》杂志上发表了题为 Fuzzy sets 的著名论文,从而创立模糊理论(Fuzzy Logic)。当时除了极少数的专家外,模糊理论并未受到世人的注目。1974 年,模糊逻辑首次被应用到蒸汽发电机的压力和速度控制中,取得了比常规的 PID 控制更好的结果;1980 年丹麦 F. L. Smith 公司将模糊控制应用到水泥窑炉的自动控制中,为模糊理论的实际应用开辟了崭新的前景,从此模糊理论的应用,特别是在工业控制中的应用,得到了迅速的发展。

与此同时,模糊理论在学术界也受到不同专业的研究工作者的重视。1984 年,国际模糊系统学会(International Fuzzy System Association,IFSA)正式成立,并于 1985 年在西班牙召开了第一次国际年会。在日本,由通产省组织的国际模糊工程研究所(Laboratory for International Fuzzy Engineering,LIFE)也在 1989 年诞生,开创了官、学、商相结合搞技术研究开发的先例。

我国虽然在 20 世纪 70 年代才开始研究模糊理论,但进步神速,其研究水平已处于国际领先地位。中国科学院刘应明院士被 Zadeh 教授归属于对模糊数学理论方面有突出贡献的几位学者之一,他出版了国际上首部模糊拓扑学专著《Fuzzy Topology》,被德国著名评论杂志"ZBL"("Zentralblatt für Mathematik")评为"原创性工作";中国工程院院士王光远建立了"结构模糊随机优化设计理论"和"结构模糊随机振动理论";汪培庄教授提出并建立了模糊落影、因素空间及网状推理等理论,并将理论运用于多种实际领域;王国俊教授创立了拓扑分子格理论,吴丛忻教授在模糊线性拓扑空间方面的研究,张广权教授在模糊测度方面的研究等,都居于世界领先水平。

2. 神经计算

神经网络是由具有适应性的简单单元组成的广泛并行互连的网络,其组织能够模拟生物神经系统对真实世界所作出的交互反应。基于神经网络建立计算模型,并用于解决科学和工程中的问题就称为神经计算。神经计算及其应用已经渗透到多个学科,并在信号处理、智能控制、模式识别、机器视觉、非线性优化、自动目标识别、知识处理、遥感技术等领域取得了丰硕的成果。

该领域的研究起源于 1943 年美国神经生理学家卡洛克和皮茨提出的 MP 模型,并在 20 世纪 80 年代 Hopfield 网络模型和 BP 网络模型出现后达到鼎盛发展阶段。这期间由于模糊技术在日本获得的巨大成功,神经网络与模糊技术的结合又成为神经计算中的一个研究热点,该领域的研究不仅包括模糊神经网络,还包括神经网络与模糊技术交叉的工程应用。1987 年美国洛斯阿拉莫斯非线性研究中心克里斯·兰顿(Chris Langton)提出人工生命的概念,认为如果能从具体的生命中抽象出控制生命的"存在形式",并且这种存在形式可以在另外一种物质中实现,那么就可以创造出基于不同物质的另外一种生命即人工生命,从此神经网络与遗传算法的结合被认为是再现人工生命的一个途径。

3. 进化计算

进化计算(Evolutionary computation,EC)是通过模拟自然界中生物进化机制进行搜索的一种算法。它将达尔文进化论的"物竞天择,适者生存"作为算法的进化规则,并结合孟德尔的遗传变异理论,将生物进化过程中的繁殖、变异、竞争和选择引入算法中,是对人类智能的一种模拟。

进化计算主要包括遗传算法(Genetic algorithm,GA)、进化策略(Evolutionary strategy,ES)、进化规则(Evolutionary programming,EP)和遗传规划(Genitic programming,GP)四部分,其中遗传算法是进化计算中的核心内容,其将达尔文的进化理论引入人工系统串结构的改造中,使得串结构及其携带的信息发生有组织的而又是随机的变换和组合,并使这一过程按照物种进化规律来操作运行,从而产生个体后代。

1975年,美国密执安大学霍兰(J. H. Holland)教授在他的著作《Adaptation in Natural and Artificial Systems》(《自然系统和人工系统的适应性》)中阐述了遗传算法的基本理论和方法,给出了大量的数学理论证明,这是遗传算法研究的历史上十分重要的一年;20世纪80年代中期,遗传算法成功地用于人工智能机器学习和神经网络方面,后来又用于函数优化、自动控制、图像识别、分子生物学和电力工程等许多领域,支持遗传算法得到学术界普遍的关注和认可;1989年,霍兰教授的学生戈德堡(D. E. Goldberg)教授出版了《Generic Algorithms in Search,Optimization and Machine Learning》一书,这一著作通常被认为是遗传算法的方法、理论及应用的全面总结。

4. 混沌理论

继相对论和量子力学之后,混沌是21世纪最伟大的科学发现。混沌现象表现了自然界及人类社会中普遍存在的复杂性,它是宇宙万物有序和无序的统一,是自然规律确定性和随机性的统一。

按照牛顿力学理论,给定物体的位置和速度等初始条件,可以求出以后任意时刻的位置和速度。这一思想经拉普拉斯(P. S. Laplace,1749—1827年)推广,表述为一种普适的确定论思想,即对一个确定性动力系统施加确定性输入,该系统的输出一定是确定性的。但1963年美国气象学家洛伦茨(Lorenz,1917—2008年)对大气湍流进行模拟实验时发现,当湍流方程中的参数取适当值时,其解是非周期的且具有随机性,即确定性方程得出随机性的结果,这与拉普拉斯确定性理论相违背,这一现象就是混沌。可以这样理解混沌,它是确定性系统中出现的一种貌似无规则、类似随机运动的现象,但它与通常的随机性又有所不同,它是一种貌似随机的确定性现象,只有当系统参数处于某一范围时,混沌运动才可能发生。

判断一个系统是否处于混沌状态具有重要意义,目前已经提出的几种混沌识别方法,主要分为定性分析和定量分析两种。定性分析法中主要有直接观测法、分频采样法、庞加莱截面法和相空间重构法等,定量分析法中主要有Lyapunov指数分析方法、功率谱分析法、Kolmogorv熵法和分形维数分析方法等。

继1963年洛伦茨第一次在确定性动力系统中发现非确定性现象后,1975年马里兰大学的美籍华人学者李天岩和美国数学家约克(J. A. Yorke)在《America Mathematics》(《美国数学》)上发表了"周期三意味着混沌"一文,深刻地揭示了从有序到混沌的演化过程。

1976年美国生物学家梅(R. May)在《自然》杂志上发表了"具有极复杂的动力学的简单数学模型"一文,向人们展示了简单的确定的数学模型可以产生看似随机的行为。

1977年，第一次国际混沌会议在意大利召开，标志着混沌学的诞生。

1978年美国物理学家费根鲍姆在《统计物理杂志》上发表"一类线性变换的定量普适性"，轰动世界，文章精确地求出一个极限值为 $\delta = 4.669\,201\,660\,910\,399\,097\cdots\cdots$ 的常数，并证明它同 π 一样是个普适常数，即混沌学的 Feigenbaum 常数，这一发现进一步完善了混沌理论模型。

1980年，美国数学家曼德尔布罗特(B. Mandelbrot, 1924—2010年)用计算机绘出第一张 Mandelbrot 集图像，这是一张五彩缤纷、绚丽无比的混沌图像，后来德国布来梅大学的数学家和计算机专家佩欧根(H. Peotgen)与雷切特(P. Richter)共同研究分形流域的边界，做出了精美绝伦的混沌图像，使之成为精致的艺术品，这极大地拓展了混沌学的应用领域。

1986年中国第一届混沌会议在桂林召开，中国科学家徐京华在全世界第一个提出三种神经细胞的复合网络，并证明它存在混沌，指出人脑可看成是复杂的多层次混沌动力系统，脑功能的物理基础是混沌性质的过程，一旦脑混沌破坏，人将病死。

5. 分形计算

传统的欧几里得几何学的研究对象是具有一定特征的几何物体，如一维空间中的线段长度，二维空间中的平行四边形的周长、面积，三维空间中的球的表面积、体积等。但是自然界中有一类问题却比较特别，如山的轮廓、云的外形、雪花的边缘，它们不再是我们熟悉的数学分析中连续、可导的形状。1975年，美国 IBM 公司的数学家曼德尔布罗特针对上述现象提出了分形(Fractal)这个新术语，frantal 出自拉丁语 frantus，含有碎花分裂之意。称为分形的结构一般都有内在的几何规律性，当用显微镜不断地放大分形结构的某一部分，会发现其不规则程度是一样的，从统计学的观点来看，几乎所有的分形是置换不变的，即它的每一部分移位、旋转、缩放等在统计意义下与其他部分是相似的，即比例自相似性。这表明分形不是完全的混乱，在它的不规则性中存在一定的规则性，这同时也说明自然界中一切形状及现象都能以较小或部分的细节反映出整体的不规则性。

分形理论是欧氏几何理论的扩展，它不再以分离的眼光看待分形中的点、线、面，而是把它看成一个整体，因此相对于传统的欧氏几何，分形理论更适用于自然界中形态复杂的物体。它与动力系统的混沌理论交叉结合，相辅相成，都来自于传统数学难以描述的非线性现象，它承认世界的局部可能在一定的条件下，其某一方面的性质，如形状、结构、信息等表现出整体的相似性，承认空间维数的变换既可以是离散的又可以是连续的。

1967年曼德尔布罗特在《科学》杂志上发表了题为《英国的海岸线有多长？》(How Long Is The Coast Of Britain)的著名论文，这是分形思想萌芽的重要标志。

1982年，曼德尔布罗特的《自然界中的分形几何》(《The Fractal Geometry of Nature》)一书出版，引发"分形热"，并在很多领域得到广泛应用。

由于分形集可以用简单的迭代方法生成复杂的自然景观，因此分形与图形之间必然存在一定的关联，至今分形广泛地应用于图像分析与模式识别、压缩编码、图像生成、边缘检测、影像识别、语音识别、雷达信号处理等领域，分形理论的应用发展已经远远超过了理论的发展，这也给分形的数学理论提出了更高的要求，对分形的研究也将是一个漫长的过程，只有在应用中更深入地认识它，也只有将分形特征加以更广泛的应用，才能促进这一概念的发展。

7.2.2 模糊计算

经典数学是适应力学、天文、物理、化学这类学科的需要而发展起来的,这些学科考察的对象,都是无生命的机械系统,大都是界限分明的清晰事物,允许人们作出非此即彼的判断,进行精确的测量,因而适于用精确方法描述和处理。精确方法的逻辑基础是传统的二值逻辑,即要求符合非此即彼的排中律,这对于处理清晰事物是适用的。

但是现实生活中有关生命现象、社会现象的很多问题大多是没有明确的界限,人们无法做出非此即彼的断言,不能进行精确的测量,因此无法获得必要的数据,不能按精确方法建立数学模型。系统理论的先驱扎德教授认为"我们需要一种从根本上不同的数学,是关于不能用概率分布描述的模糊或不清楚量的数学"来解决上述问题,由此模糊理论诞生。

1. 经典集合及其运算

1) 经典集合的定义

经典集合:基于某种属性的、确定的、彼此可区别的事物全体,如全部自然数就成一个自然数的集合,一个单位的全体人员就成一个该单位全体人员的集合,简称"集"。

论域与元素:研究对象的全体称为论域(全域、全集、空间、话题),论域中的每个对象称为"元素",元素与集合之间的关系是属于与不属于,集合之间关系是包含与相等,集合的基本运算是并、交、补运算。

2) 集合的表示

(1) 列举法。常用于表示有限集合,把集合中的所有元素一一列举出来,写在大括号内,这种表示集合的方法叫做列举法。如$\{1,2,3,4\}$。

(2) 描述法。常用于表示无限集合,把集合中元素的公共属性用文字、符号或式子等描述出来,写在大括号内,这种表示集合的方法叫做描述法。如:小于π的正实数组成的集合表示为:$\{x|0<x<\pi\}$,x为该集合的元素的一般形式,$0<x<\pi$为这个集合的元素的共同属性。

(3) 图示法。为了形象地表示集合,通常画一条封闭的曲线(或者说圆圈),用它的内部表示一个集合。例如,集合$A=\{1,2,3,4\}$,可用图7-5来表示。

(4) 除描述法、列举法、图示法之外,还有特征函数表示法。如集合A的特征函数定义为$\chi_A(x)=\begin{cases}1 & x\in A\\0 & x\notin A\end{cases}$。

图7-5 图示法

3) 集合的运算及其性质

设A、B、C为任意三个集合,Ω与ϕ分别表示全集和空集,则下面的运算法则成立:

(1) 交换律:$A\cup B=B\cup A, A\cap B=B\cap A$;

(2) 结合律:$(A\cup B)\cup C=A\cup(B\cup C),(A\cap B)\cap C=A\cap(B\cap C)$;

(3) 分配律:$(A\cap B)\cup C=(A\cup C)\cap(B\cup C),(A\cup B)\cap C=(A\cap C)\cup(B\cap C)$

(4) 摩根(Morgan)律:$(A\cup B)^c=A^c\cap B^c, (A\cap B)^c=A^c\cup B^c$;

(5) 等幂律:$A\cup A=A, A\cap A=A$;

(6) 吸收律:$(A\cap B)\cup A=A, (A\cup B)\cap A=A$;

(7) 同一律:$A\cup\phi=A, A\cap\Omega=A, A\cup\Omega=\Omega, A\cap\phi=\phi$;

(8) 互补律:$A\cup A^c=\Omega, A\cap A^c=\phi$。

(9) 复原律：$(A^c)^c = A$。

2. 模糊集合的定义及运算

1) 模糊集的定义

给定论域 U 到 $[0,1]$ 闭区间的映射：$\mu_A: U \to [0,1], u \to \mu_{\tilde{A}}(u)$，则确定论域 U 的一个模糊子集 $\tilde{A}$，$\mu_{\tilde{A}}$ 称为模糊子集 $\tilde{A}$ 的隶属度函数，$\mu_{\tilde{A}}(u)$ 称为 u 对 $\tilde{A}$ 的隶属度，它表示论域 U 中的元素 u 属于其模糊子集 $\tilde{A}$ 的程度，在不至于混淆的情况下，用 $\tilde{A}(u)$ 表示 $\mu_{\tilde{A}}(u)$。

2) 模糊集合的运算

(1) 模糊子集的包含和相等关系。

设 $\tilde{A}、\tilde{B}$ 为论域 U 上的两个模糊子集，对于 U 中每一个元素 u，都有 $\mu_{\tilde{A}}(u) \geqslant \mu_{\tilde{B}}(u)$，则称 $\tilde{A}$ 包含 $\tilde{B}$，记作 $\tilde{A} \supseteq \tilde{B}$。

如果 $\tilde{A} \supseteq \tilde{B}$，且 $\tilde{A} \subseteq \tilde{B}$，则说 $\tilde{A}$ 与 $\tilde{B}$ 相等，记作 $\tilde{A} = \tilde{B}$。

由于模糊集合的特征是它的隶属函数，所以两个模糊子集相等也可用隶属函数来定义。若对所有元素 u，都有 $\mu_{\tilde{A}}(u) = \mu_{\tilde{B}}(u)$，则 $\tilde{A} = \tilde{B}$。

(2) 并、交、补的运算。

设 $\tilde{A}、\tilde{B}$ 是论域 U 上的两个模糊子集，规定 $\tilde{A} \cup \tilde{B}、\tilde{A} \cap \tilde{B}、\tilde{A}^c$ 的隶属函数分别为 $\mu_{\tilde{A} \cup \tilde{B}}$、$\mu_{\tilde{A} \cap \tilde{B}}$、$\mu_{\tilde{A}^c}$，并且对 U 的每一个元素 u，都有：

并集：$\mu_{\tilde{A} \cup \tilde{B}}(u) = \vee [\mu_{\tilde{A}}(u), \mu_{\tilde{B}}(u)] = \max[\mu_{\tilde{A}}(u), \mu_{\tilde{B}}(u)]$；

交集：$\mu_{\tilde{A} \cap \tilde{B}}(u) = \wedge [\mu_{\tilde{A}}(u), \mu_{\tilde{B}}(u)] = \min[\mu_{\tilde{A}}(u), \mu_{\tilde{B}}(u)]$；

补集：$\mu_{\tilde{A}^c}(u) = 1 - \mu_{\tilde{A}}(u)$。

上述三式分别为 $\tilde{A}$ 与 $\tilde{B}$ 的并集、交集和 $\tilde{A}$ 的补集。式中 $\vee$ 表示取大运算，$\wedge$ 表示取小运算，称其为 Zadeh 算子。

(3) 模糊集合的代数运算。

代数积：
$$\tilde{A} \cdot \tilde{B} = \mu_{\tilde{A} \cdot \tilde{B}} = \mu_{\tilde{A}} \cdot \mu_{\tilde{B}}$$

代数和：
$$\mu_{\tilde{A}+\tilde{B}} = \begin{cases} \mu_{\tilde{A}} + \mu_{\tilde{B}} & \mu_{\tilde{A}} + \mu_{\tilde{B}} \leqslant 1 \\ 1 & \mu_{\tilde{A}} + \mu_{\tilde{B}} > 1 \end{cases}$$

模糊集合与经典集合的上述性质是相同的，但模糊集合不再满足互补律，其原因是模糊子集 A 没明确的边界，A^c 也无明确的边界。正是这一点，使模糊集合比经典集合能更客观地反映实际情况，因为在实际问题中，存在着许多模棱两可的情形。

3) 隶属度函数

隶属度函数是模糊理论中最重要的概念，在实际中处理模糊现象的首要任务是确定隶属度函数，模糊集合之间的运算就是模糊隶属度的运算。

隶属度函数的确定过程，本质上应该是客观的，但每个人对于同一模糊概念的认识理解是有差异的，因此隶属度函数的确定带有主观色彩。

隶属度函数的确立目前还没有一套成熟有效的方法，大多数系统的确立方法还停留在经验和实验的基础上，尽管形式不完全相同，只要能反映同一模糊概念，在解决和处理实际模糊信息的问题中仍然殊途同归，事实上也不可能存在对任何问题对任何人都适用的确定隶属函数的统一方法，因为模糊集合实质上是依赖于主观来描述客观事物的概念外延的模糊性。

目前常用的隶属度函数的确立通常有模糊统计法、专家经验法。模糊统计法较直观地反映了模糊概念中的隶属程度,但其计算量相当大;专家经验法是根据专家的实际经验给出模糊信息的处理算式或相应权系数值来确定隶属函数的一种方法,在许多情况下,经常是初步确定粗略的隶属函数,然后再通过"学习"和实践检验逐步修改和完善,而实际效果正是检验和调整隶属函数的依据。除此之外还有二元对比排序法、角模糊集、神经网络、遗传算子、归纳推理以及软分割等方法。

7.2.3 模糊信息处理

模糊信息处理就是利用模糊数学这一工具来处理带有模糊不确定性的信息,研究对象之所以带有模糊性,一般是由如下两个原因造成的:

(1) 很多对象本身就具有模糊性,即具有一系列中间过渡状态。这些对象用经典的明晰集合来刻画是不合适的,只能用模糊集合论刻画。例如自然界中存在的元素有金属与非金属两大类,但是有些元素既具有金属的一部分特征,又具有非金属的一部分特征,这就造成了模糊性。

(2) 人们在认识事物时,由于现阶段技术能力和手段有限,或者受环境条件及各种因素的影响,造成人们对研究对象的认识不充分,获取的信息不足而对事物认识产生模糊性。某些信息处理问题,特别是智能信息处理问题,由于研究的对象过分复杂,无法用现有的数学模型进行精确描述,使用传统的精确数学方法处理起来很困难。

对于第一种情况,使用模糊数学的方法来处理更符合实际,而对于第二种情况,一般需要有一定的先验知识来补充信息的不足。由于问题的复杂性,对事物所具有的先验知识往往很难用精确数学来描述,而一般是由人的自然语言来刻画的。由于自然语言的信息浓缩性和多义性,造成了模糊性,而这种一定程度的模糊性赋予了知识体系必不可少的灵活性。

模糊信息处理技术,由于其自身的灵活性、高效性和稳健性以及处理问题的简洁性,对于特征描述和知识表示都有很重要的作用。对人的思维机制的研究表明,"人脑的语言不是数学语言",大量运用模糊概念乃是人类思维过程的重要特点。因此,在对信息处理研究中,特别是在图像信息处理中引入模糊信息处理技术,对于提高计算机视觉系统的实时性、自动化、智能化水平都将有很大的促进作用。

1. 模糊逻辑控制

模糊逻辑控制简称模糊控制(Fuzzy Control,FC),是以模糊理论为基础的新型数字控制技术。在模糊控制中,模糊量的描述以模糊集合为基础,控制经验方面的知识记录在包含模糊集合的 IF-THEN 规则中(这种表示知识的方法在人工智能中称为产生式系统),并且采用模糊推理方法进行推理,将模糊理论转换为精确的结果,实现精确控制。模糊逻辑控制是模仿人的思维方式和人的控制经验,把人的经验形式化并引入控制过程,再运用模糊集合论进行数学处理,实现模糊推理,进行判断决策,以达到令人满意的结果。使用模糊逻辑语言分析方法,将很难精确解释的经验法则转化为计算机能够接受的算法语言,突破了传统控制理论必须给出具体数量关系的局限。

最基本的模糊控制系统结构如图 7-6 所示。图中 R 为设定值,Y 为系统输出值,它们都是清晰量。从图可以看出,模糊控制器的输入量是系统的偏差量,它是确定数值的清晰量,通过模糊化处理,用模糊语言变量 E 来描述偏差,模糊推理输出 U 是模糊变量,在系统中要实施控制时,模糊量 U 还要转化为清晰值,因此要进行清晰化处理,得到可以操作的确定值,通过调整作用,使偏差尽量小。

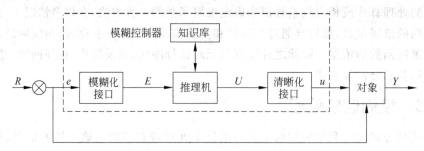

图 7-6 模糊控制系统

1) 模糊化接口

模糊控制器的确定量输入必须经过模糊化接口模糊化后,转换成一个模糊矢量才能用于模糊控制,具体可按模糊化等级进行模糊化。

2) 知识库

知识库由数据库和规则库两部分组成。

数据库所存放的是所有输入输出变量的全部模糊子集的隶属度矢量值,若论域为连续域,则为隶属度函数。输入变量和输出变量的测量数据集不属于数据库存放范畴。

规则库就是用来存放全部模糊控制规则的,在推理时为"推理机"提供控制规则。模糊控制器的规则是基于专家知识或手动操作经验来建立的,它是按人的直觉推理的一种语言表示形式。模糊规则通常由一系列的关系词连接而成,如 if then、else、also、end、or 等。关系词必须经过"翻译",才能将模糊规则数值化。如果某模糊控制器的输入变量为 e(误差)和 e_c(误差变化),它们相应的语言变量为 E 与 E_c。

3) 推理机

推理机是模糊控制器中,根据输入模糊量和知识库(数据库、规则库)完成模糊推理,并求解模糊关系方程,从而获得模糊控制量的功能部分。模糊控制规则也就是模糊决策,它是人们在控制生产过程中的经验总结。这些经验可以写成下列形式:"如果 A 则 B"型,也可以写成 if A then B。

4) 清晰化接口

通过模糊决策所得到的输出是模糊量,要进行控制必须经过清晰化接口将其转换成精确量。清晰化的目的是根据模糊推理的结果,求得最能反映控制量的真实分布。目前常用的方法有三种,即最大隶属度法、加权平均原则和中位数判决法。

现在模糊控制已得到了广泛的应用,控制应用的实例有列车自动运行控制系统、净水处理、机器人控制、飞行控制、汽车速度控制、电梯群管理控制等。

2. 模糊模式识别

识别能力是人类和其他生物的一种基本属性,模式识别的目的就是利用计算机实现人类的识别能力,一个典型的模式识别系统如图 7-7 所示,由数据获取、预处理、特征提取、分类决策及分类器设计五部分组成。

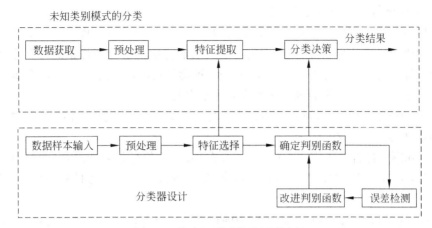

图 7-7 模式识别系统及识别过程

所谓模糊模式识别就是解决模式识别问题时引入模糊逻辑的方法或思想。同一般的模式识别方法(统计方法和句法方法)相比较,模糊模式识别具有客体信息表达更加合理,信息利用充分,各种算法简单灵巧,识别稳定性好,推理能力强的特点。

模糊模式识别的关键在于隶属度函数的建立,目前主要的方法有模糊统计法、模糊分布法、二元对比排序法、相对比较法和专家评分法等。虽然这些方法具有一定的客观规律性与科学性,但同时也包含一定的主观因素,准确合理的隶属度函数很难得到,如何在模糊模式识别方法中建立比较合理的隶属度函数是需要进一步解决的问题。

3. 模糊集在图像信息处理中的应用

在图像处理的过程中,图像处理的最终观察者是人,在对图像进行处理和识别的过程中,必须充分考虑图像自身的特点和人的视觉特性,因此图像本身存在许多不确定性和不精确性,即模糊性。这种不确定性和不精确性主要体现在图像灰度的不确定性、几何形状的不确定性,这是经典数学很难解决的。

模糊理论出现之后,人们发现其对图像的这种不确定性有很好的描述能力,当时主要是应用于高级计算机视觉和模式识别当中。近几年一些学者一直致力于将模糊理论引入图像处理中,尤其是当它们被应用在图像滤波、图像增强、图像分割和边缘提取中时,所取得的效果要好于传统的图像处理方法。

1) 基于模糊信息处理的图像增强

在图像处理中,图像增强技术对于提高图像质量起着重要的作用。所谓图像增强,就是一幅给定图像通过处理,使其对某种特定应用来说比原图像更适用。因此,增强可认作是有选择地强调和抑制图像中某些信息,以改善图像的视觉效果或便于对图像进行其他处理。

模糊增强算法是 20 世纪 80 年代初提出的一种图像增强方法,该方法的具体步骤为,首先将空域中的原始图像数据通过模糊化映射,使其成为特征平面中的模糊特征数据,其次对特征图像信息进行模糊增强变换处理,最后将处理后的信息数据逆映射到空间域中去,从而获得增强后的图像。这种算法后来在 CDC—6500/6400 处理机上进行了仿真实验,结果表明,这种算法比传统的直方图校正法的效果更好。之后随着研究的深入,国内许多学者利用广义模糊集合理论和定义新的隶属度函数提出了改进的方法。

2) 基于模糊信息处理的边缘检测

边缘检测是图像分析和景物分析的重要内容,它是对图像预处理的一个必要过程。边缘具有能勾画出区域的形状,能被局部定义以及它能传递大部分图像信息等许多优点。这个事实为计算机视觉的研究提供了重要的启示,即物体可以用其边界来表示,因此图像的边缘检测无论是对人类或对机器视觉来说都是非常重要的。

多年来,虽然国内外学者对边缘检测方法付出了大量艰辛的努力,但边缘检测问题仍然没有得到很好的解决。这是因为:

(1) 实际图像都含有噪声,并且噪声的分布、方差等信息是未知的,同时噪声和边缘均是高频信号,虽然平滑滤波运算可以消除噪声,但它导致了一些边缘模糊,检测出的边缘往往移位。

(2) 由于物理和光照原因,实际图像中的边缘经常出现在不同的尺度范围上,并且每一边缘像元的尺度信息是未知的,利用固定的边缘检测算子不可能同时最佳地检测出所有边缘。

模糊边缘检测方法的过程跟上述图像增强过程类似,利用 CDC6400/6500/6600 计算机处理系统对上述算法进行了大量的实验研究,结果表明,该算法在 X 光图片的边缘检测中取得了较好的效果。后来又陆续有学者对这些研究提出改进算法,对图像边缘检测问题的解决会起到积极的促进作用。

3) 基于模糊信息处理的图像分割

图像分割就是把图像中具有特殊含义的不同区域区分开来,这些区域是互不相交的,每一个区域都满足特定区域的一致性。图像分割技术是计算机视觉和人工智能领域中一项意义重要而又颇为艰巨的研究工作,属图像信息工程的一大经典难题。众多国内外学者对此进行了深入、广泛的研究,推出了不少算法。如阈值法、匹配法、区域生长法、小波分析法等。但是到目前为止仍然没有一种有效的方法,可以在利用图像中信息的同时,根据存在的信息和启发性知识建立相应的图像模型,模糊信息处理技术为以上问题的解决提供了一种很好的工具。

随着研究的深入,对基于模糊聚类的灰度图像分割方面的研究,又提出了许多新的要求:

(1) 对聚类算法在图像分割中快速实现的要求极为迫切。

(2) 必须把模糊聚类同新的技术相结合才能取得好的图像分割结果。

(3) 只有充分挖掘和利用图像中的先验知识,并指导聚类才有望在图像分割速度和质量上同步提高。上述种种还需在理论上继续开拓和创新。

7.2.4 神经计算与神经网络信息处理

1. 神经网络的基本原理

人的大脑是众所周知的最复杂的计算装置,具有强大的思考、记忆和解决问题的能力。神经元是脑神经系统中最基本的细胞单元,每个神经元都是一个简单的微处理单元,可接受和综合许多其他神经元通过所谓树突的输入结构传来的信号,并将输出信号沿着轴突向外传送。

在人工神经元网络中,模拟生物神经元的单元一般称为神经元。一个神经元有许多输入通道(树突),它通常用简单求和的方式对所有输入值进行合成操作。操作结果是神经元的一个内部激发值,由传递函数做进一步的修改。传递函数可以是阈值函数,只有当激发值达到一定水平时才输出信号,传递函数也可以是合成输入的连续函数。

神经元网络由许多相互联结在一起的神经元所组成。神经元按层进行组织,连续两层之间全部或随机联结。通常有两层与外界联系即输入与输出层,其他层称为隐层。人工神经元依连接方式不同构成不同的神经网络模型。

1) 生物神经元(人类大脑神经元)

生物神经元是一个小细胞,它能够接收来自感官或其他细胞的输入,并且产生电输出响应,并传给其他神经元,其基本结构主要包括细胞体、轴突、树突 3 个部分,如图 7-8 所示。

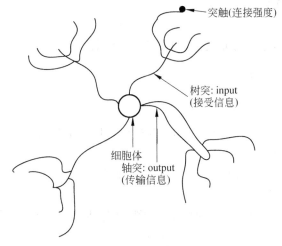

图 7-8 生物神经元

树突主要接收来自其他神经元的电信号,并传给细胞体;细胞体是一个信息处理器,用数学语言描述即对接收的点信号进行加权求和、阈值处理及非线性计算等;轴突的作用是把细胞体的输出信号传给其他神经元;突触强度的改变用来存储信息。

2) 人工神经元模型(MP 模型)

人工神经元是生物神经元的简单的模仿、简化和抽象,是一个极其简单的计算单元(函数)。图 7-9 是一个典型的人工神经元模型。

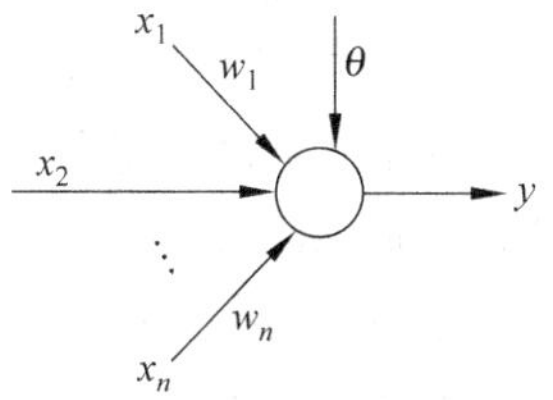

图 7-9 人工神经元模型

神经元实现了 $R^n \rightarrow R^1$ 的极其简单的非线性函数:

$$y = f\left(\sum_{i=1}^{n} w_i x_i - \theta\right) \tag{7-1}$$

x_i—输入,来自其他神经元的信号;

y—输出,轴突上的电信号;

w_i—权值,突触的强度;

$w_i > 0$—兴奋性神经元的突触;

$w_i < 0$—抑制性神经元的突触;

$w_i = 0$—第 i 个输入信号对该神经元不起任何作用。

θ——阈值、门限；
f——激励函数、传输函数。

3) 神经元特征

(1) 时空整合功能。

① 空间总和。整个神经元的膜电位(状态变化)是输入信号与其权重的线性组合，其值为 $\sum_{i=1}^{n} w_i x_i$。

② 时间总和。不同时刻的输入信息对神经元的影响会重叠，加起来同时起作用。

③ 时空整合。根据空间和时间总和，神经元对不同时刻和不同部位的输入进行处理，该过程称为时空整合作用。

(2) 阈值特性

神经元的输入输出之间为非线性，如图 7-10 所示。

$$y = \begin{cases} \bar{y}, & u \geq \theta \\ 0, & u < \theta \end{cases}, \theta \text{ 为阈值}。$$

图 7-10 阈值特性

(3) 不应期。

θ 本身是随着兴奋程度的变化而变化，当 $\theta \to \infty$ 时，无论输入信号多强大，也不会有输出信号，此特性被称为绝对不应期。

(4) 突触结合的可塑性，即权重 w_i 是实时变化的。

4) 人工神经网络三要素

通常，神经网络模型由网络模型的神经元特性、拓扑结构和学习或训练规则三个要素确定。

(1) 神经元特性。

作为神经网络基本单元的神经元模型有其三个基本要素：

① 一组连接权；

② 一个求和单元；

③ 一个非线性激励函数，具体内容见上一节。

(2) 神经网络结构。

神经网络由大量并行分布的神经元广泛互联构成。网络的拓扑结构是神经网络的一个重要特征，从连接方式看神经网络结构主要有两种。

① 前馈型网络。

前馈网络中神经元是分层排列的，每个神经元只与前一层的神经元相连。输入层和输出层与外界相连，其他中间层称为隐层，隐层可为一层或多层。除了通用的前馈网络外，还存在其变型，如前馈内层互连网络，网络在同一层内相互连接，互相制约，从外部看还是一个前馈网络，很多自组织网络存在此种结构。

② 反馈型网络。

所有节点都是计算单元，也可接受输入，并向外界输出。网络的任意两个神经元之间都可能存在连接，信息在各神经元之间反复传递至趋于某一稳定状态。

(3) 神经网络的学习方法。

网络的学习可以分为 3 种基本类型：

① 网络权值的学习；

② 网络节点函数的学习；

③ 网络拓扑结构的学习。

学习的过程就是按某种预定的度量通过调节自身参数（如权值）来达到性能优化的过程。学习方式也有三种：

① 监督学习（有教师学习）。

这种学习方式需要外界存在一个"教师"，它可对给定一组输入提供应有的输出结果，这组已知的输入—输出数据称为训练样本集，学习系统（神经网络）根据已知输入与实际输出之间的差值（误差信号）来调节系统参数，参见图 7-11。

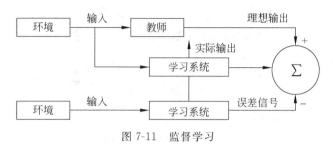

图 7-11　监督学习

② 非监督学习（无教师学习）。

非监督学习不存在外部教师，学习系统完全按照环境提供数据的某些统计规律来调节自身参数或结构，以表示出外部输入的某种固有特性，参见图 7-12。

③ 再励学习（强化学习）。

再励学习介于上述两种情况之间，外部环境对系统输出结果只给出评价信息（奖或惩）而不给出正确答案，学习系统通过强化受奖的动作来改善自身的性能，参见图 7-13。

图 7-12　非监督学习　　　　　　图 7-13　再励学习

2. 前馈型神经网络

将多个神经元有机地连接成一个整体，各神经元接受前一层的输入，并输出给下一层，因此此类神经网络也称为前向神经网络。

前向型网络可以视为从输入到输出的高度非线性映射。理论上，对于一个三层和三层以上的前向型网络，只要隐层神经元数目足够多，该网络就能以任意精度逼近一个非线性函数。BP（Back Propagation）神经网络是一种典型的前向型神经网络。

1）BP 神经网络定义

BP 神经网络是一种神经网络学习算法，由输入层、中间层、输出层组成的阶层型神经网络，中间层可扩展为多层。相邻层之间各神经元进行全连接，而每层各神经元之间无连接，网络按有教师示教的方式进行学习，当一对学习模式提供给网络后，各神经元获得网络的输入响应产生连接权值。然后按减小希望输出与实际输出误差的方向，从输出层经各中间层逐层修正各连接权,回到输入层。此过程反复交替进行,直至网络的全局误差趋向给定的极小值,即完成学习的过程。

2) BP神经网络模型及其基本原理

BP神经网络是误差反向传播神经网络的简称,它由一个输入层,一个或多个隐含层和一个输出层构成,每一次由一定数量的神经元构成。这些神经元如同人的神经细胞一样是互相关联的,其结构如图7-14所示。

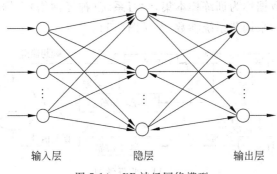

输入层　　隐层　　输出层

图7-14　BP神经网络模型

生物神经元信号的传递是通过突触进行的一个复杂的电化学过程,在人工神经网络中是将其简化模拟成一组数字信号,通过一定的学习规则而不断变动更新的过程,这组数字储存在神经元之间的连接权重中。网络的输入层模拟的是神经系统中的感觉神经元,它接收输入样本信号。输入信号经输入层输入,通过隐含层的复杂计算由输出层输出,输出信号与期望输出相比较,若有误差,再将误差信号反向由输出层通过隐含层处理后向输入层传播。在这个过程中,误差通过梯度下降算法,分摊给各层的所有单元,从而获得各单元的误差信号,以此误差信号为依据修正各单元权值,网络权值因此被重新分布。此过程完成后,输入信号再次由输入层输入网络,重复上述过程。这种信号正向传播与误差反向传播的各层权值调整过程周而复始地进行着,直到网络输出的误差减少到可以接受的程度,或进行到预先设定的学习次数为止,权值不断调整的过程就是网络的学习训练过程。

3) BP神经网络的主要功能

目前,在人工神经网络的实际应用中,绝大部分的神经网络模型都采用BP神经网络及其变化形式,它也是前向网络的核心部分,体现了人工神经网络的精华,BP网络主要用于以下四方面。

(1) 函数逼近:用输入向量和相应的输出向量训练一个网络以逼近一个函数。

(2) 模式识别:用一个待定的输出向量将它与输入向量联系起来。

(3) 分类:把输入向量以合适的方式进行分类。

(4) 数据压缩:减少输出向量维数以便传输或存储。

3. 反馈型神经网络

反馈网络(Feedback Neural Network)又称递归网络,或回归网络。在这类网络中,网络中所有节点(神经元)都具有同等的地位,没有层次差别。多个神经元互连以组成一个互连神经网络,有些神经元的输出被反馈至同层或前层神经元,因此信号能够从正向和反向流通。在反馈网络中,输入信号决定反馈系统的初始状态,然后系统经过一系列状态转换以后,逐渐收敛于平衡状态。Hopfield 神经网络是反馈网络中最有代表性的例子。

Hopfield 网络又称为联想记忆网络,它常常存储了一个或多个稳定的目标向量,当网络输入端输入相似的向量时,这些稳定的目标向量将"唤醒"网络记忆的模式,通过输出呈现出来。

如果反馈网络的激活函数是一个二值型的硬函数,则称此网络为离散型反馈网络,如 DHNN(Discrete Hopfield Neural Network,离散的 Hopfield 网络)中的符号函数;如果激活函数为一个连续单调上升的有界函数,这类网络被称为连续型反馈网络,如 CHNN(Continuous Hopfield Neural Network,连续的 Hopfield 网络)中的 S 函数。

1) 离散的 Hopfield 网络(DHNN)

Hopfield 神经网络中各个神经元之间是全互连的,即各个神经元之间是相互、双向连接的。这种连接方式使得网络中每个神经元的输出均反馈到同一层的其他神经元的输入上。这样网络如果设置得当,在没有外部输入的情况下也能进入稳定状态。

离散 Hopfield 神经网络是一个离散时间序列系统,网络结构上只有一个神经元层,如图 7-15 所示,各个神经元的转移函数都是线性阈值函数。每个神经元均有一个活跃值,或称之为状态(取两个可能值之一)。

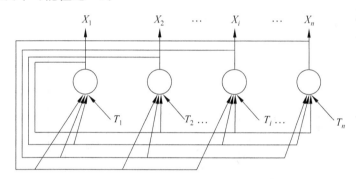

图 7-15 离散型反馈网络的拓扑结构

2) 连续型 Hopfield 神经网络(CHNN)

连续型 Hopfield 神经网络是霍普菲尔德于 1984 年在离散型 Hopfield 神经网络的基础上提出来的,它的原理与离散型网络相似。CHNN 以模拟量作为网络的输入输出量,各神经元采用并行方式工作,因此在信息处理的并行性、联想性、实时性、分布存储、协同性等方面比 DHNN 更接近于生物神经网络。

Hopfield 根据生物细胞的存储特性提出的 CHNN 网络,该网络的每一个神经元的输入和输出关系为连续可微单调上升函数,和其他神经元之间有连接权的关系。它的每个神经元的输入是一个随时间变化的状态变量,与外界的输入和其他神经元的输出有直接关系,同时也与其他神经元同它之间的连接权有关系,状态变量直接影响了输入变量,使系统变成一个随时间变化的动态系统。

CHNN 网络模型可以用电子器件模拟,如图 7-16 所示,它的每一个神经元可以由一

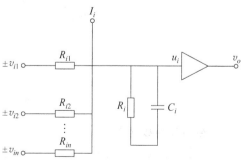

图 7-16 Hopfield 动态神经元模型

个有正反向输出的放大器模拟,输入端并联的电阻和电容可模拟生物神经元的时间特性,互相连接间的电阻 R_{in} 用来模拟各个神经元的连接特性,相当于权系数。

图 7-17 是连续时间神经网络模型的电路实现图,图中电阻 R_i 和电容 C_i 的并联,模拟了生物神经元输出的时间常数;w_{ij} 为连接权重,模拟神经元之间互连的突触特性,运算放大器则模拟神经元的非线性特性;u_i 为第 i 个神经元的状态;v_i 为第 i 个神经元的输出;I_i 为独立的外输入信号,输入、输出关系常用两种非线性函数:$v_i = \dfrac{1}{1+e^{-u_i}}$ 或 $v_i = \tanh(u_i)$。

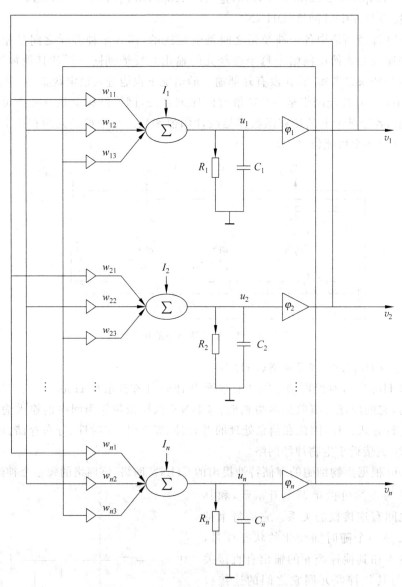

图 7-17 连续型 Hopfield 神经网络的结构图

4. 径向基函数网络

在人的大脑皮层区域中,局部调节和交叠的感受野是人脑反应的特点。基于感受野这一特性,提出了一种采用局部接受域来执行函数映射的人工神经网络,即径向基函数

(Radial Basis Function,RBF)网络。

在径向基函数网络中,网络由一个隐含层和一个线性输出层组成,隐含层最常用的是高斯径向基函数,而输出层采用线性激活函数,由于隐含层的每一个神经元的传递函数都构成拟合平面的一个基函数,故称为径向基函数网络。与 BP 网络相比,RBF 比 BP 网络规模大,但学习速度快,函数逼近、模式识别和分类能力都优于 BP 网络,其网络结构如图 7-18 所示。

用函数来描述一个实际对象,需要一个函数空间。对于高维的数值分析问题,希望能有一个简单的函数 $\varphi(\cdot)$ 经过一些简单的运算就能得到函数空间的基。径向基函数指某种沿径向对称的标量函数,通常定义为空间中任一点 X 到某一中心 c_i 之间欧氏距离的单调函数,这是一种前向网络的拓扑结构,在图 7-18 中:

输入 $x \in R^n$,输入向量全部直接传递到隐含层的每一个神经元;

输出 $y \in R$,隐含层到输出层的权值为 $w_i \in R$,传输函数为线性函数;

隐含层是感受单元,有 p 个神经元,第 i 个感受单元的输出为 $\varphi_i(x) = \varphi_i(\|x - c_i\|)$,$(i=1,2,\cdots,p)$,$\varphi_i(\cdot)$ 为径向基函数,其具有局部感受的特点,$\varphi_i(\cdot)$ 只有在 c_i 周围的一部分区域有较强反应,这正体现了大脑皮质层的反映特点,称 c_i 为函数 $\varphi_i(\cdot)$ 的中心,RBF 神经网络的最后输出结果为 $y = \sum_{i=1}^{p} w_i \cdot \varphi_i(\|x - c_i\|)$。

5. 自组织神经网络

在很多情况下,人在认知过程中没有预知的正确模式,人获得大量知识常常是靠"无师自通",即通过对客观事物的反复观察,分析与比较,自行揭示其内在规律,并对具有共同特征的事物进行正确归类。对于人的这种学习方式,基于有导师学习策略的神经网络是无能为力的。

自组织神经网络的无导师学习方式更类似于人类大脑中生物神经网络的学习,其最重要特点是通过自动寻找样本中的内在规律和本质属性,自组织自适应地改变网络参数与结构,这种学习方式大大拓宽了神经网络在模式识别与分类方面的应用,参见图 7-19。

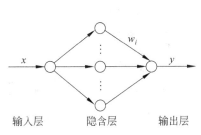

图 7-18 RBF 神经网络结构图

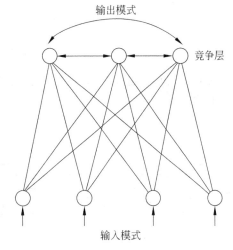

图 7-19 自组织神经网络结构

自组织网结构上属于层次型网络,有多种类型,如自组织特征映射(SOM: Self Organizing Feature Map)网络、对偶(向)传播网络(CPN: Counter Propagation Network)、自适应共振理论(ART: Adaptive Resonance Theory)网络等。最简单的网络结构具有一个输入层和一个竞争层,输入层负责接受外界信息并将输入模式向竞争层传递,起观察作用;竞争层负责对该模式进行"分析比较",找出规律以正确分类。

1) 竞争学习的概念

(1) 模式、分类、聚类与相似性。

模式:一般当网络涉及识别、分类问题时,常用输入模式,而不称输入样本。

分类:分类是在类别知识等导师信号的指导下,将待识别的输入模式分配到各自的模式类中去。

聚类:无导师指导的分类称为聚类,聚类的目的是将相似的模式样本划归一类,而将不相似的分离开。

相似性:输入模式的聚类依据。

(2) 相似性测量。

神经网络的输入模式用向量表示,比较不同模式的相似性可转化为比较两个向量的距离,因而可用模式向量间的距离作为聚类判据。模式识别中常用到的两种聚类判据是欧式最小距离法和余弦法。

① 欧式距离法。

两个模式向量的欧式距离越小,两个向量越接近,因此认为这两个模式越相似,当两个模式完全相同时其欧式距离为零。如果对同一类内各个模式向量间的欧式距离作出规定,不允许超过某一最大值 T,则最大欧式距离 T 就成为一种聚类判据,同类模式向量的距离小于 T,两类模式向量的距离大于 T,参见图 7-20。

X 和 X_i 两向量欧式距离:

$$\| X - X_i \| = \sqrt{(X - X_i)^T (X - X_i)}$$

② 余弦法。

计算两个模式向量夹角的余弦:

$$\cos \psi = \frac{X^T X_i}{\| X \| \, \| X_i \|}$$

两个模式向量越接近,其夹角越小,余弦越大。当两个模式向量完全相同时,其夹角余弦为 1,参见图 7-21。

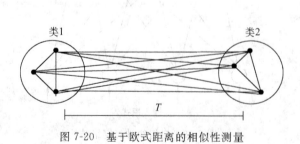

图 7-20　基于欧式距离的相似性测量　　　　图 7-21　基于余弦法的相似性测量

若同类内各模式向量间的夹角规定不大于 ψ_T,则 ψ_T 成为一种聚类判据。余弦法适合模式向量长度相同或模式特征只与向量方向相关的相似性测量。

(3) 侧抑制与竞争。

实验表明,人眼的视网膜存在一种侧抑制现象,即当一个神经细胞兴奋后,会对其周围的神经细胞产生抑制作用。这种侧抑制使神经细胞之间呈现出竞争,开始时可能多个细胞同时兴奋,但一个兴奋程度最强的神经细胞对周围神经细胞的抑制作用也最强,其结果使其周围神经细胞兴奋程度减弱,从而该神经细胞是这次竞争的"胜者",其他神经细胞在竞争中失败。

自组织网络(竞争型神经网络)构成的基本思想是网络的竞争层各神经元竞争对输入模式响应的机会,最后仅有一个神经元成为竞争的"胜者",这一获胜神经元则表示对输入模式的识别,从而体现了生物神经细胞的侧抑制竞争机制。

自组织网络在竞争层神经元之间的连线是模拟生物神经网络层内神经元相互抑制现象的权值,这类抑制性权值满足一定的分布关系,如距离近的抑制强,距离远的抑制弱。这种权值(或说侧抑制关系)一般是固定的,训练过程中不需要调整,在各类自组织网络拓扑图中一般予以省略(不省略时,也只看成抑制关系的表示,不作为网络权值来训练)。最强的抑制关系是竞争获胜者"唯我独兴",不允许其他神经元兴奋,这种抑制方式也称为胜者为王。

(4) 内星节点和外星节点。

神经网络中有两类常见节点,分别称为内星节点和外星节点,其特点见图 7-22 和图 7-23。图 7-22 中的内星节点总是接受来自四面八方的输入加权信号,因此是信号的汇聚点,对应的权值向量称为内星权向量;图 7-23 中的外星节点总是向四面八方发出输出加权信号,因此是信号的发散点,对应的权值向量称为外星权向量。内星节点的输出响应是输入向量 X 和内星权向量 w_j 的点积,该点积反映了 X 和 w_j 的相似程度。

图 7-22 内星节点

图 7-23 外星节点

2) 竞争学习的原理(规则)

竞争学习采用的规则是胜者为王,该算法可分为 3 个步骤。

(1) 向量归一化。

不同的向量有长短和方向区别,向量归一化的目的是将向量变成方向不变、长度为 1 的单位向量,如 $\hat{X} = \dfrac{X}{\|X\|}$。

将自组织网络中的当前输入模式向量 $\hat{X}$ 和竞争层中各神经元对应的内星权向量 $\hat{W}_j (j=1,2,\cdots,m)$ 全部进行归一化处理。

(2) 寻找获胜神经元。

当网络得到一个输入模式向量 $\hat{X}$ 时,竞争层中各种神经元对应的内星权向量 $\hat{W}_j (j=1$,

$2,\cdots,m$)均与 $\hat{X}$ 进行相似性比较,将与 $\hat{X}$ 最相似的内星权向量判为竞争获胜神经元,其权向量记为 $\hat{W}_{j^*}$,测量相似性的方法是对 $\hat{W}_j$ 和 $\hat{X}$ 计算欧氏距离或夹角余弦。

$$\| \hat{X} - \hat{W}_{j^*} \| = \min_{j \in (1,2,\cdots,m)} \| \hat{X} - \hat{W}_j \| \tag{7-2}$$

(3) 网络输出与权值调整。

胜者为王竞争学习算法规定,获胜神经元输出 1,其余输出零。即

$$o_j(t+1) = \begin{cases} 1, & j = j^* \\ 0, & j \neq j^* \end{cases} \tag{7-3}$$

只有获胜神经元才有权调整其权向量,可以看出,当 $j \neq j^*$ 时,对应神经元的权值得不到调整,其实质是"胜者"对它们进行了强侧抑制,不允许它们兴奋。

3) 自组织特征映射(Self-Organizing Map,SOM)神经网络

(1) SOM 网络的生物学基础。

生物学研究表明,人的大脑皮层中存在许多不同功能的神经网络区域,每个功能区域完成各自的特定功能,如视觉、听觉、语言理解和运动控制等等。当人脑通过感官接受外界的特定时空信息时,将引起大脑皮层的特定区域兴奋。每个区域有若干神经元组成,当该区域兴奋时,总是以某一个神经元(细胞)为兴奋中心,呈现出墨西哥帽(Mexican Hat)式兴奋分布。

网络区域中的这种兴奋与抑制规律,将依据外界输入环境的不同,神经元(细胞)要靠竞争机制来决定胜负。大脑的这种区域性结构,虽有遗传因素,但各区域的功能大部分是后天通过环境的适应和学习得到的,这就是神经网络的自组织特征。

(2) SOM 网络的拓扑结构。

SOM 网络共有两层,输入层模拟感知外界输入信息的视网膜,输出层也是竞争层,输出层模拟做出响应的大脑皮层。网络拓扑结构形式常见有一维线阵和二维平面阵,网络实现将任意维输入模式在输出层映射成一维离散图形,参见图 7-24 和图 7-25。

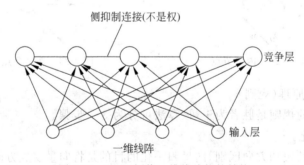

图 7-24　SOM 网络一维线阵拓扑结构

(3) SOM 网络的运行原理。

对某个特定的输入模式,输出层会有某个节点产生最大响应而获胜,按生物区域神经兴奋机制,获胜神经元对其邻近神经元存在一种侧抑制(竞争)机制。

SOM 网络的侧抑制方式是以获胜神经元为中心权值调整量最强,且由近及远地逐渐递减程度不同的调整权向量直到抑制。理论上按墨西哥帽分布调整权值,但其计算上的复杂

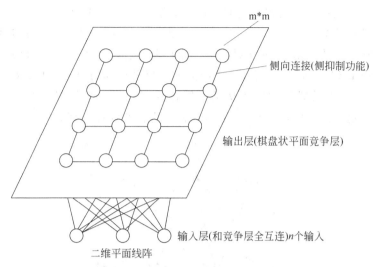

图 7-25　SOM 网络二维平面阵拓扑结构

性影响了网络训练的收敛性,因此在 SOM 网的应用中常采用与墨西哥帽函数类似的简化函数或其他一些方式(如优胜域)。

以获胜神经元为中心设定一个邻域-优胜域。优胜邻域内的所有神经元均按其离开获胜神经元的距离远近不同程度地调整权值。优胜邻域开始可定义得较大,但其大小随着训练次数的增加不断收缩,最终收缩到半径为零。

当输入模式的类别改变时,获胜节点也会改变。获胜节点对周围的节点因侧抑制作用也产生较大的响应,于是,获胜节点及其优胜邻域内的所有节点所连接的权向量均向输入向量的方向作程度不同的调整。

网络通过自组织方式,用大量训练样本调整网络的权值,最后使输出层各节点成为对特定模式类敏感的神经元,对应的内星权向量成为各输入模式类的中心向量。并且当两个模式类的特征接近时,代表这两类的节点在位置上也接近。从而,在输出层形成能够反映样本模式类分布情况的有序特征图。

(4) SOM 网络的学习算法。

SOM 网络采用的学习算法称 Kohonen 算法,是在"胜者为王"算法基础上加以改进而成的。其主要区别在于调整权向量的侧抑制方式不同。胜者为王算法中,获胜神经元对周围神经元的抑制是"封杀"式的(只获胜神经元调整权向量,周围其他无权调整)。

6. 双向联想记忆网络

联想记忆神经网络是模拟人脑,把一些样本模式存储在神经网络的权值中,通过大规模的并行计算,使不完整的、受到噪声干扰的畸变模式在网络中恢复到原有的模式本身。

联想记忆(Associative Memory,AM)是人脑的重要认知功能,例如当我们听到一首歌曲的一部分就会联想到整个曲子(自联想),当我们听到某人的名字会联想到他的相貌(异联想)等特点。由于许多神经活动很难在实验中直接被观察,因此需要通过建立神经网络模型对脑的联想记忆功能进行仿真。自联想记忆是指由受损的输入模式恢复到完整的模式本身,异联想记忆是指由输入模式获得与之相关的其他模式。

双向联想记忆(Bidirectional associative memory,BAM)是两层反馈网络,可以实现异

联想记忆的功能。它使用前向和反向双向联想，从一输入对(A,B)回忆一相关的双极性向量对(a_k,b_k)，即称为异（双向）联想存储器。如图 7-26 所示，A 层是 N 维，B 层是 P 维，两者都可以作为输入层或输出层，每个神经元与本层其他神经元无连接，而和另一层全部神经元连接。假定由 B 到 A 的传输为正向，正向的突触权重矩阵为 W，由 A 到 B 的反向传输突触权重矩阵为 W^T。欲被联想的模式从某一层输入，经过双向反馈联想计算，最终趋于稳定，得到输出，在这个过程中，神经元对输入加权和进行非线性处理。

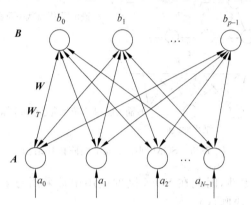

图 7-26 双向联想记忆网络模型

双向联想存储器可以存储两组矢量，N 维矢量 A 与 P 维矢量 B 的表达式分别为

$$A = [a_0, a_2, \cdots, a_{N-1}]^T \tag{7-4}$$

$$B = [b_0, b_2, \cdots, b_{p-1}]^T \tag{7-5}$$

构成一组矢量对 $A_k, B_k, k=0,1,\cdots,M-1$ 共有 M 对样本矢量。将它们存入双向联想存储器即可进行由 A 到 B 或 B 到 A 的双向联想。即给定 A（或 B）可经联想作用得到对应的标准样本 B（或 A）。当有噪声或缺损时，联想功能可使样本对复原。

7. 小脑模型神经网络

生物学研究表明，人脑在人体运动中起到维持躯体平衡、调节肌肉紧张程度、协调随意运动等功能。因此，模拟人的小脑结构与功能无疑是脑的宏观结构功能模拟的重要组成部分。早在 1975 年，阿尔思（J. S. Albus，1935—2011 年）便根据神经生理学小脑皮层结构特点提出的一种小脑模型关联控制器（Cerebellar Model Articulation Controller），简称 CMAC 网络，目前 CMAC 已得到人们越来越多的重视。CMAC 是一种局部逼近网络，算法基于 LMS（Least mean square）最小均方算法，学习速度快，具有局域泛化（generalization）能力，避免了 BP 网络的局部最优问题，且易于硬件实现，这些优点使得 CMAC 网络非常适合用于复杂系统的建模和快速辨识。

人的小脑是通过一些神经纤维束跟脑干相连，并进一步同大脑、脊髓发生联系。人主要靠小脑管理运动功能，它通过小脑皮层的神经系统从肌肉、四肢、关节、皮肤等接受感觉信息，并感受反馈信息，然后将这些获得的信息整合到一特定的区域——"存储器"记忆起来。当需要的时候，将这些存储器储存的信息取出来，作为驱动和协调肌肉运动的指令（控制信号）；当感受信息和反馈信息出现差异时，便通过联想加以调整，从而达到运动控制的目的，这一过程便是学习。CMAC 网络结构模型如图 7-27 所示，有两个基本映射，表示输入输出之间的非线性关系。

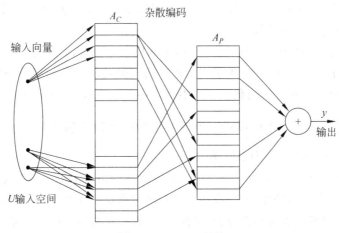

图 7-27 CMAC 结构

(1) 概念映射：从输入空间 U 至概念（虚拟）存储器 A_C 的映射。

n 维输入向量 $u_p=[u_{1p},u_{2p},\cdots,u_{np}]^T$ 量化编码为 $[u_p]$，之后映射至 A_C 的 c 个存储单元，即被 $[u_p]$ 激活的单元（c 为二进制非零单元的数目），映射后的向量 R_p 为

$$R_p = S([u_p]) = [s_1([u_p]), s_2([u_p]), \cdots, s_c([u_p])]^T \tag{7-6}$$

$$s_j([u_p]) = 1, j = 1, 2, \cdots, c \tag{7-7}$$

映射原则：输入空间邻近两点（一点为一个输入 n 维向量），在 A_C 中有部分重叠单元被激励。距离越近，重叠越多；距离远的点，在 A_C 中不重叠，称局域泛化。

(2) 实际映射：概念存储器 A_C 至实际存储器 A_p 的映射。

由 A_C 的 c 个单元，用杂散编码（压缩存储空间）技术，映射至实际存储器 A_p 的 c 个单元（存着相应权值），网络输出为 A_p 中 c 个单元权值和，输出为

$$y_p = \sum_{j=1}^{c} w_j s_j([u_p]) \tag{7-8}$$

将 $s_j([u_p])=1$ 代入有 $y_p = \sum_{j=1}^{c} w_j$，因此经两次映射，相近的输入产生相近的输出，不同的输入产生不同的输出。

小脑模型最早应用在机器人控制中，例如机器人行走、视觉跟踪、机器人控制运动学、动力学、机械手等。另外小脑模型还应用在地图方面的处理、物理探测仪、超声波信号的辨别、颜色校正、信号处理、模式识别、图形的恢复中。总之，小脑模型的应用是相当广泛的且很有应用潜力。

8. 小波神经网络

小波神经网络（Wavelet Neural Network，WNN）是小波分析理论与神经网络理论相结合的产物，1992 年小波神经网络的概念被正式提出，其思想是用小波元代替神经元，即用已定位的小波函数代替 S 函数作为激活函数，通过仿射变换建立起小波变换与网络系数之间的连接。

小波神经网络通常分为松散型和融合型两种，松散型小波分析对神经网络的输入进行初步处理，使得输入神经网络的信息更易于神经网络进行处理；融合型小波分析是将小波和

神经网络直接融合,即小波元代替神经元,输入层到隐含层的权值及隐含层阈值分别由小波函数的尺度和平移参数所代替。

目前应用最为广泛的融合型小波分析模型如图 7-28 所示。其将神经网络隐节点的 S 函数用小波函数来代替,相应的输入层到隐含层的权值及隐含层的阈值分别由小波函数的尺度伸缩因子和时间平移因子所代替。图中 $X=(x_1,x_2,\cdots,x_i,\cdots,x_p)^T$ 为输入层的输入样本;$y_i = \sum_{j=1}^{h} C_{ji} g_j(x)$ 为网络输出;C_{ji} 为输入层到隐含层的输入权值;$G(X)=(g_1(x),g_2(x),\cdots,g_j(x),\cdots,g_h(x))^T$ 为小波函数。

小波神经网络的耦合模型有其广泛的应用前景。四川大学王文圣教授等针对日流量时间序列的非线性和多时间尺度特性,应用小波神经网络对长江寸滩站日流量进行了预测;四川大学赵永龙、丁晶教授等将小波分析、混沌、人工神经网络一起构成混沌神经网络,对金沙江屏山站汛期日流量序列进行了长期预测;湖南大学曾光明教授等深入探讨了洞庭湖区水质恶化的原因,运用小波神经网络评价洞庭湖各监测点附近区域的营养状况;浙江大学刘国华教授等用小波神经网络对洪水进行了预报等。

9. 细胞神经网络

人脑具有多达 10^{10} 个细胞,每个神经细胞只与大约 10^3 个细胞相连,具有局部连通性,由于它们的作用,人体可以瞬时地完成许多复杂的生理功能。根据这一特点,1988 年美国加州大学伯克利分校蔡少棠(L. O. Chua,1936 年—)等人提出了局部连通的细胞神经网络(Cellular Neural Networks,CNN),其保留着 Hopfield 型神经网络所具有的强大的并行处理能力,同时易于用大规模集成电路实现。

从结构上讲,CNN 是一种网格式的有规则的网络,类似于实时高速并行处理的阵列处理器。CNN 基本单元称为细胞(图 7-29 中方块所示),第 i 行,第 j 列的细胞用 C_{ij} 表示,在 $m \times m$ 的网格方块上布满了细胞,每一个细胞与其近邻细胞相连,细胞之间的连线表示所连接的细胞之间的相互作用。与 Hopfield 神经网络的全连接结构不同,CNN 的细胞是局部互连的,每一个细胞 C_{ij} 仅与它的邻域中的细胞相连,这些相连的细胞通过权重直接相互作用,而不直接相连的细胞则通过网络的连续动态动力学传输效应间接地相互作用。这种结构的对称性,易于用模拟 VLSI 实规。

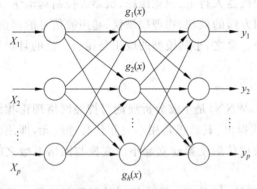

图 7-28 小波神经网络结构

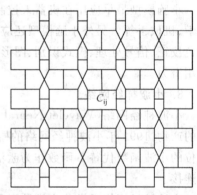

图 7-29 标准的 CNN 模型结构

作为一种多层大规模局部连接的并行模拟网络,CNN具有与人眼的视网膜相似的结构,因此用CNN来探索人体视觉感知信号的处理机制(生物视觉)是可行的。近年,CNN在图像处理方面的研究取得了丰富成果,根据相关文献,CNN的应用目前已经包括水平检测、垂直检测、方向性检测、图像细化、空穴填充、边缘检测、边通片检测、二维图像滤波、手写体辨识、汉字平行处理和辨识等。

10. 模糊神经网络信息处理

1) 模糊系统与神经网络的区别与联系

(1) 知识的表达方式。

模糊系统可以表达人的经验性知识,便于理解,而神经网络只能描述大量数据之间的复杂函数关系,难于理解。

(2) 知识的存储方式。

模糊系统将知识存在规则集中,神经网络将知识存在权系数中,都具有分布存储的特点。

(3) 知识的运用方式。

模糊系统和神经网络都具有并行处理的特点,模糊系统同时激活的规则不多,计算量小,而神经网络涉及的神经元很多,计算量大。

(4) 知识的获取方式。

模糊系统的规则靠专家提供或设计,难于自动获取,而神经网络的权系数可由输入输出样本中学习,无须人来设置。

模糊神经网络(Fuzzy Neural Network,FNN)将模糊系统和神经网络相结合,充分考虑了二者的互补性,集逻辑推理、语言计算、非线性动力学于一体,具有学习、联想、识别、自适应和模糊信息处理能力等功能。其本质就是将常规的神经网络输入模糊输入信号和模糊权值。在模糊神经网络中,神经网络的输入、输出节点用来表示模糊系统的输入、输出信号,神经网络的隐含节点用来表示隶属函数和模糊规则,利用神经网络的并行处理能力使得模糊系统的推理能力大大提高。

2) 典型模糊神经网络的结构

典型的模糊神经网络结构上像神经网络,功能上是模糊系统,模糊系统的规则集和隶属度函数等设计参数只能靠设计经验来选择,利用神经网络的学习方法,根据输入输出的学习样本自动设计和调整模糊系统的设计参数,实现模糊系统的自学习和自适应功能,这是目前研究和应用最多的一类模糊神经网络。该网络共分5层,是根据模糊系统的工作过程来设计的,是神经网络实现的模糊推理系统,如图7-30所示。

层1为输入层,为精确值,节点个数为输入变量的个数;

层2为输入变量的隶属函数层,实现输入变量的模糊化;

将输入变量 x_1 划分为 m 个模糊度,即模糊集合 A_i,($i=1,2,\cdots,m$),输入变量 x_2 划分为 n 个模糊度,即模糊集合 B_i,($i=m+1,m+2,\cdots,m+n$),每个节点的激活函数分别为输入变量 x_i 的各个模糊度的隶属度函数 $u_{A_i}(x)$,其输出分别为输入变量 x_i 的各个模糊度的隶属度函数值,是[0,1]之间的值,共 $m+n$ 个神经元。

层3也称"与"层,该层节点个数为模糊规则数。该层每个节点只与第二层中 m 个节点中的一个和 n 个节点中的一个相连,共有 $m \times n$ 个节点,也就是有 $m \times n$ 条规则。

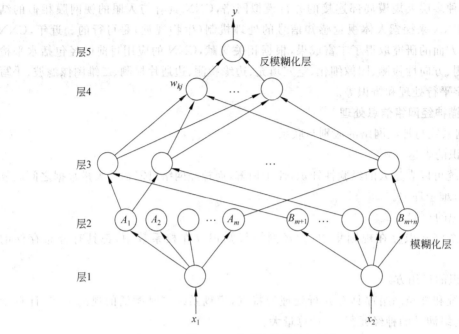

图 7-30 典型的模糊神经网络

层 4 为"或"层,节点数为输出变量模糊度划分的个数。该层与第三层的连接为全互连,连接权值为 w_{kj},其中 $j=1,2,\cdots,m\times n$,权值代表了每条规则的置信度,训练中可调。

层 5 为清晰化层,节点数为输出变量的个数。该层与第四层的连接为全互连,该层将第四层各个节点的输出转换为输出变量的精确值,其中第二层的隶属函数参数和三、四层间及四、五层间的连接权是可以调整的。

7.2.5 进化计算

进化计算中最具代表性、最基本的是遗传算法;侧重于数值分析的是进化策略;介于数值分析与人工智能之间的是进化规划,又称为进化程序设计。以下内容主要给大家介绍遗传算法的基本原理及其在信息处理中的应用。

1. 遗传算法

根据达尔文的进化论,生物发展的三个主要因素是:遗传、变异和选择。遗传是生物进化的基础,它使生物将其特性传给后代,即子像父;变异是指遗传是部分的,子代有变异,即子与父有所不同,这是生物个体之间存在差异的基础;选择是指在进化过程中的优胜劣汰,决定着子优于父,它是生物进化的方向。霍兰教授等人吸取了上述进化原理,提出了遗传算法。

遗传算法的基本思想是:

(1) 在问题求解的过程中,把搜索空间视为遗传空间,把问题的每一个可能解看作一个染色体,所有染色体组成一个群体;

(2) 随机选择部分染色体组成初始种群,依据个体适应度评价,对种群中每一个染色体进行评价,借助自然遗传学的遗传算子(选择运算),计算其适应度值,淘汰适应度小的,保留适应度值大的,并借助遗传算子进行组合交叉(交叉运算)和变异(变异运算),产生出代表新解集的种群。这个过程跟种群的自然进化规律一样,子代比父代更适应环境,末代种群中的最优个体作为问题最优解输出,遗传算法流程如图 7-31 所示。

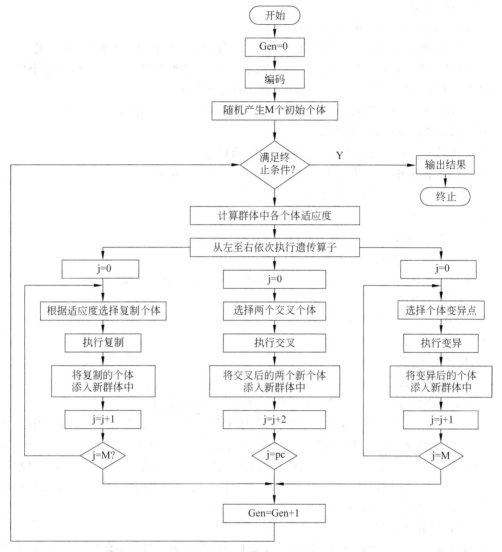

图 7-31 遗传算法流程图

1) 基本遗传算法的构成要素

(1) 染色体编码方法。

基本遗传算法使用固定长度的二进制符号串来表示群体中的个体,其等位基因由二值符号集{0,1}组成。

初始群体中各个个体的基因值用均匀分布的随机数来生成。如 100111001000101101 就可表示一个个体,该个体的染色体长度是 18。

(2) 个体适应度评价。

基本遗传算法按与个体适应度成正比的概率来决定当前群体中每个个体遗传到下一代

群体中的机会多少。为正确计算这个概率,这里要求所有个体的适应度必须为正数或零。这样,根据不同种类的问题,必须预先确定好由目标函数值到个体适应度之间的转换规则,特别是要预先确定好当目标函数值为负数时的处理方法。

(3) 遗传算子。

基本遗传算法使用三种遗传算子:

① 选择运算:按照某种策略从父代中挑选个体进入中间群体,比如比例选择算子;

② 交叉运算:随机地从中间群体抽取两个个体,并按照某种交叉策略使两个个体交换部分染色体码串,从而形成两个新的个体,如单点交叉算子;

③ 变异运算:通常按照一定的概率,改变染色体中某些基因的值。

(4) 基本遗传算法的运行参数。

基本遗传算法有下述4个运行参数需要提前设定:

① M:群体大小,即群体中所含个体的数量,一般取 $20\sim100$;

② T:遗传运算的终止进化代数,一般取为 $100\sim500$;

③ p_c:交叉概率,一般取为 $0.4\sim0.99$;

④ p_m:变异概率,一般取为 $0.0001\sim0.1$。

2) 基本遗传算法的形式化定义

基本遗传算法可定义为一个7元组:$GA=(M,F,s,c,m,p_c,p_m)$

M:群体大小;

F:个体适应度评价函数;

S:选择操作算子;

c:交叉操作算子;

m:变异操作算子;

p_c:交叉概率,$p_c=M_c/M$,M_c 是群体中被交换个体的数目;

p_m:变异概率,$p_m=B/(M\cdot I)$,B 为每代中变异的基因数目,I 为个体中基因串长度。

如图 7-31 所示的基本遗传算法流程图描述的是用简单遗传算法随机产生一个种群,根据所给的交叉概率、变异概率、世代数计算最大适应度所在的代数。演示程序以用户和计算机的对话方式执行,即在计算机终端上显示"提示信息"之后,由用户在键盘上输入演示程序中规定的命令,相应的输入数据和运算结果显示在其后。

2. 进化计算的应用

函数优化是遗传算法的经典应用领域,基于遗传算法的模糊控制器优化设计、基于遗传算法的参数辨识、利用遗传算法进行人工神经网络的结构优化设计和权值学习等在自动控制领域的应用成果备受瞩目。另外遗传算法已经在移动机器人路径规划、关节机器人运动轨迹规划、机器人逆运动学求解、细胞机器人的结构优化和行动协调等方面被广泛应用。

2012年,云计算成为IT产业界甚至全球产业界的热门话题,随着云计算的不断发展,进化计算正逐步融入其中,推动下一代数据中心发展。随着云计算应用代码规模的不断膨胀,其已经远远超过了人类所能控制的程度,云计算的未来如果没有进化计算的引入,体系必然将崩溃。事实上,在虚拟世界中,进化的速度要远远超过自然界,未来进化将更加迅速。

基于遗传算法的图像增强、图像恢复、图像重建、图像分形压缩、图像分割、图像匹配、图像检索、几何形状识别、人脸识别、语音识别等领域取得了很好的成果,也受到越来越多的重视。但是遗传算法在图像处理方面的应用多数处于理论性仿真阶段,实际系统中的应用还比较少。如何针对图像处理方面的特点选择适用于图像分析和处理的遗传算法结构或合适的参数是今后进一步研究的内容。

7.2.6 混沌理论与应用

混沌(译自英文 Chaos)的原意是指无序和混乱的状态。这些表面上看起来无规律、不可预测的现象,实际上有它自己的规律。混沌学的任务就是寻求混沌现象的规律,加以处理和应用。混沌学的研究已经渗透到物理学、化学、生物学、生态学、力学、气象学、经济学、社会学等诸多领域,成为一门新兴学科。

非线性混沌理论的基本思想起源于 20 世纪初,形成于 20 世纪 60 年代后,发展壮大于 20 世纪 80 年代。混沌系统的最大特点就在于系统的演化对初始条件十分敏感,因此从长期意义上看,系统的未来行为是不可预测的。

1. 混沌的识别

无论是寻找混沌现象,还是制造混沌系统都必须确定是否发生了混沌现象。判断是否出现混沌现象,通常是通过实验来确定是否观察到混沌轨迹。但实验无法弄清这一轨迹是有很长周期解,还是非周期解,于是通常就采用建立模型,并且对模型采用定性分析和定量分析两种方法。

定性分析方法主要是根据观测序列在时域或频域内表现出的特殊性质对序列的主要特性进行粗略分析,常用的有相图法、功率谱法等。

相图可以描述系统状态在全部时间内的变化,反映系统吸引子的空间结构。若系统的相空间轨迹通常表现为在有限空间内不断伸长和折叠形成的回复性永不相交的非周期运动,不同于毫无规律的随机运动,但也不是周期函数的重复性运动,此时可以判断系统可能存在奇怪吸引子,该系统是混沌的。这是观察混沌运动的最简单最直观的方法,但不精确可靠。

混沌功率谱为连续谱,功率谱是指单位频率上的能量,它反映其能量在频率上的分布。周期性序列的功率谱具有明显的周期性,而非周期混沌运动的功率谱则像噪声过程一样是连续的,并且当混沌时间序列的频率超过某一定值后,功率谱随频率指数衰减,时间序列的周期表现为稠密。功率谱的横坐标是频率,纵坐标可以是均方值、均方根值或对数值,混沌功率谱具有连续谱线。

混沌运动的基本特点是运动对初始条件极为敏感,即从两个相邻点出发的轨道,经过一段时间后,系统按指数级迅速分离,Lyapunov 指数就是定量描述这一现象的量。当 Lyapunov 指数为正,则相邻轨道随着时间演化分离,长时间行为对初始条件敏感,运动呈混沌状态;当 Lyapunov 指数为负,相邻轨道随着时间演化靠拢,相体积收缩,运动稳定,且对初始条件不敏感;当 Lyapunov 指数为零,则随着时间演化相邻轨道距离保持不变,对应于稳定边界,属于一种临界情况。

2. 混沌的特征

随着科学技术的发展,人们对混沌的认识也逐渐加深。科学家们在混沌的研究过程中找到了混沌的特征,普遍认为混沌具有以下显著特征。

1) 非线性

要出现混沌现象首先保证这个系统是非线性的,如果这个系统是线性的,则不可能出现混沌现象。但是并不是非线性系统就会产生混沌现象。

2) 对初始条件的敏感依赖性

对初始条件的敏感依赖性是混沌系统的典型特征,即初始条件的微小差别在最后的现象中产生极大的差别,或者说,起初小的误差引起灾难性后果。经典动力学认为,初始条件的微小变化,对未来状态所造成的差别也微小。但混沌理论认为,初始条件的十分微小的变化经过不断放大,对其未来状态会造成极其巨大的差别。

1979 年 12 月,美国麻省理工学院的气象学家洛伦兹(Lorenz,1917—2008 年)在华盛顿的美国科学促进会的一次讲演中提出:一只蝴蝶在巴西扇动翅膀,有可能会在美国的得克萨斯引起一场龙卷风。他的演讲和结论给人们留下了极其深刻的印象。从此以后,所谓"蝴蝶效应"之说就不胫而走、名声远扬了。"蝴蝶效应"之所以令人着迷、激动、发人深省,不但在于其大胆的想象力和迷人的美学色彩,更在于其深刻的科学内涵和内在的哲学魅力。从科学的角度来看,"蝴蝶效应"反映了混沌运动的一个重要特征,即系统的长期行为对初始条件的敏感依赖性。

3) 混沌的内部存在有序性

混沌内部的有序是指混沌内部有结构,而且在不同层次上其结构具有相似性,即所谓的自相似性。混沌内部的有序还表现为不同系统之间跨尺度的相似性,即所谓普适性。费根鲍姆通过两种完全不同的反馈函数 $x_{t+1}=rx_t(1-x_t)$ 和 $x_{t+1}=r\sin x_t$ 的迭代计算,即取一个数作输入,产生另一个数作输出,再将前次的输出作输入,如此反复迭代计算。当 r 值较小时,结果趋向一个定数,当 r 超过某值时,其轨迹出现分岔。值得注意的是前一个函数是生物种群变化的逻辑斯蒂方程(Logistic Equation),r 值加大表示非线性程度加大,当非线性加大到一定程度后,来年的种群数变得无法预测。

4) 极为有限的可预测性

当系统进入混沌过程后,系统或表现为整体的不可预言,或表现为局部的不可预言。混沌研究者们在自然界和社会中发现了大量混沌现象,如湍流中的旋涡、闪电的分支路径、股市的升降、城镇空间分布及规模与数量等级等。

信息论认为,信息是对事物不确定性的一种量度。信息量大,消除不确定性的程度就大。我们拥有的关于某物的信息越多,对该事物的预测就会更准确。但是,当系统变得混沌以后,它成了一架产生信息的机器,成了连续的信息源,收集更多的信息变得毫无意义。

3. 混沌的应用

混沌在现实世界随处可见,但直到上世纪混沌现象才被人们发现。伴随电脑的出现和电脑技术的发展为研究混沌创造了有利条件。到了本世纪混沌已取得很大发展,非线性问题涉及所有领域,自然科学、人文科学、数学和哲学,几乎无所不在,现代不同学科的相互综合渗透交叉发展的特征深刻地反映在非线性科学的发展上,各种学科的非线性问题的处理在近二十多年间,已经成为学科发展的主要生长点。20 年来,非线性问题的研究产生了许多分支,如混沌、分形、耗散结构、协同学、负熵论、突变论等,其中混沌与分形理论具有全局性影响。

1) 工程科学领域

混沌工程学是一门利用混沌实践及其理论基础的工程非线性科学。机械工程、电气工程和水利水电工程等众多工程领域中的问题都表现出很强的非线性特性，不可避免地会发生混沌现象。混沌在工程上的应用从 20 世纪 90 年代开始兴起，1989 年第一个同步混沌电子电路诞生，随后发展非常迅猛，几乎覆盖了国民经济建设的各个领域，如电路稳定、航空航天、车辆工程、石油管道、海洋工程、神经网络以及模式识别等。1993 年，Gold star 公司宣布他们生产了世界上第一台基于混沌原理而设计的洗衣机，与常规洗衣机相比混沌洗衣机能把衣服洗得更干净，而且普通洗衣机会把衣服洗皱的问题在混沌洗衣机中也得到了很大程度上的解决。之后不久混沌洗碗机、混沌空调等产品也相继问世，混沌应用逐渐进入社会领域。

2) 交通领域

实际的交通流存在着混沌，任何交通流理论模型都应该真实的反映这一客观现象，因此是否反映了交通流混沌可以作为评估交通流理论模型合理性的一个准则。在这个基础上，应用混沌理论可以从崭新的角度揭示各种交通现象的形成与转化。为完善和提高交通流理论提供了新的手段和途径，从而建立一套能够验证、解释、判别和利用交通流混沌现象的理论方法。混沌理论在交通中的应用主要在几个方面：

（1）混沌理论在交通系统中建立模型的应用。交通流模型是交通系统模型的最重要的组成部分，它是对现实系统的抽象，由于交通系统的复杂性，外界对系统的影响因素众多，到目前为止，没有任何一个交通流模型能完整地再现交通系统，一般只能通过采集某些交通参数如速度流量等时间序列来研究，因此运用混沌理论可以从崭新的角度揭示各种交通现象的形成与转化，为完善和提高交通流理论提供了新的手段和途径，从而建立一套能够验证、解释、判别和利用交通流混沌现象的理论方法。

（2）混沌理论在交通系统预测中的应用。交通预测是交通规划和交通控制的基础，交通规划需要的是宏观的、粗略的数据，而交通控制是需要 5 分钟以下的短时间交通流，能否对下一段时间的交通流预测，为交通控制提供依据，对交通系统的通行能力大小有着重大的影响。而交通流短时的预测好坏取决于预测模型方法的正确性。基于混沌短时的预测序列分析技术则是最好的，能预测时序微小的起伏波动等精细结构。可以极大的扩展解析交通流数学模型方法的适用性。

（3）混沌理论在交通控制的应用。道路交通管理的目的是希望交通流尽可能持续地处于畅通状态，交通流总是出现简单有序—混沌—无序交替出现的运动形式，如果我们及时判别出交通流出现混沌，就可以及时采取交通流控制措施按照混沌控制原理使交通流从混沌到简单有序运动转化。

（4）混沌理论在智能交通系统中的应用。智能交通系统是应用先进的信息、通信、控制等技术，对传统交通技术改造而形成的，智能化信息处理是核心部分。交通系统中存在大量不确定信息，对这些信息的处理方法对交通能力有很大的影响。而混沌理论与神经网络、模糊计算等正是智能信息处理的基本理论和方法。

3) 生物医学领域

每个医生所面对的病人都是一个复杂的系统，如何将病人的大量数据（检查结果）进行有效的整合存在一定的困难。从混沌理论或非线性动力学领域发展起来的各种方法为生命科学提供了有用的工具。

研究发现正常人的心电信号具有一定的周期性,但仔细分析心电记录的不同部分便会发现心跳周期具有一定的波动性和其他许多不规则现象,进一步研究证明了正常心脏运动具有确定性混沌的动力学规律。20世纪80年代人们对胚胎中的雏鸡心脏在电脉冲激励下的响应进行了实验研究,发现实验得到的许多心律与人体心电图在临床中看到的异常心律一模一样,从而证实了心电图中的心律不齐可以用人体心脏数学模型中产生的混沌振动加以力学上的解释,为人工心脏起搏器的研制提供了理论依据;血管中也存在混沌,在对手指动脉搏动的研究中测量得到最大及第二大 Lyapunov 指数是正数,并因此将该系统归类为混沌。

4) 气象学领域

一周以上数值天气预报准确率无法提高的原因是,大气是一个高度非线性的系统,因而数值天气预报的结果对初始场的微小误差非常敏感,即使是一个非常小的操作误差,都会导致计算结果出现很大差异。首先提出这一现象的是洛伦兹,他将大气的这种特征称为混沌性。

目前各国气象学家进行了很多尝试,一种称为"集合预报"的方法已经在此方面取得了明显的效果,并得到广泛的认可。"集合预报"的方法是将大气看作是一个敏感依赖于初始场的混沌系统,其在实际观测和分析所得的初始大气场的基础上,叠加适当的小扰动,从而形成稍有差别的多个大气场,做出多个动力延伸预报,然后进行综合以得到更多的有用天气信息。

5) 地理学领域

早在20世纪60年代,曼德尔布罗特就提出了这样一个问题:英国的海岸线有多长?通过对海岸线长的计算人们发现:对海岸线的长度求得越精细,海岸线的结构则会出现自组织混沌现象。随着现代系统科学的发展,尤其是混沌和分形理论的日臻完善,为地理系统综合研究提供了理论和技术支撑,使我们看到了处理非线性复杂地理事物的曙光。到了如今混沌在降雨量、河流流量、温度、风压、日照长短以及树的年轮等诸多地理学方面的研究也取得了很大进展。

6) 社会经济领域

随着混沌应用研究的兴起,现在混沌研究已进入经济和社会领域,目前在这一领域的混沌应用主要包括经济预测、市场预测及干预等。大家众所周知的温州炒楼风是一种蝴蝶效应(混沌现象),是一种改变房地产市场初始条件的行为,而房地产市场秩序和价格的稳定性对这种行为极为敏感。混沌理论认为,当经济系统处于无序态或反混沌态时,对其进行任何形式的预测都可能是无效的;当经济系统处于混沌态时,可以对其进行长期定性预测和近期、短期或中期的定量预测,但不能进行长期定量预测;当经济系统处于有序态或自组织临界态时,可以对其进行长期定性预测和定量预测,但预测的精度不一样,有序态的预测精度要远高于自组织临界态。由于混沌理论为传统被认为不可预测的复杂经济系统的预测提供了新的理论与方法途径,人们有理由相信,随着混沌理论的发展和完善,经济预测的理论和方法必将发生根本性的变革,经济预测的精度也必将达到令人满意的结果。

7) 军事领域

由于军事行为复杂多变,战争瞬息万变,因而将混沌理论应用于军事学,会令军事理论发生质的飞跃。与线性模型相对应,过去的传统军事学强调的是"均衡"、"势均力敌"等,而即将迅速发展起来的非线性军事则在强调"结构变化"、"时空尺度"等,当然"均衡"、"势均力敌"也给予适当考虑。

在军事上混沌学提出了一项操作性很强的技术,即相空间的重构,只要通过一维的时间序列,选择适当的嵌入维数,重建原来的多维空间,进而寻找吸引子。这套方法早在20世纪80年代初就被提出来了,其诱人之处在于,以前通常由于受某些限制,人们只能观测到一个变量的时间序列,不知如何处理,而现在可以把此一维数据中隐含的多维几何信息展示出来,从而建立与高新科技发展相适应的编制体制。

8）教育领域

教育系统作为一类超复杂的非线性系统,具有丰富的混沌现象及其他动力学行为,因此许多教育界、科学界的专家学者把混沌理论应用研究的触角延伸到了教育领域。在研究范围上涵盖了教育管理、教育经济、教育评价、教育传播、教学设计、德育、素质教育、心理教育等各个方面。在研究内容上,对混沌的哲学蕴意以及方法论意义进行了探讨,并对教育系统的复杂性进行了分析且给出了全新的解释,教育混沌学认为传统教育理论是建立在线性的封闭系统观、决定论的可预测性以及负反馈循环基础上的,是对现实情况的分段简化,具有十分有限的适用性,而教育混沌学是一种基于非线性开放系统观、非决定论和不可预测性、正反馈循环等理论的一种教育思路和方法,对现代教育的发展发挥了积极的推动作用。

但是教育混沌研究的应用同时也是困难重重。"十年树木,百年树人",基于混沌理论提出的一些教育教学策略难以收到立竿见影的效果,教育混沌研究需要长时间的跟踪研究,这也是教育混沌研究停留在纸上谈兵的原因之一。目前国内还没有这样的研究机构（国外有极少数这样的专门机构）,从事教育混沌研究者大都是零散分布的,大都是凭个人兴趣进行研究,也因此研究不够深入、不成系统,还存在大量的问题需要解决。

9）通信学领域

混沌通信方式多种多样,但其基本思路是相似的,即在发射端利用混沌信号掩盖有用信息,使之在公开通道中的传输得以保密,然后在接收端采用同步混沌装置再生用于掩盖的混沌信号,并借此恢复传输信息。1993年第一台基于Lorenz系统的混沌掩盖保密通信系统模拟电路试验成功,该系统利用驱动-响应同步方法,在发射端构造发射混沌系统,同时在接收端合成一个完整的响应系统,使其结构和驱动系统完全相同,因此在发送器混沌信号的驱动下,接收器能复制发送器的所有状态,达到二者的同步,自此通信领域的混沌研究迅速发展起来。

混沌通信大会始于1984年,由欧洲最大的黑客联盟组织——德国混沌电脑俱乐部主办,该会议主要研讨计算机和网络安全问题,旨在推进计算机和网络安全。混沌通信大会开始多是热爱计算机的黑客参与,其后不断吸引科学家、安全专家和计算机爱好者参加,因此也有人称之为欧洲黑客大会。2013年12月27日第30届"混沌通信大会"（30c3：Chaos Communication Congress）在德国汉堡举行。这次会议内容主要针对2013年度有关美国国家安全局秘密监听活动的曝光事件,因此类似于加密和匿名等对策是大会的议题之一,100多名规划讲座主题出版,其他议题还包括移动通信和智能卡的安全问题,参见图7-32。

4. 研究混沌现象的意义

混沌现象发现以来,对它的研究已经成为一个重要的物理分支（非线性物理学中的一个

图 7-32　第 30 届混沌通信大会资料图片

主要部分)。混沌现象的发现告诉人们,即便方程是完全确定的,它的解也可能是敏感依赖初始条件而完全不确定的,确定性和随机性之间并没有不可逾越的界限。混沌理论的研究也带来了新的研究方法,过去人们研究问题是着眼于方程的建立、求解方程,而非线性系统一般不能积分,无法精确求解,而且对初值非常敏感,不存在确定的解,只能计算吸引子的个数、维数等,从另一更高的层次来讨论系统的性质。

混沌的发展对哲学也有深刻的意义,对于非线性系统来说,从倍周期分岔进入混沌,再进入另一种奇数周期的更快分岔,再进入分岔……,这是一种否定之否定的过程,而且,这种非平衡态混沌在变换空间尺度上体现了不变性,含有一种自相似结构。它在一个尺度上表现的随机现象会以同样形式在不同尺度上重复出现,每一次都会产生一些新的丰富内容,又保持分维不变等,这中间充满辩证法。混沌的研究成果对我们的社会生活很有帮助,当有人说"你的房间简直一片混沌(混乱)"她的话可能正确,但是她一定不会知道,混沌里蕴含着秩序,那些乱七八糟的书籍、五颜六色的糖果纸里都隐藏着一种秩序,只是等待您的发现;再如学习音乐演奏是一件非常艰辛的事情,需要反复地练习,开始演奏一首曲子时可能一塌糊涂,但是不断练习就能产生美好的结果,这是一个较好的反馈循环,最终,有序从混沌中产生,优美的音乐从您的手指间流出。

7.2.7　分形理论及应用

自然界大部分不是有序的、平衡的、稳定的和确定性的,而是处于无序的、不稳定的、非平衡的和随机的状态之中,它存在着无数的非线性过程,如流体中的湍流就是其中一个例子。

在非线性世界里,随机性和复杂性是其主要特征,但同时,在这些极其复杂的现象背后,存在着某种规律性。分形理论使人们能以新的观念、新的手段来处理这些难题,透过扑朔迷离的无序的混乱现象和不规则的形态,揭示隐藏在复杂现象背后的规律、局部和整体之间的本质联系。

人类在认识世界和改造世界的活动中离不开几何学。在历史上,科学技术的发展与几何学的进步始终是密切相关的。在生产实践和科学研究中,人们用以描述客观世界的几何学是欧几里得几何学,以及解析几何、射影几何、微分几何等,它们能有效地描述三维世界的许多现象,如各种工业产品的现状,建筑的外形和结构等。但是,自然界大多数的图形都是十分复杂而且不规则的。例如:海岸线、山形、河川、岩石、树木、森林、云团、闪电、海浪等,用欧几里得几何学是无能为力的。另外,在科学研究中,对许多非规则性对象建模分析,如星系分布、渗流、金融市场的价格浮动等复杂对象,都需要一种新的几何学来描述。一般地可把"分形"看作大小碎片聚集的状态,是没有特征长度的图形和构造以及现象的总称。描述分形的几何,称为分形几何,又称为描述大自然的几何。

分形具有广阔的应用前景,在分形发展的过程中,许多传统的科学难题,由于分形的引入而取得显著进展。分形作为一种新的概念和方法正在许多领域应用探索,应用前景极其宽广。

1. 分形的概念

定义 1:组成部分以某种方式与整体相似的形体就称为分形。

定义 2:分形集合是这样一种集合,它比传统几何学研究的所有集合还更加不规则,无论是放大还是缩小,甚至进一步缩小,这种集合的不规则性仍然是明显的。图 7-33 展示了一些分形图片。

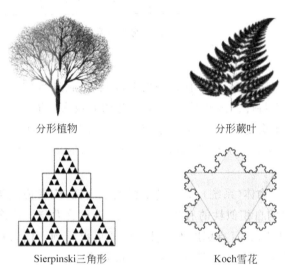

图 7-33　分形图片

2. 分形的主要特点

1)自相似性

一个系统的自相似性是指某种结构或过程的特征从不同的空间尺度或时间尺度来看都是相似的,或者某系统或结构的局域性质或局域结构与整体类似。另外,在整体与整体之间或部分与部分之间,也会存在自相似性。一般情况下自相似性有比较复杂的表现形式,而不是局域放大一定倍数以后简单地和整体完全重合。

人们在观察和研究自然界的过程中,认识到自相似性可以存在于物理、化学、天文学、生物学、材料科学、经济学,以及社会科学等众多的科学之中,可以存在于物质系统的多个层次上,它是物质运动、发展的一种普遍的表现形式,即是自然界普遍的规律之一。

一棵大树由许多树枝和树叶组成,若把一根树枝与该棵大树相比,在构成形式上完全相似。又会发现该树枝上分叉长出来的更小的细枝条,仍具有大树构成的特点。当然,这只能是在一定尺度上呈现相似性,不会无限扩展下去。另外,树枝与树枝之间,树叶与树叶之间,也呈现出明显的自相似性。再仔细观察树叶的叶脉,也可以发现类似的自相似结构。物质系统之间的自相似性在生物界也广泛地存在着。以人为例,人是由类人猿进化到一定程度的产物,解剖学研究表明,人体中的大脑、神经系统、血管、呼吸系统、消化系统等在结构上都具有高度的自相似性。

由上面我们可以看到,自然界的分形,其自相似性并不是严格的,而是在统计意义下的自相似性,海岸线也是其中一个例子。凡是满足统计自相似性的分形称为无规分形。另外,还有所谓有规分形这类分形,由于它是按一定的数学法则呈现,因此具有严格的自相似性。所谓 koch 曲线,就是属于有规分形,如图 7-34 所示。

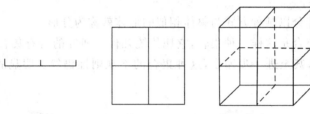

图 7-34 分形维数

2) 标度不变性

所谓标度不变性,是指在分形上任选一局部区域,对它进行放大,这时得到的放大图形又会显示出原图的形态特征。因此对于分形,不论将其放大或缩小,它的形态、复杂程度、不规则性等各种特点均不会变化,所以标度不变性又称为伸缩对称性。通俗一点说,如果用放大镜来观察一个分形,不管放大倍数如何变化,看到的情形是一样的,从观察到的图像,无法判断所用放大镜的倍数。

具有自相似特性的物体(系统),必定满足标度不变性,或者说这类物体没有特性长度。koch 曲线是具有严格的自相似性的有规分形,无论将它放大与缩小多少倍,它的基本几何特性都保持不变,很显然,它具有标度不变性。因此可以看到,自相似性与标度不变性是密切相关的,自相似性和标度不变性是分形的两个重要特性。

3. 维度定义

1) 经典几何的维度定义

在经典几何中,点被定义成 0 维的,点没有长度;直线被定义成 1 维,只有长度,没有面积;平面图形被定义成 2 维的,有面积,没有体积;立体图形是 3 维的,有体积。

经典几何讨论的维度都是整数,它们的数值与决定几何形状的变量个数及自由度是一致的,这是一个很自然的想法。

2) 分形维数

将长度为 1 的线段分为 n 等分,每段长为 r,

$$n \cdot r = 1 \tag{7-9}$$

将面积为 1 的正方形 n 等分,每一个小正方形的边长为 r,

$$n \cdot r^2 = 1 \tag{7-10}$$

将体积为 1 的正方体 n 等分,每一个小正方体的边长为 r,

$$n \cdot r^3 = 1 \tag{7-11}$$

上面三个等式中,r 的幂次实际上就是几何体能得到定常度量的空间维数,于是有如下公式

$$n \cdot r^D = 1 \qquad (7\text{-}12)$$

对上式两边取对数得：

$$D = -\frac{\ln n}{\ln r} \qquad (7\text{-}13)$$

上面讲的维数又称为相似维数，常用 D 表示，一般来讲，如果某图形是由把全体缩小为 $1/a$ 的 a^D 个相似图形构成的，那么此指数 D 就具有维度的意义，按照定义，D 也可以是分数。

如 koch 曲线，在第 n 步时，其等长折线段总数为 4^n，每段长度为 $\left(\frac{1}{3}\right)^n$，于是 koch 曲线的维数 D 应为

$$D = \frac{-\ln 4^n}{\ln\left(\frac{1}{3}\right)^n} = \frac{\ln 4}{\ln 3} \approx 1.2618 \qquad (7\text{-}14)$$

3) 分形图形的构造

(1) 科赫曲线。

科赫(R. Koch, 1843—1910 年)曲线是一条数学曲线，同时也是早期被描述的一种分形曲线。它由瑞典数学家范卡奇(H. V. Koch, 1838—1913 年)在 1904 年发表的一篇题为"从初等几何构造的一条没有切线的连续曲线"论文中提出。

有一种 Koch 曲线像雪花一样，被称为 Koch 雪花，它是由三条 Koch 曲线围成的等边三角形，其构造过程为，首先三等分一条线段；然后用一个等边三角形替代第一步划分三等分的中间部分；再在每一条直线上，重复第二步，Koch 曲线是以上步骤地无限重复的极限结果。

Koch 曲线的长度为无穷大，因为以上的变换都是一条线段变四条线段，每一条线段的长度是上一级的 1/3，因此操作 n 步的总长度是 $(4/3)n$，如果 $n \to \infty$，则总长度趋于无穷。Koch 曲线的分形维数是 1.26，参见图 7-35。

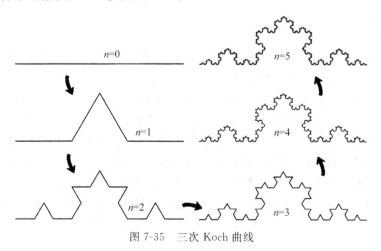

图 7-35 三次 Koch 曲线

(2) Sierpinski 三角形。

Sierpinski(谢尔宾斯基，1882—1969 年)三角形常见的构造方法如图 7-36 所示。把一个三角形分成四等份，挖掉中间那一份，然后继续对另外三个三角形进行这样的操作，并且

无限地递归下去。每一次迭代后整个图形的面积都会减小到原来的 3/4,因此最终得到的图形面积显然为 0。这也就是说,Sierpinski 三角形其实是一条曲线,它的维数介于 1 和 2 之间,经过数学计算,它的真正维数大约是 1.5850,参见图 7-36。

图 7-36　Sierpinski 三角形

4. 分形理论的应用

分形几何的诞生接近 40 年,但它对多种学科的影响是极其巨大的。分形理论在生物学、地球物理学、物理学和化学、天文学、材料科学、计算机图形学、语言学与情报学、信息科学、经济学等领域都有广泛的应用。

1) 信息处理

(1) 遥感信息处理。

遥感技术所观测的客观对象是自然界,确切地说,是地球上的大气圈、水圈、生物圈和岩石圈。自然界的许多物体和现象都具有统计自相似性,即所研究的对象,当空间尺度(或时间尺度)改变后,其结构特征不变,只是原来的放大或缩小,整体为局部的无穷嵌套。

① 特征信息提取。一些重要的影像特征信息,如纹理结构的定量信息不能用传感器直接获取,只能靠数学分析和交换的方法从灰度图像中提取。利用分维方法,可以从遥感图像表面不规则的、复杂的信息中提取出潜在的规律性。

② 信息压缩。在遥感信息处理中,为了以有限的存储容量存储更多的图像或以更短的时间传递尽可能多的图片,必须对图像数据进行编码、压缩。由于分形具有自相似性和尺度变换的无限性,只要找到一幅图像中的一组分形,用它可以重构成或描述原整幅图像,从而达到数据压缩的目的。

(2) 信息隐藏。

信息隐藏是把有意义的信息隐藏在另一个称为载体的信息中,使非法者察觉不到隐密载体中隐藏了其他信息,所用的载体可以是文字、图像、声音和视频等。

① 语音信息隐藏。由于人耳听觉系统对频率的感受能力是非均匀的,可以在低于 400Hz 的语音信号低频部分隐藏信息而不被察觉,因此可以将秘密信息隐藏到语音段的离散傅立叶变换的低频系数中。通过计算语音段的分形维数,自适应地对语音段进行分类,以决定隐藏秘密信息的位置和数量,从而既可使隐藏后的载体信号不出现明显的降质,又可最大限度地利用载体的冗余部分隐藏信息。隐藏信息后不改变原语音信号各音素的性质,不会引起语音段分形维数的明显变化,即隐藏前后的语音段依然分为同一类,从隐藏后的语音段的分形维数可以知道隐藏信息的确切位置,从而可以实现秘密信息的盲检测和提取。

② 图像信息隐藏。用户以分形几何作为数学工具,通过将文字信息映射至原始图像中并改变图像的微小细节实现信息的隐藏及加密过程,接收方收到加密图像后,通过解密算法将其与原始图像进行对比,在正确密钥的作用下得到原文。这种方法的独特优点在于由于

采用分形几何作为数学工具，密文的隐蔽性极强。

(3) 信息防伪。

分形图案生成原理与普通的防伪图案生成原理是完全不同的，分形图具有自相似性，具有无穷精细的结构，只有用相应的分形算法和特定的参数才能产生，这就给模仿和复制带来了困难。同时分形又具有自然美的特性，图案变换多姿，不拘泥于传统的几何图形，也很适合用作包装和防伪。其流程为：标识生成→防伪信息存储→标识印制→防伪查询→真假鉴别。

2) 生命科学应用

生物学家通过对生物界和人体的研究，也得到了惊人的发现，即生物界广泛存在的自相似性。比如，肺和血管的构造，分形与生命本质特征密切相关，植物的构造与虫的数目，蛋白质的分形等。通过对小肠内壁绒毛的研究发现，它们呈现"自相似"状态，来达到接触面积最大来吸收营养物质的作用。

2011年7月，美国克拉克森大学的研究人员发现，与健康细胞相比，癌细胞在外观上具有更为显著的分形特征。初步实验显示，以此为依据的检测均获得了极高的准确度，新法有望使传统非侵入式癌症检测方法的精度获得大幅提升，相关论文发表在《Physical Review Letters》(物理评论快报)上。负责该项研究的伊戈尔·索科洛夫和同事利用原子力显微镜，在1纳米的精度上对取自人类子宫颈的健康细胞和癌细胞的外形进行了对比。不同于以往只获得细胞的二维结构图像，新研究采用全新的方法对细胞的三维图像进行研究。测量结果显示，癌细胞在外形上具有显著的分形特征，而健康细胞却并不明显。

3) 分形与艺术

分形与艺术也是息息相关的，尤其在绘画和音乐方面，通过分形编辑的音乐和绘画有着很高的艺术价值。2012年，美国国家科学院院刊(Proceedings of the National Academy of Sciences, PNAS)上刊发了一篇文章，Daniel Levitin教授率领的研究团队，对于音乐的"节奏"进行了研究。他们发现，在诸多乐曲的节奏中，也蕴含着类似的分形结构。作者在论文开头写道："音乐中有拍子，并且拍子出现的规律会有一定的重复性。我们通常无法预测下一个旋律的转折点会怎样演绎，但却能够在静静聆听的过程中，感觉到音乐的转折点何时将要到来。"于是，可以猜测，在看似无迹可寻的韵律中，或许也有类似的分形结构。研究人员称，虽然表面上看乐曲中各音符之间的间隔并无规律可循，但是，如果从频域的角度来考虑，就会得到不一样的结果。他们对近一个世纪以来的大量音乐作品进行了分析，发现音符和休止符出现的频率和持续的时间遵循"1/f分布"，而在频域上的"1/f分布"，对应在时间域上即为分形曲线，如图7-37所示。

5. 分形技术的发展前景

分形中充满着辩证法思想，它不仅为辩证法提供新的事例，而且可以丰富人们对辩证法的认识。分形理论中具有确定性与随机性、内在随机性与外在随机性、局部与整体、简单与复杂等几对矛盾的辩证关系。

分形理论的历史虽然很短，但是卷入分形狂潮的除数学家和物理学家外，还有化学家、生物学家、地貌学与地震学家、材料学家等，在社会科学与人文科学方面，大批哲学家、经济学家、金融学家乃至作家画家和电影制作家都蜂拥而入。著名的电影"星球大战"就是利用分形技术创作的。由于分形的最重要特征是自相似性，所以信息科学家对其情有独钟，分形

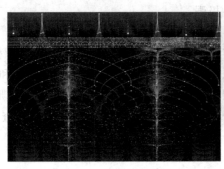 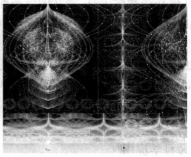

图 7-37　音乐的分形曲线

图像压缩被认为是最具前景的图像压缩技术之一,分形图形学被认为是描绘大自然景色最诱人的方法。美国理论物理学家惠勒(J. A. Wheeler,1911—2008 年)说:"可以相信,明天谁不熟悉分形,谁就不能认为是科学上的文化人。"

　　分形理论正处于发展之中,它涉及面广但还不够成熟,对它争论也不少,但是由于已被广泛应用到自然科学和社会科学的几乎所有领域,所以成为当今国际上许多学科的前沿研究课题之一。

参 考 文 献

[1]　邹海林,刘法胜,张小峰,等. 计算机科学导论[M]. 北京:科学出版社,2008.
[2]　蔡自兴,徐光祐. 人工智能及其应用(第三版)[M]. 北京:清华大学出版社,2007.
[3]　王万森. 人工智能原理及其应用[M]. 北京:电子工业出版社,2007.
[4]　Stuart J. Russell,Peter Norvig. 人工智能:一种现代的方法(第 3 版)[M]. 北京:清华大学出版社,2011.
[5]　王士同. 人工智能教程[M]. 北京:电子工业出版社,2006.
[6]　顾凡及,梁培基. 神经信息处理[M]. 北京:北京工业大学出版社,2007.
[7]　熊和金,陈德军. 智能信息处理[M]. 北京:国防工业出版社,2006.
[8]　高隽. 智能信息处理方法导论[M]. 北京:机械工业出版社,2004.
[9]　黄锡昌,杨家成,刘万授. 计算机信息处理能力教程 [M]. 北京:人民邮电出版社,2010.
[10]　杨国为. 人工脑信息处理模型及其应用 [M]. 北京:科学出版社,2011.
[11]　秦昆. 智能空间信息处理 [M]. 武汉:武汉大学出版社,2009.
[12]　冯久超. 混沌信号与信息处理[M]. 北京:清华大学出版社,2012.
[13]　郭从良. 信号的数据获取与信息处理基础[M]. 北京:清华大学出版社,2009.
[14]　肖秦琨. 贝叶斯网络在智能信息处理中的应用[M]. 北京:国防工业出版社,2012.
[15]　毕晓君. 信息智能处理技术[M]. 北京:电子工业出版社,2010.
[16]　英吉布雷切特(Andries P. Engelbrecht). 计算智能导论[M]. 2 版. 北京:清华大学出版社,2010.
[17]　张雷. 计算智能理论与方法. [M]. 北京:科学出版社,2013.
[18]　D. J. Levitin, P. Chordia, V. Minon. Musical rhythm spectra from Bach to Joplin obey a 1/f power law, Proceedings of the national academy of sciences of the United States of America[J], vol. 109(10),3716-3720,2012.

第 8 章 控制科学
CHAPTER 8

控制科学与技术是研究控制的理论、方法、技术及其工程应用的学科。控制科学以控制论、系统论、信息论为基础,研究各应用领域内的共性问题,即为了实现控制目标,应如何建立系统的模型、分析其内部与环境信息、采取何种控制与决策行为。控制科学与各其他学科密切结合,形成了控制科学丰富多样的内容。例如:它与信息科学和计算机科学的结合开拓了知识工程和智能机器人领域。同时,相邻学科如计算机、通信、微电子学和认知科学的发展也促进了控制科学与技术的新发展,所涉及的研究领域不断扩大。目前,控制科学与技术的应用已经遍及工业、农业、交通、环境、军事、生物、医学、经济、金融、人口和社会各个领域,从日常生活到社会经济无不体现其作用。

8.1 控制理论与技术

"控制论"一词最初来源于希腊文"mberuhhtz",原意为"操舵术",就是掌舵的方法和技术的意思,在古希腊哲学家柏拉图(Platon,约前 427 至前 347 年)的著作中,经常用它来表示管理人的艺术。控制论创始人维纳在他的《控制论》一书的副标题上标明,控制论是"关于在动物和机器中控制和通讯的科学"。他特意创造 Cybernetics 这个英语新词来命名这门科学。

8.1.1 控制理论产生和发展

控制论是 20 世纪最重要的科学理论和成就之一,控制论的诞生有其深刻的历史背景和社会背景,其最直接的思想基础来自自动机器,特别是具有类似人脑逻辑推理功能的自动机器。要让机器思维,就需要研究思维的规律,并使之形式化,这就产生了形式逻辑,对自动机器而言,更好的逻辑形式应该是以数学语言表现的形式,这就是数理逻辑,数理逻辑是数学和哲学交叉的科学。

然而,产生控制论的最直接原因是二十世纪二三十年代以来现代科学技术的发展和进步。其中,数学、生物学、神经生理学、心理学、语言学等学科的进步,为控制论的产生奠定了理论基础。而自动装置、无线电通信,特别是雷达的发展为控制论的产生奠定了技术基础。

近代大工业更是控制论产生的原动力。18 世纪末 19 世纪初,瓦特(J. Watt,1736—1819 年)发明了蒸汽机,在蒸汽机的速度调节和控制问题中,负反馈扮演了重要角色,由此产生出了控制论的思想火花。第一次世界大战期间,维纳在美国马里兰(Maryland)阿伯丁实验场(Aberdeen Proving Ground)进行弹道学研究工作,他发现,防空火炮自动控制系统的运动与生物体运动有着惊人的相似之处:"二者均对输入信息进行处理并产生反应"。维纳由此开始将计算机与大脑和神经系统联系在一起,通过研究防空火炮自动控制系统,维纳形成了反馈(Feedback)的思想和概念,应用了功能模拟法,这对控制论的诞生起了决定性的作用。

1943年,维纳与其他两名科学家合作撰写了《行为、目的和目的论》的论文,提出了控制论的基本概念,从反馈角度研究了目的性行为,找出了神经系统和自动机器之间的一致性,并明确提出了后来成为控制论基本概念的词汇"反馈"。

1948年,维纳的《控制论:动物与机器中的控制与通信》(Cybernetics:Control and communication in the animal and the machine)出版了,一门新的学科由此诞生。对动物和机器进行类比,是维纳阐述其控制论思想的显著特征。"人是一个控制和通讯的系统,自动机器也是一个控制和通讯的系统"是维纳《控制论》的基本思想。然而,《控制论》不仅仅在于动物和机器的统一,实际上《控制论》是一部哲学,是世界观和方法论,是科学融合的艺术,把不同的学科统一在控制论的旗帜下。

控制论的发展大致经历了三个发展时期。

1. 经典控制论时期

第一个时期为20世纪50年代,是经典控制论时期。

到20世纪50年代,经典控制理论发展到相当成熟的地步,形成了相对完整的理论体系,为指导当时的控制工程实践发挥了极大的作用。1954年,在维纳《控制论》的旗帜下,我国著名科学家钱学森发表《工程控制论》。1957年,国际自动控制联合会(IFAC,International Federation Of Automatic Control)筹委会在巴黎成立。1960年9月,IFAC第一届世界代表大会在莫斯科举行,维纳参加了此次会议,受到了英雄般的接待。

经典控制论着重研究单机自动化,解决单输入单输出(Single Input Single Output,SISO)反馈控制系统的控制问题;它的主要数学工具是微分方程、拉普拉斯变换和传递函数;主要研究方法是时域法、频域法和根轨迹法;主要问题是控制系统的快速性、稳定性及其精度。图8-1为反馈控制系统的简化原理框图。

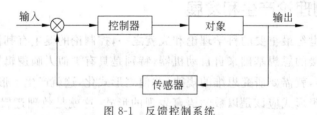

图 8-1 反馈控制系统

以炉温控制为例,受控对象为炉子,输出变量为实际的炉子温度,输入变量为给定常值温度,一般用电压表示。炉温用热电偶测量,代表炉温的热电动势与给定电压相比较,两者的差值电压经过功率放大后用来驱动相应的执行机构进行控制。

经典控制理论有以下几个特点:

(1)经典控制理论只限于研究线性定常系统,即使对最简单的非线性系统也是无法处理的,也不能处理输入和输出皆大于1的系统。实际上,大多数工程对象都是多输入多输出(Multiple Input Multiple Output,MIMO)系统,用经典控制理论设计这类系统都没有得到满意的结果;

(2) 经典控制理论采用试探法设计系统,即根据经验选用合适的、简单的、工程上易于实现的控制器,然后对系统进行分析,直至找到满意的结果为止。虽然这种设计方法具有实用等很多优点,但是在推理上却是不能令人满意的,效果也不是最佳的。

综上所述,经典控制理论具有明显的局限性,突出的是难以有效地应用于时变系统、多变量系统,也难以揭示系统更为深刻的特性。当把这种理论推广到更为复杂的系统时,经典控制理论就显得无能为力了。

2. 现代控制论时期

第二个时期是20世纪60年代的现代控制论时期。

现代控制理论是在20世纪50年代中期迅速兴起的空间技术的推动下发展起来的。从20世纪60年代"阿波罗"号飞船登月,70年代"阿波罗"号飞船与"联盟"号飞船的对接,直到20世纪80年代航天飞机的成功飞行,都是与现代控制理论和计算机的应用分不开的。在控制精度方面,应用现代控制理论、计算机和新型元部件,使洲际导弹的命中精度由几十千米减小到百米左右。空间技术的发展迫切要求建立新的控制原理,以解决诸如把宇宙火箭和人造卫星用最少燃料或最短时间准确地发射到预定轨道一类的控制问题。这类控制问题十分复杂,采用经典控制理论难以解决。

现代控制理论比经典控制理论所能处理的控制问题要广泛得多,着重解决机组自动化和生物系统的多输入多输出系统的控制问题;主要数学工具是一次微分方程组、矩阵论、状态空间法等等;主要的控制策略有极点配置、状态反馈、输出反馈;主要方法是变分法、极大值原理、动态规划理论等。

现代控制理论的核心之一是最优控制理论。这种理论在20世纪60年代初开始获得实际应用,它改变了经典控制理论以稳定性和动态品质为中心的设计方法,以系统在整个工作期间的性能作为一个整体来考虑,寻求最优控制规律,从而可以大大改善系统的性能。最优控制理论在发动机燃料和转速控制、轨迹修正最小时间控制、最优航迹控制和自动着陆控制等方面都取得了明显的成果。

现代控制理论的另一核心是最优估计理论(卡尔曼滤波)。它为解决飞行器控制中的随机干扰和随机控制问题提供了一种有力的数学工具。卡尔曼滤波突破了维纳滤波的局限性,适用于多输入多输出线性系统,平稳或非平稳的随机过程,在飞行器测轨跟踪、控制拦截和会合等方面得到广泛应用。

现代控制理论已在航空航天技术、军事技术、通信系统、生产过程等方面得到广泛的应用。现代控制理论的某些概念和方法,还被应用于人口控制、交通管理、生态系统、经济系统等研究中。

3. 智能控制与大系统理论时期

第三阶段是20世纪70年代的智能控制与大系统理论时期,是随着计算机技术和人工智能理论取得重大进展而发展起来的新型控制理论。它主要研究具有人工智能的工程控制和信息处理问题,试图模仿具有高度自组织、自适应和自调节能力的人类生命的机理,以使具有高度复杂性、高度不确定性的系统达到更高的要求。主要方法是时域法为主，重点是大系统多级递阶控制，核心装置是网络化的电子计算机。

从控制论的观点看，人脑是最巧妙最灵活的控制系统。它善于根据条件的变化而做出正确的处理。如何将人的智能应用于实际的自动控制系统中，这是个有重要意义的课题。20世纪70年代开始，人们不仅解决社会、经济、管理、生态环境等系统问题，而且为解决模拟人脑功能，形成了新的学科——人工智能科学，这是控制论的发展前沿。计算机技术的发展为人工智能的发展提供了坚实的基础，人们通过计算机的强大的信息处理能力来开发人工智能，并用它来模仿人脑。在没有人的干预下，人工智能系统能够进行自我调节、自我学习和自我组织，以适应外界环境的变化，并做出相应的决策和控制。

控制论由工程控制论、生物控制论向经济控制论、社会控制论发展。1975年，国际控制论和系统论第三届会议讨论的主题就是经济控制论的问题。1978年的第四届会议主题又转向了社会控制论。电子计算机的广泛应用和人工智能研究的开展，使控制系统显现出规模庞大、结构复杂、因素众多、功能综合的特点，从而控制论也向大系统理论发展。在1976年国际自动控制联合会的学术会上，专题讨论了"大系统理论及应用"问题。控制论也形成了工程控制论和生物控制论，其中生物控制论又分化出神经控制论、医学控制论、人工智能研究和仿生学研究。社会控制论则把控制论应用于社会的生产管理、效能运输、电力网络、能源工程、环境保护、城市建议乃至社会决策等方面。

8.1.2 控制理论的基本概念

凡具有能接收、存储和处理信息并用它来进行调节和控制的任何性质的系统，均称为控制系统。控制系统一般由控制部分、受控部分以及它们之间的各种信息传输通道构成。被控量是要求严格加以控制的物理量，它可以要求保持为某一恒定值，例如温度、压力、液位等，也可以要求按照某个给定规律运行，例如飞行航迹、记录曲线等；而控制装置则是对被控对象施加控制作用的机构的总体，它可以采用不同的原理和方式对被控对象进行控制。

1. 开环控制和闭环控制

控制是控制论中最重要的概念，它是和目的性直接相关的，没有目的就谈不上控制。同样，没有选择也就没有控制。对一个系统的控制，就是驱动此系统使之有效地达到预定的目的。广义地说，控制的目的有两种：一是保持系统原有的状态，使其不发生偏离；二是引导系统的状态达到某种预期的新状态。

实现上述控制目的的最初努力是预先计算出可以达到预定目标的外加的控制作用，然后把它加在该系统上。这种比较原始的方法就是开环控制，它可以定义为：一个控制系统利用控制器或控制执行机构去获得预期的响应，若输出量对系统的控制作用没有影响，则称为开环控制，其框图如图8-2所示。

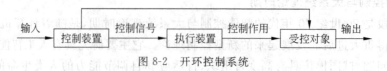

图8-2 开环控制系统

与开环控制系统不同,闭环控制系统则增加了对实际输出的测量,并将实际输出与预期输出进行比较,并用其差值来调整和操纵系统,这就是所谓的反馈控制,这种革命性进步出现在蒸汽调节器和电子放大器的研究中,新的控制方法开创了自动化的新时代并导致了现代控制技术的许多新成就。由于反馈的存在,控制系统形成了闭环,它的框图如图 8-3 所示。

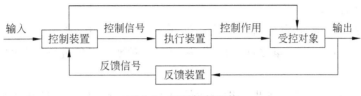

图 8-3　闭环控制系统

在上述开环和闭环控制系统中,控制对象可以是各种工程、生物、经济和社会系统,它们都是为了达到人们的某种目的而接受控制。控制装置将视对象而定,在工程控制系统中,有自动调节装置、控制计算机等;在生物控制系统中,有各级中枢神经,如心血管中枢、呼吸中枢等;在经济控制系统中,有处理经济信息的电子计算机等等。控制装置接受外界输入信号及反馈信号,进行比较、分析、判断、处理,然后作出决策,向执行装置发出适当的控制信号或指令。执行机构接受来自控制装置的信号或指令,并进行功率放大、能量交换,产生相应的控制作用并施加到控制对象上,如液位调节系统中的气动阀门、血压调节系统中的心肌、血管平滑肌等。反馈装置用来观测控制对象的输出或被控制量,并进行适当的处理产生反馈信号,将其送入控制装置。

为了说明上述概念,考察如图 8-4 所示的液位控制系统。在这个系统中,自动控制器将实际液位高度与希望液位高度进行比较后,经过调整气动阀门的开关,对误差进行修正,从而保持液位高度不变。

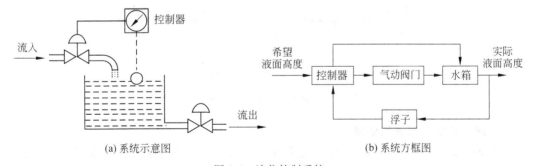

(a) 系统示意图　　　　　　　　　(b) 系统方框图

图 8-4　液位控制系统

开环系统具有构造简单、维护容易、成本低等优点。当输出量难于测量,或者测量输出量需花费高昂代价时,采用开环系统比较合适;但是,由于开环控制是按照事先拟定好的策略进行控制,一旦扰动或给定值发生变化时,系统的输出量将偏离希望的值,甚至造成很大的误差。闭环控制由于是根据受控量的实际情况来进行控制,因此对于受控量的偏差,在很大程度上能予以纠正,但是在时间上有一定的滞后,这种滞后有时会产生振荡及不能令人满意的现象。

2. 负反馈与正反馈

由上面举例可以看出，整个控制过程就是一个信息流通的过程，控制就是通过信息的传输、变换、加工、处理来实现的。反馈对系统的控制和稳定起着决定性的作用，无论是生物体保持自身的动态平衡（如温度、血压的稳定），或是机器自动保持自身功能的稳定，都是通过反馈机制实现的。反馈是控制论的核心问题，维纳等人首先深刻地认识到，反馈是机器和动物中控制的共同特性。

在反馈控制系统中，控制装置对被控对象施加的控制作用，是取自被控量的反馈信息，用来不断修正被控量与输入量之间的偏差，从而实现对被控对象进行控制的任务，这就是反馈控制的原理。

其实，人的一切活动都体现出反馈控制的原理，人本身就是一个具有高度复杂控制能力的反馈控制系统。例如，人用手拿取桌上的书，汽车司机操纵方向盘驾驶汽车沿公路平稳行驶等，这些日常生活中习以为常的平凡动作都渗透着反馈控制的深奥原理。下面通过解剖手从桌上取书的动作过程，透视一下它所包含的反馈控制机理。在这里，书位置是手运动的指令信息，一般称为输入信号。取书时，首先人要用眼睛连续目测手相对于书的位置，并将这个信息送入大脑（称为位置反馈信息）；然后由大脑判断手与书之间的距离，产生偏差信号，并根据其大小发出控制手臂移动的命令（称为控制作用或操纵量），逐渐使手与书之间的距离（即偏差）减小。显然，只要这个偏差存在，上述过程就要反复进行，直到偏差减小为零，手便取到了书。可以看出，大脑控制手取书的过程，是一个利用偏差（手与书之间距离）产生控制作用，并不断使偏差减小直至消除的运动过程；同时，为了取得偏差信号，必须要有手位置的反馈信息，两者结合起来，就构成了反馈控制。若反馈的信号是与输入信号相减，使产生的偏差越来越小，则称为负反馈；反之，则称为正反馈，可用图 8-5 的系统方块图来展示这个反馈控制系统的基本组成及工作原理。

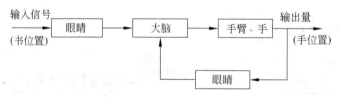

图 8-5 人取书的反馈控制系统方块图

3. 对自动控制系统的要求

尽管自动控制系统有不同的类型，对每个系统也都有不同的特殊要求，但是对每一类系统被控量变化全过程提出的共同基本要求都是一样的，且可以归结为稳定性、快速性和准确性，即稳、准、快的要求。

1）稳定性

稳定性是保证控制系统正常工作的先决条件。当扰动发生（或给定值发生变化）时，输出量将会偏离原来的稳定值。一个稳定的控制系统，由于反馈环节的作用，通过系统内部的自动调节，经过一个过渡过程，输出量偏离期望值的偏差应随时间的增长逐渐减小或趋于零。反之，不稳定的控制系统，输出量偏离期望值的偏差将随时间的增长而发散，因此，不稳定的控制系统无法实现预定的控制任务，参见图 8-6。

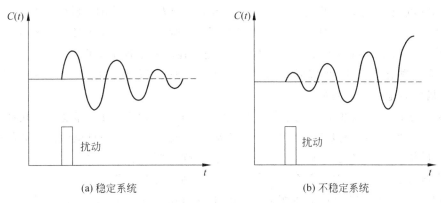

图 8-6　稳定系统和不稳定系统

2) 快速性

为了很好地完成控制任务,控制系统仅仅满足稳定性要求是不够的,还必须对其过渡过程的形式和快慢提出要求。例如,对于稳定的高射炮射角随动系统,虽然炮身最终能跟踪目标,但如果目标变动迅速,而炮身跟踪目标所需过渡过程时间过长,就不可能击中目标;对于稳定的自动驾驶仪系统,当飞机受阵风扰动而偏离预定航线时,具有自动使飞机恢复预定航线的能力,但在恢复过程中,如果机身摇晃幅度过大,或恢复速度过快,就会使乘客感到不适。因此,对控制系统过渡过程的时间(即快速性)和最大振荡幅度一般都有具体要求。

3) 准确性

理想情况下,当过渡过程结束后,被控量达到的稳态值(即平衡状态)应与期望值一致。但实际上,由于系统结构、外作用形式以及摩擦、间隙等非线性因素的影响,被控量的稳态值与期望值之间会有误差存在,称为稳态误差。稳态误差是衡量控制系统控制精度的重要标志,在技术指标中一般都有具体要求。

8.1.3　控制论的主要方法

控制论是具有方法论意义的科学理论。控制论的理论、观点,可以成为研究各门科学问题的科学方法,把它们看作是一个控制系统,分析其信息流程、反馈机制和控制原理,往往能够寻找到使系统达到最佳状态的方法,这种方法称为控制方法。控制方法除了上一节介绍的反馈方法,还有黑箱方法和功能模拟方法等。

1. 黑箱方法

所谓"黑箱",就是指那些既不能打开,又不能从外部直接观察其内部状态的系统,人们可以得到这种系统的输入值和输出值,但是得不到关于系统内部结构的任何信息。例如人的大脑、地球、密封的仪器等,都可以看作是黑箱。

黑箱方法,又称系统辨识-通过考察系统的输入与输出关系认识系统功能的研究方法。具体是:首先给黑箱一系列的刺激(系统输入),再通过观察黑箱的反应(系统输出),从而建立起输入和输出之间的规律性联系,最后把这种联系用数学的语言描述出来形成黑箱的数学模型。

黑箱方法可以说古已有之,例如我国的中医看病,通常是通过"望、闻、问、切"等外部观测来诊断病情,并不进行开刀解剖,这就是典型的黑箱方法。但是作为一种现代的科学方法，是从20世纪50年代开始的。1956年，控制论创始人之一，英国生物学家艾什比（W. R. Ashby，1903—1972年）在他所写的《控制论导论》中对黑箱方法作了比较系统的阐述。首先他明确了什么是黑箱问题，他认为："黑箱问题是在电机工程中出现的。给电机师一个密封箱，上面有些输入接头，可以随意通上多少电压、电击或任何别的干扰；此外有些输出接头，可以借此做他所能做的观察。"

黑箱方法的出发点在于：自然界中没有孤立的事物，任何事物间都是相互联系、相互作用的，所以，即使我们不清楚"黑箱"的内部结构，仅注意到它对于信息刺激做出如何的反应，注意到它的输入-输出关系，就可对它做出研究。除了"黑箱"的概念之外，在控制论中，把全知的系统和区域称为"白箱"，介于黑箱和白箱之间或部分为黑箱的称为"灰箱"。黑箱方法的目的在于通过为黑箱建立模型，把黑箱变成白箱。一般来说，黑箱方法应遵循以下原则：

首先，要求把研究对象看作是一个整体，采取考察输入-输出的方式，对系统作整体上的研究。

其次，当输入输出关系确定后，一般用建立模型的方法来描述黑箱的功能和特性。模型结构有多种形式：有数学的（各种函数、方程式、图像、表格等）、实体的（功能相似于原型的现实系统）、也有概念的。工程技术系统多采用数学模型，生物系统采用实体模型，社会系统则常用概念模型。

再次，黑箱方法要突出联系的原则。把所要研究的系统置于环境之中，从系统与环境之间的相互联系中去研究、认识对象。

黑箱方法的应用很广泛，在计算机领域，黑箱方法主要应用于程序的测试阶段，测试程序员负责检验特定输入下输出的对与错，而不负责程序代码具体是怎样运行的。在心理学领域，心理学家对弱智人群进行测试，根据他们拼搭简单图案的时间长短来判断其智商。在医学领域，中风病人的左半脑还是右半脑发生了血栓或是发生了脑溢血，医生也不是去打开大脑检查，而是根据病人的左半身或是右半身的感觉是否迟钝来判断的。在社会领域中，对一些规模庞大、结构复杂的大系统如国民经济计划管理系统、环境监测等也采用黑箱方法从整体上进行研究和分析。

黑箱方法从综合的角度为人们提供了一条认识事物的重要途径，尤其对某些内部结构比较复杂的系统，黑箱方法是可能的有效方法。但也有很大的局限性，它强调研究整体功能，而对内部的精确结构和局部细节不能准确回答，在研究客观对象过程中，必须把黑箱方法和其他科学方法结合起来。

2. 功能模拟方法

功能模拟方法即在未弄清原型内部结构的条件下，仅以功能相似为基础，用模型来再现原型功能的一种模拟方法。维纳在创立控制论时，从功能角度出发，将机器、生物和人等不同的物质系统进行类比，揭示机器和生命机体之间行为有某些相似之处。例如自动火炮的跟踪系统，其过程与一个猎手在狩猎时的行为相似，它们都具有搜索、跟踪目标等相似功能，最终效果都以一定的操作或行为来达到打击目标物，但二者的内部结构和物理过程是截然不同的，这就是一种功能模拟。

功能模拟法为现代科学提供了对复杂客体进行整体研究的重要途径，综合来说具有以下主要功能：

（1）功能模拟使电脑代替人脑的部分思维功能成为可能，为人工智能的研究提供了有效方法。思维是一特殊物质——人脑的最高产物，它具有记忆判断、推理、选择、演算等智力活动的功能，它对客观事物的反映是上述智力活动的一种混合表现。

功能模拟方法则在弄清人脑功能特性的基础上，用机器来模拟人脑的部分功能，现在人们已成功的采用五个大脑功能相似的部件组成电脑：

① 感受器（输入装置，接收信息）如人的感官；
② 存储器（记忆功能，储存信息）；
③ 运算器（模拟人脑的判断，选择和计算功能）；
④ 控制器（人脑的整个思维中的协调）；
⑤ 输出设备（人对外界的反应）。

（2）运用功能模拟法可以让机器表现出类似人的决策和计划的行为。功能模拟法不仅模拟人脑的某些逻辑推理功能，而且还可以模拟人的多种智能活动及行为。如分辨图像、声音、嗅觉气体等人类活动，现在可交给一种识别机去完成。

（3）功能模拟法开辟了向生物界寻求科学技术新思想的新途径。控制论突破了机器与生物的界限，把目的和行为的概念赋予机器，为机器与生物之间进行功能模拟提供了理论依据，开辟了发展现代科学技术的新途径。

通过功能模拟方法建立的技术模型，仍然可以成为人们认识原型的重要手段，对于生命系统、人脑神经系统和社会等复杂系统，难以运用其他模拟方法进行研究，但却可用功能模拟方法建立有关对象的技术原型，通过模型的实验研究揭露原型的特点和属性，推断其结构特点和机理，预测未来的行为。

8.1.4　智能控制与优化

智能控制是控制理论发展的高级阶段，它主要用来解决那些用传统方法难以解决的复杂系统的控制问题。智能控制系统包括智能机器人系统、计算机集成制造系统、复杂的工业过程控制系统、航天航空控制系统、社会经济管理系统、交通运输系统、环保及能源系统等。

1. 智能控制方法

智能控制的方法有很多，本节简单介绍其中的几种。

1）专家控制技术

专家控制是智能控制的一个重要分支。专家系统是一种人工智能的计算机程序系统，这些程序软件具有相当于某个专门领域的专家的知识和经验水平，以及解决专门问题的能力。专家系统是一种基于知识的系统，它主要面临的是各种非结构化问题，尤其能处理定性的、启发式或不确定的知识信息，经过各种推理过程达到系统的任务目标。20世纪80年代初，自动控制领域的学者和工程师开始把专家系统的思想和方法引入控制系统的研究及其工程应用。专家系统技术的特点为解决传统控制理论的局限性提供了重要的启示，二者的结合导致了专家控制这种新颖的控制系统设计和实现的方法。

专家控制的实质是使系统的构造和运行都基于控制对象和控制规律的各种专家知识，而且要以智能的方式来利用这些知识，使得受控系统尽可能地优化和实用化。因此专家控制又称作基于知识的控制或专家智能控制。专家控制的功能目标是模拟、延伸、扩展"控制专家"的思想、策略和方法。

专家控制的目标可以看作是一种比较含糊的功能定义,它们覆盖了传统控制在一定程度上可以达到的功能,但又超过了传统控制技术。作一个形象的比喻,专家控制试图在控制闭环中"加入"一个富有经验的控制工程师,系统能为他提供一个"控制工具箱",可对控制、辨识、测量、监视、诊断等方面的各种方法和算法选择、运用自如,而且透明地面向系统外部的用户。

2) 模糊控制技术

由人作为控制器的控制系统是典型的智能控制系统,其中包含了人的高级智能活动,模糊控制在一定程度上模仿了人的控制,它不需要有准确的控制对象模型,因此它是一种智能控制的方法。

举例说明模糊控制的概念。一个操作员通过观察仪表显示来控制水箱中的水温,检测仪表给出的精确量,譬如 80℃,操作员将这个精确量转化为头脑中的概念量。比方说"温度偏高",他使用这个概念与头脑中已有的控制经验和模式相匹配,得到"温度偏高应该加入较多冷却水"的推断,进而操作员需将"加入较多冷却水"这个模糊概念给出定量解释,譬如说加入冷却水的流量应为 $10m^2/h$,然后按此定量值控制执行装置,从而完成了整个控制过程的一个循环。本例中,"温变偏高"中的"偏高"、"加入较多冷却水"中的"较多"等都是一些模糊的概念,而利用这些模糊概念最终却能实现稳定的控制。这就是一种模糊的控制方法,并不是按照某种控制算法加以精确的计算。

美国教授扎德于 1965 年首先提出了模糊集合的概念,由此开创了模糊数学及其应用的新纪元。模糊控制是模糊集合理论应用的一个重要方面。1974 年模糊集合理论首先被应用于加热器的控制,其后产生了许多应用的例子。其中比较典型的有:污水处理过程控制、交通路口控制、飞船飞行控制、机器人控制、汽车速度控制等,并且生产出了专用的模糊芯片和模糊计算机。

3) 神经网络控制技术

神经网络模拟人脑神经元的活动,利用神经元之间的联结与权值的分布来表示特定的信息,通过不断修正连接的权值进行自我学习,以逼近理论为依据进行神经网络建模,并以直接自校正控制、间接自校正控制、神经网络预测控制等方式实现智能控制。它能表示出丰富的特性:并行计算、分布存储、可变结构、高度容错、非线性运算、自我组织、学习或自学习等。这些特性是人们长期追求和期望的系统特性,它在智能控制的参数、结构或环境的自适应、自组织、自学习等控制方面具有独特的能力。

4) 智能控制技术的集成

控制理论与技术向着两个方向发展:一是理论方法本身研究的深入;二是将不同的方法适当地结合在一起,获得单一方法所难以达到的效果,即智能控制技术的集成。智能控制技术的集成包括两方面:一方面是将几种智能控制方法或机理融合在一起,构成高级混合智能控制系统,如模糊神经控制系统、基于遗传算法的模糊控制系统、模糊专家系统等;另一方面是将智能控制技术与传统控制理论结合,形成智能复合控制器,如模糊控制、神经元控制、神经网络最优控制等。

2. 智能优化方法

什么是优化?就是从各种方案中选取一个最好的。从数学角度看,优化理论就是研究如何在状态空间中寻找到全局最优点。优化算法的一个特点往往给出的是一个局部最优解,不是绝对的最优解,或者说全局最优解。一种优化算法是否有用,很大程度上取决于问题本身,如果问题本身就是比较无序的,或许随机搜索是最有效的。常用的优化算法有:遗传算法、蚁群算法、粒子群算法等。

1) 遗传算法(Genetic Algorithms,GA)

遗传算法是当代人工智能科学的一个重要研究分支,它基于达尔文进化论的观点,依照适者生存、优胜劣汰等自然进化规则,通过计算机来模拟生命进化的机制,进行智能优化计算和问题搜索求解,尤其在解决许多传统数学难题以及常规条件下明显失效的复杂问题时,遗传算法提供了一个行之有效的新途径,为人工智能的研究带来了新的发展前景,成为信息科学领域中的一门新兴学科。

2) 模拟退火算法(Simulated Annealing,SA)

模拟退火算法的来源是复杂组合优化问题与固体的退火过程之间的相似之处。固体的退火过程是一种物理现象,随着温度的下降,固体粒子的热运动逐渐减弱,系统的能量将趋于最小值。固态退火过程能最终达到最小能量的一个状态,从理论上来说,必须满足四个条件:

(1) 初始温度必须足够高;

(2) 在每个温度下,状态的交换必须足够充分;

(3) 温度的下降必须足够缓慢;

(4) 最终温度必须足够低。

模拟退火算法在系统向着能量减小的趋势变化过程中,偶尔允许系统跳到能量较高的状态,以避开局部最小,最终稳定在全局最小。它的基本步骤如下:

step 1　设系统初始化值 t 较大,相当于初始温度 T 足够大,设初始解为 i,记每个 t 值的迭代次数为 N。

step 2　迭代次数 K 的范围 $K=1,\cdots,N,K=1$ 开始,执行 step 3~step 6 操作。

step 3　随机选择一个解 j。

step 4　计算增量 $\Delta=f(j)-f(i)$,其中 $f(x)$ 为评价函数。

step 5　若 $\Delta<0$,则接受 j 作为新的当前解,否则以概率 $\exp(-\Delta/t)$ 接受 j 作为新的当前解。

step 6　如果满足终止条件则输出当前解作为最优解,结束程序。终止条件通常取为连续若干个新解都没有被接受时终止算法,否则转 step 7。

step 7　t 下降 K 次,$K=K+1$;然后转 step 3。

模拟退火算法按照概率随机地接受一些劣解,即指标函数值大的解。当温度比较高时,接受劣解的概率比较大。在初始温度下,几乎以接近 100% 的概率接受劣解。随着温度的下降,接受劣解的概率逐渐减小,直到当温度趋于 0 时,接受劣解的概率也趋于 0。这有利于算法从局部最优解中跳出,求得问题的全局最优解。

但由于算法模拟的直接性和简单化,也存在一些不足和弊病,归纳起来主要有以下四点:

(1) 可持续性不好。在模拟退火算法中,当温度 t 趋于 0 时,退火就结束,算法立即终止,此过程对算法的可持续性造成很大的影响,这是其自身结构造成的。

(2) 模拟退火算法中控制参数选择难。模拟退火算法具有良好的"鲁棒性":对初始解的选取无特殊要求,合理的参数设置可以提高算法的收敛性,否则将会影响算法的质量。

(3) 模拟退火算法不具备记忆能力,可能导致重复搜索。

(4) 采用单点式搜索方法,搜索效率不高。

针对模拟退火算法的特点和缺陷分析,目前对模拟退火的改进方法主要分为以下几类:基于参数选择的改进、基于算法各部分功能优化的改进、可持续性搜索的改进。

到目前为止,模拟退火算法在求解大规模组合优化问题方面获得了很好的应用,在旅行商问题、最大截问题、调度问题、布局问题等具体的组合优化问题中都有成功的典范,在具体路由问题、路径规划、车辆调度、神经网络、生产调度、系统控制、机器学习以及图像处理领域取得了较好的应用成果。

3) 蚁群算法(Ant Colony Optimization,ACO)

蚁群算法是受自然界中真实蚁群的集体觅食行为的启发而发展起来的一种基于群集智能的进化算法,属于随机搜索算法,它是由意大利学者 M. Dorigo 等人在 20 世纪 90 年代初首先提出来的。虽然蚂蚁本身的行为极其简单,但由这些简单个体所组成的蚁群却表现出极其复杂的行为特征。

蚂蚁在寻找食物时,会在其经过的路径上释放一种叫做信息素(Pheromone)的挥发性化学物质,蚂蚁在觅食过程中能够感知信息素的存在及其强度,并以此来指导自己的运动方向,倾向于朝着信息素强度高的方向移动,即选择该路径的概率与当时这条路径上信息素的强度成正比,信息素强度越高的路径,选择它的蚂蚁就越多,则在该路径上留下的信息素的强度就更大,而强度大的信息素又吸引更多的蚂蚁,从而形成一种正反馈。整个蚁群就是通过这种信息素进行相互协作,形成正反馈,从而使多个路径上的蚂蚁都逐渐聚集到最短的那条路径上。

图 8-7 给出了蚂蚁循径模型,A 为出发点(即蚁穴),B 为食物源,从图上可见蚂蚁要获得食物有两条路可走,我们可以很容易的比较出路径 A—C—B 较路径 A—D—B 长,然而蚂蚁是不知道这一点的。现在假设有两只蚂蚁 1 和 2,在蚂蚁 1 和 2 向食物移动的方向上有两条路径可以选择,在初始条件下,两条路径上的信息素量都为零,因此两只蚂蚁选择两条路径的概率均为 0.5,在这里,假设蚂蚁 1 选择了路径 A—C—B,蚂蚁 2 选择了路径 A—D—B,在此强调两只蚂蚁的行走速度是一样的。很明显,选择短路径

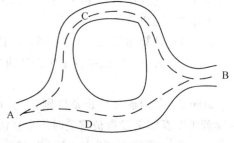

图 8-7 蚂蚁寻径模型

的蚂蚁 2 将先到达 B 点,当蚂蚁 2 要返回时,要选择信息素气味重的路径,由于此时蚂蚁 1 还在路上,故蚂蚁 2 选择了原路返回,当蚂蚁 2 到达 A 点时,假设的蚂蚁 3 出发,根据蚂蚁会选择信息素气味较重的路径这一原理,蚂蚁 3 选择路径 A—D—B,因为此路径已经有两次蚂蚁通过的经历,如此由大量的蚂蚁组成的群体便表现出一种信息正反馈现象,即随着路径 A—D—B 上通过蚂蚁数量的增加,后来的蚂蚁选择此路径的概率就越大,而这正是两点之间的最短路径。

蚁群算法的主要特点是:通过正反馈、分布式协作来寻找最优路径,这是一种基于种群寻优的启发式搜索算法。蚁群算法之所以能引起相关领域研究者的注意,是因为这种求解

模式能将问题求解的快速性、全局优化特征以及有限时间内答案的合理性结合起来。其中，寻优的快速性是通过正反馈式的信息传递和积累来保证的。

蚁群算法有很多优良的性质，比遗传算法、模拟退火算法等有更好的适应性。其应用非常广泛，在组合优化、数据挖掘、模糊建模、群体智能、聚类分析、网络路由优化、物流配送车辆调度及无线传感器网络、特征提取和图像识别、TSP问题和配电网重构问题、车间作业调度、PID参数优化、物流路径优化、迷宫最优路径问题、考试安排等方面得到广泛地应用，其中有很多成功的实例。近年来，美军开展的使用无人机和无人船群体执行作战任务的研究表明：利用蚁群算法的方法，使无人机和无人船释放信息素，改进它们之间的相互分工和协作，提高无人机和无人船体的作战效能。作为一种带有构造性特征的随机搜索优化方法，蚁群算法的应用前景和影响将会越来越广泛和深远。

当然蚁群算法也存在一些缺陷，蚁群算法有时需要较长的搜索时间；蚁群算法的时间复杂度可以说明这一点；容易出现停滞现象：即在搜索进行到一定程度后，所有个体所发现的解完全一样，不能对解空间进一步进行搜索，不利于发现更好的解。在信息素更新和挥发的作用下，在搜索初期得到的最优蚂蚁对搜索路径的影响很大，而初期得到的路径往往不是最优的，这样就易使搜索过于集中而导致算法停滞。尽管蚂蚁算法有很多优势，但它还不像其他启发式算法那样已形成系统的分析方法和具有坚实的数学基础。参数的选择更多的是依靠实验和经验，没有定理来确定，故而算法在理论和实践方面尚有许多问题需要更深入地研究与解决。

4）粒子群优化算法（Particle Swarm Optimization，PSO）

粒子群优化算法是受人工生命研究结果的启发、通过模拟鸟群觅食过程中的迁徙和群聚行为而提出的一种基于群体智能的全局随机搜索算法，1995年IEEE国际神经网络学术会议发表了题为"Particle Swarm Optimization"的论文，标志着PSO算法诞生。

自然界中各种生物体均具有一定的群体行为，而人工生命的主要研究领域之一是探索自然界生物的群体行为，从而在计算机上构建其群体模型。自然界中的鸟群和鱼群的群体行为一直是科学家的研究兴趣，生物学家雷诺兹（C. W. Reynolds 1953—）在1987年提出了一个非常有影响的鸟群聚集模型，在他的仿真中，每一个个体遵循三条简单的规则：避免与邻域个体相冲撞、匹配邻域个体的速度、飞向鸟群中心且整个群体飞向目标。仿真中仅利用上面三条简单的规则，就可以非常接近的模拟出鸟群飞行的现象。

粒子群算法的基本思想受到对鸟类群体行为进行建模与仿真的研究结果的启发。PSO中，每个优化问题的潜在解都是搜索空间中的一只鸟，称之为粒子。所有的粒子都有一个由被优化的函数决定的适值（fitness value），每个粒子还有一个速度决定它们飞翔的方向和距离，然后粒子们就追随当前的最优粒子在解空间中搜索。

PSO初始化为一群随机粒子（随机解），然后通过迭代找到最优解。在每一次迭代中，粒子通过跟踪两个极值来更新自己；第一个就是粒子本身所找到的最优解，这个解称为个体极值；另一个极值是整个种群目前找到的最优解，这个极值是全局极值。另外也可以不用整个种群而只是用其中一部分作为粒子的邻居，那么在所有邻居中的极值就是局部极值。

PSO与其他进化算法一样，也是基于"种群"和"进化"的概念，通过个体间的协作与竞争，实现复杂空间最优解的搜索；同时，PSO又不像其他进化算法那样对个体进行交叉、变异、选择等进化算子操作，而是将群体中的个体看作是在D维搜索空间中没有质量和体积的粒子,每个粒子以一定的速度在解空间运动,并向自身历史最佳位置和邻域历史最佳位置聚集,实现对候选解的进化。PSO算法具有很好的生物社会背景而易理解、参数少而易实现,对非线性、多峰问题均具有较强的全局搜索能力,在科学研究与工程实践中得到了广泛关注。

在算法的理论研究方面,PSO算法目前还没有成熟的理论分析,少部分研究者对算法的收敛性进行了分析,大部分研究者在算法的结构和性能改善方面进行研究,包括参数分析,拓扑结构,粒子多样性保持,算法融合和性能比较等。PSO由于有简单、易于实现、设置参数少、无须梯度信息等特点,其在连续非线性优化问题和组合优化问题中都表现出良好的效果。

5) 人工鱼群优化算法(Artificial FIsh School Algorithm,AFSA)

人工鱼群优化算法是受鱼群行为的启发提出的一种智能优化算法。该算法具有良好的克服局部极值、取得全局极值的能力,而且该算法具有一些遗传算法和粒子群算法不具备的特点,如使用灵活、收敛速度快等。

鱼群算法主要是利用了鱼的觅食、聚群和追尾行为,从构造单条鱼的底层行为做起,通过鱼群中诸个体的局部寻优,从而达到全局寻优的目的。

8.2 自动化技术与装置

自动化就是指机器或装置在无人干预的情况下按规定的程序或指令自动地进行操作或运行。自动化技术广泛应用于工业、农业、国防、科学研究、交通运输、商业、医疗、服务以及家庭等各方面。采用自动化技术可以把人从繁重的体力劳动、部分脑力劳动以及恶劣、危险的工作环境中解放出来,并且能扩展人的创新功能,极大地提高劳动生产率,增强人类认识世界和改造世界的能力,因此自动化是一个国家或社会现代化水平的重要标志。

与自动化相关的一个术语就是自动控制(Automatic Control),自动控制是关于受控系统的分析、设计和运行的理论和技术。一般来说,自动化主要研究的是人造系统的控制问题,自动控制则除了上述研究外,还研究社会、经济、生物、环境等非人造系统的控制问题。例如生物控制、经济控制、社会控制及人口控制等,显然这些都不能归入自动化的研究领域。不过人们提到自动控制,通常是指工程系统的控制,在这个意义上自动化和自动控制是相似的。关于控制和自动化技术的发展可以分为四个历史时期。

8.2.1 自动化装置的出现和应用

自动化装置出现于18世纪之前,古代人类在长期的生产和生活中,为了减轻自己的劳动,逐渐利用自然界的动力(水力、风力等)代替人力、畜力,以及用自动装置代替人的部分繁杂的脑力劳动和对自然界动力的控制,比较著名的有以下几种。

1. 指南车

指南车又称司南车,是中国古代用来指示方向的一种机械装置,也作为帝王的仪仗车辆。指南车起源很早,历代曾几度重制,但均未留下资料,直至宋代才有完整的资料。与指南针利用地磁效应不同,它是利用齿轮传动系统,根据车轮的转动,由车上木人指示方向。不论车子转向何方,木人的手始终指向南方,"车虽回运而手常指南",参见图8-8。

2. 铜壶滴漏

即漏壶,中国古代的自动计时装置,又称刻漏或漏刻。漏壶的最早记载见于《周记》。这种计时装置最初只有两个壶,由壶上滴水到下面的受水壶,液面使浮箭升起以示刻度(时间),参见图8-9。

图 8-8 指南车

图 8-9 铜壶滴漏

3. 记里鼓车

中国古代有能自报行车里程的车制,是东汉以后出现的,由汉代改装而成,车中装设具有减速作用的传动齿轮和凸轮、杠杆等机构。车行一里,车上木人受凸轮牵动,由绳索拉起木人右臂击鼓一次,以表示车的里程。记里鼓车的科学原理与现代汽车上的里程表基本相同,是科学技术史上的一项重要贡献,记里鼓车被机器人专家称为是一种中国古代机器人,参见图8-10。

4. 漏水转浑天仪

公元2世纪,中国东汉时期的天文学家张衡(公元78—139年)创制的一种天文表演仪器。它是一种用漏水推动的水运浑象,和现在的天球仪相似,可以用来实现天体运行的自动仿真。漏水转浑天仪是有明确历史记载的世界上第一架用水力发动的天文仪器,参见图8-11。

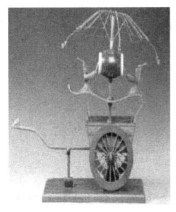

图 8-10 记里鼓车

图 8-11 漏水转浑天仪

5. 候风地动仪

候风地动仪是世界上第一架测验地震的仪器。中国东汉时期天文学家张衡于汉顺帝阳嘉元年制成,候风地动仪用精铜制成,直径 2.7 米,其外形像一个大型酒樽。地动仪里面有精巧的结构,主要为中间的都柱(相当于一种倒立型的震摆)和它周围的八道机械装置。在樽的外面相应地设置 8 条口含小铜珠的龙,每个龙头下面都有一只蟾蜍张口向上。如果发生较强的地震,都柱因受到震动而失去平衡,这样就会触动八道中的一道,使相应的龙口张开,小铜珠即落入蟾蜍口中,由此便可知道地震发生的时间和方向,参见图 8-12。

6. 水运仪象台

水运仪象台是中国古代一种大型的天文仪器,由宋朝天文学家苏颂(1020—1101 年)等人创建。它是集观测天象的浑仪、演示天象的浑象、计量时间的漏刻和报告时刻的机械装置于一体的综合性观测仪器,实际上是一座小型的天文台。它既能演示或能观测天象,又能计时及报时,参见图 8-13。

图 8-12　候风地动仪

图 8-13　水运仪象台

中国古代人民在原始的自动装置的创造和发明上做出了辉煌的成就,也为后来自动化的发展奠定了基础。自动化的装置在世界的其他地方也有很大的发展。

公元一世纪,古埃及和希腊的发明家创造了教堂庙门自动开启、铜祭司自动洒圣水、投币式圣水箱等自动装置。17 世纪以来,随着生产的发展,在欧洲的一些国家相继出现了多种自动装置,其中比较典型的有法国物理学家帕斯卡(B. Pascal,1623—1662 年)在公元1642 年发明的加法器;荷兰机械师惠更斯(C. Huygens,1629—1695 年)于公元 1657 年发明的钟表。

8.2.2　自动化技术的发展历程

1. 局部自动化时期

20 世纪 40—50 年代属于局部自动化时期。

第二次世界大战时期形成的经典控制理论对战后发展局部自动化起了重要的促进作用。各种精密的自动调节装置开始出现,开创了系统和控制这一新的科学领域。这一新的学科当时在美国称为伺服机构理论,在苏联称为自动调整理论,主要是解决单变量的控制问题。经典控制理论这个名称是1960年在第一届全美联合自动控制会议上提出来的。1945年后由于战时出版禁令的解除,出现了系统阐述经典控制理论的著作。1945年美国数学家维纳把反馈的概念推广到一切控制系统。50年代以后,经典控制理论有了许多新的发展。经典控制理论的方法基本上能满足第二次世界大战中军事技术上的需要和战后工业发展上的需要。但是到了50年代末就发现把经典控制理论的方法推广到多变量系统时会得出错误的结论。

在1943—1946年,美国电气工程师埃克脱(E. J. Presper,1919—1995年)、核物理学家莫奇利(M. J. William,1907—1980年)为美国陆军研制成世界上第一台基于电子管和数字管的计算机—电子数字积分和自动计数器ENIAC。随后人们对计算机进行了多次改良,使之更加实用。同时,电子计算机的发明,为20世纪60—70年代开始的在控制系统广泛应用程序控制和逻辑控制以及应用数字计算机直接控制生产过程,奠定了基础。目前,小型电子数字计算机或单片机已成为复杂自动控制系统的一组成部分,以实现复杂的控制和算法。

2. 综合自动化时期

20世纪50年代末起至今属于综合自动化时期。

这一时期空间技术迅速发展,迫切需要解决多变量系统的最优控制问题,于是诞生了现代控制理论。现代控制理论的形成和发展为综合自动化奠定了理论基础,同时微电子技术有了新的突破。1958年出现晶体管计算机,1965年出现集成电路计算机,1971年出现单片微处理机。微处理机的出现对控制技术产生了重大影响,控制工程师可以很方便地利用微处理机来实现各种复杂的控制,使综合自动化成为现实。

针对目前多数煤矿已经建设的多种自动化系统,如提升自动化系统、排水自动化系统、主运自动化系统、通风自动化系统、供电自动化系统、选煤自动化系统、工业电视系统和安全监测系统等,从系统工程的角度上需要整体上对矿山进行统一的自动化管理,有效整合各种资源和发挥自动化集成的最大效益,建立统一的煤矿综合自动化系统,参见图8-14。

图8-14 煤矿综合自动化

变电站综合自动化系统是利用计算机控制、网络、数据库、现代通信等技术将变电站所有二次设备(包括控制、信号、测量、保护、自动装置及远动装置等),经过功能组合和优化设计,对变电站执行自动监视、测量、控制和协调来提高变电站运行效率和管理水平的一种综合性的自动化系统。它完全取代了常规监视仪表、操作控制屏柜、模拟屏柜、中央信息系统、变送器及常规远动装置等设备,提高了变电站的安全与经济运行水平,参见图8-15。

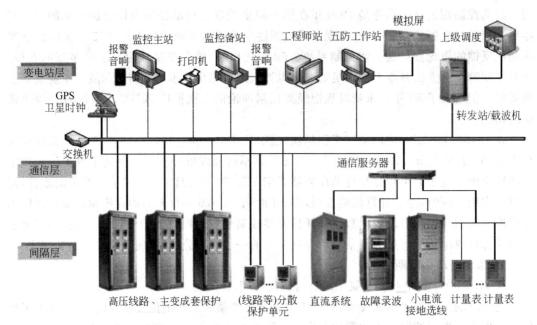

图 8-15 变电站综合自动化系统典型网络结构示意图(珠海万力达电气股份有限公司)

8.3 大系统和复杂系统

20 世纪 50 年代末生产过程自动化开始由局部自动化向综合自动化方向发展,出现许多诸如化工联合企业、钢铁联合企业、大电力系统、交通管制系统、环境保护系统、社会经济系统等大系统。对于这类大系统的建模与仿真、优化和控制、分析和综合,以及稳定性、能控性、能观测性和鲁棒性等的研究,统称为大系统理论。

1972 年,在维也纳成立了国际应用系统分析研究所,它研究全球性的大系统问题,如地球资源、人口、生态、能源系统。国际自动控制联合会于 1976 年在意大利召开了第一届大系统学术会议。进入 20 世纪 80 年代以来,大系统理论的研究和应用发展更为迅速。美国电气与电子工程师学会(IEEE,Institute of Electrical and Electronics Engineers)于 1982 年 10 月在美国弗吉尼亚州弗吉尼亚海滩举行了一次国际大系统专题讨论会。1980 年在荷兰正式出版国际性期刊《大系统——理论与应用》,这些活动标志着大系统理论的诞生。

当然,大系统的研究不仅与控制论有关,还涉及许多学科。在 20 世纪 40 年代形成和发展起来的系统工程和运筹学与大系统理论密切相关,大系统理论和应用已经成为一个多学科交叉综合的研究领域。大系统理论的一个重要应用是管理自动化。生产综合自动化与组织管理自动化相结合,将使人类的经济活动产生一个新的飞跃,人类社会的生活方式也将发生新的变化。

8.3.1 大系统特点

大系统一般是指规模庞大、结构复杂(环节较多、层次较多或关系复杂)、目标多样、影响因素众多,且常带有随机性的系统。例如电力系统、城市交通网、数字通信网、柔性制造系统、生态系统、水资源系统、社会经济系统等。这类系统不能采用常规的建模方法、控制方法和优化方法来分析和设计,因为常规方法无法通过合理的计算工作得到满意的解答。大系统的特征主要表现在以下几个方面:

(1) 系统模型的维数很高。主要指元件、部件多,包含许多子系统,可能有几百甚至几千个变量。

(2) 系统结构复杂。主要指系统包含许多个相互关联的子系统。整个系统的特性既体现在各子系统的单独特性上,同时也体现在它们之间相互关联的特性上。

(3) 系统功能综合。表现为大系统往往具有多个目标,这些不同的目标甚至是互相冲突的,需要用多目标决策和优化的方法。

(4) 因素众多。主要指大系统所处的内外环境很复杂,系统的时空分布特殊。系统可能沿地理分布很广,例如河流污染的控制问题,系统模型可能存在不同的时标,即多时标系统。

由于大系统规模庞大,结构复杂,而且地理位置分散,因此造成系统内部各部分之间通信的困难,提高了通信的成本,降低了系统的可靠性。这类系统不能采用常规的建模方法、控制方法和优化方法来进行分析和设计,因为常规方法无法通过合理的计算工作得到满意的解答。

8.3.2 大系统建模

在分析大系统之前,首先要进行系统的建模,大系统的结构可以从以下三个方面进行描述。

(1) 多重描述(Stratified description)。所谓多重描述是指用一组模型从不同的抽象程度来对系统进行描述,这就形成了不同的层次,每一层都有相应的变量和需要服从的规律等。在这种描述中,层次的选择取决于观察者的知识和兴趣;每一层次都有自己的一套术语、概念和原理,它们可以是物理概念和规律,也可以是经济概念和规律;沿着这种递阶结构越往下层则对系统的具体内容了解得越细,越往上层则对系统的意义了解更深。

(2) 多层描述(Multiple layer description)。这是从决策复杂性的程度来将系统分级。它按任务或功能来分层,各层之间存在不同的分工。一般说来,层次越高,功能越复杂,决策的复杂性越高,干扰的变化较慢;反之低层的功能较单纯,干扰的变化也较快。多层描述的控制结构如图 8-16 所示。直接控制层的任务是在扰动的影响下,力图使过程的有关变量维持在设定值;优化层的任务是按照一定的最优性能指标来规定直接控制层各控制器的设定值;自适应层的任务是根据对实际系统运转情况,采取相应的适应性措施以保持系统最优运转的机构与功能,例如,它可以在线辨识优化层中所使用的模型的参数,使模型能跟踪变化的实际过程;自组织层的任务是根据大系统的总目标、总任务及环境条件的变化来选择和制定下层所采用的模型结构、控制策略、计划协调及组织管理的机构与功能,例如,由于环境扰动的影响,总目标有了变化,它可以自动改变优化层中所用的性能指标。多层结构的典型例子是电力系统,在电力系统中,为了保证安全用电,系统的控制作用按任务可

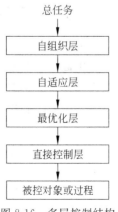

图 8-16 多层控制结构

以分为预防层、恢复层和紧急层,以对付各种影响安全供电的扰动。在钢铁企业和化工生产过程中,也常常采用多层结构。

(3) 多级描述(Multilevel description)。在这种递阶结构中,系统由若干明显可分的相互关联的子系统组成。所有的决策单元按照一定的支配关系递阶排列。各级单元之间存在着"上下级关系",同级单元之间各自具有一定的自由度,但其决策目标可能会发生冲突,而需由上级协调。这种结构还可以分为单级单目系统目标、单级多目系统目标和多级多目系统目标,参见图 8-17。

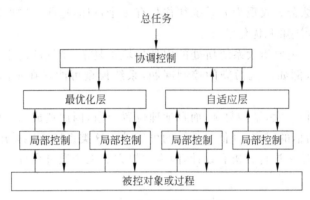

图 8-17 多级递阶控制结构

多级结构的典型例子是人的神经系统。其外周神经相当于局部控制级,直接控制着人体的各个有关部位。中枢神经系统分为低级部位与高级部位。脊髓是低级中枢,它由三十一个神经节段组成,控制着外周神经。脊髓又受到延脑、中脑、桥脑、立脑、大脑和大脑皮质这些高级中枢的控制。这样就构成了整个神经系统的多级控制结构。当然,级别的划分具有一定的相对性,与所考虑的系统及条件有关。

以上三种基本递阶形式是从不同的角度来划分的,多重结构描述主要是从建模来考虑的;多层结构描述是将大系统的决策问题纵向分解,按任务的复杂程度来分层描述;而多级描述则是考虑到各子系统的关联把决策问题进行横向分解。这三种形式并不是互相排斥的,可以同时存在于一个系统之中。对于一个实际的大系统,它的内在结构形式完全可能是上述三种形式的组合。

8.3.3 模型降阶

由上节内容可见,大系统的模型结构是复杂的,即使是确定型系统,其数学模型的维数也是很高的,以至于它的求解,即使用最高速的计算机也无法解决,因此,人们不得不研究大系统模型的降阶问题,或称为模型简化问题,这是大系统研究中出现的新问题,自 20 世纪 60 年代末开始,大系统模型简化的数学方法相继出现,其中较为主要的由集结法和摄动法。

集结法是从经济学中引申而来的一种方法。这种方法一般只适用于线性系统,它能将变量很多的大系统模型集结为变量较少的集结模型而保持系统的主要动态特性不变。摄动法是用摄动理论来降低模型的阶数,又可分为奇异摄动与非奇异摄动,这种方法对于非线性系统也适用。

8.3.4 大系统的递阶控制

大系统递阶控制的基本思想是"分解—协调"。大系统是由彼此关联的子系统组成,每一个子系统有它自己的状态向量、控制向量和输出向量。整个系统的状态、控制和输出向量被定义为相应子系统向量的组合。例如,在城市交通网中,各子系统都有自己的控制向量(交通管制灯)和状态向量(路口的车队排队情况)。简单地说,大系统可以理解为变量数目很多、结构复杂的多变量系统。因此,多变量系统中所研究的问题,如能控性、能观性、稳定性、系统辨识、最优控制等,对于大系统同样存在。在多变量系统理论中,解决上述问题时所获得的某些成果和方法,原则上是可以应用到大系统的,但是由于大系统本身的特点,使得这些成果和方法的应用会发生很大的困难,甚至无法应用。

例如对于线性二次型问题的动态最优化,即使是 20 个变量的系统也只要用到一个中等计算机的存储容量,而对于有约束条件的线性和非线性问题,5~10 个变量也嫌太多。至于实际中重要的大规模工业系统、城市交通网系统或环境系统,变量的数目是如此之多,以至于最优化所必需的计算量大得难以实现,直接求解这类问题的一切尝试都遇到了很大的困难。由于这个"维数灾难",使得大系统的直接在线最优控制在计算上不能实现。因此,在小系统上适用的所谓"一揽子"求解方法,在大系统上是行不通的。

为了克服上述求解上的困难,人们被迫采用分散最优化的方法。这是因为,每一个小系统的阶数比起"一揽子"方式考虑的整个系统的阶数要低得多,而且小系统的求解,仅需一台小型计算机,这种小型机不仅价格便宜,而且安装使用也很方便。

但是这种分散求解子系统最优化以代替集中最优化的方法,又会产生新的问题:局部的最优化并不等价于整体最优化,必须反复协调局部的最优解以得到整体最优解。这个协调者的角色是任何子系统的计算机无法扮演的,问题的复杂性又进一步迫使人们设置专门的协调机构。

递阶控制系统中一个关键的问题是如何设置协调变量。协调变量选择不同就会形成不同的算法。最常见的算法有目标协调法、模型协调法和混合法等。目标协调法是以解子系统最优化的非线性规划中的拉格朗日乘子作为协调变量;而混合法的协调变量中不仅有拉格朗日乘子,还有各子系统之间的关联变量。这两种算法各有优缺点,但它们都是不可行法。计算过程中的每一次迭代并不满足系统的约束条件,只有达到最优值才满足约束条件。模型协调法是一种可行法,每次迭代都能满足约束条件,例如以各子系统的输出变量作为协调变量的直接法就是这样一种方法。但这种方法的输出变量如设置不当,有可能使子系统的最优化问题无解,因此并不永远实用。

8.3.5 大系统的分散控制

迄今为止,系统中应用最广泛的控制方式是集中控制方式。这对于规模不大、结构不太复杂的系统是可行的。这种控制的有效性与信息的有效采集、传输和加工密切相关。但是对于一个大系统而言,由于它在时空分布上的分散性,人为地实行集中控制,势必带来信息传输和加工的困难,不能实现有效控制,而且在经济上代价昂贵。因此,在大系统中通常采用分级多点的分散控制。小型计算机功能的不断完善和价格的便宜,从技术上保证和促进了分散控制的实现和发展。

分散控制是将一个大系统按其所分布的许多子系统,分别采用独立的局部控制器来控制。每个控制器只能直接得到一部分状态信息,采集部分数据,而不可能得到整个系统的状态信息。另一方面,每个控制器又只能对大系统的某个局部进行控制,而不能对其他部分施加直接控制作用。但是,局部控制器却能在一定程度上获得邻近控制器的状态和控制信息,使之能部分地判断自己的控制作用对全局的影响。

在递阶方法中,整个系统分成许多独立的子系统,用一个协调器来考虑子系统间的相互作用,这是通过较低级和协调级重发的信息交换来实现的。因此,在原则上协调级可以拥有它所协调的各局部控制级的全部信息。这种递阶结构具有所谓"经典信息模式",它与集中控制方式在信息的采用方式上是类似的。但是分散控制系统是没有统一的协调级,是一种无集中的控制,它具有"非经典信息模式",其框图如图 8-18 所示。

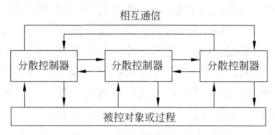

图 8-18　分散控制结构

分散控制结构是广泛存在的。例如一个大地区的电力系统,在这个系统中的每一个发电厂可以看成是一个子系统,它有自己的局部控制中心,可以直接测量本电厂发电机组的运行参数,同时可得到相邻电厂的负荷或参数作为自己的参考信息,但却不能得到整个电力网中所有电站的负荷或其他参数,因此它的控制是局部性的。又如一个大城市的交通管理,它不是通过集中的调度中心来统一指挥的,而是由许多分叉路口的交通岗来共同完成调度管理任务的,每个交通岗仅有局部控制作用,但它也在一定程度上影响到整个城市的交通管理。对人体的神经系统而言,它既是一个分级控制结构,又是一个分散控制结构。

对于分散控制系统,一方面各局部控制器之间是相互作用的,需要必要的信息交换;另一方面又只能利用局部信息。因此,大系统的分散控制首先要解决"信息结构"这个问题,近十多年来已有了比较深入的研究。正是由于大系统的特殊信息结构,经典的最优化概念不再适用,新的概念需要引入,新的理论需要引入。目前,大系统分散控制理论的研究主要是两个方向,一个是关于分散控制的最优化问题研究;另一个是关于分散控制系统的各种性质的研究。

总之,分散控制系统的研究工作已取得了许多成果,它已被成功用于资源分配、城市交通管理、计算机的数据库管理、电力和生态系统等方面。但是,无论在理论上还是在实践中,分散控制系统的研究和应用远未达到成熟的阶段,有待于进一步发展。

8.3.6　大系统的稳定性

稳定性是分析、综合、设计大系统时必须考虑的重要问题,是大系统定性分析的主要内容。不稳定的大系统不能正常运行。有两种稳定性的概念:平衡态稳定性和输入/输出稳定性。

1. 平衡态稳定性——内稳定性

若处于平衡态的动态系统,受到外加扰动后偏离平衡态,而当外扰消失后,系统经过自由运动,又能恢复其平衡态,则称系统的平衡态是稳定的,否则是不稳定的。平衡态稳定性是动态系统自由运动的稳定性,可利用描述自由运动的齐次状态方程进行稳定性分析,称为"内稳定性"。

2. "输入/输出"稳定性——外稳定性

若动态系统的输入是有界的,通过系统的传递和变换后,所产生的输出也是有界的,则称系统是"输入/输出"稳定的,或称系统是有界稳定的,否则,系统是不稳定的。"输入/输出"稳定性是动态系统传递特性的有界性,可利用描述系统传递特性的传递算子进行稳定性分析,称为"外稳定性"。

基于稳定性的定义不同,分析大系统稳定性的方法有两种:

(1) 雅普诺夫函数法。考虑系统输入为零时,研究在初始状态激励下大系统内部状态运动特性的稳定性,这是自动控制理论中李雅普诺夫意义下的稳定性的推广。

(2) 输入输出法。考虑输入的作用,研究大系统在零初始条件下,对系统的有界输入是否会产生有界输出,这是输入输出特性意义下的稳定性。这两种方法虽然分析问题的角度不同,但有相同的解题思路:确认大系统稳定性既依赖于各子系统的稳定性,又和各子系统之间的关联有关,故都采用分解技术,将大系统分解为几个孤立子系统,并以适当形式关联而合成大系统。先按系统稳定性理论研究各子系统的稳定性,并设法定量地测算其稳定程度,同时定量地测算子系统之间关联的强弱对合成大系统稳定性的影响,根据这些测算找到某种条件去判断合成大系统的稳定性,称为大系统稳定性判据。

8.3.7 复杂系统理论

复杂系统理论(system complexity)是系统科学中的一个前沿方向,它是复杂性科学的主要研究任务。复杂性科学被称为 21 世纪的科学,它的主要目的就是要揭示复杂系统的一些难以用现有科学方法解释的动力学行为。目前,复杂系统理论还处于萌芽阶段,它可能孕育着一场新的系统学乃至整个传统科学方法的革命。生命系统、社会系统都是复杂系统,因此复杂系统理论的应用具有重要的意义。

总结起来,复杂系统具有以下主要的几个特点:

1. 自适应性/自组织性(Self-adaptive/Self-organization)

系统是由时空交叠或分布的组件(有时也称为主体)构成的。这些组件具有自适应、自学习、自聚集、自组织等能力,组件能够通过不断学习,调整自身的结构和行为,以适应外部和内部的变化。组件之间、组件与环境之间会发生各种各样的交互作用,正是组件的自主性以及组件间交互的复杂性,使得整个复杂系统呈现复杂性,同时也是复杂系统不断演化的驱动力。

2. 不确定性(Uncertainty)

不确定性与随机性相关,复杂系统中的随机因素不仅影响状态,而且影响组织结构和行为方式。不确定性还与混沌相关,混沌简单地说可以把它看作为"确定的随机性"。"确定"是因为它由内在的原因而不是外来的噪声或干扰所产生,即过程是严格确定的;而"随机性"指的是不规则、不能预测的行为。混沌把表现的无序与内在的决定论机制巧妙地融为了一体，在表现的有序背后隐藏着一种奇异的混沌，而在混沌的深处又隐藏着一种更奇异的秩序。

3. 涌现性（Emergence）

肩负不同角色的组件间通过多种交互模式、按局部或全局的行为规则进行交互，组件类型与状态、组件之间的交互以及系统行为随时间不断改变，系统中子系统或基本单元之间的局部交互，经过一定的时间之后在整体上演化出一些独特的、新的性质，形成某些模式，这便体现为涌现性。子系统之间的相互作用，可导致产生与单个子系统行为显著不同的宏观整体性质。涌现是有层次的，不同的层次将产生不同的涌现效果，上一层次的涌现必由下面层次的涌现产生。涌现应具备以下一些特征：一是必须由系统产生，该系统由多个子系统组成；二是系统具有一定的自适应能力，能够通过不断学习，调整自身的结构和行为，以适应外部和内部的变化；三是通过适应改变了系统的结构和行为形成演化，具备了新系统的整体功能，从而产生了涌现。涌现的思想反映了宏观和微观的有机联系，是微观行为展现的宏观效应。涌现性也体现为一种质变，主体之间的相互作用开始后，系统能自组织、自协调、自加强，并随之扩大、发展，最后发生质变，即发生了涌现。

4. 预决性（Finality）

复杂系统的发展趋向取决于系统的预决性，预决性是系统对未来状态的预期和实际状态限制的统一。事实上，任何有生命的物质，都具有预期或预测的能力，从而影响系统的运动方向。

5. 演化性（Evolution）

复杂系统对于外界环境和状态的预期—适应—自组织过程导致系统从功能到结构的不断演化。这种演化运动在物理系统中是不存在的。物理系统一般由多个已有的元素组成，功能和结构都不会改变。而复杂系统一般是由简单的元素组合，经过不断的演化而发展为功能和结构更为复杂的系统。从低级到高级，从简单到复杂，不断的演化，是复杂系统最本质的特性。

6. 开放性（Opening）

系统与外部环境以及子系统之间存在能量、信息或物质的交换，就系统与环境的关系而言，开放性表现为最复杂与最常见的不确定的、动态连续的环境类型。复杂性不仅体现在系统本身，而且体现在环境。

在复杂系统理论看来，世界所有事物，都自成系统又归属于一个高于其结构的更大系统。比如地球是一个自成系统的宏大事物，但它归属于太阳系，太阳系是统属地球的一个更宏大的系统，地球仅作为它的一个成分、一个要素而存在。但若把地球当作一个系统看待，太阳系则成为地球生存和发展的环境。自然，太阳系归属于更大于它的银河系。事物复杂系统的这种层层相属、环环相扣的互规定关系，是事物的真实存在，远非是一种矛盾双方的对立统一。

8.4 机器人技术

机器人是一台设计用于快速准确、重复执行一项或多项任务的机器。机器人技术是综合了计算机、控制论、信息和传感技术、人工智能、仿生学等多学科而形成的高新技术，是当前研究十分活跃、应用日益广泛的领域。机器人的应用情况是一个国家工业自动化水平的重要标志。

8.4.1 机器人的定义

机器人形象和机器人一词,最早出现在科幻和文学作品中。1920年,捷克作家卡佩克(K. Capek,1890—1938年)发表了一部名为《罗萨姆的万能机器人》(Rossume's Universal Robots)的剧本,剧中叙述了一个叫罗萨姆的公司把机器人作为人类生产的工业品推向市场,让它充当劳动力代替人类劳动的故事。作者根据小说中 Robota(捷克文,原意为"劳役、苦工")和 Robotnik(波兰文,原意为"工人"),创造出"机器人"这个词。

机器人问世已有几十年,但对机器人的定义仍然仁者见仁,智者见智,没有一个统一的意见。原因之一是机器人还在发展,新的机型、新的功能不断涌现。根本原因主要是因为机器人涉及了人的概念,成为一个难以回答的哲学问题。就像机器人一词最早诞生于科幻小说之中一样,人们对机器人充满了幻想。也许正是由于机器人定义的模糊,才给了人们充分的想象和创造空间。国际上,关于机器人的定义主要有以下几种:

在1967年日本召开的第一届机器人学术会议上,人们提出了两个有代表性的定义。一是森政弘与合田周平提出的:"机器人是一种具有移动性、个体性、智能性、通用性、半机械半人性、自动性、奴隶性7个特征的柔性机器"。从这一定义出发,森政弘又提出了用自动性、智能性、个体性、半机械半人性、作业性、通用性、信息性、柔性、有限性、移动性10个特性来表示机器人的形象;另一个是加藤一郎提出的具有如下3个条件的机器称为机器人:

(1) 具有脑、手、脚等三要素的个体;
(2) 具有非接触传感器(用眼、耳接受远方信息)和接触传感器;
(3) 具有平衡觉和固有觉的传感器。

该定义强调了机器人应当仿人的含义,即它靠手进行作业,靠脚实现移动,由脑来完成统一指挥的作用。非接触传感器和接触传感器相当于人的五官,使机器人能够识别外界环境,而平衡觉和固有觉则是机器人感知本身状态所不可缺少的传感器。这里描述的不是工业机器人而是自主机器人。

1987年国际标准化组织对工业机器人进行了定义:"工业机器人是一种具有自动控制的操作和移动功能,能完成各种作业的可编程操作机。"

目前关于对机器人行为的描述中,以科幻小说家艾西莫夫(I. Asimov,1920—1992年)在小说《我,机器人》中所订立的"机器人三定律"最为著名。艾西莫夫为机器人提出的三条"定律",程序上规定所有机器人必须遵守:

(1) 机器人不得伤害人类,且确保人类不受伤害;
(2) 在不违背第一法则的前提下,机器人必须服从人类的命令;
(3) 在不违背第一及第二法则的前提下,机器人必须保护自己。

"机器人三定律"的目的是为了保护人类不受伤害,但艾西莫夫在小说中也探讨了在不违反三定律的前提下伤害人类的可能性,甚至在小说中不断地挑战这三定律,在看起来完美的定律中找到许多漏洞。在现实中,"三定律"成为机械伦理学的基础,目前的机械制造业都遵循这三条定律。

8.4.2 机器人的发展历史

工业机器人的最早研究可追溯到第二次世界大战后不久。在 20 世纪 40 年代后期,橡树岭和阿尔贡国家实验室就已开始实施计划,研制遥控式机械手,用于搬运放射性材料。1954 年美国人德沃尔(G. C. Devol,1912—2011 年)设计了第一台电子程序可编的工业机器人,并于 1961 年发表了该项机器人专利。1958 年,被誉为"工业机器人之父"的英格伯格(J. F. Engelberger)创建了世界上第一个机器人公司——Unimation 公司,1962 年第一台机器人 Unimate 在美国通用汽车公司投入使用,这标志着第一代机器人的诞生。

20 世纪 60 年代和 70 年代,人工智能学界开始对机器人产生浓厚兴趣,随着自动控制理论、电子计算机和航天技术的迅速发展,出现了更多的机器人商品,并在工业生产中逐步推广应用。

在机器人的发展历史上,虽然日本并不是最早制造机器人的国家,但是日本后来居上,成为"机器人王国"。日本早稻田大学的类人机器人研究小组是世界上第一个研究类人机器人的小组。他们从 1968 年就开始 WABOT 类人机器人计划,直到 1973 年,号称类人机器人之父的加藤一郎开发了世界上第一台类人机器人 WABOT-1。虽然当时这台机器人只能够简单的通过静态方式进行步行,但是它能够用日语和人进行简单的交流,并且可以通过视觉识别物体,还能用双手操作物体。

日本本田公司于 1986 年开始制定研制类人机器人计划,经过长达 10 年的研究,于 1996 年成功研制出 P2 机器人,P2 身高 180cm,体重 210kg。P2 的研制成功,使类人机器人的研究步入了新的时代。本田公司在 P2 推出之后,于 1997 年又推出了身高和体重比 P2 较小的 P3,在 2000 年推出了高度 120cm,体重 43kg 的 ASIMO,ASIMO 集成了当时世界上最先进的研究成果,在运动规划、视觉定位、语音识别等各个方面都有不俗的表现。2004 年之后,新的技术应用在 ASIMO 身上,使其能够以每小时 6 千米的速度像人一样的平稳跑步。而且可以非常自然的做各种复杂的动作,例如上下楼梯、与人握手、端水、跳舞和踢球等,参见图 8-19。

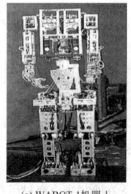   

(a) WABOT-1机器人　　(b) P2机器人　　(c) P3机器人　　(d) ASIMO机器人端水

图 8-19　日本研制的机器人

法国机器人公司 Aldebaran Robotics 于 2005 年成功研制出一款名叫 Nao 的娱乐型类人机器人。在随后更深层次地发掘了人机交互的过程中,于 2010 年诞生了首款能产生并表达感情的机器人 Nao,其在与人类接触的过程中,能够和关心爱护它的人建立情感联系。据报道,对照顾 Nao 的人们来讲,他就如同一个真正的小婴儿,表达不开心情绪的时候,Nao 会塌着肩膀低下头,甚至还会生气,快乐时,Nao 会伸出两个短短的小胳膊要求拥抱,在感到害怕恐惧时,它会蜷缩成一团,直到有人肯轻拍它的头安慰它才会觉得宽心。更神奇的是,Nao 会观察、了解和学习身边人的情绪变化,它能记住每个和它交流过的人,还能判断亲疏好坏,对慈爱友善的人特别依赖,就像真正的婴儿依赖母亲一样,参见图 8-20。

图 8-20　机器人 Nao

我国是从 20 世纪 80 年代开始涉足机器人领域的研究和应用的。1986 年,我国开展了七五机器人攻关计划,1987 年,我国的 863 高技术计划将机器人方面的研究开发列入其中。目前我国从事机器人研究和应用开发的主要是高校及有关科研院所等。清华大学于 2002 年 4 月成功研制出类人机器人 THBIP-I,2005 年 3 月,清华大学在第一代类人机器人的基础上研制出第二代类人机器人 THBIP-II,该款机器人高 70cm,重约 18kg,共 24 个自由度;2006 年 9 月,又研制出平面欠驱动双足机器人 THBIP-III,该机器人目前可实现步幅 0.13m,每步 0.64s 的动态行走;2007 年清华大学精密仪器与机械学系机器人实验室在先前的研究基础上,研制成功全自主类人足球机器人 MOS2007,采用 PDA 作为视觉处理和决策系统;2009 年,自动化学院的机器人智能与控制实验室成功研制出一款基于被动动态行走的 Stepper-3D 类人机器人,该机器人的行走速度可以达到 0.5m/s。

除此之外,上海交通大学的 SJTU 类人机器人身高 57cm,体重 3.2kg,采用 PC104+Atmel 的控制方式控制机器人的运动;国防科技大学研制的小型类人机器人采用基于 CMUCam 的嵌入式视觉系统,可以进行转弯、倒地起立、踢球等多种复杂运动;哈尔滨工业大学多智能体机器人研究中心研制的 Mini-HIT 具有 24 个自由度,身高 45cm,净重 3.13kg,可以进行短跑、长跑、投篮、拳击等多种复杂运动。以上各种竞技娱乐型类人机器人参加过国内外各种机器人大赛,并且都取得了非常优异的成绩,参见图 8-21。

8.4.3　机器人的结构及主要技术参数

1. 结构

不同类型的机器人其机械、电气和控制结构千差万别,但是作为一个机器人系统,通常由三部分、六个子系统组成,如图 8-22 所示。这三部分是机械部分、传感部分、控制部分;六个子系统是驱动系统、机械系统、感知系统、人机交互系统、机器人—环境交互系统、控制系统等。

(a) THBIP-I机器人　　(b) MOS2007机器人　　(c) Stepper-3D机器人

 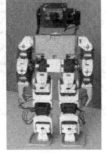 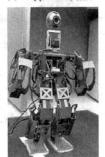

(d) SJTU机器人　　(e) 国防科大机器人　　(f) Mini-HIT机器人

图 8-21　我国研究机构研制的机器人

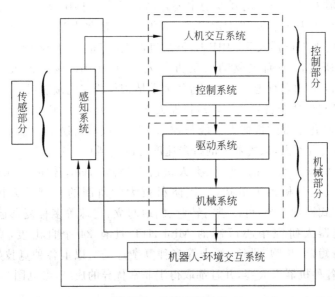

图 8-22　机器人的结构

(1) 机械系统：是由关节连在一起的许多机械连杆的集合体，形成开环运动学链系。连杆类似于人类的小臂、大臂等。关节通常分为转动关节和移动关节，移动关节允许连杆做直线移动，转动关节仅允许连杆之间发生旋转运动。由关节—连杆结构所构成的机械结构一般有 3 个主要部件，即手、腕、臂，它们可在规定的范围上运动。

(2) 驱动系统：是使各种机械部件产生运动的装置。常规的驱动系统有气动传动、液压传动或电动传动,它们可以直接地与臂、腕或手上的机械连杆或关节连接在一起,也可以使用齿轮、带、链条等机械传动机构间接传动。

(3) 感知系统:由一个或多个传感器组成,用来获取内部和外部环境中的有用信息,通过这些信息确定机械部件各部分的运行轨迹、速度、位置和外部环境状态,使机械部件的各部分按预定程序或者工作需要进行动作。传感器的使用提高了机器人的机动性、适应性和智能化水平。

(4) 控制系统:其任务是根据机器人的作业指令程序以及从传感器反馈回来的信号支配机器人的执行机构去完成规定的运动和功能。若机器人不具备信息反馈特征,则为开环控制系统;若具备信息反馈特征,则为闭环控制系统。根据控制原理,控制系统又可分为程序控制系统、适应性控制系统和人工控制系统。根据控制运动的形式,控制系统还可分为点位控制和规矩控制。

(5) 机器人—环境交互系统:是实现机器人与外部环境中的设备相互联系和协调的系统。机器人可与外部设备集成为一个功能单元,如加工制造单元、焊接单元,也可以是多台机器人或设备集成为一个复杂任务的功能单元。

(6) 人机交互系统:是使操作人员参与机器人控制并与机器人进行联系的装置。例如计算机的标准终端、指令控制台、信息显示板及危险信号报警器等。归纳起来人机交互系统可分为两大类:指令给定装置和信息显示装置。

2. 技术参数

由于机器人的结构、用途和用户要求的不同,机器人的技术参数也不同。一般来说,机器人的技术参数主要包括自由度、工作范围、工作速度、承载能力、精度、驱动方式、控制方式等。

(1) 自由度:机器人的自由度是指机器人所具有的独立坐标轴运动的数目,但是一般不包括手部(末端操作器)的开合自由度。自由度表示机器人动作灵活的尺度,机器人的自由度越多,越接近人手的动作机能,其通用性越好,但是自由度越多结构也越复杂,参见图 8-23 和图 8-24。

图 8-23 三自由度机器人

图 8-24 六自由度机器人

(2) 工作范围:机器人的工作范围是指机器人手臂或手部安装点所能达到的空间区域。因为手部末端操作器的尺寸和形状是多种多样的,为了真实反映机器人的特征参数,这里指不安装末端操作器时的工作区域。机器人工作范围的形状和大小十分重要,机器人在执行作业时可能会因为存在手部不能达到的作业死区而无法完成工作任务。机器人所具有的自由度数目机器组合决定其运动图形;而自由度的变化量(即直线运动的距离和回转角度的大小)则决定着运动图形的大小。

(3) 工作速度：指机器人在工作载荷条件下，匀速运动过程中，机械接口中心或工具中心点在单位时间内所移动的距离或转动的角度。产品说明书中一般提供了主要运动自由度的最大稳定速度，但是在实际应用中仅考虑最大稳定速度是不够的。这是因为运动循环包括加速启动、等速运行和减速制动三个过程。如果最大稳定速度高允许的极限加速度小，则加减速的时间就会长一些，即有效速度就要低一些。所以，在考虑机器人运动特性时，除了要注意最大稳定速度外，还应注意其最大允许的加减速度。

(4) 承载能力：指机器人在工作范围内的任何位置上所能承受的最大负载，通常可以用质量、力矩、惯性矩来表示。承载能力不仅决定于负载的质量，而且还与机器人运行的速度和加速度的大小和方向有关。一般低速运行时，承载能力大，为安全考虑，规定在高速运行时所能抓起的工件质量作为承载能力指标。

(5) 定位精度、重复精度和分辨率。定位精度是指机器人手部实际到达位置与目标位置之间的差异。如果机器人重复执行某位置给定指令，它每次走过的距离并不相同，而是在一平均值附近变化，变化的幅度代表重复精度。分辨率是指机器人每根轴能够实现的最小移动距离或最小转动角度。定位精度、重复精度和分辨率并不一定相关，它们是根据机器人使用要求设计确定的，取决于机器人的机械精度与电气精度。

(6) 驱动方式：驱动方式是指机器人的动力源形式，主要有液压驱动、气压驱动和电力驱动等方式。

(7) 控制方式：控制方式指机器人用于控制轴的方式，目前主要分为伺服控制和非伺服控制。

8.4.4 多机器人系统

虽然随着机器人技术的发展，机器人的能力不断提高，机器人应用的领域和范围也在不断扩展，但是对于一些复杂的任务，单个机器人不再是最好的解决方案，而是由多个机器人组成的系统。多机器人系统不是物理意义上的单个机器人的简单代数相加，其作用效果也不是单个机器人作用的线性求和，它应该还包括一个"线性和"之外的基于个体之间相互作用的增量。这种个体之间的相互作用包含两个因素："协调"与"合作"。因此，多机器人系统是指若干个机器人通过合作与协调而完成某一任务的系统。它包含两方面的内容，即多机器人合作与多机器人协调。当给定多机器人系统某项任务时，首先面临的问题是如何组织多个机器人去完成任务，如何将总体任务分配给各个成员机器人，即机器人之间怎样进行有效地合作。当以某种机制确定了各自任务与关系后，问题变为如何保持机器人间的运动协调一致，即多机器人协调，参见图8-25。

由于多机器人系统的应用前景非常巨大，美、欧、日等发达国家从20世纪80年代中期就对多机器人系统投入了相当大的研究热情，协作机器人学得到发展。20世纪80年代后期，协作多机器人系统的快速发展体现为三个方面的相互影响：问题、系统和理论。为解决一个给定的问题，想象出一个系统，然后进行仿真、构建，借用别的领域的理论进行协作。

多机器人系统是一个复杂的系统，体系结构是多机器人系统的最高层部分和基础，多机器人之间的协作机制就是通过它来体现的，它决定了多机器人系统在任务分解、分配、规划、

(a) 多机器人足球赛　　　　　　　(b) 多机器人重构轮式滚动、蛇式波动和四足行走系统

图 8-25　多机器人系统

决策及执行等过程中的运行机制以及系统各机器人成员所担当的角色，如各机器人成员在系统中的相对地位如何，是平等、自主的互惠互利式协作还是有等级差别的统筹规划协调。总之，正如社会制度作用于人类社会一样，它决定了多机器人系统的运作机制，事关协作效率的高低。从系统设计的角度而言，系统结构要有利于个体能力最大程度的发挥和任务的最高效完成。另外，协作机器人系统面向的是动态变化的环境，因而系统结构要对环境有自组织适应能力。

一般地，根据系统中是否有组织智能体为标准，将体系结构分为集中式控制和分布式控制，分别如图 8-26 和图 8-27 所示。

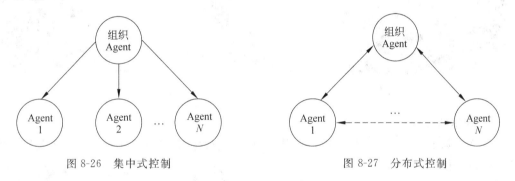

图 8-26　集中式控制　　　　　　　　　图 8-27　分布式控制

集中式结构以有一个组织智能体为特点，由该组织智能体负责规划和决策，其协调效率比较高，减少了用于协商的开销，最突出的优点是可以获得最优规划。但难以解决计算量大的问题，因此其实时性和动态特性较差，不适用于动态、开放的环境。

分布式结构没有组织智能体，个体高度自治，每个机器人根据局部信息规划自己的行为，并能借助于通信手段合作完成任务，其所有智能体相对于控制是平等的，这种结构较好地模拟了自然社会系统，具有反应速度快、灵活性高、适应性强等特点，适用于动态、开放的任务环境。但这种结构增加了系统的复杂性，由于没有一个中心规划器，所以难以得到全局最优的方案，还可能带来通信的巨大开销。目前，分布式结构是主流。

8.4.5　机器人技术的应用

研制机器人的最初目的是为了帮助人们摆脱繁重劳动或简单的重复劳动，以及替代人到有辐射等危险环境中进行作业，因此机器人最早在汽车制造业和核工业领域得以应用。

随着机器人技术的不断发展,工业领域的焊接、喷漆、搬运、装配、铸造等场合,已经开始大量使用机器人。另外在军事、海洋探测、航天、医疗、农业、林业甚至服务娱乐行业,也都开始使用机器人。

1. 工业机器人

由操作机(机械本体)、控制器、伺服驱动系统和检测传感装置构成,是一种仿人操作、自动控制、可重复编程、能在三维空间完成各种作业的机电一体化自动化生产设备。特别适合于多品种、变批量的柔性生产。它对稳定、提高产品质量,提高生产效率,改善劳动条件和产品的快速更新换代起着十分重要的作用。图8-28展示了弧焊机器人。

2. 农业机器人

由于机械化、自动化程度比较落后,"面朝黄土背朝天,一年四季不得闲"成了我国农民的象征。但近年农业机器人的问世,有望改变传统的劳动方式。在农业机器人方面,目前日本居于世界各国之首,参见图8-29。

图 8-28 弧焊机器人

图 8-29 农业智能采摘机

3. 探索机器人

机器人除了在工农业上广泛应用之外,还用于进行探索,即在恶劣或不适于人类工作的环境中执行任务。例如在水下(海洋)、太空以及在放射性、有毒或高温等环境中进行作业,参见图8-30。

随着海洋开发事业的发展,一般潜水技术已无法适应高深度综合考察和研究并完成多种作业的需要,因此许多国家都对水下机器人给予了极大的关注。目前得到广泛应用的水下机器人主要有拖曳式、有缆式和无缆自治式水下机器人。

近年来随着各种智能机器人的研究与开发,能在宇宙空间作业的机器人成为新的研究领域,并已成为空间开发的重要组成部分。已经研究开发的机器人有前苏联的月球车,加拿大开发的宇宙飞船低轨道舱外作业机械手,以及美国火星探测器好奇号等。

图 8-30 探索者多足机器人

4. 服务机器人

服务机器人是机器人家族中的一个年轻成员,到目前为止尚没有一个严格的定义,不同国家对服务机器人的认识也有一定差异。服务机器人的应用范围很广,主要从事维护、保养、修理、运输、清洗、保安、救援、监护等工作。德国生产技术与自动化研究所所长施拉夫特博士给服务机器人下了这样一个定义:服务机器人是一种可自由编程的移动装置,它至少应有三个运动轴,可以部分地或全自动地完成服务工作。这里的服务工作指的不是为工业生产物品而从事的服务活动,而是指为人和单位完成的服务工作。例如奥运期间的福娃机器人,它的手臂有三个自由度,脚部可能装有轮子使之能够移动。福娃机器人能够感应到一米范围内的游客,与人对话、摄影留念、唱歌舞蹈,还能回答与奥运会相关的问题,参见图 8-31。

5. 军用机器人

可分为地面军用机器人与无人机。地面机器人主要是指智能或遥控的轮式或履带式车辆。地面军用机器人又可分为自主车辆和半自主车辆。自主车辆依靠自身的智能自主导航、躲避障碍物,独立完成各种战斗任务,半自主车辆可在人的监视下自主行使,在遇到困难时操作人员可以进行遥控干预。

图 8-32 所示的形似机械狗的四足机器人被命名为"大狗"(Bigdog),由波士顿动力学工程公司(Boston Dynamics)专门为美国军队研究设计,它能够在战场上发挥重要作用,为士兵运送弹药、食物和其他物品。

图 8-31 福娃机器人

图 8-32 大狗

被称为空中机器人的无人机是军用机器人中发展最快的家族,从 1913 年第一台自动驾驶仪问世以来,无人机的基本类型已达到 300 多种,目前在世界市场上销售的无人机有 40 多种。美国是研究无人机最早的国家之一,由于它的科学技术先进,国力较强,因而 80 多年来,世界无人机的发展基本上是以美国为主线向前推进的。今天无论从技术水平还是无人机的种类和数量来看,美国均居世界首位。

8.4.6 机器人技术的发展趋势

智能化可以说是机器人未来的发展方向,智能机器人是具有感知、思维和行动功能的机器,是机构学、自动控制、计算机、人工智能、微电子学、光学、通信技术、传感技术、仿生学等多种学科和技术的综合成果。智能机器人可获取、处理和识别多种信息,自主地完成较为复杂的操作任务,比一般的工业机器人具有更大的灵活性、机动性和更广泛的应用领域。

对于未来意识化智能机器人的主要研究内容将集中在以下 10 个方面:

(1) 工业机器人操作结构的优化设计技术。探索新的高强度轻质材料,进一步提高负载/自重比,同时机构向着模块化、可重构方向发展。

(2) 机器人控制技术。重点研究开放式,模块化控制系统,人机界面更加友好。机器人控制器的标准化和网络化成为研究热点。

(3) 多传感系统。研究热点在于有效可行的多传感器融合算法,特别是在非线性及非平稳、非正态分布的情形下的多传感器融合算法,另一问题就是传感系统的实用化。

(4) 机器人的结构灵巧,控制系统越来越小,二者正朝着一体化方向发展。

(5) 机器人遥控及监控技术,机器人半自主和自主技术,多机器人和操作者之间的协调控制,通过网络建立大范围内的机器人遥控系统,在有时延的情况下,建立预先显示进行遥控等。

(6) 虚拟机器人技术。基于多传感器、多媒体和虚拟现实技术,实现机器人的虚拟遥控操作和人机交互。

(7) 多主体调控技术。这是目前机器人研究的一个崭新领域,主要对多主体的群体体系结构、相互间的通信与磋商机理,感知与学习方法,建模和规划、群体行为控制等方面进行研究。

(8) 微型和微小机器人技术。这是机器人研究的一个新的领域和重点发展方向,主要集中在系统结构、运动方式、控制方法、传感技术、通信技术以及行走技术等方面。

(9) 软机器人技术。主要用于医疗、护理、休闲和娱乐场合。传统机器人设计未考虑与人紧密共处,因此其结构材料多为金属或硬性材料,软机器人技术要求其结构、控制方式和所用传感系统在机器人意外地与环境或人碰撞时是安全的,机器人对人是友好的。

(10) 仿人和仿生技术。这是机器人发展的最高境界,目前仅在一些方面进行了基础研究。

参 考 文 献

[1] 王耀南. 智能控制系统[M]. 长沙:湖南大学出版社,2006.
[2] 刘金琨. 智能控制[M]. 北京:电子工业出版社,2005.
[3] 何大韧,刘宗华,汪秉宏. 复杂系统与复杂网络[M]. 北京:高等教育出版社,2009.
[4] 汪定伟等. 智能优化方法[M]. 北京:高等教育出版社,2007.
[5] 黄友锐. 智能优化算法及其应用[M]. 北京:国防工业出版社,2008.
[6] 罗志增,蒋静坪. 机器人感觉与多信息融合[M]. 北京:机械工业出版社,2002.
[7] 王天然. 机器人[M]. 北京:化学工业出版社,2002.
[8] 蔡自兴. 机器人学[M]. 北京:清华大学出版社,2000.
[9] 芮延年. 机器人技术及其应用[M]. 北京:化学工业出版社,2008.
[10] 李云江. 机器人概论[M]. 北京:机械工业出版社,2011.

[11] 张玫,邱钊鹏,诸刚等.机器人技术[M].北京:机械工业出版社,2011.
[12] 丁学恭.机器人控制研究[M].浙江:浙江大学出版社,2006.
[13] JOHN J. CRAIG(美).机器人学导论[M].北京:机械工业出版社,2006.
[14] 陈恳等.机器人技术与应用[M].北京:清华大学出版社,2006.
[15] 高国富等.机器人传感器及其应用[M].北京:国防工业出版社,2005.